移民受入の国際社会学

選別メカニズムの比較分析 　小井土 彰宏 [編]
Akihiro Koido

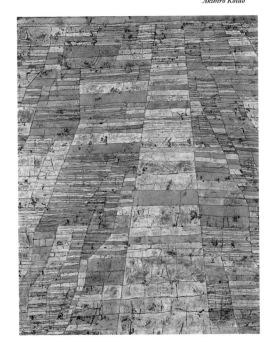

名古屋大学出版会

移民受入の国際社会学

目　次

序　章　選別的移民政策の時代………………………………… 1

第 I 部　古典的移民国の新たな選別戦略

第 1 章　アメリカ合衆国 I

高度技能移民政策の起源と変貌　　20
——H-1B ビザの神話を超えて

はじめに　20
1　人種主義的選別から「普遍主義的」選別へ　22
2　「高度技能ビザ（H-1B）」の歴史的構築とその機能　24
3　グローバル IT 産業と越境的労働利用システムの構造化　29
4　高度技能移民をめぐる政策論争と改革の焦点　32
5　国内に頭脳を求めて——非正規移民第 2 世代からの選別　38
おわりに　43

第 2 章　アメリカ合衆国 II

非正規移民 1150 万人の排除と包摂　　48
——強制送還レジームと DACA プログラム

はじめに　48
1　米国移民政策の歴史的背景　49
2　強制送還レジームの構築　50
3　特定移民層に対する暫定的な権利付与プログラム　59
4　国境を超える強制送還レジーム　63
おわりに　65

第 3 章　オーストラリア

「線」の管理から「面」の管理へ　　70
——技能移民受入・庇護希望者抑留と空間性

はじめに——出入国管理における空間性の活用　70
1　オーストラリアの移住者受入政策　71

2　技能移民受入における選別性の強化と空間的配置の最適化　73
 3　「コミュニティ・ベース」の庇護希望者抑留　81
 おわりに──グローバリズムと出入国管理政策　90

第II部　EU諸国の受入政策の転換

第4章　EU

「国境のないヨーロッパ」という幻想　96
──EU共通移民政策の展開

はじめに　96
1　シェンゲン・エリアの誕生と基本的制度枠組み　97
2　ブルーカード指令による高度技能移民の受入　100
3　EU域外国境管理政策とフロンテクスの活動　104
4　近年の大規模な難民の到来とEUの対応　108
おわりに──国境のないヨーロッパという幻想　114

第5章　イギリス

ポイント・システム導入と民営化の進展　119
──敵対的選別化への道

はじめに　119
1　ポイント・システムの展開　121
2　入国管理制度の評価　126
3　敵対的選別化のための入国管理制度との交差・連関の中で　131
おわりに　135

第6章　フランス

共和国的統合コンセンサスへの挑戦とその帰結　141
──サルコジ政権下の「選択的移民」政策

はじめに──戦後フランスの移民政策と「選択的移民」　141
1　「選択的移民」と「統合コンセンサス」への挑戦　145

  2　高度技能移民と「労働力不足職種」リスト　150
  3　移民の地位の不安定化——家族移民，庇護申請者，非正規滞在者　154
 おわりに——静かなパラダイム・シフトと移民政策の民主的統御　158

第7章　ドイツI
移民政策のパラダイム・シフト　166
  ——国民福祉国家から国民競争国家へ

 はじめに——移民制御法施行からの10年　166
 1　欧州諸国の選別的移民政策の出発点と要因　167
 2　高度・技能人材獲得へ——2004年法以後の移民政策改革　178
 3　労働市場保護から市場のプロモーターへの変貌——人材獲得戦略　185
 おわりに——「移民国家」への道を歩むドイツ？　187

第8章　ドイツII
難民受入をめぐる移民政策の変容　196
  ——排除と包摂のはざまで

 はじめに　196
 1　エスニック・ネーションからシビック・ネーションへ　198
 2　エスニック・ネーションにおける難民の包摂と排除の論理　201
 3　市民的統合における難民の包摂的な排除　208
 おわりに　213

第9章　スペイン
新興移民受入国のダイナミズム　221
  ——なぜ2000年代を代表する移民国家となったのか

 はじめに　221
 1　スペインの経済発展と人間の移動の概観　224
 2　スペインの政治体制変動と移民政策の形成　226
 3　「複合レジーム」としての移民規制・受入体制とその選別性　231
 4　国境管理の実態——カナリア諸島と地中海域　236

5　社会統合政策の形成・実践・変容　244
おわりに　248

第 III 部　後発受入国の戦略形成

第 10 章　韓国
政府主導の「制限的開放」移民政策の形成　256
――人権と競争力の交差

はじめに　256
1　移民政策の創設期――冷戦終焉，民主化，新自由主義　257
2　民主化レジームと移民政策の転換　260
3　外国人労働者需給システムの運営主体の変更　263
4　「人材誘致」重視の移民政策　266
5　短期就労者と定住者の選別　269
おわりに――「分離」とインセンティブ　273

第 11 章　日本 I
高度外国人材受入政策の限界と可能性　279
――日本型雇用システムと企業の役割期待

はじめに　279
1　高度外国人材受入政策における日本の位置づけ　281
2　高度外国人材受入政策の展開――IT 技術者と留学生　283
3　高度外国人材優遇のためのポイント制度　288
4　企業の高度外国人材受入　293
5　日本企業の高度外国人材への役割期待　299
おわりに――残された課題　304

第 12 章　日本 II
外国人選別政策の展開　310
――進行する選別的排除

はじめに　310
　　　1　形式的排除の時代の非正規滞在者　311
　　　2　移民／外国人選別時代の非正規滞在者　317
　　　3　管理強化と排除の拡大　323
　　　おわりに──「移民政策ではない」外国人政策　329

終　章　選別的移民政策の国際比較……………………………………337
　　　はじめに　337
　　　1　高度技能移民政策の多様性　337
　　　2　選別的包摂と排除の重層構造　343
　　　おわりに　349

　あとがき　357
　図表一覧　363
　索　引　365

序章

選別的移民政策の時代

小井土 彰宏

　越境的な人の流れの交差と，人種の混淆を体現したオバマ（B. Obama）から，その遮断を声高に叫び「壁」の構築と「アメリカ第一主義」とを訴えるトランプ（D. Trump）へ──，EU 統合の進展のなかで受益者であったイギリスの予想外の離脱，難民人道危機に対する前例のない大胆なメルケル（A. Merkel）首相の受入表明，そしてそれへの国内およびハンガリーをはじめとする東欧での壁の構築と西欧での極右の台頭──など，いま世界は越境的な人の移動に対する激しい反応のなかで混迷を極めている。このような揺れ動く状況のなかで，長期的な人口と労働力の減少によって，待ったなしのはずの日本での移民政策をめぐる議論は，一連の変動の不安にあたかも立ち尽くしているかのごとくに思える。

　一見すると，唐突で混沌とした現象に思えるこれらの大きな変動も，実は 1980 年代以来滔々として進行してきた市場原理重視の潮流による越境的流れの拡大・加速化と，これに対抗して境界を維持し障壁を高めようとする排外主義の執拗な持続という 2 つのせめぎあう傾向の新たなステージでの再演ではないか。また，この 2 つの相容れないように思える傾向は，実は根底的な水準では対立しながらも相互に支えあい螺旋的に展開してきているのではないか。例えば，越境的流れの拡大による異質性の拡大こそが排外主義の原動力となり，同時に排外主義による敵対的状況こそが移動する人々をバラバラにし新自由主義の論理に適する扱いやすい労働者へと規律を加えるという循環関係はそのひ

とつだろう。

　本書は，このような交錯した状況の焦点となっている移民政策に着目し，主に2000年以降の変貌について，単なる政策項目の整理や行政制度の分析といった水準を超え，国際社会学の視角からダイナミックに政策の形成，執行，そしてその社会的影響や構造的制約を分析する。このトランスナショナルな視角からの政策分析の独自性は，以下にある。すなわち，単に各国家を一個の自律的主体して分析するのではなく，国家機構内部での多元性，市民社会にある多様なアクター，そして特に国境を越えた社会関係（移民のネットワーク，移動斡旋機関とそれと結びついたローカルな利害，そして移民支援のNGOなど）を視野に入れること。さらに二国間関係のみならず多国間関係の再編成，超国家機構をも考慮するところにある。その上で，超国家的な社会空間の中での移民政策の意思決定，その実際の作用，そしてそれが受ける制約について考察するアプローチである。このアプローチをとることにより，表層的に対立しているようにみえる傾向の中にある隠れた関係性やそれを生む制度的仕掛けを解明することが可能になる。

　本書は移民政策に関して異なる歴史的文脈とレジームをもつ，I. 古典的移民国，II. ヨーロッパの国民国家群とEU，III. アジアの後発受入国の3つの地域を射程に入れ，主要受入国8カ国とEUを比較の対象とする。特に，スペイン・韓国といったこれまで十分に検討されてこなかった後発的受入国を検討することで，「欧米先進国」を自明の参照モデルにした旧来の政策研究とは異なる，比較の前提の広がりを狙う。そして，そのことにより，現代世界の越境的流れを規定する構造的論理の共通傾向と差異を多角的に検討することを意図している。本書の執筆陣は各国研究の経験豊富な専門家であり，さらに3年間の共同研究を通じて現地の実状を関係者からの多様な聞き取りを踏まえ分析を行ってきた。本書の目的は，このように比較の視点により広い視野を確保しながら，現場からの視点を重視することで，移民をめぐる旧来のパラダイムに縛られがちな日本における世界の移民政策をめぐるディスコースの革新に寄与することにある。

1） 移民政策の対立する 2 つの潮流の広がり

　21 世紀初頭以来，移民受入諸国の移民政策の方向性は大きく転換してきた。それを貫くひとつの傾向として，〈選別的移民政策〉と呼びうる政策体系の浸透があると思える。それは，受入諸国の移民政策において，一見すると強く矛盾する傾向の同時進行として現れてきた。

　第一に，1990 年代はじめ以降，高度技能をもった移民労働力の導入と銘打った積極的受入政策が，さまざまな国でとられてきた。その皮切りとなったのは，合衆国における 1990 年の移民法改正の中で生み出された，H-1B と呼ばれる主に大卒以上の技術者をターゲットとする高度技能移民に対しての短期滞在就労ビザであろう。いわゆる技能による移民の受入窓口自体は 1965 年にすでに設けられていたが，技能労働力をより簡素な手続きで市場に即応して受け入れていくという点で先駆的なものであった。この短期ビザによるインド人をはじめとする「高度技能移民」の入国は 1990 年代の IT 革命の進行の中でダイナミックに拡大し，特に 1990 年代末には実に約 40 万にも上る移民が吸収されていった。一時は衰退論が盛んだった合衆国が，90 年代半ばからの IT を軸とした成長に成功するにつれ，各国での新たな移民政策が胎動してくる。同じ古典的移民国のオーストラリアでは，能力主義的な原則にもとづくポイント制度は 1970 年代に確立するが，合衆国の戦略の影響を受けて，さらに高度技能の移民たちの積極的誘致が図られる。高度技能のアジア人を中心に吸収され，新規移民の人口構成はかつての白豪主義からはかけ離れたものとなっていった。

　ヨーロッパに目を転じれば，1973 年の募集停止以来，新規移民ゼロ政策が継続してきたが，2000 年代に入ると各国での基本方針の転換が進行する。まずイギリスでは，ブレア（T. Blair）政権が国際移民の全体状況をグローバル・マイグレーションの段階に入ったと規定し，この中で選別的な入国許可政策（selective admission policy）を打ち出していく（柄谷 2003）。フランスにおいても，わずかに遅れて反移民的なレトリックを駆使するサルコジ（N. Sarkozy）政権は，「選択的移民」という概念を打ち出し（宮島 2013；本書第 6 章），家族の統合といった移民側の理由ではなく国家の主導権のもとに受け入れる移民を選び取ることが強調されていく。これら移民受入先進国とはことなる歴史をもつドイツ

は，シュレーダー（G. Schröder）政権下で，冷戦終焉と東西統一後10年を経過した2001年になり，長く続いた「移民国ではない」という自己認識を初めて転換し始め，合衆国の高度技能移民ビザ・システムを意識して「グリーンカード」を打ち出す。

そして，統合ヨーロッパの全体レベルでは，まずEU統合と国境を越えた自由移動空間であるシェンゲン・ゾーンの形成それ自体が，自国民並みの就労権と専門資格の互換性の承認により，高度技能移民の移動をEU構成国間で促進した。しかし，統合EUは，これだけでは足りず，域内の若年人口減，そして先行しグローバルに圧倒的な吸収力をもつ合衆国の高度技能移民の積極的政策に対抗するために，2009年に域外からの高度技能移民を受け入れる共通枠組みを設定し，これをEU連合旗の青のイメージを重ねてブルーカードと名付けた。これによりITをはじめとする技術・自然科学分野を中心に域外高度技能者は，EU内での1～3年の滞在を認められた。

このような潮流の中で，バブル期以降の経済停滞期に入った日本でもまた，合衆国発のIT革命に乗り遅れまいと2000年には森内閣の下で高度技能移民の導入が検討された。この間，移民受入政策や外国人の定住化の現実が正面から論じられ構想されることがない一方で，高度技能移民の受入を促進することを念頭にポイント制が立案され，2009年に法案が成立し2012年に施行された。しかし，現在の受入の実情は新自由主義的な期待とはかけ離れた低い水準に留まっているのが現状である（Oishi 2012）。

一方，このような新たな先端的傾向にのみ関心が集中すると，これと対立する傾向の拡大と深化を見逃し，あるいは軽視しかねない。すなわち，21世紀初頭はさらなる規制強化の時代でもあった。合衆国では，1990年代に入ると非合法の国境通過に対して1991年から国境線の壁造りが本格的に開始され，クリントン（B. Clinton）政権期にはカリフォルニアやテキサス等の重要な非合法通過点となっている国境地帯では鉄板とコンクリートの2重3重の壁が建設されていった。とはいえ，この段階では国境での表面的に厳格な規制戦略は，国内規制が緩いことと併存し，結果として膨大な「非合法」移民が生み出された（小井土2014）。

しかし，2001年の同時多発テロは，このような合衆国の2面性をもった移民規制体制を根本から転換していった。すなわち，2003年には移民管理システム自体（法務省移民帰化局）が，本土安全保障省（Department of Homeland Security）という国境・交通・運輸の統合的な安全保障担当の巨大官庁が設立される中でそれに編入され，組織構造的に移民政策は安全保障と不可分な関係をもち始める。そして，この新たな統治構造の下，2005年を過ぎると従来とは異質の大規模な労働現場への本格的な一斉検挙が増加し，労働現場でのID検査システムが普及して，これが現実に非正規移民たちを職場から排除する作用を発揮し始める。このような作戦は，皮肉なことにオバマ政権下でもむしろ徹底化し，年間約30〜40万にも達するかつてない大量の強制送還を生み出した（小井土 2014）。そして，2017年1月のトランプの壁建設の大号令である。

　EUでは，各国での難民・庇護申請者への規制が1990年代から持続的に強化されてきた。イギリスでは，労働移民停止後に難民が増加したことを受けて，彼らへの猜疑心をこめて「庇護権あさり」と呼び，疑わしいと判断されたものは短期間で判定し送還するシステムが形成されていく。ドイツでは，戦後一貫して難民受入に積極的であった政策が，東西の壁の崩壊の中で厳格化し，1992年まで劇的に増加した受入難民は90年代後半には抑制されていく。紛争国に直接隣接しないドイツは，「安全な第三国」経由の難民を経済動機によるものとして，第三国への送還政策を開始していった。

　そして，EUレベルでは域外からの非正規移民や難民の増加に対して，従来個別的な政策対応をしていたのを超えて，まず難民に関してEU域内で最初に入国した加盟国にその審査・受入・送還の責任を負わせるダブリン原則を打ち出した。これは，EUの中核国たる英・仏・独にとってその排除選別の負担を周辺各国に背負わせる超国家的な枠組みといいうるだろう。それは，南部・東部の加盟国をいわば主権国家ごと要塞の内堀としていくことになる。だが，それらの国々の域外からの越境に関する対応は各国でまちまちであり，イタリア・スペインは南からの侵入へのその甘さをEU中核国群から批判され続けてきた。

　この各国別の寄せ木細工的な国境管理に対して，2000年代になると共通外

部国境管理に関して，統合的管理が構想され始める。EU は，共通国境の最も弱い部分のリスクに対応する緊急配備への，加盟各国の動員とその調整のために，2007 年に共通外部国境管理機構フロンテクス（Frontex）の設立を決定し，2009 年には活動が開始された。フロンテクスの出現は，移民への規制強化がもはや国民国家レベルではなく，EU という超国家統合体の水準で追求され，「移民政策の安全保障化」が進行していることを集約的に示している。特に，この南部国境管理は，海上管理が主要な焦点となっている点で異なるが，同時に合衆国南部国境管理のさまざまな手法が吸収されていることは明らかである。

　このような傾向はオーストラリアにも共通する。東南アジアからボートに乗って到来する非正規移民たちに対して，オーストラリア政府は海上管理を強め，海上で拿捕した彼らを自国内ではなく，領土外の施設に収容しており，物理的国境を超えた越境管理のシステム化がここでも確認できる。

　この規制強化の傾向は日本においてはバブル崩壊後いちはやくみられてきた。だがそれが一段と強化されていったのは，まさに高度技能移民の積極誘致論が展開する 2000 年代に入ってからであった。政府は 2003 年 12 月，「不法滞在者」5 年間半減計画を発表する。この半減計画がほぼ完了した 2009 年，入管法が改正され，2012 年にはデジタル情報を組み込んだ在留カード制度のシステム運用が実施されるようになる。そこには，排除の先行こそが受入の地ならしであり，デジタル情報にもとづく個体管理による新しい労働力の活用が目的であったことが，露骨なほど明確に表れている。

2）〈選別的移民政策〉への国際社会学からの分析アプローチ

　一方に高度な技能をもつ移民を積極的にリクルートするための諸政策，他方に「好ましくない」と考えられる移民を水際で阻止，あるいは国内から排除するための厳格な諸政策。この鋭く対立する傾向をもつ 2 つの政策群の共時的な拡大と浸透は，この時代の大きな矛盾ともみえ，そのようにメディアでは語られてきた。しかし，著しく対照的な現代の移民政策の傾向は，日本の事例において端的に現れているように，実は〈選別的移民政策〉というべきもののコインの裏表の関係にあるといえないだろうか。選択されるべきものの決定には，

排除されるべきものの絞り込みが不可欠であろう。

　本書は，この2つの傾向を統合的に把握し，分析していく。選別的移民政策，あるいはそれに類似する選択的移民政策という概念は，日本のこれまでの研究でも取り上げられてきた。しかし，それらの研究は，この概念を必ずしも自覚的に検討し使用しているとはいい難い。本書では，国際社会学的なアプローチをとることで，政策当局者の視点で生み出されてきた概念を所与の前提とはせず，諸国家の政策の公式に掲げられた目的自体をも批判的に俎上に載せていく。そのうえで，〈選別的移民政策〉が，さまざまな社会集団間の相互関係と，国家を超えた関係の中で構築され，再構築されていく動態に注目して，各国の政策過程とそれを生み出し，それの影響を受ける社会過程を分析し，その横断的国際比較を試みていく。

　このために，まずはこの〈選別的移民政策〉がひとつの時代の基礎的な政策的傾向として出現してきた背景を，次に検討しよう。その上で，選別的移民政策の概念を構成する諸要素を再検討し，その本格的分析のためのフレームワークの基軸となるものを整備していく。

3) 〈選別的移民政策〉の背景となるグローバルな構造変動と国家間の競争

　選別的な移民政策がひとつの傾向として生まれてきた背景には，明らかに1990年代に生じた世界的規模での諸変動がある。移民政策は主権国家の究極的な権限として，元来国内志向の編成原理によって規定されてきた（小井土 2003；Joppke 2005；Shachar 2011）。しかし，第1項で素描した一連の新たな移民政策の傾向，特に高度技能移民を積極的にリクルートする諸政策は，合衆国のような古典的移民国からドイツのような移民国という自己認識を欠いた国にいたるまで，国籍・移民受入に関する歴史的に作られてきた文法を著しく異にする諸国家に浸透してきた。そこには，各国の状況・歴史的条件に還元できない，これらの諸国家に作用する共通の要因を想定せざるを得ない。

　その基礎的前提は，1990年代を通じての新たな市場経済への転換の世界的な傾向がある。東西の壁の崩壊，中国の改革開放路線の加速化，インドにおける国家主導型工業化の転換により，世界的な市場原理の優位が明確化した。一

方で，世界経済の中で膨大な新労働力が追加され，その中で高い知識・技能をもつ労働力の世界的ストックも形成されてきた。他方，先進諸国もまた，WTOの成立が象徴するように，貿易と投資の自由化の進行により相互に激しい競争にさらされ，「競争国家」へと転換を余儀なくされる。これが，新たな高度技能労働力の獲得が，移民政策の共通テーマとなりうる基礎的条件となる。しかし，これだけでグローバルな獲得競争の加速化が必然化したわけではなく，そこにはさらに3つの技術・制度要因と2つのマクロ社会的な変動が存在した。

　第一に，1990年代に入りIT革命の進行の中で，コンピュータ技術を典型としてUNIXやWindowsなど基礎的な技術のグローバル・スタンダードが確立し，技術者が各国でナショナルな規格にもとづいて訓練を受ける体制から世界標準を基盤とする段階に移行したことがある。これにより，国際的に調達した技能が円滑に活用可能になった。第二に，国際的な教育システムの統合が進行し，さまざまな技術的教育カリキュラムや教科書などの技能の基盤と，英文学術雑誌や学位などの評価基準におけるグローバル・スタンダードが徐々に形成され，人的資本評価自体の標準化が進行してきたことがある。第三に，自由化による投資規制の障壁の低下は，企業のグローバルな活動をさらに活発にさせ，それまでの生産活動拠点の世界的な分散だけではなく，グローバルな研究開発（R&D）拠点の分散を促進した。このことは，途上国に形成されてきた技術的人材の能力の発見と開発のシステムを生み出していく。

　これらに加えて，受入国に共通するマクロ社会的な変動がある。第一に，高齢化と若年人口の減少があるだろう。多くの先進国では，出生率の低下の中で，一方で高齢者の人口比率と福祉負担が高まり，新たな成長を必要としながら，これを実現するための新成長産業を支える高度専門職の新たな労働力の供給が十分ではない。第二に，1990年代以降グローバルなテロリズムの時代に突入したことがある。移民政策は，元来安全保障とは別の領域と考えられていたが，度重なるテロリズム，特に9.11同時多発テロ事件以降，合衆国を先頭に各国は移民を選別管理するシステムを開発してきたことがある。

　これらの諸要因によって，新自由主義的なヘゲモニーの下で，選別的な移民政策は本格的に新たな政策体系として発展してきたといえる。そしてその傾向

を突き動かしているのは，国家間・地域間の競争であるといえるであろう。例えば，EU のブルーカード指令の作成の動機には，高度技能移民の 55％ を合衆国が吸収し，EU の占有率が 5％ を占めるに過ぎないという認識があり，そしてグリーンカードに対してのブルーカードという（間違った）シンボリックな対抗意識が端的にそれを示している。グローバル化を前提としながら，いかに地球的な規模での「人的資源」の最適調達によりその競争力を維持し続けるかという意識に駆り立てられた競争国家の論理がこの政策群の背景にはある。

4）〈選別的移民政策〉の概念的再検討

現代的な意味での選別的移民政策という概念の起源は，英語圏における"selective admission", "selective immigration policy" であろう。日本においては，これを意識したものとしては「選択的移民政策」（労働政策研究・研修機構 2012）と，「選別的移民政策」（渡戸・鈴木編 2007）という 2 つのこれに相当する概念がある。

本書では，「選別的移民政策」を選ぶ。その理由は，「選択的移民政策」という表現をとった場合，そこで含意されるのが，あくまでも肯定的に評価されるものを積極的に選び取るという意識化された政策行為のみであって，①その選び取る基準そのものの検討，対象を分類する作業自体が対象化，反省されることがない，②選択されず排除される対象を分析の視野に入れることはなされない，という 2 つの基本的問題がある。例えば，労働政策研究・研修機構のこのテーマに関する報告書（労働政策研究・研修機構 2012）の冒頭「選択的移民政策という選択」では，その意図するものを「国家が必要とする移民のみを受け入れ，そうでない移民を抑制するという積極的選択」と説明する。そこでは，その「必要／不必要」，「望まれる／望まれない」という二項対立的なカテゴリーへの分類それ自体に対する批判的検討はなされていないし，それを可能とする批判的な分析視点自体が欠如している。このような二項的分類は，英語の世界においても "wanted/unwanted", "desirable/undesirable" といった表現でさまざまな移民政策研究の中で繰り返される表現でもある。しかし，鈴木(2009) が日本の非正規移民についてのモノグラフの冒頭で「彼らは『好まし

くない外国人労働者』なのか」と問いかけ，そのような労働者たちのもつ実際上の日本社会への貢献を豊富な事例から解き明かし，そのパラドクスを鋭く突きつけているように，このようなカテゴリー化自体が自明視されることは許されない。この問題を問うことは，語義解釈上の片々たる問題ではなく，移民政策のもつ認識上の前提そのものを問い直すことに通じる。

5）選別的移民政策の分析射程の拡張
①二項図式を超えて

このような認識に立つとき，移民の選別メカニズムについてのこれまでの理解の著しい単純化がみえてくる。第一に，従来の選別的移民政策の理解は，批判的なものを含めて単純な二項図式的分類に依存してきた。その典型は，一方の極には，独創的な能力をもつ科学者，他方の極には無数の技能をもたない労働者という個人の人的資本の多寡を基準にした軸の設定である。第二に，このようなひとつの軸（例えば知識・技能）が他の望ましさの軸（善良さ，文化的同化可能性）と重なりあうという暗黙の前提が置かれていた。高度技能移民＝同化可能性の高い移民，ビザ・カテゴリーで排除される単純労働者＝非正規移民＝潜在的犯罪者といった等式である。

はたして，このような二項的な図式でその政策構造は理解できるだろうか。例えば，「高度技能移民」は，しばしば独創的な技術を生み出す傑出した自然科学者によって代表され，ある研究者はこのような研究者への市民権の加速度的付与を「オリンピック市民権（Olympian citizenship）」と呼び（Shachar 2011），国際的な競争に打ち勝って金メダルを獲得しうる選手を自国のものとするための優先的な国籍付与になぞらえた。しかし，高度技能移民の中で，実際にはこのような独創的な科学的発見や技術的革新を生み出す者たちの比率は限られている。二項図式的な理解は，多様な中間層の選別の具体的メカニズムの解明を排除していくことになる。その基底には，高度技能という掛け声と裏腹に，現代の労働における技能というものに対する基本的な問いかけの欠如があると思われるが，このことを再考していく必要がある。

②時空間的な分析枠組みの拡張

　以上のように二項的認識図式の問題を検討すると，選別的移民政策を分析するときの時空間的なフレームワークの問題が浮かび上がってくる。移民政策一般にもいえることだが，特に選別的な移民政策，なかんずく高度技能移民受入に関しては，往々にしてその焦点は入国管理上の受入，すなわち最初の選別の時点にその関心が集中しがちである。しかし，第1項での検討を通して，必ずしも選別は一時点とはいい切れないことがわかってきた。特に技能（skill）というものは本質的に単なる固定的な財ではなく，まさに可変的なものであり，また文脈に依存する資本であるからだ。従って，移民の選別過程自体が，一時点ではなく時間的に長期にわたる可能性がある。むしろ選別的政策とは大半の場合，多段階的な選別の過程であってそのプロセスに二項的図式には還元できない多層的な評価と判定が加えられていくものとみるべきだろう。

　これと密接に関連するのが，国民社会の境界構造にかかわる空間と権利の次元であろう。筆者は，移民政策の比較分析のフレームワークをめぐる考察（小井土 2003）において，T. ハンマーが国民国家と市民権に関して提起した（Hammer 1985），①短期滞在の可否をめぐる出入国管理のゲート，②長期定住をめぐる永住権（デニズン）のゲート，そして③フルの市民権を認める市民権のゲートからなる同心円状の3つのゲート論を検討した。この際，現代世界においては国家にはこれらに先立ちさらに外側に4つ目のゲートとして④物理的国境を維持管理する機能があり，他方そこを超えながら合法的に滞在していない膨大な人口——特に合衆国において顕著だが，他の国家でも拡大してきた——が存在することを指摘した。この点を加味し，国民国家を4層の境界（boundaries）と，それを通過するゲート，そしてそれを通過するたびに与えられる諸権利からなる，市民権の重層的境界のメカニズムのモデルとして再構成した。先に論じた移民の時系列的な多段階的選別過程は，この重層的メカニズムの各ゲートを通過する際の固有の選別基準により新たな権利が承認されていくと読み替えることができる。それは社会的な重層的境界を越えていくプロセスでもあるが，しばしば空間的な境界を超えるプロセスでもある。本書で検討していくその後の新しい事態を考慮すると，この4層モデルは十分ではなく，

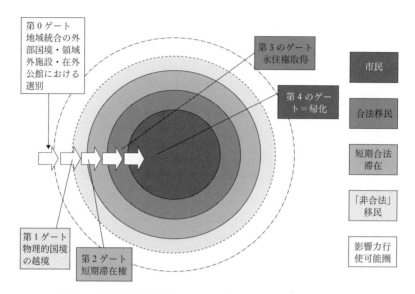

図序-1 重層的移民選別メカニズム（小井土 2003）の拡張モデル

特に空間的な次元を拡張する必要があるだろう。すなわち，特にヨーロッパでは，EU 域および自由移動空間であるシェンゲン域（この 2 つは重なりつつ同じではない）がひとつの境界構造を作り出し，先に述べたように共通外部国境の維持メカニズムを発展させてきた。NAFTA はこれに匹敵する構造をもち得ていないが，メキシコにも南部国境の管理圧力が持続的に高まっている。このような地域統合が進行することで形成される境界は第 5 の境界となる（図序-1）。さらには，すでに論じたようにこの境界の外側にも，安全な第三国や EU 近隣国などの境界維持機能が配置され（森，ルバイ編 2014），また送出国での人々の選別を行う領事館やそれを代行する民間機関も存在する。この選別メカニズムを超国家機関の公式の制度的規制とは質的に別のものとするなら，第 6 の境界となり，重層的な境界維持メカニズムは複雑さを増し 6 重の構造をもつきわめて多層的なものとなる。ただし，この 6 層モデルは，必ずしも地域横断的な普遍性をもつものとまではいえない。この序章で必要なのは，現代の移民規制レジームは 5 層を超える多重構造をもちうるものであって，それに対応した選別

メカニズムが単純に国民国家内の構造で完結しないものとして形成されることを明確にして,各国においてそれがどのような形態をもつのかを読者に注意喚起しておくことだろう。さしあたりこの5層目への入口を第0ゲートとし,国境通過以降を第1,2……と呼ぶこととする。

以上から,本書では選別的移民政策を,単純に人的資本を単一の基準とした二項的な図式によるものではなく,多元的基準が連結して時間的に多段階をとり,空間的・社会的には重層して配置された境界構造をなす複合的政策メカニズムと規定する。

6) 対象の設定と本書の構成

本書では,下記の性格の著しく異なる3つの国家群から8つの国家とEUを対象に分析を進めていく。

第I部では,国家の成立当初から入植移民によって形成されてきた古典的な近代移民国(countries of immigration)である合衆国とオーストラリアを取り上げる。第1章と第2章は,合衆国の選別的移民政策の包摂と排除の両側面を有機的に連関づけて分析することを企図している。まず,第1章では,高度技能移民政策の引き金を引いた合衆国に関して,H-1Bをはじめ,多様な能力・技能関連ビザの生成過程を歴史的に分析し,そこにある利害集団と制度形成のダイナミクスを分析することで,能力主義的な選別制度が多様な利害の交錯によって分岐化し,寄せ木細工状の構造を形成してきたことを示す。その上で,オバマ政権が膠着する移民改革の突破口として実施してきた特例的な滞在・就労容認の行政措置(DACA)について考察することで,高度技能移民の積極的吸収とシステマティックな移民排除の接点について考察する。

これを受けて,第2章では,9.11同時多発テロ事件以降の合衆国の移民規制のドラスティックな転換とその作用を概観する。従来にはみられなかったIDシステムの形成をテコとした労働現場規制の転換と警察機構との協力によるコミュニティ・レベルでの検挙を背景として,大規模な非正規移民の強制送還が進行した結果,これがどのように国境の両側の移民家族に影響を与えているかを分析する。そして,DACAという滞在・就労容認の行政措置がもつ,包摂

的な機能と個体管理を強化し移民たちを規律化していく側面について考察していく。

　第3章オーストラリアでは，技能移民の受入と庇護申請者という対照的な政策領域に関して，空間を軸とした再編成が進行してきたことを明らかにする。まず，いちはやく確立したポイント制度という選別的政策が，オーストラリア側の資格要件を満たす移民による主体的移動・就業権を認めるサプライサイド型の政策から，実際の経済ニーズに対応したデマンド・プル型が中心となる政策への変更が進行してきたことを示す。それが空間的な次元に落とし込まれたとき，特定産業の労働者不足に対応する地域のニーズに応じて，技能者の受入を促進していることを明らかにする。他方，庇護申請者に関しては，一方で太平洋の領土外施設でこれを拘留する作戦と，国内で施設を地域社会に開放的な形で収容するという一見矛盾した空間戦略の中での新自由主義的な統治の論理を解明していく。

　第II部では，地域統合を推し進めてきたヨーロッパにおける，EUという超国家統合の次元で生成しつつある選別性，異なる移民レジームを長く維持してきた諸国への選別性の多様な浸透形態について検討していく。まず，第4章では，EUにおける自由移動空間の形成過程を踏まえたうえで，共通移民政策の形成のうち，域外技能移民を受け入れるブルーカードの形成プロセスとその機能を検討する。そのうえで，自由移動空間を囲む共通外部国境の管理システムの集権化と，そこで展開される新しい国境管理の戦略が大量の難民という新たな課題にいかに対応しつつあるかが検討されていく。

　第5章では，イギリスが21世紀初頭グローバルな競争に対応した能力別外国人受入制度としてのポイント・システムを導入していき，その結果必ずしも高度技能とはいえないカテゴリーの移民が拡大したことを示す。その上で，それへの反発を利用した総数の抑制を掲げる「敵対的選別」という政治戦略の出現とそれが生み出す政治的なアジェンダが必ずしも成果を上げないことで矛盾を深化させてきていることを，EU離脱という直近の状況を踏まえて描き出す。

　第6章では，フランス・サルコジ政権下での本書のテーマそのものともいえる「選択的移民政策」が俎上に乗せられる。同政権は国家の移民選別機能を強

化するため家族再統合などによる「権利にもとづく移民」を縮小し，代わりに高度技能移民の増大と移民総数の抑制を目指した。極右政党国民戦線の台頭に対抗する意図も含んだこの政策が，現実にはそのいずれの目標も達成できず，矛盾を深化させ続けていることを明らかにしていく。

第7章と第8章は，統合EUの要であり，現在進行形の難民危機の旋回軸であるドイツが取り上げられる。第7章は，多くの外国人が定住しながら長く移民国ではないと自己規定してきたドイツが，21世紀初頭明確に積極的移民政策に転換していく過程を分析する。この章は，重要な政策転換点を，ドイツ版「グリーンカード」の創設といった時期には求めず，むしろやや遅く2009年ごろとする。その上で，従来のドイツの外国人管理レジームのイメージからかけ離れたものになりつつあることを明らかにし，日本でのドイツ現代移民政策の理解の転換を迫っている。

これに対して第8章では，ドイツの難民政策において，戦後体制下での国民国家社会モデルと人権原則の両者に存在した矛盾が，冷戦の終焉と非ヨーロッパ社会からの難民の増大により激化し，受け入れる難民の絞り込みが必然化して，その中で自己決定，自己責任といったドイツ社会への統合可能性が選別の基準として登場することを示す。と同時に，統合コスト負担の削減を狙った政策が結局は庇護申請者を排除しきれず，かえって負担の拡大を招来するパラドクスを明らかにしていく。

第9章では，スペインというかつての移民送出国が，2000年代に500万人超の移民受入国へと変貌し，ラテンアメリカ，マグレブとサハラ以南のアフリカ，およびルーマニアなどの東欧という多様な国々からの移民を受け入れてきた事実と制度的・構造的な条件をまず提示する。その上で，同国が，EUとの関係による二面的移民レジーム，国内労働市場での実質的な選別メカニズムの上に実施される移民正規化政策，対外的には陸上・海上の対外国境の緩い管理を通しての適応統合策によって，制度的・非制度的な形態の選別メカニズムを形成してきたことを解明していく。

第III部では，東アジアの後発受入国である韓国と日本を分析する。第10章では，韓国が経済危機を経て成立したリベラル（金大中，盧武鉉）政権下で，

一方で経済競争力の追求と他方で外国人の人権が同時に追求され，批判の強かった研修生制度から雇用許可制への政策転換が進行したプロセスを描く。そして，この制度ではむしろ国家の直接関与を拡大しながら外国人の権利の向上が図られたが，同時に強い定住性の抑制という政策が継続し，制度的矛盾の深さが明らかにされる。一方，近年の積極的な高度人材の導入も，その裏には若い高度技能者の海外流出の持続があり，移民政策をめぐる構造的な緊張が高まっていることが解剖されていく。

第11章は，日本の高度技能移民政策の実態の解明を試みる。2000年代に入り高度人材の積極導入が図られ，ついにポイント制度も導入されたにもかかわらず，その受入数は低迷している。その背景に，日本企業の海外への展開が，研究開発機能自体を各地域に部分的に分散化させ，海外の高度人材を国内に受け入れることなく活用する戦略があることを指摘する。その反面国内の研究組織と現場の労働慣行を維持し続けるという傾向があるという皮肉な現実があることを指摘し，安易な「外国人高度人材」への期待論の盲点を指摘している。

第12章は，バブル崩壊以来の日本における移民規制の強化を分析し，実質的に非正規外国人労働者を温存活用した段階から，2000年代に入り徹底排除が開始され，労働と居住の場からのシステマティックな排除が進行してきたことを明らかにする。そして，実際には持続する需要があるにもかかわらずあくまでそれを「外国人労働者」と規定し，「移民」とは決して呼ばない現在の日本政府の政策の中に，定住性を否定し有用な限りにおいてその滞在を認めるという実態から乖離したご都合主義的選別性を指摘する。

終章では，各国とEUの選別的移民政策を比較対照することで，新自由主義時代の移民政策の構造的特質を整理していく。

［参考文献］
柄谷利恵子（2003）「英国の移民政策と庇護政策の交錯」小井土彰宏編『移民政策の国際比較』明石書店
小井土彰宏編（2003）『移民政策の国際比較』明石書店
―――（2014）「グローバリズムと社会的排除に抗するアメリカでの非正規移民運動――監視機構の再編と新自由主義的排除メカニズムへの対抗戦略の諸相」『社会学評論』第

65巻第2号
鈴木江理子（2009）『日本で働く非正規滞在者――彼らは「好ましくない外国人労働者」なのか？』明石書店
関根政美（2012）「ポイント制と永住許可――オーストラリアの場合」『移民政策研究』第4号
宮島喬（2013）「フランス移民労働者政策の転換――2006年移民法と『選別的移民』の含意」『大原労働問題研究所雑誌』第645号
森千香子，エレン・ルバイ編（2014）『国境政策のパラドクス』勁草書房
労働政策研究・研修機構（2012）『諸外国における高度人材を中心とした外国人労働者受入れ政策――デンマーク，フランス，ドイツ，イギリス，EU，アメリカ，韓国，シンガポール比較調査』
渡戸一郎・鈴木江理子編（2007）『在留特別許可と日本の移民政策』明石書店
Cornelius, Wayne et al. (2001) *International Migration of the Highly Skilled*, University of California, Center for Comparative Immigration Studies.
FitzGerald, D. and David Cook-Martín (2014) *Culling the Masses : The Democratic Origin of Racist Immigration Policy in the Americas*, Harvard University Press.
Hammer, T. (1990) *Democracy and Nation State*, Ashgate Publishing Limited.
Joppke, Christian (2005) *Selecting by Origin : Ethnic Migration in the Liberal State*, Harvard University Press.
Lyon, David (2007) *Surveillance Studies*, Polity Press（デイヴィッド・ライアン『監視スタディーズ』田島泰彦・小笠原みどり訳，岩波書店，2011年）．
OECD (2008) *The Global Competition for Talent : Mobility of the Highly Skilled*.
Oishi, Nana (2012) "The Limits of Immigration Policies : The Challenges of Highly Skilled Migration in Japan," *American Behavioral Scientists*, April.
Portes, A. and John Walton (1982) *Labor, Class, and International System*, Academic Press.
Shachar, Aylet (2011) "Picking Winners : Olympic Citizenship and Global Race for Talent," *Yale Law Journal*, Vol. 120.
Shachar, A. and Ran Hirschl (2014) "On Citizenship, States, and Markets," *The Journal of Political Philosophy*, Vol. 22, No. 2.
United Kingdom Home Office (2005) *Selective Admission : Making Migration Work for Britain*, Consultation Document.

第 I 部

古典的移民国の新たな選別戦略

第1章　アメリカ合衆国 I

高度技能移民政策の起源と変貌
――H-1B ビザの神話を超えて

小井土　彰宏

はじめに

　インターネット検索サイト大手グーグル（Google）の本拠地は，カリフォルニア州北部のシリコンバレーの中の，その発展と深くつながってきたスタンフォード大学からほど近くにある。研究開発ラボの入った奇抜な立体構造をしたオフィスビル群が，広大な敷地内に特有のカラフルなオブジェとともに点在する。昼休みともなれば大きなカフェテリアには，アメリカ風のファストフードはもちろん，中華，すしバー，ムスリム用ハラール・ミートに対応した店など，多様なブースに列をなしてひしめきあうように並ぶ多民族的な技術者たちの群れがあった。わけても客が長蛇の列をなしているのがインド料理店である。この多種多様な食べ物を求めて列をなす，さまざまな相貌をした人々の間で交わされる会話とその熱気は，情報資本主義の活力をその根本において支えているのが，世界の多様な人材を吸収し，その才能を絶えず異花受粉させるメカニズムだということを一望のもとに明らかにしているように思える。
　一方，同じカリフォルニア州南部のロサンゼルス地域では，ブッシュ（G. W. Bush）政権の末期以来，工場，オフィスで，迷彩服と自動小銃などで身を固めた取締官が労働現場を急襲する一斉検挙作戦（immigration raid）が繰り返されていた。本土安全保障省の移民・関税取締局（ICE: Immigrarion and Custom

Enforcement）が実施するこの準軍事的な作戦では，係員たちが工場などを取り囲み，従業員たちを1カ所に集め，市民権，合法的就労権をもつものに列になるように命じて労働者を分類し，「非合法」移民たちを絞り込んで逮捕拘留し，さらには大規模に実施される強制送還の対象としていった。

　この2つの光景は，「移民社会」合衆国の光と影の部分とも思える。常識的には，一方は多様性を吸収しながらダイナミズムを維持し続ける合衆国の力の源泉であり，他方は開放的な政策の生み出した負の側面と解釈されるだろう。

　2016年段階での包括的な移民改革の議論において，日本の報道ではメキシコ等からの後者の「非合法移民問題」のみが問題視されているという印象が支配的である。だが，実際はそうではない。高度技能移民政策・制度論争もまた，強い緊張をともなって展開してきた。現在，高度技能移民に関する複数の提案が激しくしのぎを削っている。そして，この2つの政策論争の争点は，実は構造的に深くかかわりあうものであった。もう一面の非正規移民の選別性をめぐっては，第2章が分析を加える。ここでは高度技能移民政策に関する問題に焦点をあてよう。

　1990年代以来，アメリカ合衆国における成長はハード・ソフト両面における情報技術およびそれに密接につながった金融技術の革新を中軸として進行した。この急激に増大するIT産業の技術者への旺盛な需要を満たした主要な制度的メカニズムがH-1Bと呼ばれる3年間の就労許可（1度更新可）の滞在ビザであって，これを使って入国し就業を開始する人々だけでも，過去10年，平均年約19万人に達する。

　H-1Bを代表とする高度技能移民を引き付ける政策は，多くの国々で羨望の的となってきた。日本においても1990年代末から，シリコンバレーの生み出した革新的な土壌とそれを支える高度技能移民政策が，政策モデルとされた。

　だが，このような単純化されたイメージや政策論議の前提は，巨大な合衆国IT産業を支える移民労働力をめぐる政策の枠組みとその帰結としての社会過程をはたして十分にとらえたものであろうか？　現在激化している移民政策論争を踏まえると，そこからはいくつもの疑問がわきあがってくる。第一に，このような議論には一貫性をもった積極的な移民政策があるという前提がある。

しかし，制度的な枠組みとしてはたして合衆国の高度技能移民政策は，整合的に設計され大きな成果をあげてきたものだろうか。第二に，この高度技能移民導入策は，主に制度枠組みとして論じられ決定過程や運用における政治的利害関係についての分析が十分に行われてこなかった。そこにある利害対立はどのようなものだったのだろうか。第三に，制度紹介的な傾向は，この法制度の中で導入される移民たちやそれを導入する雇用者たちの具体的でダイナミックな関係の分析を往々にして欠いてきたが，そこではどのような相互関係が形成されてきたのか。特に越境的な文脈の中でどのような関係の構造化がみられたのか。第四に，高度技能移民に関する政策は，入国ゲートにおけるそれに焦点をあてたフォーマルな選別政策だけではなく，それを超えた別のタイプに思える国内の移民カテゴリーへの対応によっても影響される可能性がある。巨大な移民プールをもつ合衆国の中で，それはどのようなストックに対してのアプローチをもってきたのであろうか。

本章は，このような問いに導かれながら，以下のように合衆国の高度技能移民政策とその帰結について分析を進める。第一に，能力基準による移民選別の歴史的起源と，その背景にある正当化の論理や利害関係について検討を行う。これにより幅広い技能移民受入チャンネルの構造化のプロセスを明らかにする。第二に，この構造化された諸チャンネルの枠組みの中で，雇用者，国内労働者，多様な移民の相互作用の過程で生まれてきた複数の利害対立の軸を素描する。第三に，この中で形成されてきた新たなトランスナショナルな移動を支える越境的な媒介組織の仕掛けを解明する。第四に，このような前提の上で，現在どのような移民制度改革の議論が高度技能移民に関して進行しているのか，を検討していく。

1　人種主義的選別から「普遍主義的」選別へ

合衆国は移民の国と呼ばれ，またそれを自己認識としてもいた。しかし，1870～1910年の大量移民時代においても一貫して人種主義的な論理がそこに

はあった（FitzGerald and Cook-Martín 2014）。また，第一次世界大戦後は新しく到来した移民排斥の激化の中で，出身国別割当制（national origin quota system）が導入され，明確に北西ヨーロッパ移民を優先させ，中・東・南ヨーロッパからの移民を抑制し，大部分のアジアからの移民は事実上の受入停止を行うという，明瞭な人種主義的移民政策が確立し，戦後を迎える。

　ナチズムという人種主義に勝利した合衆国にとって，この人種主義的移民割当制の克服は，国内南部の黒人への人種差別撤廃と並ぶ，アメリカ民主主義の正統性を揺るがす最大の課題であった。冷戦中の難民の拡大を受けて，人種主義的移民割当制への批判は拡大したが，マッカラン＝ウォルター法と呼ばれた1952年移民法改正ではこれを克服できず，1965年にようやく移民法の枠組みの基本的転換が達成された。ケネディ（J. Kennedy）政権は，人種主義的移民割当制を廃止し，家族再統合と雇用基準という二大原則により永住の可能性をもった受入移民を選別するという現在にいたる合衆国移民レジームの基本骨格を生み出した（成立はジョンソン［L. Johnson］政権）（小井土 2003）。

　この「雇用基準」こそが，個人の国籍・人種といった「属性的要素」に代わり，能力主義的原則による移民選抜の始まりを告げるものであった。この基準では，一方で博士号取得者などの傑出した能力をもつもの，他方で合衆国で不足している技能労働者を優先的に受け入れ，ビザの発給の1/3程度をこれにより満たす構造が作られた。

　それは「家族再統合」という人権原則にもとづくもうひとつのゲートと対をなす，能力主義・業績主義という普遍主義的基準から引き出されたものとして正当化された。だが，進歩的政権が作り出したこの一見すると反差別的で普遍主義的な2大原則もそこには別の意図があったことを見逃してはならない。すなわち，ロバート・ケネディ（R. Kennedy）司法長官は，この技術的知識・資格を根拠とした雇用基準が，いまだ発展途上のアジア等からの移民の拡大を未然に防ぐ機能をもつことを内密に強調した。すなわち一見すると普遍的な基準の潜在的な機能には，科学・技術上の能力がハードルとなって途上国の移民を排除することが期待されていた。他方，家族が共に暮らす権利を重視すると正当化された再統合枠も，実際にはヨーロッパの出自が多数派であることでマ

ジョリティ人口の安定化作用が期待されたのだった（小井土 2003）。

　しかし，このような普遍主義の下に隠れた政策の意図は現実の過程に裏切られていく。1965 年法の施行以降，非ヨーロッパ系の移民，特にアジア系の移民は急激に増大していく。第一に，そこにはアジアで続く紛争の帰結としての米軍関係の親族・家族となった人々の連鎖的な移民（chain migration）が発生した。第二に，冷戦下でのアジア諸国への援助と特に自然科学における米国的な教育カリキュラムの浸透は，留学を拡大し，また雇用基準のゲートからの専門職・技術者の増大をもたらし，この流れは同時に家族の呼び寄せも誘発した。この結果は，合衆国の合法移民ストック，特にアジア系における高学歴バイアスとなった。通常の移民イメージと異なり，合法移民たちの平均的大学卒業者率は合衆国の平均学歴を上回り，特に相対的に低いイギリス等のヨーロッパ出身者をはるかに凌ぐものであった（Portes and Rumbaut 2014）。

2　「高度技能ビザ（H-1B）」の歴史的構築とその機能

1）1990 年合法移民改革による新たな移民受入原理の出現

　能力主義的な選別の新たな転換は，市場原理を重視したレーガン（R. Reagan）－ブッシュ（G. H. Bush）共和党政権の 1990 年合法移民改革法（以下 1990 年法）において行われた（小井土 2003）。

　1990 年法が引き起こした転換は，短期の技能労働への需要にこたえる H-1B と投資目的の EB-5 というビザ・カテゴリーの新設にみられる。まず後者から論じていこう。

　1980 年代に進行した合衆国の産業空洞化＝雇用流出と財政・貿易赤字を背景として，アメリカ国家は移民に労働力だけを期待するのではなく，彼らを投資家，すなわち合衆国経済を再活性化するための資本の新たな供給源としてとらえるようになった。雇用基準ビザの中に新設された EB-5 は，100 万ドルの投資と 10 人のフルタイム雇用を創出することを基本条件として 2 年間のビザを（帯同する家族も含め）発給し，かつ永住権（グリーンカード）への道を開い

た。さらに，特定の経済問題を抱える地域（例えば，失業率が全米平均より50％高い等）への50万ドルの投資と5人の雇用創出でもビザを給付することで，低開発地域への刺激も図られた。

2）短期滞在技能Hビザ——その知られざる起源と変容

　これに対してH-1Bビザは，高度技能労働のための短期滞在ビザとして規定された。H-1Bは後に大きなゲートとして脚光を浴びるが，記号としてみるとあくまで下位分類に過ぎない。実際Hという永住権を前提としない（non-immigration），短期就労のための大カテゴリー自体はこの時新設されたのでなく，その創設は実は1952年移民法にさかのぼる。そこでは，Hカテゴリーは合衆国にとって有用で不可欠な特殊技能をもつ者の短期就労を認めるメカニズムとして設定された。

　しかし，1950年代いまだに人種主義的な割当原則が支配していた中で，一見すると能力主義的な受入原則にもとづくHビザがなぜ出現したのだろうか。実は，そこには特有の歴史的背景があった。第二次世界大戦中，極度の労働力不足に陥ったことが黒人・女性の工業部門への進出を促進し，さらに南西部の農業部門にメキシコ人を導入する二国間協定ブラセロ・プログラムを生み出したことはよく知られている（第2章参照）。同時期まで，西部の乾燥地帯に広がる牧羊業ではスペイン，バスク地方出身者を牧羊者として活用してきた。戦時下での羊毛需要は，この季節労働力を必須のものとし，牧羊者法が成立してその供給は維持されたが，戦後もこの構造は残った。だが，合衆国全体では契約労働にもとづく労働者の入国は1885年以降禁止されていたのであった。

　戦後この特有の供給構造を維持しようとしたのが，カリフォルニア，ネバダ，ユタ等の西部諸州の牧羊業者の利害団体であった。皮肉なことに，1952年法において差別的な出身国別割当制を維持したマッカラン（McArran）上院議員はこの利害の代弁者であり，彼はクォータ制支持者でありながらバスクの牧羊労働者の供給維持のために，合衆国に必要な技能者の短期的就労を合法化するHビザを新設したのであった（Totoricagüena 2003）。ここで重要なことは，バスクというエスニシティでもなければ，牧羊業という産業でもない。重要なのは，

Hカテゴリーの起源自体が，あくまで特殊な利害を守る目的でありながら公的には普遍主義的な技能の原則によって正当化を図ることで，クォータ制度に風穴を開けたということ，これに尽きるのである。そして，これは単なる歴史的なエピソードにとどまらない，このカテゴリーの恣意的利用という後々まで続く問題を予示するものだった。

　Hビザは元来，①仕事の専門性，②仕事自体の短期性が条件であったが，②に関しては1970年代になると就業する個人の計画・意図が短期であるだけで条件を満たすことになり，徐々に長期的な雇用基準ビザとの境界の曖昧化が進行した。同時に，①の専門性に関しても多様化した職種のうちの専門的職業の規定も曖昧化し，1980年代に入るとHビザ発給は8万人台にまで拡大して問題化していく（小井土2003：66）。

　転機は，1989年にやってくる。折からの高齢化による看護師不足に対応し資格認定を受けた外国籍看護師の一時的就労がH-1Aビザの新設で可能となった。翌年の1990年法の中で，これと差別化するために新設されたH-1Bは，同じく需要が急拡大する科学・技術・工学・数学（STEM）の高度技能者を想定して打ち出されたものである。注目すべきは，Hビザのうち，H-1Bの持続性に比しての他のカテゴリーの不安定性であり，H-1Aは95年までの時限立法とされ，95年には廃止されたうえでほぼ同様の内容でH-2Cとされた。一時的農業労働者H-2Aと非熟練短期契約労働者H-2Bと並置されたのである。ここからみえてくるのは，H-1Bを支持する強力な利害団体の存在であり，それが，他のサブ・カテゴリーが消長する中で，H-1Bが一貫して展開してきた背景にあるということである。

3）H-1Bプログラムの制度枠組みの特性——国際比較の視点から

　H-1Bは1990年法で生み出されたが，当初必ずしも大きな注目を集めたわけではなかった。6万5千人と定められた上限から開始されたが，1990年代の半ばには年間10万人近く入国が認められ，そして2000年前後には年間新規発行が20万人を超えるまでになる。

　このような急激でダイナミックな拡大を理解するには，①制度的枠組みとし

ての特異性と，②合衆国における産業の構造変動とそれに規定された利害団体の生み出す政治過程，の両面から分析する必要がある。

　H-1Bの基本的な枠組みを理解するために，まず手続き的なプロセスを概観しよう。H-1Bの最も基礎的な特徴は，雇用者と労働者の双方合意にもとづくプログラムであるということにある。まず，雇用希望企業が労働省に「労働条件申請書」を提出し，そこで認可された書類とビザ申請書類を，後に議論する費用とともに本土安全保障省に提出，さらに国務省での面接によって，被雇用者すなわち高度技能労働者本人が書面の内容との一致を証明しなければならない。簡略と考えられがちなH-1Bの手続きは，実は複数の官庁がかかわり，多重的にチェックされる意外に煩瑣な性格をもっている。

　このH-1Bの制度を，他の合衆国ビザや他の国の制度と対比することで，構造的特性を浮かび上がらせることとしよう。第一に，このビザは，確かに雇用者と就労希望外国人の間の合意により成立するが，その主導権は雇用者にある。例えば，オーストラリアの従来のポイント制度では，就労希望者単独で手続きは可能であり，また合衆国のEB-1ビザの場合も移住・就労希望者自身単独で申請は開始できる。このH-1B制度の場合は，すべてのプロセスの大前提に雇用者の利害があり，雇用者主導，需要主導のメカニズムといえる。

　第二に，期間としては，3年間の短期滞在就労が基本だが，同時に1回の更新が可能である（計6年間滞在）。この非移民という性格規定は，そのビザ発給を雇用基準の移民ビザと比較するとき審査期間の大幅な短縮をもたらす（EB-2などが数カ月から1年以上に対して，通例2〜4カ月で，H-1B Premiumという優先申請の場合は2週間ですむ）。その一方，このビザの特性は，最初から永住が前提ではないが，滞在期間中に合衆国内で永住への切り替えができる可能性も開かれていることにある。この規定は，一方で大きなチャンスを移民に与えるとも思える。だが，その基底には雇用する側の意志がそれを決めるのであり，いわば使いたくなければ切り捨てうるが，利用価値を感じればそれを3年にとどまらず，使用し続ける選択肢を残すということを意味する。それは結果として雇用者の利害が優越し，そこに滞在期間をめぐる権力の発生の基盤があるといえる。この制度構造はフレキシビリティという名の下で恣意的権力の発揮を可

能にする。急速に活用し，必要に応じてこれを排出することを可能にするものなのである。

第三に，このH-1Bカテゴリーの資格要件は，大卒以上の，特定専門領域（STEM，科学・技術・工学・数学）における学位あるいはそれに相当する資格を有するということであった。これは，EB-1・2等における博士号や修士号を前提とした基準に比べる場合，格段に緩い「高度技能」の要件ということができる。そのことは，次の条件とも関連しながら，制度の展開の中で大きな作用をもつ。

第四に，給与水準に関しては，合衆国における各職種の実勢賃金と同等あるいは上回ることを条件としている。一見すると，国内労働者の就労条件悪化を防止するという妥当な規定にもみえるが，他の先進国ではこれはより具体的な基準が設定される場合が多い（第7章，第11章）。また実際に労働者が不足しているかどうかに関して地域的に労働市場テスト（具体的求人広告への反応の確認）が行われる国が多いが，H-1Bはこれを求めていない（Ruíz 2012）。その代わりに，企業に課されているのが，一人当たり当初500ドルの申請費用であり，これはのちに加速度的な処理の場合（H-1B Premium）には1,250ドルに設定された。これらは，国内の特定領域労働者の教育訓練の資金に充当される目的であり，それが将来の国内供給を拡充して海外労働力に安易に依存することへの抑止効果があると正当化されたのだった。

第五に，量的制限枠組みの特性がある。H-1Bには年間最大受入数の上限が当初6万5千人と定められ（キャップ制），国内労働者保護のために量的制限が加えられた。しかし一見「厳しい」数量制限にはいくつかの抜け穴がある。第一に，1990年法は，上限の臨時修正の権限を議会に与え，このことによりH-1Bの上限は先に指摘したように大きく変化した。第二に，合衆国の大学で修士号以上を取得した外国人に関しても，年間2万人までのビザの交付が可能となっている。第三に，政府は上限免除条項を設定し，非営利の研究機関（大学やNIHのような政府専門研究機関）にはH-1Bの受入が制限なく可能であり，この申請者数は年間3万から4万にも上っている。その背景には，研究機関での雇用といっても必ずしもPh.D.水準の研究者ではなく，研究補助的・管理的専

門職を多く含んでいるからである。もうひとつ見逃してはならないのは，この第一と第二の上限枠を外れた該当者に関しては，一定条件を満たしていれば抽選によってビザ申請が認められることである。そこでは必ずしも能力主義原理による徹底した序列的選別が行われているわけではない。こうしてみると，安易な短期移民雇用を防ぐ量的制限のはずが，実際は十分なブレーキが利かない仕組みなのである。以上から，国際的にみて，H-1B は雇用者主導の，相対的に資格要件の緩い，期間的にも総量規制においても伸縮性あるいは柔軟性をもったプログラムと特徴付けられるであろう。先にみたこのプログラムの生み出した流れの急激な拡大は，この制度特性に依存するが，同時にグローバルな産業の展開と送出国および移民たちの社会的ダイナミズムにも依存する。

3　グローバル IT 産業と越境的労働利用システムの構造化

　H-1B は「米国企業」にとってグローバルな人材獲得戦略のはずである。しかし，H-1B プログラムははやくも 1998 年の段階でインド人の占める比率が 40％ を超え注目され，現在さらに年間新規受入の 12〜3 万人のうち，実に 70％ 以上をインド人が占めている（USCIS 2015）。この一国への強い依存はなぜ形成されたのか。そこにこのプログラムをめぐるダイナミクスを解明する鍵があると思われる。

1）IT 産業のグローバル化とインドでの産業集積形成

　IT 産業の爆発的発展にはいくつかの要因がある。その決定的な要因のひとつは，コンピュータ産業の巨人 IBM が，PC のオープン・アーキテクチャー戦略をとり，CPU をはじめとするハード部品とソフトウェアを世界の部品企業・ソフト開発企業から調達することで，PC を中心とするハード／ソフト産業が世界に拡散したことにある。結果として，この共通技術基盤＝グローバル・スタンダード上での水平的連携の中で研究・開発・生産が行われ，指数関数的な IT 生産の拡大が 1990 年代には進行していく。

実はインドの経済レジームの転換はちょうど同時代に進行していた。インドは，独立以降経済ナショナリズムを原理とし，自国産業育成を目標に保護主義と国家介入を基軸とする経済政策をとっていた。この中で，コンピュータ産業においても独自規格のワークステーション型システムを開発した。しかし，インドの保護主義経済は1980年代初頭に行き詰まり，1984年以降ラジブ・ガンジー（Rajiv Gandhi）政権下で経済の開放が進められていく。この過程でインドの独自規格コンピュータ産業はいったん消滅し，この大きな挫折こそが飛躍への転換点であった。独自コンピュータ産業の開発で育成されてきた技術者たちは，グローバル規格のPCをいまや輸入しこれを用いたプログラム開発に進出していく（Evans 1995）。

　さらに，国際的な新たな生産拠点を探していたHP，Intelといった合衆国IT企業がこの時期に陸続とインド，特にバンガロールやハイデラバードといったデカン高原地域に進出していく（Aneesh 2008）。まず周辺機器続いてPCといったハードウェアが生産され，これら米国系企業はインド人技術者の潜在能力を発見していった。この集積の中で，米国系企業は生産のための技術開発機能を移転し現地技術者を活用し始めた。さらには，ソフトウェア開発の移転も開始した。すでにPCやUnixをベースにしたプログラム開発に習熟したインド人技術者は積極的に活用されていった。

　さらに，1990年代合衆国におけるIT産業の急拡大によるシリコンバレー等の開発拠点でのIT技術者不足の中で，インドからの技術者の導入があり，ここで積極的にH-1Bプログラムが活用され始めた。インドでは，この時期までにIT技術者の教育体制が整備されはじめ，インド工科大学（ITT，全国に9キャンパスあり）を中心として人材の育成と蓄積が進行した。この中で米国系企業は自らの現地子会社を通じた人材の米国側への移転と活用を開始する。これを受けて，IT企業の集積した中部高原地帯では，これらの人材を登録し，合衆国へと国際斡旋するインド資本の人材企業が続々と誕生し成長した（Evans 1995）。

2）インド‐合衆国間での IT 技術者の供給システムの発展

　1990 年代中葉のインターネット・システムの確立と利用の爆発的な発展は，インド人 IT 技術者の利用を 2 つの方向で発展させたといわれる。第一に，越境的なソフトウェアの開発過程におけるインド側と合衆国側での共時的な協力関係が，高速化したネットワーク回線によって可能となった。この電子空間における越境活動では，合衆国側の顧客（例えば金融機関）のプログラムの修復・改善などのメインテナンス作業をインドにいながら，ネットワーク経由で行うといった形態も出現した。この戦略には，①ビザなどの制約のない just-in-time の労働供給，②インド現地の相場賃金コストの低さ，③地球の裏側という時差を利用したオペレーションを中断しない作業，④インド人労働者にとっての家族への負担の軽減，といった優位性があり，その越境性が競争優位を生み出す労働力利用となり始めた。アニーシュはこのような労働形態を仮想移民（virtual migration）と呼んだ（Aneesh 2008）。

　他方，インドの人材企業が IT 技術者を，H-1B プログラムを使って合衆国側の IT 企業やそのクライアントの内部で働かせるという形態も同時に拡大していく。この形態は，賃金水準・手続き時間の両面でコスト高であるものの，プログラムの細部の改善を合衆国側作業チームと綿密なコミュニケーションをもとに行い，特定顧客のニーズをその現場に出向くこと（on-site）で理解するなどの点で優位性をもち，拡大してきた。この on-site での労働のための海外就労形式をインド国内では "body shopping" と呼ぶが，それはインドの文脈では「人買い」的な斡旋という理解がつきまとうことを意味し，このことがまた仮想移民という戦略を拡大させてきた。

　両者は，このような差異をもちつつも，合衆国側での IT プログラミング，システム維持管理のニーズに対して，可能な限り迅速に対応し，かつ労働コストの固定化を避ける越境的な just-in-time 労働のシステムを相互に補完しながら形成してきた。これは，梶田他（2005）が分析した，日本の自動車産業のニーズに即応するために，日本の生産請負・人材派遣業者がブラジルの人材プロモーターたちを組織化し作り上げた越境的な労働供給システムに機能的にきわめて近いものであると評価できよう。

このような越境的な労働力利用は，1990年代末に劇的に増大する。いわゆるプログラムの「2000年問題」は，システムの作動停止を恐れた合衆国企業と公共機関をプログラムの書き換えに駆り立て，合衆国議会はH-1Bの上限を倍増させ，2000年には20万人の新たな技能者が受け入れられた。その50％以上がインド国籍であり，Y2K問題はインド人抜きで乗り越えられなかったとまで評された。このことを通して，合衆国内でのIT産業でのH-1Bインド人技術者の活用は定着し，9.11同時多発テロ事件以後も10〜12万人台を維持していく。

　これを支えたのが，多数のインド系人材斡旋企業であった。その数と規模は，2000年代に入ってさらに拡大し，インドの大企業グループ・タタ社傘下のタタ・コンサルティング，Infosys，Wiproといった企業が成長してくる。ここからみえてくるのは，もはや越境的労働供給組織がそれ自体大きな利害団体となり始め，H-1Bプログラムを構造化し始めてきたことである。

4　高度技能移民をめぐる政策論争と改革の焦点

1）金融危機以降の移民改革の新たな傾向と論争

　合衆国では，2001年ごろから移民改革への機運が高まり，9.11以降いったん後退したものの，2005年以降再び移民改革の運動が高揚していく。このうち，高度技能移民をめぐる論争は経済危機からの脱出とオバマ（B. Obama）再選を経て2013年には熱を帯びていった。それを規定していたのは，経済界特にIT産業からの高度技能労働者不足の叫び声とその解消のためのH-1Bビザの上限緩和をはじめとする「改革」の要求であった。しかし，これに関しては1990年代以来続いてきたH-1Bビザをめぐる批判との間に深刻な論争が続いていく。

　第一に，H-1Bが国内労働力の補完物か，それとも競合し代替する可能性のある労働力かという，労働市場におけるその機能をめぐる論争である。毎年H-1Bは連邦財政年度の4月1日にUS市民権移民サービス局（USCIS）が受付

を開始するが，2008年以降は年度内に上限に達せず，長期間上限以下で推移した。しかし2011年以降になると数日で申請の上限に達するようになる（Ruíz 2012）。このため，国内のシステム・エンジニア等の高度技能人材の供給は不足しており，技能移民はあくまでも補完的な労働力と主張される。これに対して，現実には国内でITをはじめとするSTEM分野での学士水準の卒業生は十分な数がおり，実はこれら有用な人材が金融等他分野に流出しているだけで，H-1B人材はやはり米国人の職を奪っているという批判も続いている。

　第二に，これと直接関連するのが，H-1B労働者の処遇と権利の問題である。第2節で論じたようにH-1Bの賃金規定は，合衆国の同じ職種の実勢賃金以上であればよいというルースな規定であった。H-1Bプログラムでは雇用者が主導権を握り，技能労働者たちは入国，雇用，滞在権について雇用者に依存せざるを得ない。特に，最初の雇用者との契約が打ち切られた場合は，最初の3年以内でも1カ月のうちに次の職を見つけない限り帰国が義務付けられる。すなわち，雇用者側のもつ抗いがたい制度的権力の前に，多くのH-1B労働者は，たとえそれ以上の能力があってもその分野の実勢平均賃金程度に甘んじざるを得ず，かつ景気変動と技術需要の変化の中でその雇用はいつでも打ち切られるのであった。この脆い立場のために，H-1Bはかつて戦時体制下にメキシコから1年の契約労働者として導入された農業労働者＝ブラセロ，になぞらえられてハイテク・ブラセロあるいは頭脳ブラセロ（cerebreros, 脳［cerebros］からの造語）と呼ばれた（Alarcon 2003）。

　第三に，第一の批判と関連するもうひとつのものが，大規模なインド資本人材斡旋企業の台頭とその戦略の変容であろう。かつて2000年までは，Ciscoシステム，Intelといった米国系IT巨大企業が主要なH-1Bを利用する雇用企業であったが，2014年現在では85,000人のH-1Bのうち，インド系の主要人材斡旋企業7社だけで16,500人を雇用している。これに対してIBM, Microsoft, Amazon.comといった米国IT・サービス巨大企業主要7社との契約者を合算しても5,600人程度に過ぎず，米国資本の人材斡旋企業ですら7,000人超に過ぎない。すなわち，米国企業が主導して直接あるいは，インド系人材斡旋企業に技術者のリクルートを委託するのではなく，いまやインド系人材斡旋企業

自体が主体となり，合衆国に支社を置いたうえで申請者となって雇用し，そこからインド人技術者がクライアント企業（例えば金融・サービス産業）に派遣されるという形をとるようになったのである。結果として，インド系企業は自らの組織の中で，一方でインドでの人材調達や業務委託を行いつつ，他方でH-1B人材の選別と入国の手続きを行い，さらに米国企業への派遣も行うという，越境的な人材供給システムを構築したのだった。

　このようなインド系斡旋企業の支配的なシェアの背景には特有の戦略があった。H-1Bは上限を超える以上の申請があった場合，学位・受入雇用者等の基礎的な要件が満たされている場合は，抽選によって決定するという選別システムとなっている。この中で合衆国に拠点をもつインド系斡旋企業は，意識的に多数の申請を出すことにより目標とした人数のインド系技術者を確保するという戦略を打ち出すことで，他の申請者を押しのけて高いシェアを占めていると批判されている。中小の雇用希望企業がきわめて高い創造性をもった少数の技術人材を希望したとしても，そのような創造性は特別な評価の対象ではなく，また多数の申請を行う資源を欠いているため排除されるというわけである (Preston 2015a)。

　この変容は，新たな問題／争点を生み出した。例えば，米大手玩具企業トイザラス社は，インド系人材供給企業から合衆国の事業所にインド人技術者を派遣させた上で，米国人技術者・専門家層と働かせながら技術を習得させ，彼らをインドに帰国・再配置した。こうしてインド人専門家集団を訓練することで事業拠点の準備にあたらせ，米国事業所をインドに移転したという。この結果トイザラスの同部門の米国内雇用は喪失した。また，ディズニー社は，2015年夏にフロリダ州のIT部門に斡旋企業を通じて（この場合はインド系HCLと米国系Cognizant）インド人技術者を派遣させ，やはり米国人技術者をその訓練担当とした末に，彼ら米国人スタッフ250人を解雇し，後からさらにインド人スタッフを呼び寄せ，彼らを先着グループに訓練させた。これに対して米国人元スタッフたちは，2016年1月ディズニー社を相手どって訴訟を開始し，大きくメディアでも報道された (Preston 2015b)。この結果，ディズニー社はこの解雇を撤回し，また同様の手法をとろうとした南カリフォルニアでも中断を余儀

なくされた。

　一方，2017年1月に大統領に就任したD. トランプ（Trump）は，その選挙運動期間中，米国人の雇用を守るためにディズニー社に対する不買運動を呼びかけ，H-1Bの廃止を公約としていったん打ち出したが，シリコンバレーをはじめとするIT企業の一斉反発を買い，すぐに撤回した。ここには移民問題に関する彼のホンネが透けてみえる。だが，労働者たちによる提訴，そしてそれについての報道と一部政治家の支援は，電力供給，医療保険サービス業などで発生した同様のケースに関しても，従業員たちが異議申し立てをする契機となった。次々に紛争が発生することで，H-1Bの申請における国内労働者の雇用保護のルールの甘さが指摘されている（Preston 2016）。

　このようなプロセスから浮かび上がるのは，もはやH-1Bによる技能者の受入が，国内的な需給関係やインドの人材養成力・供給力のみに規定されるのではなく，インド系人材斡旋企業を中心とする越境的人材供給ビジネス・ネットワークの自己組織的な発展に依存するということである。インドへの70％強という依存度は，これを抜きにしては説明しえない。すでに，1990年代にはじまるこの傾向に関して，バークはIT企業のインド人専門管理職が，特定の技能（例えば画像処理）の人材が不足した場合に，自らの高等教育機関や職歴のネットワークを使って適切な人材を短時間に補充するような行動様式をとることを指摘する。このプロセスを通じて，インド系の技術者が必然的に自集団内選抜を繰り返すという要因を示した（Bach 2001）。必ずしも意識的排除の論理ではなく，時間的・情報的な制約の中で，越境的に構造化した社会関係資本が自己強化し，インドとシリコンバレーなど合衆国のIT産業集積の間に強い人材供給ルートが形成される。それが制度的装置としてのH-1Bというゲートと結びつき，経路依存的かつ相互媒介的に発展してきたということができよう。本来，一般的な能力基準によるゲートとして始まったH-1Bは，今度は移民ネットワークの自己選別性により，Hビザの起源に回帰するかのように再び（今度はインド人という）特定のエスニック集団と密接に関係したものとなったのである。

　第四の論争点として，他のビザ・カテゴリーの短期高度技能労働力への流用

によるゲートの多元化の問題がある。H-1Bが限界に達し始めたことと，その
ビザ審査が産業のダイナミズムの求める十分な速度でないことにより，他のビ
ザ・カテゴリーの流用という戦略が模索されてきた。すなわち近年注目されて
いるのは，L-1A（外国企業内の役員・管理職の派遣），L-1B（企業内の専門職の
異動），O（傑出した能力の保持者）という非移民（短期）ビザの機能の転換であ
る。特に，L-1Bは近年大幅に増大し，14,000〜18,000人という水準で推移し
ている。L-1Bは，従来例えば日系電子企業という合衆国にとっての外資が現
地生産の立ち上げ期や，技術移転のために現地に設立した子会社に1年程度派
遣するような場面で利用されるはずであった。IBMのような企業は，これを
活用しインドに設立した子会社から技能労働者をL-1Bで移転して使用すると
いったことを開始していた。この中で，前節第2項で論じたインド系人材斡旋
企業の発展は，H-1Bを超えた高度人材移動の回路を開発する基盤となった。
すなわち，インド系人材斡旋企業が合衆国に拠点を置くようになると，米国支
社が，社内の人材配置転換として，技術者をL-1Bビザを用いてインド本社か
らその所属を残したまま合衆国に出向させる。その上で拠点を移しながらクラ
イアントに派遣されるという形態が多数発生する。L-1Bビザ取得の平均必要
時間が短い一方，滞在は最初は最大2年間と限定されている。しかし現実には
さまざまな正当化により最大7年までの延長が可能であり，H-1B以上に即応
性があり伸縮性も高い。「フレクシブルな技能労働力」として使用するための
ゲートという機能をもつようになったのである。実際，2012〜14年度の申請
では，インド人の場合25,000人中14,000人超，実に56％が拒否され，日本
人の15％はもとより，中国人，メキシコ人の21〜22％をもはるかに超える
高拒否率となっている。これは企業内異動の本来の目的を逸脱した利用の頻度
の高さをうかがわせる。

2)「高度技能移民政策」改革の方向性——改革提案とその基礎論理

　2013年5月に提出された「国境安全保障，経済機会，そして移民の近代化」
法案（U.S. Congress 2013）は，現段階での米国国家の短期・長期の移民選別の
基礎的論理が示されている。

第一に，H-1B の上限が従来の 65,000 人から実に 2 倍近い 12 万人に拡張される。これにプライオリティ，「上限なし」（研究機関）といったサブ・カテゴリーを上乗せすると 20 万人近い人たちがこのゲートから入国できる措置で，まずは短期のゲートの倍増を図る戦略である。
　第二に，加えて，H-1B から長期ビザの EB-2B などへの切り替えをより短期間にすることが提案された。合衆国内に滞在している H-1B 就労者が，能力を証明ずみの人間として優先的に永住権へと移行できるというわけである。
　第三に，より根本的な点として家族再統合という移民受入の 3 本柱の内のひとつの相対的比重を減らし，能力主義的な柱の拡充が大きな方向性となっている。これは，第 6 章が扱うフランスの政策傾向に類似しており，とりわけ家族再統合型を「押しつけられた移民受入」と規定して抑制するという明確な方針がサルコジ（N. Sarkozy）政権下で出されたのに一見すると似ている。だが，一般的な言説としては移民一般の抑制は唱えながらも，実際の政策の中身においては，家族再統合枠はいささかも明確な削減が提案されていないという矛盾もはらむ。
　その一方で，雇用上のメリットを基準に永住者ビザを積極的に与える方向性は明確である。博士号取得者は，自ら永住ビザを申請でき，しかもそこには上限が設けられない。合衆国で STEM 領域の学士以上の学位を 5 年以内に獲得し仕事をもっているものには，短期間で永住ビザが発行される（通常は 5～8.75 年必要）。
　第四に，この方向をさらに強めるものとして，初めて Merit-Based Visa System（「能力基準」）という名称で（雇用基準と別に），合衆国でポイント制の本格的な導入が提案されたことである。
　第五に，1990 年法以来第三の柱であった「多様性ビザ（diversity visa）」は，全廃の方向が打ち出されている。多様性ビザとは，家族再統合枠で 1960 年代以降のアジア・ラテンアメリカ系の新しい移民の比重が高すぎることに対して，一定基準以外は籤引きすることで出身国の多様化をはかったものだが（小井土 2003），学歴・資格などが低い移民のルートになっていた。これを廃止することで，能力主義的な移民ゲートを押し上げるというのが制度デザインの眼目の

ひとつである。

　この提案された新たな政策枠組みは，短期移民政策だけではなく，確実に永住権政策への新自由主義的な選別原理の浸透という方向転換を意味しており，H-1B 一辺倒の高度技能移民政策の理解の限界を示すと同時に，このような選別原理が必ずしも移民社会がもつ利害団体政治を圧倒するほどのものではないことを示してもいる。

　ヒラリー・クリントン政権が実現した場合には議論の叩き台となったであろうこの法案が，そのままトランプ政権の議論の前提となるとは考えられない。例えば，H-1B の基本骨格が維持されながらの大幅拡張は受け入れがたいだろう。しかし，この方向は共和党優位の議会（とくに上院）においてもかなり支持を得たものであり，企業者層からの支持も強い。その意味で移民改革のこの側面をめぐる論争への態度は，選挙中のレトリックを超えた移民政策に関する新政権の基本的態度の重要なリトマス試験紙となるであろう。

5　国内に頭脳を求めて——非正規移民第 2 世代からの選別

　新たな高度技能労働力を，正規の移民ゲートを通じて獲得するための政策が模索され続ける中，リーマン・ショック後の危機からの回復過程で，国内に潜在化している技能労働者のプールに視線が向き始めるようになった。すなわち，合衆国内の学校教育をうけて成長してきた非正規移民の若者たちである。新規の高度技術労働力の外からの導入に関する議論が進行する一方で，同時期にはいまだ実現されない非正規移民をめぐる改革の議論がさらに活発化し，この 2 つの政策領域が交差するようになっていく。

1）非正規移民若者たちの高等教育機関への進学とその壁
　この背景には，1986 年以降包括的移民改革が実施されない中で，それ以降に到来した非正規移民の子どもたちは，公教育を受けながらも非正規身分のままで成長していったことがある。同時に，非正規移民の合法化を否定しその福

祉社会サービスの利用規制を厳格化した 1996 年「非合法移民改革法（II-LIRA）」の作り出した体制の中でも，K12 と呼ばれる幼稚園から高校までの義務教育に関しての制限は行われず，この中で法律的身分，親たちの収入，居住地域の制約にもかかわらず，高校を卒業し大学進学を希望する若者が拡大してきた。一方，合衆国では元来高等教育の費用はヨーロッパに比較して高額であったが，新自由主義時代に入り，特に 2000 年代になってその年間学費は高騰し，私立大学のみならず公立の名門大学群，例えばカリフォルニア大でも急激に値上がりした。州内住民の学生には 2002 年には 6,000 ドル程度であった学費は 2015 年現在で 13,400 ドル，さらに州外の学生には 10,000 ドル程度であったのが現在 38,000 ドルというきわめて高額の水準となり，州外の学生の学費と生活の総支出は推計 55,000 ドルにまで達している[1]。

　このことは，特に各州内で成長してきた非正規移民の若者に圧倒的に不利に作用した。彼らは入学を許可されたとしても，州外の学生と判断されそれに応じた高額の学費の支払いが課せられた——両親がそこで所得税と消費税を支払っていたにもかかわらず——である。これに対してテキサス州を皮切りに州政府の中から，徐々に州住民としての学費減免を認める州法を成立させる動きが進み，現在は 18 州が認めている。例えば，カリフォルニア州でも 2001 年 10 月に州法 AB540 が可決され，これが認められた。これらにはフロリダのような多くのラティーノ系移民人口を抱える州が含まれ大きな意義をもったが，アリゾナ州のように逆にこれを公式に否定する州法が成立する例もみられ，決して対応が一律ではなかった点も見逃せない。

2）"We are dreamers !"——Dream 法案と声を上げる若者たち

　この州民子弟としての学費設定は，非正規移民の若者の進学率を着実に上昇させた。だがそれは正規化を含む包括的改革を欠いた中で，矛盾も高度化させていった。

　第一に，州民扱いへの転換に加え，低所得層としての減免があったとしても，例えば名門カリフォルニア大の場合は 2016 年で，12,900 ドル（約 150 万円）近い学費負担を強いられる。それは低所得の親たちには負担しきれず，必然的に

学生たちに就労を強いることになる。民間財団等による奨学金は確かに可能性があるもののそれには限界があり，公的な奨学金給付の制限の緩和が次なるイシューとして浮上してくる。

第二に，ブッシュ政権，続いてオバマ政権は，かつてない水準で労働現場での法律的身分の査察を強化するようになる（小井土 2014）。特に，次章で詳述される E-verify と呼ばれるデジタル化された ID とそれを検証するシステムが 2009 年以降に確立していくと，非正規移民の大学生たちはまず学資を補填するための就労の場が制約されていくことになった。これは必然的に非正規であるためにより低い賃金に甘んじて労働することを意味する。例えば女子学生なら（ジェンダー差別も加わり）非正規の家事労働者やベビーシッターとしての就労を余儀なくされることがしばしばあった[2]。

第三に，このような就労規制の強化は，政府と契約を結ぶ大企業のフォーマル・セクター，公的資金を受ける公共機関等で特に厳しくなり，持続的な努力によって能力を高めてきた非正規移民学生にとって，将来能力を発揮できるタイプの職場での就労の可能性が失われることを意味した。

包括的移民改革が困難になった 9.11 同時多発テロ事件以降に提案され始めた，高校以上の教育を受けた（ている）若者をまず正規化するというドリーム法案（Dream Act）は，繰り返し提案されて挫折しながらも，より大きな求心力を獲得した。非正規移民の高等教育就学，就労者たちはこれに期待し，自らを Dreamer と呼んで活発な活動を開始し，非正規移民に貼り付けられてきた「下層労働者」「リスクの高い犯罪予備軍」といった既存のラベルを剥がした。彼らとその支持者は，ドリーマーと若者が自らを呼ぶことを通じ，アメリカン・ドリームというイデオロギーの磁場の中で，彼らこそが移民社会アメリカの原像なのだということを暗示したのだった（Time 2012）。

3) IT 資本の利害と教育された非正規移民の若い世代

シリコンバレーをはじめとする IT 業界はこれらの若者の潜在力を評価し，特にドリーム法の成立を後押しした。例えば，Facebook の創業社主である M. ザッカーバーグは，2013 年 4 月，有力紙上で法的に非正規でありながら高学

歴の若者たちの企業家精神・創造性や有用性を明確に指摘し，ドリーマーたちの支援を表明，その雇用と教育の振興を打ち出した（Zuckerberg 2013）。LinkedIn, YouTube，といった IT 企業のトップや役員たちもこれに賛同し，FWD. us という財団を創設し，彼らの合法化への支援と IT 労働力が新規に入国しやすくなる運動を展開した。このような動きの背景には，H−1B をはじめとする高度技能移民改革の遅れによる新規労働力の獲得困難が具体的にあるだろう。同時に，そこには海外労働力の獲得による自らの利害追求を，若者の権利問題にかかわる課題と結びつけることで，正当化するという思惑がみえ隠れするという批判も一方である[3]（Lapowsky 2016）。

4）保守の壁，オバマの戦略，そして非正規若者たちの岐路

　オバマ大統領は結局「非合法」移民改革をめぐる議会内の保守派の分厚い壁を突破できず，ブッシュ政権に続いて包括的移民改革法は 2009 年以降も足止め状態となった。大恐慌以来の危機の中で誕生することとなったオバマ政権の戦略は，不況下での移民正規化を避け，むしろ次章で論じるように規制の強化を先行して実施し，これを政治的な正統性の元手とした上で改革を目指した。だが，2010 年以降も議会での改革法案は店晒しの状態が続いた。

　「規制の強化を経て移民改革＝正規化へ」というオバマのシナリオに狂いが生じた中で，最も大きな犠牲を払ったのが，上述のように移民の若者であった。教育上の努力にもかかわらず正規化というゴールはみえず規制の強化のみが残り，ブッシュ時代以上に矛盾が激化してきた。そこで再選を目指すオバマが打ち出したのが，子どものころにアメリカに入国し非正規に滞在し続けてきた移民の若者たちには強制送還を免除し，時限的就労権を認める大統領権限にもとづく措置（Deffered Action for Childhood Arrivals，以下 DACA と略記）であった。DACA は，16 歳未満で入国し，学校教育を受けているか高校までの教育を修了している若者に限定して，時限的滞在と就労権を認めるというものであった。それは，包括的な移民改革による 1,100 万人以上蓄積した非正規移民の大多数を正規化することを目指していた移民運動からみるときわめて限定的であり，明確に選別的な移民政策であった。この行政措置は 16 歳未満で入国したとい

うことを基準にすることで，自らの判断によって非合法の身分になったわけではない若者たちが適応困難な「母国」に強制送還されるという非人間的な懲罰を受けることを停止するという，人道的配慮が正当性の基盤にあるといえる。

だが，そのような正当化の一方，DACA は，明らかに教育上の達成と，労働能力や意欲を基準として限定的に権利を与えるものであり，また潜在的適応力をもつと思われる層をひとつのカテゴリーとして切り出したものであった。その意味で，DACA は本書でいう選別的移民政策のもつ選別的包摂と選別的排除の 2 つのベクトルが最も明確に交錯し複合化した政策であるといえる。

移民の若者たちは，DACA の不十分さへの批判的姿勢を維持しながらも，2012 年夏以降確実に申請手続きを行い，4 年間で 76 万人という日本では考えられない規模で権利の承認を受けた。しかし 1150 万人といわれる非正規移民のうちそれは限られた層といわねばならない。だが，同時にそのことで，DACA が許可された若者たちにとって大きな意義をもつものであったことが過小評価されてはならない。彼らは承認を受けると，ID カードを交付され（その負の機能は次章参照），ある者はホワイトカラーとして正規に就労を開始し，別の者は奨学金を得て大学院に進学した。全国移民法センター（NILC）の実施した調査によると，DACA の承認をうることで，69％の若者は収入が上昇し，全体の平均収入は 45％も上昇したという（11.92 ドル→ 17.29 ドル）(Wong et al. 2015)。

DACA のもつ効果は教育にもおよび，65％が学校在学中で，そのうちの 92％ がこれまで可能であった以上の教育水準を目指し，その内 83％が学士号を，17％が修士号以上を目指すという結果が出た。また，いまだに獲得された職種の詳細な分析は限られているが，パトラーらの調査によれば，職種でみた場合 DACA を獲得したものの 10％は専門職に就き，9％はホワイトカラー事務職，8％は教育／NPO に就労している。レストラン・ファストフード 22％，小売り 16％ という典型的な低技能職は大きいものの (Patler and Cabrera 2015)，職業階層上の上昇と，企業による技能の利用の進展をみることができるであろう。

DACA は，移民制度改革における際限のない論争の中で，それをめぐる立

法府と行政府の乖離が生み出した例外措置のはずであった。しかし，この例外措置が常態化していく背景には，権利の承認をもはや待ったなしと考える若者の移民たちの粘り強い抵抗運動があるのと同時に，企業家団体が，移民の若者が秘める潜在力を検証済みの即戦力として活用する利害の後押しがあるとみることができよう。

おわりに

　合衆国の高度技能移民の選別的政策は，世界から人材を吸収する力によって他の先進国から理想化され，しばしばH-1Bといった単一の政策に還元され模倣の対象とされてきた。しかし，本章の分析からは，それが論理的に首尾一貫したモデルからは程遠く，歴史的状況の中での特有の正当化の論理にもとづいて構成され，複雑多岐な制度的な展開をみせ，多様な利害集団の戦略と絡んで，大きな矛盾を孕みながら構造化してきた事実が浮かび上がってくる。

　第一に，合衆国の高度技能移民政策は，差別的な人種原則が優位であった体制の再編過程の中で短期型政策と永住型政策が時差をもって形成され別々に展開し，新自由主義の優位の確立期に再編を通してより一貫した能力主義的で合衆国に有用な人材の吸収メカニズムが確立したともみうる。しかしながら，現実には，短期的な移民の受入メカニズムは，一方でHカテゴリーがその内部にH-1B以外の低技能のものを包摂するメカニズムを併存させる一方，L, Oさらにはさまざまな留学回路（F, J）を通じて拡大し，回路の多元化が進行してきた。この断片化された回路はそれぞれの正当化の論理をもちながら，合衆国の技能労働者の供給回路として機能した。一見すると日本とかけ離れた基幹的な制度的パイプが機能しているようにみえながら，実は合衆国の技能移民受入には，日本における日系人，研修生・技能実習，留学などの異なる受入正当化の原理にもとづく回路の多元化と類似した断片化（fragmentation）の傾向を示している。この傾向の背後には，長期型の技能移民受入の遅さと長期待機申請者の蓄積があり，2つのゲートを分離して考えることはできない。

第二に，それぞれの回路で，関与する特有の利害集団が形成され発展してきた。それは合衆国内の IT 企業のようなものだけではなく，国内の研究機関まで含み，さらには超国家的な構造をもつ人材斡旋企業，他国の教育機関にも広がるものだった。市場志向の合衆国移民レジームにおいて，そのような構造的に結合した利害集団により現実の高度技能移民政策は影響され続けている。

　このような構図の中で，第 2 次オバマ政権期に模索された改革による再編成の方向は何を意味しているのか。第一に，高度技能労働者のプライオリティが高められ，家族や（廃止される可能性のある）「多様性」に比べて明確な優位性が与えられるようになり，博士号保持といった一定基準以上の者には，短期間で永住権型への切り替えが認められることである（第 7 章のドイツの事例参照）。第二に，そこに見出されるのは短期移民と長期永住型移民の間の境界の曖昧化であろう。元来，H-1B の規定にみるようにこの間は画然と分かれるものではなかったが，現在進行中の議論では，これを積極的に結びつけ，短期滞在ビザが永住化への移行期としての性格を強める傾向にある。第三に，これと直結して，合衆国内での教育，経験を重視し，そこで形成された技能を即戦力的な価値として優先的に活用する傾向の拡大である。それは，短期移民や留学といったゲートから入った人材が，その人的資本としての技能を蓄積するのみならず，それが合衆国の産業の文脈で実際に活用できることが立証された場合に，かつてない規模と速度で永住への道を開いていくということである。第四に，「高度技能」という肯定的タイトルは維持されつつ，その実際のスキルの要件は，一方の極には博士号保持者を置きつつも，学士号 B. A. やそれと同等以下の技能者（H-1B における大学関係の補助職員）をも包含する傾向が強まってきている。それは，「高度技能」のイメージを温存しながら，実質合衆国にとって必要なホワイトカラー職一般の確保手段の拡張という性格をもっている可能性がある[4]。

　このように傾向を整理するとき，オバマ政権の実施した DACA は，政権の正統性の確保，人権の保障と，現実的な権力布置との妥協点といいうるが，同時に以上論じた諸論理を国内の非正規ゆえの未活用労働力に展開した事例とみなすこともできる。それは，次章で明らかになるように，まさに境界的な事例

といえるだろう。

選別的移民政策の光の部分の光源とも思える合衆国の高度技能移民政策であるが，実はそこには大きな矛盾が内包されている。今後これをめぐってのさらに激しい攻防戦が予想される。同時に，これを安易なモデルケースと想定するのをやめ，その構造的な動態を理解したうえで，選別的移民政策を国際的に俯瞰し，外面的な制度枠組みを超えて社会的なダイナミクスを解明していくことが，今後の移民政策研究の課題ということができよう。

[注]
1) UCLA admission office の公式ウェブサイトにおける推計。"Fee, Tuition, and Estimated Student Budget," ⟨https://www.admission.ucla.edu/prospect/budget.htm⟩（2017 年 1 月 2 日アクセス）．
2) 2011 年夏および 2014 年春のカリフォルニア州南部，移民の若者へのインタビュー。
3) このような批判には，この財団が掲げるのが DACA を含む非正規の若者の支援だけでなく，H-1B を含む海外からの高度技能移民の受入の促進でもあったことが背景にある。
4) この点は仮説としての性格をまだもち，さらに政策の細部の効果を今後検証する必要がある。

[参考文献]
梶田孝道・丹野清人・樋口直人（2005）『顔の見えない定住化――日系ブラジル人と国家・市場・移民ネットワーク』名古屋大学出版会
小井土彰宏（2003）「岐路に立つアメリカ合衆国の移民政策――増大する移民と規制レジームの多重的再編成」小井土彰宏編『移民政策の国際比較』明石書店
――（2007）「現代アメリカの非正規滞在者をめぐる政治的分裂と社会運動の台頭」渡戸一郎・鈴木江理子・APFS 編『在留特別許可と日本の移民政策――「移民選別」時代の到来』明石書店
――（2013）「現代アメリカ合衆国における移民の社会運動と公共圏の再編成――重層的境界構造の転換と非正規移民たちの熟議への参加」舩橋晴俊・壽福眞美編『公共圏と熟議民主主義――現代社会の問題解決』法政大学出版局
――（2014）「グローバリズムと社会的排除に抗するアメリカでの非正規移民運動――監視機構の再編と新自由主義的排除メカニズムへの対抗戦略の諸相」『社会学評論』第 65 巻第 2 号
Aneesh, A.（2008）*Virtual Migration : The Programming of Globalization*, Duke University Press.
Alarcon, R.（2003）"High Tech Immigrants and Cerebreros," in Nancy Foner (ed.), *Immigration Research for a New Century*, Russel Sage.
Bach, Robert（2001）"New Dilemma of Policy-Making in Transnational Labor Markets," in W.

Cornelius et al. (eds.), *The International Migration of the Highly Skilled : Demand, Supply, and Receiving Countries*, Center for Comparative Immigration Studies.

Banerjee, Payal (2010) "Transnational Subcontracting, Indian IT Workers and the U.S. Visa System," *Women's Studies Quarterly*, Vol. 38, No. 1-2.

―― (2006) "Indian Information Techonology Workers in the United States : The H-1B Visa, Flexible Production, and the Racialization of Labor," *Crititcal Sociology*, Vol. 21, No. 2/3.

Cornelius, W. et al. (eds.) (2001) *The International Migration of the Highly Skilled : Demand, Supply, and Receiving Countries*, Center for Comparative Immigration Studies.

Evans, Peter (1995) *Embedded Autonomy : States & Industrial Transfomation*, Princeton University Press.

FitzGerald, D. and David Cook-Martín (2014) *Culling the Masses : The Democratic Origin of Racist Immigration Policy in the Americas*, Harvard University Press.

Hill, Robert T. (2013) "H-1B Prevailing Wage Claims vs. Reality : What They Say Versus What They Pay," CUNY School of Professional Studies.

Hispan, F. et al. (2016) "DACA at Four : Participation in the Deferred Action Program and Impacts on Recipients," MPI, *Issue Brief*, August.

Lapowsky, I. (2016) "Tech Giants Back Immigrants In Upcoming Supreme Court Fight," *Wired*, March, 8,〈https://www.wired.com/2016/03/tech-giants-back-immigrants-upcoming-supreme-court-fight/〉(2017 年 1 月 30 日アクセス).

Park, Haeyoun (2015) "How Outsourcing Companies are Gaming the Visa System," *New York Times*, Nov. 10, 2015.

Patler, C. and J. Cabrera (2015) *From Undocumented to DACAmented : Impacts of the Deferred Action for Childfood Arrivals (DACA) Program Three Years Following its Announcement*, Institute for Research on Labor and Employment, UCLA.

Portes, A. and R. Rumbaut (2014) *Immigrant America : A Portrait*, 4th edition, University of California Press.

Preston, J. (2015a) "In Turnabout, Disney Cancels Tech Worker Layoffs," *New York Times*, June 1.

―― (2015b) "Large Companies Game H-IB Visa Program, Costing the U.S. Jobs," *New York Times*, November 10.

―― (2016) "Laid-Off Americans, Required to Zip-Lip on Way Out, Grow Bolder," *New York Times*, June 11.

Ruíz, Neil (2012) "The Search for Skills : Demand for H-1B Immigrant Workers in U.S. Metropolitan Areas," Brooking Institute, Metropolitan Policy Program Report.

Sumption, Medeleine (2013) "Remaking U.S. Green Card System : Legal Immigration under the Border Security, Economic Opportunity, and Immigration Modernization Act of 2013," *Issue Brief*, No. 6, June 2013, Migration Policy Institute.

Time (2012) "We are Americans, Just Not Legally," June 25.

Totoricagüena, Gloria E. (2003) "Ethnic Industries for Migrants : Basque Sheepherding in the American West," *Euskonews & Media*, No. 212.

USCIS (2015) *Characteristics of H-1B Specialty Occupation Workers, Fiscal Year 2014 Annual Report to Congress*, Department of Homeland Security.

U.S. Congress (2013) "Border Security, Economic Opportunity, and Immigration Modernization Act," A Senate Proposal, Government Printing Office.

Wong, Tom K. et al. (2015) "Results from a Nationwide Survey of DACA Receipients Illustrate the Program's Impact," Center for American Progress, ⟨https://www.americanprogress.org/issues/immigration/news/2015/07/09/117054/results-from-a-nationwide-survey-of-daca-recipients-illustrate-the-programs-impact/⟩ (2017年1月30日アクセス).

Yatsko, Michael S. (2007) "Ethnicity in Festival Landscapes : An Analysis of the Landscape of Jaildi '95 as a Spatial Expression of Basque Ethnicity," MA Thesis submitted to the faculty of the Virginia Polytechnic Institute and State University.

Zuckerberg, Mark (2013) "Immigrants are the Key to a Knowledge Economy," *Washington Post*, April 10.

第2章 アメリカ合衆国 II

非正規移民1150万人の排除と包摂
—— 強制送還レジームと DACA プログラム

飯尾 真貴子

はじめに

2016年現在,アメリカ合衆国には推定1150万人を超える非正規移民が暮らしもはやその存在抜きに米国社会が成立しないことは明らかである。にもかかわらず,1986年の移民法改正を最後に非正規移民に対する合法化は実施されず,それどころか,米国政府は彼らを社会保障や労働市場から徹底的に排除し,強制送還政策を通じてよりいっそう脆弱な労働力へと貶め,その生活を脅かしてきた。

特に,1990年代から国境管理の厳格化が進行しただけでなく,2001年の9.11同時多発テロを引き金として国家の安全保障政策に組み込まれた新たな移民政策が展開されてきた。皮肉なことに,移民規制の厳格化によって越境のリスクとコストが高まったことで,非正規移民の滞在は長期化し家族形成がよりいっそう進んできた。しかしこのような定住移民に対しても,国外退去という容赦ない排斥の矛先が向けられてきた。移民・関税取締局のデータが示すように,強制送還者数は90年代以降増え続け,2000年代に急速に拡大している。非市民の国外退去は歴史的に繰り返されてきたが,現在の米国強制送還政策はその規模において類をみない。本章では,強制送還をもたらすメカニズムがどのように構築されてきたのか踏まえながら,非正規移民が置かれている現状に

接近していく。

　強制送還による徹底した排除が進行する一方で，それに抵抗する移民運動もまた活発化してきた。運動の成果のひとつとして，幼少期に米国へ移住した若者を対象に就労ビザを付与し，強制送還の対象から外すことを約束した「Deferred Action for Childhood Arrival」（以下 DACA プログラム）がオバマ政権により実施された。この特定移民層に対して暫定的な権利を付与するプログラムは，移民の徹底的排除を目的とした強制送還政策とは異なる包摂の一過程として理解されるべきなのか。本章は，以上のような問題関心を中心に据えながら，特に90年代および2000年代以降展開してきた一連の強制送還レジームに DACA プログラムを位置付けることによって，第1章で提示された包摂的側面だけでない排除のメカニズムについて明らかにする[1]。

1　米国移民政策の歴史的背景

　米国において「非合法・不法」／「合法」移民というカテゴリーが生まれ，それが移民政策上大きな意味をもつようになったのは，ブラセロ計画（1942～1964年）と呼ばれる米墨二国間協定が廃止されたことに遡る。このプログラムは，第二次世界大戦中より米国農業で不足する労働力をメキシコからの低賃金労働者によって補うことを目的としていたが，米国人労働者の労働条件が圧迫されるという批判が次第に高まったことで撤廃された。しかし，米墨経済間の構造的な労働力需要と供給の高まりのもとで，メキシコ人労働者はすでに構築された移民のネットワークを利用し，ブラセロ計画終了後も「非合法」移民として米国労働市場へと吸収されていった（Portes 1978）。すなわち，こうした政策転換はメキシコ人労働者の流れを表面上断ち切ったかのようにみせつつ，実際にはプログラム終了後も米国内の必要な労働力をメキシコからの「非合法」移民によって補い続けたのである。

　就労許可証をもたずに入国したメキシコ人労働者は，移民規制の対象とされ，交渉力をもたない弱い立場に置かれた。このような非正規移民の政治的な脆弱

性を発見した雇用主らは，それを労使関係における優位性を維持するうえで利用した（Portes 1978）。あたかも法的規範から外れた存在として名指される「非合法」移民とは，実はこのような米墨の経済構造を背景としながら，米国移民政策によって作り出され，社会的に構築されてきたカテゴリーであると指摘できる。

増加する非正規移民の取締りが政治問題化したことによって，1986年移民改革統制法（Immigration Reform and Control Act：以下IRCAと記す）が成立した。この法律は表向きはある一定の条件を満たした非正規移民を合法化し，移民規制を厳格化することによって新たな非正規移民の増加を未然に防ぐことを目的としていた。しかし，規制の要とされた雇用主への処罰条項が空洞化したことで抑止政策は失敗し，新たな移民が暗黙のうちに流入し蓄積され続けた（小井土 1992）。

米国社会はこうした「合法」および「非合法・不法」移民のカテゴリーを温存することで，労働市場における脆弱性を引き受ける低賃金労働者を確保し，米国社会を下支えする労働力を継続的に補充してきた。すなわち，現在の米国で暮らす一千万人以上の非正規移民は，IRCAによる合法化後もこうした米国内における構造矛盾が放置され続けた帰結として理解できる。定住化によって移民は生産領域を担う労働力としてだけでなく，再生産領域における生活者として家族やコミュニティを形成し米国社会に深く根付いてきた。こうした移民の多くが，本章で詳らかにする規制の強化にのみ重点をおいた強制送還レジームの構築によって，新たな矛盾と構造的ゆがみにさらされている。

2　強制送還レジームの構築

1）2001年9.11同時多発テロによる米国移民規制政策の転換

移民・関税取締局（ICE：Immigration and Customs Enforcement）の統計データによると，米国からの強制送還者数は特に1996年以降大幅に増加し，2000年前後は停滞傾向にあったものの，2003年から再び急激な増加をみせている。米

国シンクタンク，移民政策研究所（Migration Policy Institute：以下 MPI）のレポートによると，1996 年「非合法移民改革法」の制定以降 2014 年までに 460 万人が強制送還され，そのうちのおよそ 370 万人は後述の本土安全保障省（Department of Homeland Security）が 2003 年に設立後，国外退去とされている（Rosenblum and McCabe 2014）。2012 年の強制送還者数は遂に 40 万人以上にのぼり，なかでも，メキシコへの強制送還は全体の約 70％を占めている。こうした統計データが示すように，近年の大規模な強制送還を可能にする制度的メカニズムは，90 年代後半にその萌芽を形成し，2001 年 9.11 同時多発テロを重大な転換点としながらブッシュ（G. W. Bush）政権期（2001～2009 年）において確立し，オバマ（B. Obama）政権（2009～2016 年）のもとで拡大してきた。オバマが目指した「規制の強化を経て移民改革＝正規化へ」（第 1 章）という政策意図とは裏腹に移民規制のみが長期化し，かつ加速度的に進行した結果，皮肉にも包括的移民法改正を公約に掲げていたはずの大統領のもとで，最も多くの強制送還が実施されている。本節では，包括的移民法改正をめぐる政治的駆引きの裏で，近年の強制送還レジームがどのように構築されてきたのか，その制度的骨格に接近したい。

　2001 年 9.11 同時多発テロ直後に制定された「愛国法」は，大幅に市民権を制約し，理由を明示しないまま捜査対象者を逮捕拘留することすらを可能にした。「テロリスト」の取締りを理由に正当化されたこの法案は米国内におけるムスリムをスティグマ化し，深刻な人権侵害をもたらした。

　米国が「テロとの戦争」に傾斜していくなか，米国本土への外からの攻撃を未然に防ぐことができなかったことへの強い批判を受けて，それまで司法省の管轄の下で移民行政と規制の両方を担ってきた移民帰化局（Immigration and Naturalization Service）が廃止された。移民政策が米国安全保障システムの論理と結びつけられた結果，大規模な省庁編成によって 2003 年に「本土安全保障省」と呼ばれる巨大官庁が設立された（Meissner et al. 2013）。そして，移民規制を担う「移民・関税取締局（ICE）」と行政サービスを担う「市民権・移民支援局（CIS：Citizenship and Immigration Service）」が 2 つに切り離されたうえで，本土安全保障省に組み入れられた（Meissner et al. 2013）。効率的な検挙と送還を第一目

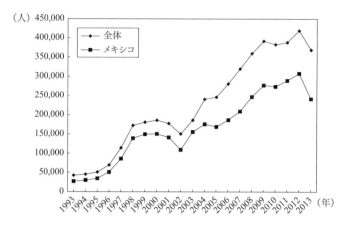

図2-1　米国による被強制送還者数（1993〜2013年）
出所）移民・関税取締局の統計データにより筆者作成。

的とし，数値主義・成果主義の原則に貫かれた移民・関税取締局（ICE）によって，移民の検挙戦略は質的・量的に転換した（小井土2014）。特に，従来の「線的あるいは帯状の管理」といわれる国境管理に重点をおいた規制強化にとどまらず，米国内にすでに滞在する移民を対象とした「領域内の面的，全域的管理」が進行し，この双方が組み合わされることによって，2006年以降その影響が本格的に表面化していった（小井土2013）。

2）移民の犯罪者化

　本土安全保障省に組み込まれた移民・関税取締局の主要な役割とされたのが，「犯罪者移民」の取締りである。ブッシュ政権は，国家の安全保障および公共の安全を目的とした移民規制の厳格化をその目標に掲げ，オバマ政権はその基本姿勢を維持しつつ特に「凶悪犯罪者」の検挙と国外退去をその優先順位に挙げることで大規模な強制送還の正当化を図ってきた。MPIによると，ブッシュ政権下において平均5割程度であった罪を犯したとされる者の強制送還は，オバマ政権下の2010年以降，8割に増加している（Rosenblum and McCabe 2014）。こうした数字は，テロや組織犯罪から米国社会を守るという政府の強調するレ

トリックがあたかも実現されている印象を与えるが，その詳細を吟味すると異なる現実が浮かび上がる。

改めて移民・関税取締局のデータに立ち返ると，一括りにされがちな「犯罪者」は，実は次の3つのタイプ，①Level 1：加重的重罪（aggravated felony），②Level 2：重罪・複数の軽犯罪（felony・misdemeanors），③Level 3：軽犯罪（misdemeanors）に分類されている。これを踏まえると，同じ「犯罪者」という括りでも，その半数以上が軽犯罪のみに問われているに過ぎず，米国政府のレトリックが強調するような凶悪犯罪者とは一概にはいえない。また，刑事上の有罪判決を受けて強制送還にいたったケースのうち最も多い18％は在留資格にまつわる犯罪であるという分析もあるように，「犯罪者」として括られたその多くは，実は暴力的な犯罪に加担したのではなく，「非合法」移民として米国に入国し滞在すること自体がその根拠とされている（Rosenblum and McCabe 2014）。すなわち，越境に付随する違法性自体を犯罪とし，それに遡及することを通じて，あたかも重犯に結びつけられるような一律の「犯罪者」カテゴリーが形成されてきたのである。このような社会的認知枠組の巧みな操作を通じた「犯罪者化（criminalization）」によって移民をスティグマ化する取締りのあり方は，定住化が進み米国社会に深いつながりをもった移民コミュニティに深刻な影響を与えてきた。

3）1996年「非合法移民改革法」および「反テロ法」による移民行政構造の変容

このような傾向の端緒が，クリントン（B. Clinton）政権期における移民排斥と1993年世界貿易センター地下爆破テロの衝撃のなか，議会保守派勢力下で1996年に相次いで成立した「非合法移民改革法」および「反テロ法」による移民取締りと刑事司法制度の相互浸透にあった。この際重要となった制度変容のひとつが「公式的強制退去（formal removal）」と呼ばれる法令枠組みの構築とその規模の拡大である。従来，国境沿いにおける取締対象者の多くは「非公式な帰国（informal return）」という名目で処理されていたが，新たに「公式的強制退去」として処理されることで将来的なビザ発行を困難にするだけでなく，再越境を試みて拘束された場合は刑事罰に処することが規定された。こうした

移民を入国管理上の罪に問うことで「犯罪者」としてみなすケースは，特に国境沿いにおける取締りにおいて 1997 年で 1 ％ であったのが 2013 年には 22 ％ にまで増加したことが報告されている（Rosenblum et al. 2014）。移民が入国することで背負う「違法性」を入国管理上の犯罪としてみなす取締りのあり方は，移民の「犯罪者化」の一端として理解できる。こうした「公式的強制退去」の増加は，同時に「司法手続きにもとづかない強制退去」と呼ばれるもうひとつの枠組みの導入によって支えられている。本来，「公式的強制送還」は司法省の管轄下にある移民審判官によって審理されるはずであるが，この枠組みの導入によって本土安全保障省の管理下にある職員が司法手続きを省略し，直接送還の決定を下すことができるようになった。これによって，入国管理の制度的負担を回避しつつ，大規模な強制送還をもたらす制度的枠組みが構築された（Rosenblum et al. 2014）。

さらに，国内管理においても移民取締りと刑事司法領域の相互浸透をもたらしたのが 1996 年「非合法移民改革法」によって規定された 287（g）条項である。一見，些末にみえるこの条項が，実は米国移民政策における地方警察の位置づけに一大転換をもたらした。米国では伝統的に移民規制は連邦政府の役割とされ，FBI や地方警察がもつ権限はきわめて限定されてきたが，この条項によってそうした原則が崩れはじめた。特に 2000 年代以降，それまで米国各地において移民の法的地位にかかわらず治安維持を担ってきた市・州警察が，本土安全保障省のもと地域社会のなかで移民取締りの機能を担うようになった（Capps et al. 2011；小井土 2014）。

4）「加重的重罪」カテゴリーの起源とその変容

このような強制送還を念頭においた取締りの対象となる「犯罪」を規定してきたのが，移民法における「加重的重罪（aggravated felony）」カテゴリーである。この移民法特有の「加重的重罪」カテゴリーは，もともと対麻薬戦争の文脈で制定された 1988 年の Anti-Drug Abuse Act に由来する。1988 年当初は，殺人，麻薬や銃の密輸入にかかわった永住権取得者を含む外国人を命令的収容（mandatory detention）に付し強制送還の対象としていたが，1996 年「非合法移民改

革法」によって「加重的重罪」を規定する中身が大幅に拡大した。賭博や密入国，パスポートや書類偽装といった犯罪も「加重的重罪」カテゴリーに含まれるようになり，現在では50にもおよぶ犯罪がその定義に加えられている。その中には，重罪にはあたらない軽犯罪も含まれ，「加重的重罪」という名称から連想される重罪性は必ずしも刑法で規定された重罪と一致していない。

　特に，1996年以前に有罪判決を受けた犯罪が「加重的重罪」に含まれたことで過去に罪を犯し刑期を全うした非市民までもが遡及的な強制送還の対象として定められた。これは，永住権取得者を含めた非市民が，すでに清算したはずの犯罪歴によって「再犯罪者化（re-criminalization）」（Warner 2005）され，再び国外追放という懲罰的措置に直面することを意味している。このように，米国政府はそれまで対象とされていなかった犯罪を恣意的に「加重的重罪」カテゴリーに加えることで，より広範囲における移民を取締りの俎上にあげることを可能にした。

　本来，同じ罪に対して二度裁かれることは，一事不再理の原則にもとづき違憲とされているにもかかわらず，強制送還は「非刑事手続」であるとして正当化されている（Kanstroom 2012）。これによって，非市民は刑期をもって罪を償ったとしても，本来刑事司法制度が目的とする更生と社会復帰の道は閉ざされ，国外退去に直面する。さらに，いったん移民・関税取締局に身柄を拘束されると，刑法では保障される弁護士へのアクセスといった権利が一切担保されていない。すなわち，近年の強制送還政策は刑事司法制度との相互浸透による厳罰化の一方で，退去強制をあくまで「非刑事手続」とみなす二重基準を用いた諸権利の剥奪の上に成り立っている。

5）移民取締りと刑事司法制度の交錯

　2001年9.11同時多発テロ以降，移民・関税取締局はこのような1996年「非合法移民改革法」と「反テロ法」による制度改変をさらに拡張した取締りを実施してきた[2]。しかし，このような本土安全保障省が喧伝する「犯罪者の効率的な強制送還」は，その効果に疑問がもたれるのみならず，人権侵害およびコミュニティへの深刻な影響が移民支援団体や研究者らによって批判されて

きた。例えば，ノースカロライナ州のある地区では，287（g）条項のもとで警察に検挙され強制送還にいたった移民の実に 83％ が軽微な交通違反を罪状とされていたに過ぎないことが報告されている（Keaney and Friedland 2009）。こうした優先順位が高くないはずの移民に取締りが集中している実態は，警察による移民取締りの本来の目的との乖離を如実に示している。さらに問題とされるのが，このようなプログラムの実施にあたって，ローカル，州，および連邦警察が移民を拘束する際の裁量行為が人種プロファイリングにもとづいているという点である。ある別の調査によると，米国内におけるラティーノ移民の割合は 77％ であるにもかかわらず，安全コミュニティ・プログラムによって検挙された非正規移民のうちラティーノは 93％ にものぼり，明らかにそこに人種的バイアスが働いていることを示唆している（Kohli, Markowitz and Chavez 2011）。

　また，「加重犯罪」における強盗や麻薬売買あるいはギャングといった組織犯罪への加担によって検挙される移民も確かに一定程度存在している。しかし，ゲットーと呼ばれるような人種化そして階層化された居住地域をターゲットとした繰り返される警察による取締りが，麻薬取締法などの罪に問われるラティーノおよび黒人の検挙率を結果的に高めてきたように，米国の強制送還レジームもまた米国社会に構造的に存在する人種主義に深く規定されてきた（Golash-Boza 2015）。すなわち，倫理や道徳を欠き自己統治能力のない個人としてスティグマ化されたラティーノ移民（Inda 2006）は，人種プロファイリングなどを通じた抑圧的な管理のもとでシティズンシップの諸権利から排除されてきたといえる（第 8 章）。

6) E-verify システムによる労働市場からの排除

　E-verify システムとは，就労許可証の情報を連邦政府が管轄する社会保障番号および移民・関税取締局のデータに照合することによって，移民労働者が合法的な就労許可証を保持しているか否かを自動的に判定するシステムである。雇用主は，この電子認証システムを用いて移民・関税取締局のウェブサイトから新たに雇用する者の社会保障番号を入力すると，それが連邦政府のもつデータシステムと照合され，その人物の在留資格を確認できる仕組みになっている

(第12章第2節)。

　これが実際に広く導入され始めたのは2000年代以降であるが，その背景は1980年代初頭までさかのぼる。すでにその頃から非正規移民を雇用した事業主に対して罰則規定を設けるためには，移民労働者の法的地位を客観的に確認するシステムの構築が必要であるという議論が存在したが，雇用主への就労資格の証明の義務化は長きにわたって拒否されてきた。1986年の移民法改正においても，I-9と呼ばれる就労許可証の確認が義務づけられたが，雇用主による根強い抵抗によって経営者への罰則規定は空洞化し，非正規移民による偽IDの利用が広く一般化した（小井土1992）。

　その後，1996年「非合法移民改革法」を皮切りに，I-9に記載された情報が適切であるかを判断する方法として，移民の法的地位と社会保障番号を移民帰化局と社会保険省のデータとコンピュータを介して照合するパイロット・プログラムが展開されるようになった。これらはあくまで試運転という位置づけで実質的な導入の拡大には結びつかなかったものの，9.11同時多発テロをきっかけとして再び注目を集めるようになった（Rosenblum and Hoyt 2009）。2007年にその名称をE-verifyと改め，生体認証システムを利用し就労許可証や永住許可証などの顔写真を移民・関税取締局がもつ写真データに照合できるようにしたことで，その精度が格段に高まった。移民・関税取締局によると2008年には9万人弱の雇用主が登録し，その利用は600万件と大幅に拡大した。これは新たに雇用された10人に1人がE-verifyによってその就労の合法性を確認されていることを示している（Rosenblum and Hoyt 2009）。その後もE-verifyの利用は年々拡大し，2015年度には60万以上の雇用者が登録し，1300万件以上で用いられている。この背景には，連邦政府がこれを用いない企業とは契約を結ばないという，その購買力を梃子とした強力な圧力があった。

　このE-verifyシステムの導入によって，非正規移民をふるいにかけ，名目上は労働現場から徹底排除することが可能となった。しかし実際のところ，労働法に明らかに違反するような環境で働く非正規移民は，強制送還のリスクという自らの脆弱性を認識するがゆえに[3]適正な賃上げや労働環境の改善を求めることができない。すなわち，皮肉にも法令順守の徹底を目的としたこの電子認

証システムによって，すでに周縁的な労働環境に身をおく非正規移民が，よりいっそう搾取されやすい脆弱な立場に追い込まれ，利用され続ける結果を生んでいる。E-verifyシステムの導入は労働市場に正式に包摂される者，されない者をより明確に線引きし，非正規移民を労働市場の下層へと追いやる機能があることを見逃してはならない。

7）移民収容所の機能

1990年代後半における移民取締りの強化と並行して，移民収容の規模もまた大幅に拡大してきた。全米各地に多くの移民収容所が建設され，2010年には年間収容者数が40万人近くにものぼった。このように，米国で急速に拡大してきた移民収容の実態は，新自由主義的ロジックにもとづく民営化をその特徴とし，近年の大規模な強制送還をもたらす主要なメカニズムのひとつとして位置付けられる。

これまで，人権侵害といった移民収容所をめぐるさまざまな問題点が指摘されてきたが，収容所の利益追求型の合理化はそうした問題を深刻にさせてきた。同時に，さまざまなサービスを有料とすることで被収容者やその家族から利益を得るだけでなく，拘留者を施設内の仕事に最低賃金を下回るコストで従事させることで，移民収容所は被収容者を搾取してきた（小井土 2014；Golash-Boza 2015）。つまり，移民収容は検挙した移民を即座に強制送還するだけでなく，「もともと権利の限られた人々から最小限の権利を剥奪し，最低賃金以下の労働力を公式に形成し滞留させる装置」（小井土 2014）としても機能している。

加えて，こうした問題の根本的要因として収容所における法的および社会的権利の剥奪が指摘できる。被収容者は，弁護士へのアクセスなど基本的な権利が保障されていないために，法的アドバイスを受けることができないばかりか，厳格な強制拘留の条件によって保釈の権利さえ有していない（Kohli, Markowitz and Chavez 2011）。さらに，なんの前触れもなく被拘留者を別の収容所へ移動させることで，家族やコミュニティとのつながりを事実上断絶される（Kohli, Markowitz and Chavez 2011）。このような外部とのアクセスを遮断するようなさまざまな仕掛けは，被収容者を米国全土に広がる膨大な収容所ネットワークの

迷宮の中に離散させ不可視化することで，適切な支援をうけることを困難にしている。

通常の法原則が無効化された「例外状態」（アガンベン 2003）に封じ込められた被収容者は，入国管理局裁判所の審理を受ける権利を放棄し「司法手続きにもとづかない強制送還」に同意する書類に署名を求められる。過去 10 年間でおよそ 16 万人以上がこの書類に署名し，そのうちの実に 96 ％ が弁護士に相談できないまま強制送還にいたったとされる（Koh et al. 2011）。すなわち，近年の大規模な強制送還は，移民収容所における暫定的な労働力化による経済的搾取と同時に，外部から遮断された例外的空間における移民の徹底した従順化に依拠している。

3 特定移民層に対する暫定的な権利付与プログラム

1) DACA プログラムの排除の側面

現在約 1150 万人いると想定される非正規移民に加えて，永住権を取得したものの市民権をもたない移民が，潜在的な強制送還のリスクにさらされている。このような状況下において，2012 年に遂にオバマ政権は，特定の非正規若者移民層に対する救済策として DACA プログラムを発表した。米国政府が提示する一定の条件を満たす者は，強制送還のリスクを免除され，合法的に労働市場に包摂されるという恩恵を受けることができる。ただし，この一方で DACA プログラムが「選別的包摂と選別的排除の 2 つのベクトルが最も明確に交錯し複合化した政策」（第 1 章）と言及されたように，このプログラムから排除される層が存在することを見逃してはならない。

2) DACA 申請条件からみる包摂と排除の境界線

DACA プログラムは，幼少期に米国に移住し，なおかつ大学進学を果たすような高学歴層を対象としたドリーム法案を念頭に打ち出された。DACA プログラムの申請条件は，このような人権および能力主義に依拠したうえで，教

表 2-1　DACA プログラムの申請基準

DACA の申請条件	検証と運用
1. 2012 年 6 月時点で 31 歳以下	パスポートなどの身分証明証
2. 16 歳未満で米国に入国	学校記録（成績表など）
3. 2007 年 6 月 15 日から継続的に米国に居住	学校記録（成績表），光熱費などの公共サービスの請求書など
4. 2012 年 6 月 15 日と申請時に米国に居住していたこと	Facebook などの SNS におけるコメントや買い物のレシート，銀行のレシートなど
5. 2012 年 6 月 15 日の時点で合法的な身分を喪失していること	失効したビザなど
6. 軍隊または学校に所属していること（高校卒業資格 GED も可）	軍隊および学校からの証明書
7. 犯罪歴がない。薬物やアルコールを摂取した状態での運転での逮捕歴なし。重犯罪歴がある場合，現在は例外的状況にあることを証明する必要あり	書類提出後に，バイオメトリックス（生体認証）が実施される。ここで収集された指紋データを踏まえて，ギャング・データベース，FBI などの犯罪記録と照合される

育水準と犯罪歴の有無にもとづく新たな線引きを示している。

　DACA プログラムの申請者の教育水準は成人教育を含めた高校を基準として設定しており，ドリーム法案と比べてその間口はより広くなったともいえる。とはいえ，MPI の推定によると DACA プログラムの潜在的申請者 5 人のうち 1 人はこの条件を満たしていないために DACA に申請できないという状況にある。このような若者層の特徴として，メキシコや中南米出身の男性で，年齢が学齢期を超過していることや低い英語能力，そして高い貧困率が挙げられる (Batalova, Hooker, Capps and Bachmeier 2014)。

　また，条件を満たしていながらも申請を見送った者が約 45％に上るとされるが，その理由のひとつとして DACA 申請者の世帯が抱える経済的要因が挙げられる。DACA に申請できる若者の半数以上が，米国連邦政府の規定する貧困水準以下にあり申請費用（465 ドル）を賄えず，また公的な支援なしに必要な教育機関に再編入することができない。従来，「ドリーマー」を意味する非正規移民の若者は，とりわけ有能で勤勉とされる高学歴層であることが強調されてきたが，その背後にはこのような DACA プログラムの教育水準に達しないワーキングプアの若者層が存在している。すなわち，こうした貧困率とも

直結するDACA申請の基準設定は，高学歴層の社会上昇をもたらす一方で，低賃金労働者として米国社会を下支えする貧困層を切り捨て周縁化し非正規移民の階層分化をもたらしている。

　教育水準と同様にDACA申請基準を決定づけるのが「犯罪歴」の有無である。具体的には，加重犯罪，重罪，および3回以上の軽犯罪といった犯罪歴がある者，公共の安全や国家安全保障の脅威となりうる者がその判断基準とされる。こうした犯罪歴にもとづく申請基準は，非正規移民の若者たちにとってどのような意味をもつのだろうか。彼らの多くは，低賃金労働者として働く両親のもとで，いわゆるゲットーと呼ばれる地域に住み，教育資源の乏しい学校教育を受け成長してきた。ポルテスらは，こうした社会環境の中で主流社会から外れ社会上昇を遂げられない若者移民は，均質な米国社会ではなく，米国社会の人種化および階層化された多様な社会集団に準じた「分節化された同化 (segmented assimilation)」(Portes and Zhou 1993) の道をたどっていると指摘する。すなわち，「非合法」という法的身分のみを抽出し更生のチャンスを与えないまま国外退去を強いる現在の移民政策は，そうした若者移民らが米国社会の構造的ゆがみの中で社会化されてきたという事実を無視するものであろう。さらに，このような主流社会から外れた層に同化したことで強制送還にいたる若者移民の姿は，社会的排除が移民規制による制度的排斥と接合することで，さらなる周縁化を引き起こすことを示唆している。

　また，こうした犯罪歴の有無に加えてギャング・データベースと呼ばれるFBIや地元警察が作成するリストに名前が載っているか否かもその判断基準にされる。このリストへの登録は，たとえ正式なメンバーではなかったとしてもギャング活動が活発な居住地域に住み，ギャング・メンバーである友人や兄弟と頻繁に接触があった場合にもなされる[4]。したがって，実際に犯罪歴がなくとも，今後罪を犯す可能性が高いリスク集団としてみなされることで排除の対象となりうる。いうまでもなく，こうした排除は人種化および階層化された米国社会において，ある特定のエスニック集団に属する若者移民への構造的なスティグマ化を引き起こす。

　このような将来的に社会保障の負担となりうる貧困層，あるいは罪を犯すと

予測される層をあらかじめ排除の対象としたDACAプログラムは，リスクを抱えた集団を実際に罪を犯す前からカテゴリー化し，秩序化し，管理する「社会的仕分け」[5]のメカニズム（ライアン2010；本書第12章）を有している。また，このような将来的に社会的リスクとなりうる層をターゲットとする統治のあり方は，特定の人口集団を監視するだけでなく，そうした疑わしき人々を国外退去の対象として排斥する機能も備えている。すなわち，DACAプログラムとは自己統治能力のある移民を理想的な市民モデルとして促進するだけでなく，そのようなモデルに沿わない集団を囲い込み，諸権利から排除し強制送還の対象とすることで，効率的な管理統制の確立を試みる「監視追放複合装置」[6]（古屋2014）の役割を担っている。

3）米国移民政策における生体認証技術の役割

これまでみてきたように，DACAプログラムを含めた一連の移民政策が作動する上で要となるのが，生体認証技術である。こうした生体認証技術は，移民の法的地位や犯罪歴を指紋などとデータ上で照合させることで，「コミュニティ安全プログラム（Secure Communities）」や「逃亡者プログラム」といった取締りプログラムに利用されてきた。これによって，それまで非正規移民として横並びだった集団を推定される「危険度」によって強制送還に値する優先順位に振り分ける垂直的な管理をもたらした。

この管理統制の技術が，例外なくDACAプログラムの申請者に対しても適用されることによって，これまで非正規移民としてみえない存在であった人々を，選別的に申請用件を満たした望ましい移民層とそうではない層に振り分けることが可能となった。すなわち，これまで必ずしも可視化されてこなかった集団が，国家のデータシステム内に取り込まれ監視の対象となる。これによって，DACAプログラムの受益者は就労ビザ，運転免許の取得，強制送還の対象から排除されるなどの一定の利益を享受できるが，他方でいつでも国家がそのような情報を利用できることを意味している。ここで強調しておくべき重要な点は，このDACAプログラムは，現在のところ期限付きであり市民権への道が開かれていないということである。すなわち，包括的移民法改正が実施さ

れない限り，市民権は付与されず限定的な権利付与に留まるため，結局のところ常に強制送還の対象として管理下に置かれ，排除のリスクにさらされ続けることを意味する。合法的な書類を手にすることで「非合法」移民に対するスティグマ化から解放され正式に労働市場へと包摂されるものの，実際には「政治的に脆弱な労働者」(小井土 2003) であることは変わらない。言い換えれば，本来，DACA 受益者は再生産領域を含めた米国社会に生きる一員として諸権利が認められず，実質的には生産労働を担うゲストワーカーとしての権利のみ与えられることで二級市民的な立場に固定され続けることを意味している。このような米国市民権へと結びつかない DACA プログラムが，本当の意味における包摂とは程遠い措置であることが十分認識されるべきであり，それが彼らを新政権下で不安に陥れている。

4　国境を超える強制送還レジーム

　ここまで，米国内における永住権取得者を含めた非正規移民が移民政策の厳格化によって直面する現状を明らかにしてきた。では，実際にこうした強制送還レジームによる予期しない帰郷を移民はどのように経験しているのだろうか。従来の移民政策論では，その射程は受入国にとどまり，選別的移民政策が移民に与える社会的帰結を送出国まで含めて俯瞰してこなかった。強制送還が生み出す送出国における影響に着目することで，新たな問題群への示唆を得ることにつながるだろう。強制送還後に出身国へと戻った移民の実態に接近した研究はいまだに乏しく，本節では，筆者が実施したフィールド調査にもとづきながら，強制送還を含めた帰国による帰結の一端を明らかにしたい。
　メキシコ南部村落部出身の移民は，主に米国西部の農業地帯に移住し，送金や村の祭事への参加などを通じて米墨間の地理的，文化的，政治的な境界を越えたトランスナショナルな社会空間を形成している。この越境的な社会空間を形成するうえで核となるのが，カルゴ・システムと呼ばれる行政および宗教的儀式における金銭協力や無償労働を基盤とするローカルな社会統制メカニズム

である。移民はこうした相互扶助を通じた社会的期待や規範に応えることで，村の成員としての地位を維持することができる。

　村の行政や宗教上の上位役職を担うために家族を米国に残し帰村した年配の男性は，このようなローカルな社会統制メカニズムと移民規制の厳格化に翻弄される移民の姿を如実に示す。非正規移民である彼らにとって，帰村後の再越境はきわめて困難であるが，村の期待に背き米国に留まることは村での生存権を失うことを意味している。このジレンマに対して，彼らは米国にいる家族が強制送還に直面した際に，いつでも村に戻ることができるよう帰村を選択した。これは実質的な強制送還ではなく，非正規移民が自らの法的地位へのリスクを認識したことによる戦略的帰国といえる。こうした帰国者の多くが，村での役割を終えて米国の家族のもとに戻ることを切望しながらも，国境における警備の厳格化や治安の悪化によって再越境に失敗し，そのトラウマ的経験から村に留まることを止むをえず受け入れている。すなわち，村における彼らの社会的地位の承認は，家族との無期限の別離という犠牲の上にもたらされている。

　こうした村の規範と期待に応える年配の男性移民がいる一方で，その人生の大半を米国で過ごした若者もまた強制送還によって村に戻っている。国外退去による経済的および社会的剥奪を受けた若者にとって，村におけるさまざまな義務の履行は大きな負担と衝突の火種になる。特に，規定通りに金銭を納めるといった村の規範に従うことができなければ，村での生存権を失い離村を要求される場合もある[7]。

　このようなメキシコ村落部における調査が浮き彫りにするのは，コミュニティの「アウトカスト」として位置付けられ，周囲からスティグマ化される被強制送還者の姿である。そこには，被強制送還者を村への脅威，あるいは村を「汚す」存在とする特徴的言説によって，彼らを「犯罪者」とみなすローカルな認識が生まれていた。強制送還を正当化するために米国政府が生み出した「犯罪者化」の言説がメキシコ側においても受容され，再生産されるという奇妙な一致がここにみられる。すなわち，トランスナショナルな社会空間で発生する期待や規範が受入国のナショナルな移民規制メカニズムと接合することで，被強制送還者の二重の排除をもたらしている。

これまで，メキシコにおいて米国への移住が語られるとき，越境に伴う試練が認識されながらも，それ以上に移住がもたらす物質的豊かさや経済的上昇への期待が人々の越境意欲を刺激してきた。しかし，前述したような被強制送還者に対するスティグマ化の言説や再越境のトラウマ的体験の流布は，越境が死や喪失と結びつけられた，かつてないリスクある選択として認識される新たな状況を示している。メキシコの代表的な移民研究者の一人であるベセレは，繰り返し語られる越境の負の経験が強制送還に対する「予期（anticipation）」や「記憶（memory）」を生み出し，人々に移動を断念させるような自己規律のメカニズムを組み入れた統治性の技術としてすら現れると論じている（Besserer 2014）。それはすなわち，越境に対する負の言説の共有と内面化が，結果的に越境的移動を抑止するメカニズムとして作動することを意味している。

おわりに

　今後の米国移民政策の行方は混沌としている。オバマ政権は 2014 年に DACA プログラムの拡大と米国籍および永住権を有する子どもをもつ親に対する救済策（Deferred Action for Parents of Americans and Lawful Permanent Residents：DAPA）の実施を公表した。しかし，議会を通さずにホワイトハウスが主導したことへの保守派の反発は根強く，その合憲性が米国最高裁判所で争われ違憲と判定されたことで，今後これらのプログラムが予定通り実施される可能性は低くなった。さらに，すでに行政的措置として実施された暫定的権利付与プログラムでさえ，トランプ政権の成立後にはきわめて不透明な状況におかれている。何より本章が明らかにしたように，排外主義の対極にあるはずのオバマ政権の下で，近年の大規模な強制送還メカニズムが展開されてきたことは，米国移民政策の抱える構造的矛盾の深さを物語っている。

　本章では，こうした近年の過去に類をみない規模の国外退去をもたらした制度的メカニズムとその構造的矛盾を明らかにし，そのうえで特定の移民層への暫定的権利付与プログラム（DACA）の排除の側面を浮き彫りにすることで，

米国の非正規移民に対する複合的な移民政策に通底する統治のあり方を析出した。

それは，米国社会における人種主義が新自由主義的ロジックと連動することで，特定のエスニック集団および階層に属する移民がリスク集団として排除される社会的仕分けを用いた選別メカニズムといえる。

このような社会的仕分けを用いた管理統制のメカニズムは，非正規移民の次のような階層分化をもたらした。①DACAのような権利付与プログラムによって社会的上昇の潜在性をもつ層，②年齢などの条件を満たさないことから権利付与プログラムの対象にはならず非正規移民のまま蓄積されていく層，③犯罪歴などによって望ましくないカテゴリーに囲い込まれ，より脆弱となる層，④強制送還され再越境できないまま出身国に留まらざるを得ない層である。このような四層への分離が示すのは，非正規移民はもはや一枚岩で語られる存在ではなく，移民規制の厳格化とともにさまざまな条件にさらされながら，それぞれがその「リスク」にもとづき管理統制されていく姿である。

このような非正規移民の階層化は，序章が示す同心円状モデルを踏まえるとどのような意味をもつのだろうか。これまで，1990年代における米国移民規制政策の厳格化は，市民，合法永住移民，そして非合法移民の各層間の権利をめぐる段差が拡大し，その壁がより分厚くなることで各層間の移動がより困難になることが指摘された（小井土2003）。これに対して，本章が明らかにした90年代以降および2000年代における米国移民政策は，本来同じ法的地位を共有してきた非正規移民を分断し，そのなかで乏しい権利を最大化できる層とそれさえも徹底的に剥奪され周縁化される層への階層化をもたらした。さらに，DACAプログラムで示したように市民権への道が断絶されていることで，暫定的権利を得た移民層の上昇的移動もまた阻止される。このような階層化の一方で，皮肉にも非市民と一括りにされることによって権利喪失はいとも簡単になされ，だれもが一番外側に想定される物理的境界の外に放逐される可能性を常に有しているのである。

本章は，受入国だけでなく送出国も射程に入れることで，同心円状モデルの第五層（序章）を成す物理的境界の外側へと国外退去にいたった層を含めて論

じてきた。出身地域において被強制送還者が直面するさまざまなスティグマ化は，受入国における選別的移民政策の後に，国境外においても生成する移民への社会的統制のメカニズムを示している。移民を犯罪者化する言説が送出地域の社会規範と結びつくことで，ローカルな社会的コントロールが国家の社会統制メカニズムの補完物として作用する可能性がある。すなわち，本来国家的抑圧に対する移民の抵抗を生み出すはずの「下からのトランスナショナリズム」が，国家の移民管理メカニズムと連動することで，移民の分断と周縁化という真逆の方向に機能している。みせしめ的機能をもった被強制送還者へのスティグマ化が，ナショナルな移民管理や国家安全保障管理と結合し内面化されることで，潜在的移民の越境的移動が抑止されている。本章が論じてきた強制送還レジームとは，移民受入国内における一連の移民政策とその実践にもとづいた政治テクノロジーにとどまらず，このような送出地域をも射程にいれた越境的な統治メカニズムといいうるだろう。

[注]
1 ）本章の大部分は，科学研究費プロジェクト「選別的移民政策の国際比較」の一環として 2012 年夏と 2013 年冬に米国ロサンゼルスとメキシコのティファナで実施したフィールド調査にもとづく。補完的に筆者自身が実施したメキシコシティ都市部とメキシコ政府の奨学生としてメキシコ南部の村落で実施した調査に依拠する。
2 ）主に以下の 4 つのプログラムである。①外国人犯罪者プログラム（Criminal Alien Program：CAP），②安全コミュニティ・プログラム（Secure Communities），③287（g）条項プログラム（287（g）Program），④逃亡者プログラム（National Fugitive Operations Program：NFOP）。
3 ）デ・ジェノバは，このような「非合法」移民が強制送還のリスクに恒常的にさらされ，さまざまな社会的資源へのアクセスを制限されることで内包する脆弱性を「デポータビリティ」（De Genova and Peutz 2010）という概念を用いて論じた。強制送還それ自体のみを問題とするだけでなく，このような強制送還のリスクが生む脆弱性に対する自己認識を概念化し分析の俎上にあげることは，「自発的帰国」を含めた移民規制の厳格化による広範な弊害に接近するうえで重要となる。
4 ）ロサンゼルスを基盤にする移民支援団体 CHIRLA のディレクターへのインタビューから。
5 ）引用の文献では「社会的整序」と訳されているが，より原文の "social sorting" が含意する，単なる整理と序列を超えた他者による選別性を示すために「社会的仕分け」を用いる。

6）これは，Bigo（2008）による「バノプティコン」の概念に由来する。ビゴは，フーコーによるすべての国民を福祉国家へと順応させることを目的とした管理統制メカニズム「パノプティコン」に対して，潜在的に福祉詐欺やテロとの関連が疑われる者を国外退去の対象として管理する新たな統治システムとして「バノプティコン」を提示した。
7）2015年2月25日メキシコ，オアハカ州，サンミゲルクエバス村における2015年度村長への聞き取りから。

［参考文献］
アガンベン，G.（2003）『ホモ・サケル──主権権力と剥き出しの生』高桑和巳訳，以文社
小井土彰宏（1992）「メキシコ系「非合法」移民労働者とアメリカ国家──歴史的動態と1996年移民法改革」百瀬宏・小倉充夫編『現代国家と移民労働者』有信堂
──（2003）「岐路に立つアメリカ合衆国の移民政策──増大する移民と規制レジームの多重的再編過程」小井土彰宏編著『移民政策の国際比較』明石書店
──（2013）「現代アメリカ合衆国における移民の社会運動と公共圏の再編成──重層的境界構造の転換と非正規移民たちの熟議への参加」船橋晴俊・壽福眞美編『公共圏と熟議民主主義──現代社会の問題解決』法政大学出版局
──（2014）「グローバリズムと社会的排除に抗するアメリカでの非正規移民運動──監視機構の再編と新自由主義的排除のメカニズムへの対抗戦略の諸相」『社会学評論』第65巻第2号
古屋哲（2014）「国境再編における国家の暴力──出入国管理，警察，軍事」森千香子，エレン・ルバイ編『国境政策のパラドクス』勁草書房
ライアン，D.（2010）『膨張する監視社会』田畑暁夫訳，青土社
Batalova, J., S. Hooker, and R. Capps with J. D. Bachmeier (2014) *DACA at the Two-Year Mark : A National and State Profile of Youth Eligible and Applying for Deferred Action*, Migration Policy Institute, 〈http://www.migrationpolicy.org/research/daca-two-year-mark-national-and-state-profile-youth-eligible-and-applying-deferred-action〉（2016年12月27日アクセス）．
Besserer, Federico (2014) "Comentarios Críticos y Cinco Propuestas para Pensar la Migración en el Momento Actual," Desacatos 46, septiembre-diciembre.
Bigo, D. (2008) "Globalized (In)Security : The Field and the Ban-Opticon," in D. Bigo and A. Tsuokala (eds.), *Terror, Insecurity and Liberty : Illiberal Practices of Liberal Regimes after 9/11*, Routledge.
Capps, Randy, Marc R. Rosenblum, Cristina Rodríguez and Muzaffar Chishti (2011) *Delegation and Divergence : A Study of 287 (g) State and Local Immigration Enforcement*, Migration Policy Institute.
De Geneva, N. and N. Peutz (2010) *The Deportation Regime : Sovereignty Space and the Freedom of Movement*, Duke University Press.
Golash-Boza, Tanya Maria (2015) *Deported : Immigrant Policing, Disposable Labor, and Global Capitalism*, New York University Press.

Inda, Jonathan Xavier (2006) *Targeting Immigrants : Government, Technology, and Ethics*, Blackwell Publishing.

Kanstroom, Daniel (2012) *Aftermath : Deportation Law and the New American Diaspora*, Oxford University Press.

Keaney, Melissa and Joan Friedland (2009) "Overview of the Key ICE ACCESS Programs 287 (g), the Criminal Alien Program, and Secure Communities," National Immigration Law Center, 〈https://www.nilc.org/wp-content/uploads/2016/03/ice-access-2009-11-05.pdf〉（2016年12月27日アクセス）.

Koh, Jennifer L., Jayashri Srikantiah and Karen C. Tumlin (2011) "Deportation without Due Process : The U.S. has Used its 'Stipulated Removal,' " Program to Deport More than 160,000 Noncitizens without Hearing before Immigration Judges, 〈https://web.stanford.edu/group/irc/Deportation_Without_Due_Process_2011.pdf〉（2016年12月27日アクセス）.

Kohli, Aarti, Peter L. Markowitz and Lisa Chavez (2011) "Secure Communities by the Numbers : An Analysis of Demographics and Due Process," The Chief Justice Earl Warren Institute on Law and Social Policy, University of California, Berkeley Law School, 〈https://www.law.berkeley.edu/files/Secure_Communities_by_the_Numbers.pdf〉（2016年12月27日アクセス）.

Meissner, Doris, Donald M. Kerwin, Muzaffar Chishti and Claire Bergeron (2013) *Immigration Enforcement in the United States : The Rise of a Formidable Machinery*, Migration Policy Institute.

Portes, Alejandro (1978) "Toward a Structural Analysis of Illegal (Undocumented) Immigration," *International Migration Review*, Vol. 12, No. 4, Special Issue.

Portes, Alejandro and Min Zhou (1993) "The New Generation : Segmented Assimilation and Its Variants," *Annals of the American Academy of Political Social Science*, Vol. 530.

Rosenblum, Marc R. and Doris Meissner with Claire Bergeron and Faye Hipsman (2014) *The Deportation Dilemma : Reconciling Tough and Humane Enforcement*, Migration Policy Institute.

Rosenblum, Marc R. and Kristen McCabe (2014) *Deportation and Discretion : Reviewing the Record and Options for Change*, Migration Policy Institute.

Rosenblum, Marc R. and Lang Hoyt (2009) "The Basics of E-verify, The US Employer Verification System," Migration Policy Institute, 〈http://www.migrationpolicy.org/article/basics-e-verify-us-employer verification-system-0〉（2016年12月27日アクセス）.

Warner, Judith Ann (2005) "The Social Construction of the Criminal Alien in Immigration Law, Practice and Statistical Enumeration : Consequences for Immigrant Stereotyping," *Journal of Social and Ecological Boundaries*, Winter 2005-2006 (1.2).

第3章 オーストラリア

「線」の管理から「面」の管理へ
——技能移民受入・庇護希望者抑留と空間性

塩原 良和

はじめに——出入国管理における空間性の活用

　一般に移民政策と呼ばれる領域のうち、社会統合政策は移住者（移民・難民）の国民社会という空間（「面」）への編入を、出入国管理政策は国境という「線」の管理を扱ってきた。前者は、例えばオーストラリアでは「多文化主義（multiculturalism）」、日本では「多文化共生」と名付けられ、狭義の出入国管理とは区別されてきた。しかしグローバリゼーションの進行は「国境（線）」と「国内（面）」の区別を曖昧にしている。出入国管理政策の重要な課題としてのテロ対策や難民問題をみても、国境を越えてつながる過激主義のネットワークへの対応や、国境の内外に滞留する難民への対処など、国境線を出入りする人々の管理という発想では対応しきれない。またグローバルな市場経済の要請は、国境管理の厳密化と相容れない側面がある。そのため日本の「特区」制度のように、人材や資本を誘致するために国境線を曖昧にする例外的空間を設定する出入国管理も行われる（オング 2013）。

　こうした状況に対応するために、現代先進諸国の出入国管理政策は、「面」すなわち空間性の要素をどのように活用しようとしているのか。この問いに答えるために、本章では 2007～13 年のケヴィン・ラッド（Kevin Rudd）およびジュリア・ギラード（Julia Gillard）労働党政権期のオーストラリアの事例を検

討する。この事例を取り上げるのは，技能移民（skilled migrants）の受入と庇護希望者（asylum seekers）の抑留という対照的な出入国管理の領域の双方で，空間性が在留管理の手法として意図的に活用されたからである。この特徴的な事例の分析から，本書で取り上げられている他国の事例を検討する際にも有効な示唆を得ることが本章の目的である。なおオーストラリアにおいては，移住者の社会統合のための政策としての多文化主義は，そのかなりの部分が各州・特別地域の政府によっても担われている。いっぽう，出入国管理に関してはあくまでも連邦政府が主管している。それゆえ本章で検討される「空間性の活用」も，基本的に連邦政府が中央集権的に行うものである。

1 オーストラリアの移住者受入政策

イギリスの植民地として出発した近代オーストラリアは，1901年の連邦結成から1970年代まで白豪主義を堅持してきた。やがて国内外の諸要因によって，非白人系移住者を本格的に受け入れるようになった。その後の移住者受入政策は，移住プログラム（Migration Program）と難民・人道的移住受入プログラム（Refugee and Humanitarian Program，ただし時期によって若干呼称が変わる）のそれぞれに年間受入人数枠が設定されている。後者はさらに，オーストラリア国外で庇護申請を行う（オフショア）場合と，国内で庇護申請をする（オンショア）場合とで区別される。難民や人道的見地からの移民受入の正規ルートは，あくまでオフショアである。オンショアの場合，他のビザで合法的に入国・滞在した庇護希望者にはブリッジング（仮滞在／仮放免）ビザが交付され，地域社会に居住しながら審査結果を待つ。こうした人々は主に飛行機で入国することから，「飛行機でやってきた」（Plain Arrival：PA）庇護希望者とも呼ばれる。いっぽう非正規の手段で入国して庇護申請した場合，収容施設（detention facilities）に拘留される。このうち密航船によって入国しようとした者はIMAと呼ばれる[1]。連邦政府は1990年代初めから，非合法に入国した庇護希望者をすべて抑留施設に収容する原則（mandatory detention）を維持している（Mason

表 3-1　オーストラリアの移住者受入政策の概観（2015 年 7 月時点）

移住プログラム	技能移住	ポイント・テスト移住（GSM）	独立技能移住
			州／準州・特別地域政府の招聘*
			Skilled Regional*
		スポンサーつき永住移住	雇用者の招聘
			スポンサー付き地方移住（RSMS）*
			労働協定
		ビジネス・イノベーション／投資（BII）*	
		卓越した人材	
	家族移住	配偶者	
		子ども	
		親	
		その他の家族	
一時（長期）滞在	ワーキングホリデー等（セカンド・ワーキングホリデーを含む）		
	留学生		
	長期一時滞在技能ビザ（457 ビザ） ・労働協定（企業移住協定［EMA］／地方移住協定［RMA］）含む		
	季節労働者プログラム		
	その他		
難民・人道的移住受入プログラム	オフショア（豪州国外）からの庇護申請		
	オンショア（豪州国内）からの庇護申請	正規入国の場合（PA）	仮滞在ビザ
		船による非正規渡航（IMA）の場合	原則強制抑留方針 在外抑留施設 一時保護ビザ（TPV） コミュニティ抑留 仮放免ビザ（BVE）

出所）DIBP（2015）等をもとに筆者作成。
注 1 ）州限定・地方移住カテゴリー（SSRM）には，上記の*印が付いた 4 つのビザを交付された者の一部ないし全部が含まれる。
　2 ）各ビザ・制度の名称は変更されている場合がある。
　3 ）本章で言及のない詳細な制度等については，省略した。

2002：5-6)。

　移住プログラムでは，本人あるいは世帯主がオーストラリア経済に資する技能・資質・経歴をもつと認められるか，国内の企業等がスポンサーとなってビ

ザが交付される技能移住と，オーストラリアの住民の家族として永住が許可される「家族移住（family migrants）」が，2 つの主要なカテゴリーを構成している。こうした構造は，米国等とも類似している（第 1, 2 章）。このうち家族移住では，オーストラリアの住民の配偶者とその未成年の子どもの入国が優先される（DIBP 2014d : 33）。能力・業績等を基準とした選抜を受けない家族移民の受入が移住者数全体に占める割合は 1990 年代後半から大きく低下し，近年では 3 割程度で推移している（塩原 2005 : 165；DIAC 2013a : 24；DIBP 2015 : 6）。親や拡大家族の呼び寄せも難しくなり，家族移住の大半（2012 年度で 77％）は配偶者としての移住である（DIBP 2014d : 33）。

いっぽう技能移民の受入では，経済の需要に柔軟かつ迅速に対応するために制度改革が進められた。ジョン・ハワード（John Howard）保守連合政権期の 1996 年には，国内の雇用者がスポンサーになることで 3 カ月から 4 年間オーストラリアで就労可能になる長期一時滞在技能ビザ（「457 ビザ」）が創設された。このビザを活用することで，従来の永住ビザ交付による受入に加え，労働市場のニーズに即応した非 – 永住技能労働者の導入が増大した（MCA 2013 : 38-47）。いっぽうでハワード政権末期には 457 ビザ労働者の劣悪な賃金・労働条件や，国内労働者の雇用や労働水準への悪影響が批判された（Phillips and Spinks 2012 : 10-11）。

2　技能移民受入における選別性の強化と空間的配置の最適化

1)「供給主導」から「需要主導」へ

1990 年代前半までのオーストラリアの技能移民受入は，年齢，英語能力，職歴，学歴，資格などを数値化して判定するポイント・テストの基準を満たした移住希望者に雇用者等のスポンサーシップなしで永住ビザを交付する「独立技能移住（skilled independent）」を基本としていた。それゆえ，それは「供給主導（supply-driven）」型の側面が強かった（Cully 2011 : 4）。入国した技能移民の職業選択や居住地を，政府が管理することも難しかった。しかし 1990 年代半

ば以降，雇用者がスポンサーとなったり州政府が招聘する「需要主導（demand-driven）」型の技能移民が増えはじめた。

　2007年以降の労働党政権期には，こうした傾向に拍車がかかった。大きな転機となったのは，2008年に発生した世界経済危機であった。ラッド政権は経済状況の激変に対応するために，技能移民の受入をオーストラリアの経済や労働市場のニーズに迅速かつ的確に連動させる方針を強化した（Phillips and Spinks 2012：5）。その結果，供給主導型から需要主導型への技能移民受入方針の転換が加速した。そのために先述した457ビザによる長期一時滞在労働者の活用とともに，2009年1月からはスポンサーシップ付き永住技能移住が独立技能移住よりも優先されることになった。2010年2月には，独立技能移住を含む，スポンサーがないポイント・テストによる技能移住ビザ（General Skilled Migration：GSM）のウェイティング・リストに載っていた申請2万件が却下された。GSMのビザ交付枠も一部削減され，スポンサーシップ付き永住ビザなどの枠に振り替えられた（Phillips and Spinks 2012：4；DIAC 2010：5）。その結果，2009年度以降は純粋な供給主導型ビザである独立技能移住ビザの交付数は技能移民全体の3割程度となり，需要主導の要素を含むビザ交付が多数を占めるにいたった（図3-1）[2]。

　ラッドとギラードの労働党政権期には，457ビザ労働者の活用も進んだ。ハワード政権期に批判された労働条件の改善，地元労働者の雇用や職業訓練の機会の確保とともに，人手不足が深刻化していた資源・建設・観光産業などへの457ビザ労働者の導入を促す制度改正が行われた（ERG 2008；Phillips and Spinks 2012：11-12；MCA 2013：48-59；DIBP 2014d：13）。世界経済危機の影響でいったん減少したビザ交付数も増加に転じ，労働党政権末期の2012年度には過去最高を記録した（Phillips et al. 2010：14；DIAC 2013a；DIBP 2014e）。さらに技能移民の大半が，いったん457ビザによる一時就労を経てから永住ビザを申請し交付されるという経路が定着することになった（DIAC 2008：68）。

2）選別の技術の高度化

　いっぽう，従来からの供給主導型の技能移民であるGSMの制度改革も進ん

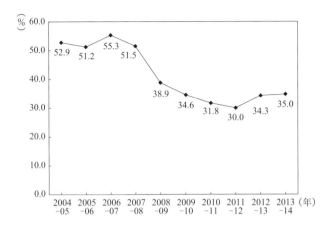

図 3-1　永住技能移住ビザ交付数のうち独立技能移住が占める割合
出所）DIBP（2014e：23）より筆者作成。

だ。GSM を経済状況や労働市場のニーズに合致させる試みはハワード政権期から進められ，2009 年 1 月にはポイント・テストの際に優遇される，国内における人手不足の職業の新たなリストが導入された（DIAC 2008：37；DIAC 2009：39）。しかし世界経済危機を契機に移民省は従来の職業リストを廃止し，掲載された職業を大幅に絞りこんだ新たなリスト（Skills Occupation List：SOL）を 2010 年 7 月から適用した。従来の職業リストは 2 年に 1 回見直されていたが，新たな SOL では新設された独立機関（Skills Australia）が年 1 回，労働市場や経済の動向に沿って見直すことになった（DIAC 2010：42, 53；DIAC 2011：41；Phillips and Spinks 2012：4）。2011 年 7 月からは，ポイント・テストの方式が変更された（DIAC 2012c：66；Cully 2011：4-5）。その結果，GSM によるスポンサーのない永住移住にはリストに掲載された職業に就くことが前提となり，そのための経験が重視されるようになった（DIAC 2012d：9）[3]。

2012 年 7 月には，供給主導から需要主導への変更を促す重要な改革と移民省が位置付けた「スキルセレクト（SkillSelect）」の運用が開始された。これは移住希望者がインターネット上で自分の情報を登録する，電子化されたデータベースである。ポイント・テストによる移住（GSM）の場合，一定以上の特点

を得た申請者には永住ビザが交付される資格が発生するが，実際の年間交付数には限りがあるため，ビザ交付まで時間がかかっていた。しかしスキルセレクトの運用開始後は，移民省や州政府等が移住希望者のポイント・テストの得点を含む詳細な情報を把握し，需要側のニーズ（あるいは移民省のいう「オーストラリアの国益」）に合致した者を選んでビザ交付申請手続きを促すことが可能になった。これにより永住ビザ交付の手続きは簡素化され，所要期間も短縮された。スキルセレクトは着実に運用実績を拡大し，2012-13年度にはGSMのビザを交付された人の約39％がスキルセレクトを通じて申請を行った（DIAC 2013c：97）。

　このようにスキルセレクトの導入は，GSMのようなスポンサーのない永住技能移住を需要主導型に近づけた。しかし，この時期の連邦政府の技能移民受入政策の内情に詳しいマーク・カリーによれば，労働党政権は職業リストとポイント・テストという選抜方法が，需要主導型の施策としては限界があると認識するようになったという（Cully 2011：4-5）。スポンサーなしのポイント・テストによる永住技能移住では，いったん永住ビザを交付した者が入国後，実際にどこでどのような仕事に就くのかを統制することが難しく，それゆえ特定の業種・地域の人手不足の改善に即効性が得られにくいのも，その理由のひとつであっただろう。それゆえスキルセレクトの導入にもかかわらず，GSMではなくスポンサーシップ付き永住ビザと長期一時滞在技能移住ビザの交付が技能移民受入政策の「二本柱」と認識されるようになっていた（DIAC 2012c：52）。さらに次に述べるように，実際に人手が不足している地域への移住労働者の居住・就労を促す仕組みが整備されることになった。

3）地方部への技能移民の導入促進

　オーストラリアの人口約2350万人の約65％は，各州の州都（シドニー，メルボルン，ブリスベン，アデレード，ホバート，パース，ダーウィン，オーストラリア首都特別地域）の都市部に集中している[4]。他の工業都市などを含めれば，人口の大半が都市部に集中する。とりわけ新たに入国した移民は，シドニーを擁するNSW州とメルボルンがあるヴィクトリア州に集住する（DIBP 2015：9）。

それゆえ，地方部の発展に必要な移民労働力の導入が課題とされてきた（Phillips and Spinks 2012：13）。ラッド‐ギラード労働党政権下での技能移住受入制度の改革は，この課題に対する新たな対応を可能にした。従来の供給主導型のGSMとは異なり，需要主導型のスポンサー付き移住ではスポンサーシップの条件を操作することで，移民を地方部で就労・起業させることが可能だからである。

　ラッド‐ギラード労働党政権期の技能移住受入政策における地方部への移民労働力誘導の主要なメカニズムは，スポンサー付き地方移住制度（Regional Sponsored Migration Scheme：RSMS）と州限定・地方移住カテゴリー（State Specific and Regional Migration：SSRM）であった。RSMSは1995年度に導入された制度であり，地方部（労働党政権当時はゴールドコースト，ブリスベン，ニューカッスル，シドニー，ウーロンゴン，メルボルン以外の地域）の雇用者がスポンサーとなり，国内外の移民労働者を最低2年間就労させる。2年後には，永住ビザ取得が可能になる（Phillips and Spinks 2012：13-14）。RSMSには，いったん457ビザでの就労を経る経路とそうではない経路がある[5]。なお同制度はスキルセレクトの導入とともに，2012年7月に制度が変更された。

　いっぽうSSRMは，GSMに含まれる独立技能移住以外のいくつかのビザ，RSMS，ビジネス・イノベーション／投資（Business Innovation and Investment：BII）ビザなど，地方部への永住技能移住を促す要素をもつビザを包括したカテゴリーである（Phillips and Spinks 2012：13-14；DIAC 2009：42；DIBP 2015：15）。このうちBIIビザは，従来のビジネス移住ビザを改訂して2012年7月に新設されたものである。これは国内経済のイノベーションを高めるため，中小規模の起業を目指す移住者に永住ビザやそれへの移行が可能な長期一時滞在ビザを交付する（DIAC 2013c：58）。スキルセレクトの導入後は，州政府や地方部の雇用者はデータベースに登録された移住希望者から望ましい人材を選び，その地方部への移住を前提にビザ申請を促すことが可能になった（Phillips and Spinks 2012：14-15）。

　これらの制度によって交付されたビザが技能移住に占める割合は，ラッド‐ギラード政権下で大きく増加した。RSMSが永住技能移住ビザ交付者全体に占

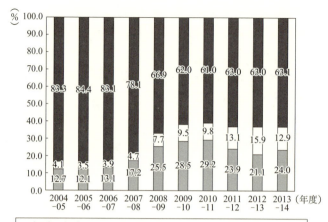

図 3-2　技能移住プログラムにおける RSMS の割合

出所）DIBP（2014e：23）より筆者作成。

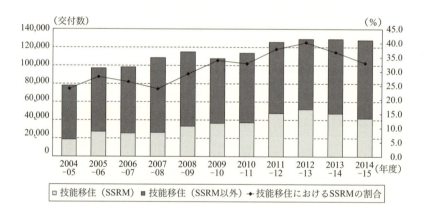

図 3-3　SSRM カテゴリーのビザ交付数

出所）DIBP（2015：15）.

める割合は 2008 年度から増大し，2012 年度には約 16％ となった（図 3-2）。また RSMS を含む SSRM カテゴリーの永住ビザ交付数が占める割合も同時期に増加し，2012 年度には約 40％ に達していた（図 3-3）。

4) 半／非熟練一時滞在労働者の地方部への導入

オーストラリアの地方経済の基幹産業は農林水産業や資源産業，観光業などであり，こうした分野では高度な技能を有する労働者だけではなく，それを補完する半熟練（semi-skilled）労働者も不足していた（ERG 2008：22）。そのために，連邦・州政府の関係省庁と産業界のあいだで多くの労働協定（Labour Agreement）が締結された（Phillips and Spinks 2012：14-15）。労働協定は半熟練一時滞在労働者を導入するための唯一の制度となった（DIAC 2010：69）。

労働協定の一種として 2011 年 5 月に導入された企業移住協定（Enterprise Migration Agreement：EMA）は，大量の労働力を必要とする資源産業等の大規模事業への半熟練一時滞在労働者の導入を円滑に行うことを目指した（DIAC 2013a：11, DIAC 2011：75）。また同時に導入された地方移住協定（Regional Migration Agreement：RMA）は，急速な発展によって労働力が不足している地方部で，政府と地元雇用者が協定を結んで半熟練一時滞在労働者を導入することを可能にした（Phillips and Spinks 2012：15）。EMA や RMA は，より高度な技能をもった人材を導入するように改革された技能移住受入施策を補完し，半熟練労働力が不足した地方部の需要に対応するための制度である（ERG 2008：37）。

いっぽう，季節によって雇用のニーズが変化する産業における非熟練労働力不足の解消を意図したのが，太平洋季節労働者パイロット制度（Pacific Seasonal Workers Pilot Scheme）であった。これは国際協力の推進という名目で，キリバス，パプア・ニューギニア，トンガ，バヌアツから非熟練の季節労働者を受け入れるものであった。3 年間のパイロット・プログラムとして 2009 年 2 月に開始された当初は，園芸産業のみに受入先に限定された。労働者は地方部で 7 カ月〜1 年間就労してから，帰国を促された（DIAC 2010：72）。この制度は 2012 年 7 月から季節労働者プログラム（Seasonal Worker Program）として規模を拡大し，ホテル産業，養殖業，サトウキビ，綿花産業にも導入された。対象国も拡大し，4 年間で 1 万 2,000 件のビザが発行されることになった（DIAC 2013c：80）。

季節労働力の地方部への供給には，ワーキングホリデー制度も貢献している[6]。特に 2005 年に導入されたセカンド・ワーキングホリデー・ビザにより，

通常は一生に一度しか交付されないワーキングホリデー・ビザが，地方部での農業，資源産業，建設業に3カ月間従事した者には再度申請可能になった（DIBP 2014d：47）。労働党政権期を通じてワーキングホリデー・ビザの交付数は増加し，2007年度には約15万件だったのが2012年度には約25万件に達した。セカンド・ワーキングホリデー・ビザは2007年度には約1万2,000件であったが，2012年度には約3万9,000件となった[7]。

5）移住労働者の地理的配置の統制

このように2007～13年の労働党政権期における技能移民受入制度改革は，永住／長期滞在技能移民や半／非熟練一時滞在労働者を受入側の需要に厳密に合致させて導入することを目指した。そして都市–地方間の大きな格差という事情を抱えるオーストラリアの場合，需要に厳密に合致させるために，移民労働力を地理的に最適配置するメカニズムが発展した。それは移住労働者からみれば，ビザ取得後の移動・居住地選択の自由が制限されることを意味した。RSMSやSSRMに関しては，その制限を受け入れて地方部で一定期間就労した技能労働者には，見返りとして永住ビザ取得への優遇が与えられる。それゆえこの自由の制限は一時的なもので，条件をクリアできれば制限のない永住ビザが交付される。だがそうだとしても，建国以来，移民や難民を国籍保持者に比肩する権利をもつ社会の構成員として受け入れてきたオーストラリアにとって，移動・居住地選択の自由の制限を伴う移民の地理的配置の統制メカニズムが出入国管理政策に組み込まれたことは重要な変化だといえる。またEMAやRMA，季節労働者プログラムやセカンド・ワーキングホリデーといった制度は，非／半熟練労働者をあくまでも期間限定で受け入れるだけではなく，そうした労働力を必要としている場所限定で導入するという二重の統制を行うことで，受入に伴う潜在的コストを極小化しようとする試みだと考えられる。

3 「コミュニティ・ベース」の庇護希望者抑留

1) コミュニティへの「解放」?

　技能移住プログラムとは異なり，難民・人道的移住受入プログラムでは人道上の配慮という規範にもとづく受入が行われる。しかし実際には，受入国の安全保障，経済上の利益や行政上の効率性も大きく影響する。近年の先進諸国では，国内における余剰労働力を抑制し，治安悪化やテロリズムの脅威を懸念する国内世論に配慮するために発展途上国の非正規入国者の取締りを強化し，難民認定を厳格化している（森・ルバイ 2014: 4-9）。庇護希望者の非正規ルートでの入国を阻止するために，軍事力が動員されることもある。オーストラリアにおいても，ハワード政権下の1990年代末から2000年代はじめに庇護希望者対策の厳格化が進んだ（塩原 2008）。船で密入国を図る庇護希望者（IMA）の増加に対して，政府は軍を動員して密航船を拿捕し，漂着したIMAが庇護申請できないような法改正がなされた。ナウルやパプア・ニューギニアに在外抑留施設が設置され，庇護希望者が送り込まれた（「パシフィック・ソリューション」）。IMAの人命を軽視した洋上警備や，国内外の抑留施設における庇護希望者への劣悪な処遇や人権侵害も告発された。被収容者による暴動や，自殺・自殺未遂も頻発した。難民認定されたとしても，IMAには3年期限の一時保護ビザ（Temporary Protection Visa：TPV）しか交付されず永住ビザへの切り替えも困難であり，一時出国や家族の呼び寄せも認められなかった。

　こうしたハワード政権の庇護希望者政策を批判した研究のなかには，庇護希望者がオーストラリア国内外の抑留施設で超法規的な「例外状況」に置かれていた点に注目したものがある。ジョン・ストラットンは連邦政府の庇護希望者原則全員収容方針と「パシフィック・ソリューション」を，ネオリベラル国家が経済合理性の追求のために設定する法的例外状況の空間的設定の様式とみなした（Stratton 2011: 131-149）。クリステン・フィリップスは，庇護希望者の収容という例外状況のなかで，女性や子どもの保護という名目で行政が庇護希望者の生に介入して家族を分断していくありさまを分析した（Phillips 2009）。そ

してテッサ・モーリス=スズキは,「市場の社会的深化」の一事例としての非合法入国・滞在者抑留施策の民営化を,超法規的措置の顕在化という観点から批判した（モーリス=スズキ 2004:13-24, 113-119）。

　国境線の内外に例外的な空間を作り出し，そこで庇護希望者を排除／管理するこうしたやり方が，出入国管理における空間性の活用の一形態であることは間違いない。しかし，こうした露骨な方法への批判の高まりは，もうひとつの，より目立たない空間的管理のあり方を等閑視することにもなった。すなわち上記の論者はいずれも，庇護希望者の国外抑留や国内外の収容施設内部の状況を分析・批判するいっぽうで，庇護希望者たちをそうした超法規的な状況から救出し，オーストラリア国内の地域社会へと「解放」することを望ましい解決策の前提とした。このような前提は，庇護希望者を支援するNGOや人権団体などにも広く共有されていた（Koleth 2012:36, AHRC 2013)[8]。しかしこれから述べていくように，こうした解決策は別の種類の空間的管理を伴うものでもありうる。

2）労働党政権における庇護希望者政策の迷走

　ハワード政権末期にはIMAの到来が沈静化し，収容施設での庇護希望者への処遇も改善された。また未成年の庇護希望者の収容施設内での長期拘留が批判されたことから，連邦政府は子どもやその母親を後述する「コミュニティ抑留（Community Detention）」などを活用して抑留することにした。TPVを交付された者の多くにも，移民大臣の裁量によって永住ビザが付与された。そしてラッド労働党政権になると，より人道的な庇護希望者政策が目指された（Billings 2011:280）。その結果，「パシフィック・ソリューション」政策やTPVの廃止が表明された（塩原 2008；塩原 2010:110-115）。

　しかしIMAの数が2008年以降再び急増したため（図3-4），ラッド政権は庇護希望者政策の方針転換を余儀なくされた。2010年には新たなIMAの到来を抑制すべく，スリランカやアフガニスタンからの庇護希望者の審査手続きを一時停止する措置などがとられた。同年6月に首相となったギラードはIMAの国外抑留を再開させる方針を示し，IMAの庇護認定審査をいっそう厳格化し

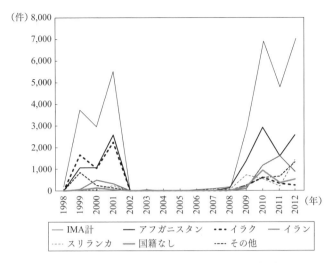

図 3-4　オーストラリアにおける IMA 取扱い件数の推移
出所）EPAS（2012：25）.

た。7月には，オーストラリアを目指してきた 800 人の IMA をマレーシアに移送し，その代わりにマレーシア国内の難民を 4 年間で 4,000 人以上オーストラリアに受け入れるという両国政府の合意が発表された。しかし「マレーシアン・ソリューション」と呼ばれたこの二国間協定は，連邦最高裁の無効判断や野党の反対によって実現しなかった（Koleth 2012：27-35）。

　2011 年には IMA の漂着者数はさらに増加し，オンショアによる難民等の受入数が，正規経路であるオフショアでの難民等の受入数を上回る異例の事態となった（EPAS 2012：22-26）。より強硬な対策を迫られたギラード政権は 2012 年 9 月，IMA として到着してオーストラリアに移住した人がオフショアによる移住者よりも得をしないようにする（"No Advantage"）という名目で，IMA がビザを取得した後，国外から家族を呼び寄せるのを難しくした。また IMA の経由地である東南アジア諸国政府などとの連携強化を模索した（DIAC 2012a：3-6）。そして難民・人道的移住受入プログラムの人数枠を 2011 年度の約 1 万 4,000 人から 2012 年度には 2 万人に拡大し，そのうちオフショアでの受入枠を前年度の約 2 倍の 12,000 人に設定した（DIAC 2012a：15-16）。しかし

それでも IMA は増加し続け，2013 年 1〜3 月の 3 カ月間だけで 2011 年度 1 年間を上回る約 7,500 人の庇護申請が受理された（DIAC 2013b；DIBP 2013a：10）。他の政治的争点における不人気も相まってギラード政権の支持率は低迷し，2013 年 9 月の連邦総選挙における労働党の敗北と政権交代は必至とされた。

　2013 年 6 月に首相に返り咲いたラッドは，パプア・ニューギニアとナウルの両政府の同意のもとに，オーストラリアにやってきたすべての IMA を両国にある収容施設に送るだけではなく，その後の審査を経て両国政府が難民として受け入れるという，従来にない強硬策をうちだした。これは野党保守連合の提唱した，軍隊主導の作戦で庇護希望者の乗った密航船を洋上で拿捕して追い返すとともに，国外における密航仲介業者の撲滅に取り組むという方針（The Coalition 2013）に対抗したものであり，総選挙直前に与野党が強硬な庇護希望者政策を競い合う構図になった。しかし第 2 次ラッド政権は党勢を回復できずに 9 月の総選挙で敗れ，トニー・アボット（Tony Abbott）保守連合政権が発足した。

3）コミュニティ抑留[9]

　このように，ラッド - ギラード労働党政権下の庇護希望者政策はハワード政権時代からの方針転換を目指したものの，結局は同じような厳格化に行きついた。こうした迷走ぶりは，野党だけではなく国内外の人権ロビーや難民支援団体からも非難された。いっぽう，この時期の庇護希望者政策にはもうひとつ，こちらはより一貫した特徴がみられた。それが収容施設を出て地域社会に滞在しながら庇護申請の審査結果を待つ IMA を増やしていく「コミュニティ・ベース」と呼ばれた抑留方針であった（IIDA/JSCM 2009；Koleth 2012：37-48）。

　庇護希望者の原則全員抑留方針には，人道的な見地からの批判も多かった。特にハワード政権時代には被収容者による暴動騒ぎが頻発し，庇護希望者の子どもやその家族の長期収容，被収容者の心身の健康状態の悪化が国際社会においても問題視された。その結果，連邦政府内でも，より多様な収容のあり方の必要性が認識されるようになった。未成年者の庇護希望者が収容施設外の宿泊施設，医療施設，矯正施設等に一時的に滞在できる制度が 2002 年に導入され，

さらにコミュニティ抑留が 2005 年に導入された（IIDA/JSCM 2009：9-12）。しかしハワード政権期においては，その収容者数は数十名から百名程度にとどまっていた（IIDA/JSCM 2009：23）。

　ラッド政権は 2008 年 7 月に，非正規入国・滞在者のうち特定の条件を満たした者のみ従来型の収容施設へ収容することとし，その他の人々は地域社会に留まりながらビザ申請の結果を待つ方針を表明した。その結果，そうした人々が滞在し支援を受けるためのコミュニティ抑留のような制度・施設の拡充や，地域社会に滞在する庇護希望者への支援の充実が必要となった（IIDA/JSCM 2009：9-12）。2010 年 10 月にはコミュニティ抑留の拡充方針が示され，保護者のいない未成年者（unaccompanied minors）や弱い立場に置かれた家族（vulnerable family groups）は従来型の収容施設を出て，コミュニティ抑留に移されることになった。その後の 2 年間でコミュニティ抑留の適用者数は急増し（Neave 2013：111），2012 年 12 月末時点で 2,178 人，2013 年 3 月には 2,723 人となった。ただしその後は収容能力の限界もあり，適用者数は 2013 年の政権交代時まで 3,000 人前後で推移した[10]。

　労働党政権期におけるコミュニティ抑留の運営は，移民省から事業を受託された NGO 等（サービスプロバイダー）が行った（DIBP 2014a）。庇護希望者は，市街地のなかにある民間の住宅などを利用した施設に滞在した。被収容者は自分の意志で転居できなかったが，常時監視されているわけではなく，サービスプロバイダーが庇護希望者と定期的に接触して移民省に状況を報告していた。コミュニティ抑留であっても法的には拘留中なので，庇護希望者にビザは発行されず就労の権利もなかった。一般市民向けの社会保障制度も利用できず，サービスプロバイダーが事業委託費の範囲内で一般的な医療サービスを提供した。庇護希望者には子どもを地域の学校に通わせる義務があり，子どもの通学状況はサービスプロバイダーによって随時確認されていた。

　2013 年 5 月の連邦政府オンブズマンの報告書では，従来型の収容施設に比べてコミュニティ抑留のほうが被収容者の精神衛生上好ましいと評価された（Neave 2013：114-120）。しかしメディア等では，コミュニティ抑留の拡大はオーストラリアの社会保障制度に財政的負担を与え，低所得者層向け住宅市場

を逼迫させるという批判もあった。それに対して移民省は、コミュニティ抑留の入居者は上述のように一般市民向けの社会保障制度を適用されず、公営住宅も使用されていないと反論した。

4) ブリッジング・ビザEによる仮放免

　コミュニティ抑留とともに、コミュニティ・ベースの庇護希望者収容施策としてラッド - ギラード労働党政権期に積極的に実施されたのが、ブリッジング・ビザ E (BVE) による地域社会への仮放免措置であった。BVE とは、地域社会に居住しても差し支えないと判定された IMA に交付される仮放免ビザであった。ハワード政権期には交付者数は多くなく、2005 年度には 823 名、2006 年度には 390 名、2007 年度には 280 名であった（IIDA/ JSCM 2009：26）。しかし 2009 年頃からの IMA の急増に伴い、国内の抑留施設で収容者の過密による居住環境の悪化が問題とされ、それ以上の収容者受入が困難と指摘された（Neave 2013：53-54）。そこで 2011 年 11 月、労働党政権は従来型の収容施設内の IMA に BVE を交付し、地域コミュニティへと仮放免する措置を本格的に開始した（Koleth 2012：36）。その結果、2011 年 11 月 25 日から 2012 年 6 月 30 日にかけて 2,741 人が BVE を交付された（DIAC 2012a；2012b）。その後も BVE 保持者は急激に増え続け、労働党政権末期の 2013 年 8 月には約 21,000 人が地域社会に滞在していた（DIAC 2013b：3）。

　BVE 保持者には居住地選択の自由が認められたが、その代わり自分で住居を調達する必要があった。ただし転居の際には移民省に報告しなければならず、また公営住宅に入居することはできなかった（DIBP 2013b）。実際には、BVE 保持者の支援事業を受託したサービスプロバイダーが定期的に接触し、居所を確認していた。BVE 保持者がオーストラリアをいったん出国して再入国することはできず、家族呼び寄せもできなかった（AHRC 2013：2）。就労に関しては、形式的には就労を許可される可能性がある BVE 保持者も存在したが（IIDA/ JSCM 2009：30；DIBP 2014b）、実際には 2012 年時点で、BVE を交付された IMA の 8 割以上が失業状態と推定された（Koleth 2012：41）。BVE 保持者に就労を許可しないことは "No Advantage" 方針の一環として正当化されていた。

BVE 保持者にはオーストラリア市民向けの公的医療制度（メディケア）が適用されたが，その他の社会保障制度は適用されなかった。その代わり，庇護申請してから最初の 6 週間は一時的な住居が提供されたほか，センターリンク（政府系公益法人）が支給する一般市民向け生活保護費の 89 ％ の額を生活費として受給することができた。また移民省から事業委託された団体によって，住宅に入居する際の手続きの仕方など，オーストラリアの地域社会で暮らすためのガイダンスを受けることができた。その後，事業委託団体のケースワーカーによって特に支援が必要だと判断された人には特別なプログラムが適用され，引き続き生活費が支給されたほか，住居や医療サービス，カウンセリングなどの各種の支援を受けることができた。

　こうした BVE 交付拡大は，従来型収容施設からコミュニティへの「解放」として好意的に評価される傾向があった。2009 年の連邦議会の調査報告書では，コミュニティ抑留よりも BVE のほうが庇護希望者の人間性・尊厳の尊重，政策への信頼性やコンプライアンス，コストの割安さの点で優れており，その交付数を拡大することが望ましいとされた。そして従来型抑留施設内の人々にできるだけ多く BVE を交付して仮放免させるべきであるとし，BVE 交付者への支援の充実を提言した（IIDA/ JSCM 2009 : 131-138）。にもかかわらず先述のように連邦政府は当初，むしろコミュニティ抑留の拡充によって庇護希望者の増大に対応しようとし，さらなる庇護希望者の増加に対応しきれなくなってから BVE 交付数を急増させた。ただし BVE 保持者が就労許可なしで地域社会に長期間滞在し続けることについては，批判的な意見も多かった（AHRC 2013 : 4）。いっぽう地域コミュニティに滞在する BVE 保持者の増加が治安悪化を招くのではないかという報道もなされたほか，こうした人々への支援の欠如が指摘されたり，逆にそのような支援は税金の浪費であるという批判もあったのである。

5) 正当化の論理の変質

　先述した 2009 年の連邦議会の報告書では，コミュニティ・ベースの庇護希望者抑留施策を実施する根拠として，庇護希望者の人権への配慮に力点が置か

れていた。しかし庇護希望者数が急増して政治問題化すると，アウトソーシングによる「コストの削減」という側面が強調されるようになった。その背景には，従来型収容施設の運営委託の費用の急騰へのマスメディアの批判も影響していた。連邦政府は，コミュニティ・ベースの施策の「安あがり」さを強調することで批判をかわそうとした（EPAS 2012：39；Koleth 2012：42, 46-47）。

　しかし，BVE による仮放免が本当に安あがりなのかどうかには異論もあった。確かに移民省にとっては経費の節約になるが，収容施設内で行われていた庇護希望者の基本的ニーズを満たす措置のコストを，地域社会における公共サービスの担い手である地方政府や市民社会に転嫁する側面もあったからである。実際，BVE 交付者が集中する NSW 州とヴィクトリア州の両政府からは，そのような観点からの批判がなされた。これに対して連邦政府は，コミュニティ・ベースの抑留施策が州政府の財政に負担を与えることはないと弁明した（Koleth 2012：51-52）。しかし筆者の NSW 州での現地調査からは，BVE 交付者は十分な支援を受けずに地域社会に長期間滞在し，同胞エスニック・コミュニティの支援も少ないため，州の予算で実施されている移民支援事業などで支援せざるを得ない実情が窺えた[11]。また BVE 保持者が急増していた 2013 年 9 月時点では，同州で彼らへの支援を行政から委託された少数の NGO に短期間で多数の BVE 保持者が殺到しており，十分な支援が行き届いているとは想像しにくい状況にあった[12]。おそらく多くの BVE 保持者は，支援体制が不十分なまま地域コミュニティに「放置」されていたと形容することができよう。

6）PA の庇護希望者

　同じように収容施設の外に滞在していても，飛行機で合法的に入国した PA の庇護希望者は IMA として入国した BVE 保持者とは異なった制度的扱いを受けた。ハワード政権期においては年間 3,000 件ほどの PA の庇護希望者が，抑留施設の外の地域社会で難民認定の結果が下りるのを待っていたが，続く労働党政権期ではその数はほぼ倍増した（DIBP 2013b：6）。

　良くも悪くも社会からの注目を浴び続けた IMA と比べて，PA の庇護希望者は注目されることが少なかった。それゆえ PA の庇護希望者に対する処遇には，

必要な処置を講じずにコミュニティへと「放置」する政府の態度がより鮮明に表れていた。筆者の調査からは，PA の庇護希望者の多くが非常に困窮した状態にありながら，十分な公的支援を受けることなく地域コミュニティに滞在していたことが窺えた[13]。PA の庇護希望者の大半は，BVE を交付された IMA が受けられる程度の公的支援すら受けられなかった (Bottrill 2012)。BVE 保持者と異なり PA の庇護希望者の多くは形式的には就労資格をもつが，英語が不得手な者も多く，またオーストラリアにおける資格やキャリアをもたない庇護希望者が職をみつけることはきわめて困難であった。また，一般の新規移住者が受けられる公的な無償英語教育プログラムも受けられなかった。さらに PA の庇護希望者は，住居を確保するうえでも困難に直面した。こうした人々は「公的な住宅政策からシステマティックに排除されている。その結果，ホームレスになる脅威にさらされている」(Bottrill 2012)。にもかかわらず PA の庇護希望者にはごく少数の小規模な民間団体による支援しかなかった。聞き取りを行ったある支援者は，抑留施設よりもコミュニティ・ベースの施策のほうが安あがりであることを強調する主張を批判し，庇護希望者が地域社会に滞在するにはそれなりのコストがかかるのに，連邦政府はそれを十分に負担していないと述べた[14]。

7) 統治としての「放置」

　BVE 保持者や PA の庇護希望者に対する連邦政府の対応からは，コミュニティ・ベースの収容施策を庇護希望者の「解放」としてとらえる見方が一面的であることがわかる。もちろん，コミュニティは庇護希望者が解放されるべき場所でもありうる。しかしコミュニティには，人々を統治する目的のために活用される手法としての側面もある。ニコラス・ローズによれば，1960～70 年代の福祉国家体制においてコミュニティは行政によって制度化され，専門職としてのコミュニティ・ワーカーの業務を通じて人々の日常生活における保健衛生，医療，治安，教育などの諸問題を解決し，社会的市民権を保障する手段となった。やがて新自由主義の台頭とともにこうした制度化されたコミュニティは民営化され，その多くの部分が非営利組織によって担われるようになった。

コミュニティはもはや社会的シティズンシップの保障ではなく，人々が自己責任の名のもとに自己管理を行うように規律化するための手段となる。これをローズは「コミュニティを通じた統治」と名付けた (Rose 1999：167-176)。

　ラッド-ギラード労働党政権のBVE保持者やPAの庇護希望者への対応は，こうした「コミュニティを通じた統治」が行政コストの削減のために活用される際に，どのようなことが起こりうるのかを示唆する。労働党政権期に環境が改善された従来型の抑留施設やコミュニティ抑留には，庇護希望者の移動の自由を制限する代わりに，彼らの生存と尊厳の維持に必要な住居と生活支援を一定のコストをかけて公的に保障するという側面があった。それに対してBVE保持者やPAの庇護申請者は，移動や居住地選択の自由を若干認められる代わりに，困難な住居確保と不十分な支援体制や身分保障のもとにコミュニティに自己責任で滞在することを強いられた。そこではコミュニティは，庇護希望者を「放置」というかたちで安あがりに統治する手法として活用されていたのである。

おわりに——グローバリズムと出入国管理政策

　本章では，2007～13年のラッド-ギラード労働党政権期のオーストラリアにおける技能移民受入政策と庇護希望者抑留政策において，空間性の要素がどのように活用されていたのかを分析した。事例研究から浮き彫りにされた技能移民（およびそれを補完する半／非熟練移住労働者）の地理的配置の統制と，庇護希望者を安あがりに抑留する手法としてのコミュニティへの「放置」は，まったく異なった局面で偶然同時期に実施された互いに無関係な施策のように見える。確かに，前者を加速させた世界経済危機の発生と後者を促進した難民の増加が同時期に起こったのは，偶然だったのかもしれない。しかし，いずれの政策の底流にあるのも，グローバル市場の論理に従うという意味での「経済合理性」を徹底するグローバリズム（大澤他 2014）であったのは偶然の一致ではない。出入国管理政策における経済合理性の徹底は，グローバリゼーション

によって政策的自律性が低下した現代国民国家において，保守連合政権のように露骨な排外主義的ナショナリズムによって支持を獲得する戦術がとりにくい「リベラルな」看板を掲げた労働党政権が，もっとも採用しやすい方針だった（塩原 2015）。この方向性を発展させた先にあるのが，空間性による管理という統治の手法であった。それは技能移民，半／非熟練移住労働者，そして国内に滞在する庇護希望者の居住や就労の自由を，程度の差こそあれ，制限しようとした。一方の極に位置する，特権的に優遇され歓迎されるグローバル・エリート[15]と，他方の極に位置する，入国すら許されず国外に抑留される IMA とのあいだに，こうした「段階づけられた市民権」（オング 2013：123-126）のもとに管理される人々がいた。これは「国境」と「国内」が相互浸透するグローバリゼーションの時代に台頭しつつある，国境「線」の管理と国内での人々の移動や居住の管理をリンクさせた出入国管理政策の姿である。またそれは，社会統合政策としての多文化主義の正当化の論理が移住者の社会・文化的権利の擁護から，移住者の受入に伴う経済的利益と政策的効率性の追求へと変容してきたことの帰結でもある（塩原 2016a）。

こうした政策の変容をもたらした背景や要因は，2007〜13年のオーストラリアに特有のものではなく，他の多くの国家と共通している。また，それが経済的メリットと国家財政負担の削減に資する限り，より保守的な政権がこうした政策を採用しない理由もない。実際，第 2 次ラッド政権に代わり 2013 年 9 月に登場したトニー・アボット保守連合政権においても技能移民受入の方針は大きく変更されなかったし，庇護希望者抑留におけるコミュニティへの「放置」は続けられた。それゆえ本章での考察は，他国や他の政権の出入国管理政策における空間性の活用のあり方を分析する際にも有効な視点を提供するだろう。

現代国民国家の出入国管理政策は，ごく一部のグローバル・エリートに特権を与えて優遇するいっぽうで，経済合理性の名の下に技能移民を含む大半の移住者の移動や居住の自由を制限し，庇護が必要な人々を「放置」する方向に進んでいくのだろうか。それを判断するには，さらなる研究成果の蓄積が必要である[16]。

［注］
1）ラッド‐ギラード労働党政権期には Irregular Maritime Arrival の略称であったが，2013年9月のアボット保守連合政権の成立以降は Illegal Maritime Arrival の略称となった。
2）ポイント・テストが適用される GSM のビザにも，州政府の招聘によるビザ交付など後述する SSRM のカテゴリーに含まれるものがあるため，ここでは独立技能移住のみを「供給主導型」ビザとして扱っている。
3）オーストラリア連邦移民省ウェブサイト〈https://www.border.gov.au/Trav/Work/Work/Skills-assessment-and-assessing-authorities/skilled-occupations-lists/SOL〉(2016年3月3日アクセス)。
4）オーストラリア統計局ウェブサイト〈http://www.abs.gov.au/AUSSTATS/abs@.nsf/mf/3218.0〉(2016年3月4日アクセス)。
5）オーストラリア連邦移民省ウェブサイト〈https://www.border.gov.au/Trav/Visa-1/187-#〉(2016年3月4日アクセス)。
6）ワーキングホリデー制度は，海外の若者が働きながら最長1年間その国に滞在して異文化理解や友好を深めることが趣旨である。しかしオーストラリア政府はこの制度を，短期・季節労働者が不足している産業への労働力導入を補完する手段として明確に位置づけている (DIBP 2014d : 47)。
7）Department Immigration and Citizenship (Department of Immigration and Border Protection), *Working Holiday Maker Visa Programme Report* 各年6月末版より。
8）支援団体 A 幹部からの聞き取り内容 (2013年3月14日，シドニー) も参照した。
9）第3節第3項，第4項および第5項の記述は，複数の連邦移民省担当職員からの聞き取り内容 (2013年3月5日，キャンベラ) も参考にした。
10）DIAC (DIBP) *Immigration Detention (and Community) Statistics Summary* 各月版より。
11）支援団体 B 職員からの聞き取り (2013年8月5日，シドニー)。
12）支援団体 C 幹部からの聞き取り (2013年9月12日，シドニー)。
13）支援団体 D 幹部からの聞き取り (2007年2月9日，シドニー)。
14）支援団体 E 幹部からの聞き取り (2013年3月12日，シドニー)。
15）オーストラリアの技能移民受入政策において，厳密な意味での「グローバル・エリート」に対して用意されているのは「卓越した人材 (distinguished talent)」および「高額投資者 (significant investor)」という制度である。前者は永住技術移住ビザのひとつであり，「国際的に知られた特別な記録や際立った業績をあげた専門家，スポーツ選手，芸術家，研究者」などに交付される。後者は長期滞在ビジネスビザ交付者のうち，オーストラリアで500万豪ドル以上の投資を4年間した者に永住ビザ早期取得への便宜を与える制度である (DIAC 2013c : 58-59)。また，1500万豪ドル以上の投資を1年間行った者に対する「プレミアムな投資者 (premium investor)」も新設された。ただしいずれのビザも交付数は少なく，数百件程度にとどまっている (DIBP 2014c : 54-55)。
16）本章の後半部は，『法学研究』(慶應義塾大学) 第90巻第1号に掲載予定の，英語で書かれた拙稿の日本語要約版である。同様の，さらに圧縮された記述は塩原 (2016b) の一部としても収録されている。また，本章は JSPS 科研費 JP24252008 に加えて，

JP25380695, JP16K04094 の助成を受けた研究成果である。

［参考文献］
大澤真幸・塩原良和・橋本努・和田伸一郎（2014）『ナショナリズムとグローバリズム──越境と愛国のパラドックス』新曜社
オング，A.（2013）『《アジア》，例外としての新自由主義──経済成長は，いかに統治と人々に突然変異をもたらすのか？』加藤敦典・新ヶ江章友・高原幸子訳，作品社
塩原良和（2005）『ネオ・リベラリズムの時代の多文化主義──オーストラリアン・マルチカルチュラリズムの変容』三元社
── (2008)「あらゆる場所が『国境』になる──オーストラリアの難民申請者政策」『Quadrante』第 10 号
── (2010)『変革する多文化主義へ──オーストラリアからの展望』法政大学出版局
── (2015)「制度化されたナショナリズム──オーストラリア多文化主義の新自由主義的転回」山崎望編『奇妙なナショナリズムの時代──排外主義に抗して』岩波書店
── (2016a)「『人口問題』と多文化共生──『経済』の論理と『権利』の規範」『世界思想』第 43 号
── (2016b)「ネオリベラルな『場所ベース』のアプローチ──オーストラリアのエスニック・マイノリティ政策の変質」『生存学』第 9 号
モーリス＝スズキ，T.（2004）『自由を耐え忍ぶ』辛島理人訳，岩波書店
森千香子／エレン・ルバイ（2014）「国境政策のパラドクスとは何か？」森千香子／エレン・ルバイ編『国境政策のパラドクス』勁草書房
Australian Human Rights Commission（AHRC）(2013) *Tell me About : Bridging Visas for Asylum Seekers*.
Billings, Peter (2011)"Juridical Exceptionalism in Australia : Law, Nostalgia and the Exclusion of 'Others',"*Griffith Law Review*, Vol. 20, No. 2.
Bottrill, Paul (2012)"Barriers to Access and Engagement for Community-Based Asylum Seekers,"*Australian Mosaic*, No. 32.
Cully, Mark (2011)"Skilled Migration Selection Policies : Recent Australian Reforms,"*Migration Policy Practice*, Vol. 1, No. 1.
Department of Immigration and Border Protection（DIBP）(2013a) *Asylum Statistics—Australia : Quarterly Tables—June Quarter 2013*.
── (2013b) *Asylum Trends Australia : 2012-13 — Annual Publication*.
── (2014a) *Fact Sheet 83 — Community Detention* (Last reviewed Thursday 02 January 2014).
── (2014b) *Fact Sheet 65 — Bridging Visas for Illegal Maritime Arrivals* (Last reviewed Monday 13 October 2014).
── (2014c) *Annual Report 2013-14*.
── (2014d) *Australia's Migration Trends 2012-13*.
── (2014e) *Australia's Migration Trends 2013-14*.
── (2015) *2014-15 Migration Programme Report*.

Department of Immigration and Citizenship (DIAC) (2008) *Annual Report 2007-08*.
―― (2009) *Annual Report 2008-09*.
―― (2010) *Annual Report 2009-10*.
―― (2011) *Annual Report 2010-11*.
―― (2012a) *Australia's Humanitarian Program 2013-14 and Beyond* (*Information Paper*).
―― (2012b) *Response to the Australian Human Rights Commission Report on the Use of Community Arrangements for Asylum Seekers, Refugees and Stateless Persons who Have Arrived to Australia by Boat*.
―― (2012c) *Annual Report 2011-12*.
―― (2012d) *Trends in Migration : Australia 2010-11*.
―― (2013a) *Australia's Migration Trends 2011-12*.
―― (2013b) *Immigration Detention Statistics Summary* (31 August 2013).
―― (2013c) *Annual Report 2012-13*.
Expert Panel on Asylum Seekers (EPAS) (2012) *Report of the Expert Panel on Asylum Seekers August 2012*.
External Reference Group (ERG) (2008) *Visa Subclass 457 External Reference Group Final Report to the Minister for Immigration and Citizenship* (April 2008).
Inquiry into Immigration Detention in Australia, Joint Standing Committee on Migration (IIDA/ JSCM) (2009) *Immigration Detention in Australia : Community-Based Alternatives to Detention*, Commonwealth of Australia.
Koleth, Elsa (2012) *Asylum Seekers : An Update* (Briefing Paper No. 1/ 2012), NSW Parliamentary Library.
Mason, Jana (USCR) (2002) *Sea Change : Australia's New Approach to Asylum Seekers*, U. S. Committee for Refugees.
Migration Council Australia (MCA) (2013) *More than Temporary : Australia's 457 Visa Program*.
Neave, Colin (2013) *Suicide and Self-harm in the Immigration Detention Network* (Report by the Commonwealth and Immigration Ombudsman, May 2013).
Phillips, Janet and Harriet Spinks (2012) "Skilled Migration : Temporary and Permanent Flows to Australia," (Background Note) Parliamentary Library of Australia.
Phillips, Janet et al. (2010) "Migration to Australia since Federation : A Guide to the Statistics," (Background Note) Parliamentary Library of Australia.
Phillips, Kristen (2009) "Interventions, Interceptions, Separations : Australia's Biopolitical War at the Borders and the Gendering of Bare Life," *Social Identities*, Vol. 15, No. 1.
Rose, Nikolas (1999) *Powers of Freedom : Reframing Political Thought*, Cambridge University Press.
Stratton, Jon (2011) *Uncertain Lives : Culture, Race and Neoliberalism in Australia*, Cambridge Scholars Publishing.
The Coalition (2013) *The Coalition's Operation Sovereign Borders Policy*.

第 II 部

EU 諸国の受入政策の転換

第 4 章　EU

「国境のないヨーロッパ」という幻想
　──EU 共通移民政策の展開

堀 井 里 子

はじめに

　欧州連合（EU）は,「国境のないヨーロッパ」という理念の下で,共通の移民政策を構築してきた。それが今,大きな転換の時期を迎えている。2015 年に 180 万人にも達したといわれる移民・難民の到来への対応をめぐり,加盟国の意見は割れ,社会は動揺し,既存の政策は機能不全となっている。到着した難民を加盟国間で分担し引き受ける試みは大きな反発があり実施が進まない一方で,国境管理分野の展開は速く,欧州国境沿岸警備隊が 2016 年に設立されるなど警備体制の強化が着々と進んでいる。また,2009 年に制定したブルーカード指令による高度技能移民受入制度は,EU という一大経済圏がその内に取り込むべき「望ましい人々」を定義し,EU の積極的な選別的受入の姿勢を示している。

　本章では,EU 共通移民政策の展開を以下の分野に焦点を当てて分析する。まず,シェンゲン協定および EU の移民・難民政策を規定する基本的な制度枠組みを概観する（第 1 節）。次に,EU の高度技能移民誘致政策について,2009年に成立したブルーカード指令（以下,BC 指令）[1]の現状と問題点の分析を通して明らかにする（第 2 節）。第 3 節では,EU の国境管理政策を,2004 年に設立された EU の専門組織,フロンテクス（Frontex）の活動に焦点を当てて明ら

かにする。最後に，現在 EU が直面している最大の課題である国境での難民対応について，EU の対応の実態を分析する（第 4 節）。

1　シェンゲン・エリアの誕生と基本的制度枠組み

1）国境のないヨーロッパの誕生

　EU 領域における人の自由移動は欧州統合の根源的な価値（鈴木 2014 : 321）であり，また EU 共通移民政策のあり方を規定する基本原則でもある。その起源は，加盟国間でモノ，サービス，資本，そして人が自由に移動できる単一市場の創設を目的のひとつとして掲げたローマ条約（1958 年発効）の中にすでにみることができる。ローマ条約における「人の移動の自由」とは「雇用，報酬，その他の労働および雇用条件に関して，構成国の労働者間の国籍にもとづくすべての差別待遇を撤廃することを意味」（中林 2011 : 255）しており，「人」とは労働力の提供者としての加盟国市民を対象としていた。「移動の自由」とは出身加盟国により差別的待遇を受けない意味で用いられ，国境における出入国管理の撤廃を必ずしも含んでいなかった。このような意味での自由移動の空間は，単一市場の発足のため 1987 年に発効した単一欧州議定書によって 1992 年に実現した。EU 市民は，労働ビザを取得せずに他の加盟国に自由に移動し，居住し，労働することが可能となった。さらに，1993 年に発効し，EU を設立したマーストリヒト条約は，EU 市民が地域共通で有する一連の権利を規定した欧州市民権を導入した。これによって，もっぱら経済統合の観点から規定されていた人の自由移動が労働者以外の市民にも拡大され，EU 市民は出身加盟国の違いにかかわらず教育や社会保障などさまざまな側面で同等の権利が保障されるべきことが規定された。

　ここまで述べた制度が EU 市民を対象としたのに対し，域内国境における出入国管理を撤廃したシェンゲン・エリアは，非 EU 市民も享受できる制度として欧州における国境の開放性を世界に示した。シェンゲン・エリアは，欧州共同体（EC）が単一市場の完成に向け動いていた 1980 年代にフランス，西ドイ

ツ，ベルギー，オランダ，ルクセンブルグによるイニシアティブで進められた。これら5カ国はシェンゲン協定を1985年に締結し，1995年までに国境撤廃を実現した。シェンゲン協定は，1997年に調印されたアムステルダム条約によってEU法制度の一部となり，その原則はEU領域に拡大，2016年現在までにシェンゲン・エリアは26カ国によって構成されている[2]。

　ここで重要な点は，シェンゲン・エリアの誕生によって生じた加盟国間の不均衡な負担の分担である。EU加盟国にとって，シェンゲンという制度を内に抱えることは，域内の人の移動を把握できないということを意味する。こうした空間は，加盟国にとっては域外からの移民・難民の流入が管理下におかれてこそ初めて可能となる。ここに，EU領域の内側（「内陸」）にある加盟国から「周縁」を構成する加盟国への国境管理の強化の圧力が生まれ，結果として移民・難民の流入管理をめぐる負担が周縁の加盟国にのしかかる構造が構築されることになった。

2）EU共通移民政策の構築に向けて

　移民・難民の移動，特に流入の管理は，シェンゲン・エリアがEUの一部となった1990年代後半からEU政治における中心的な議題となった。アムステルダム条約は，シェンゲン協定を組み込んだだけでなく，移民・難民に関する政策をEUの権限が強い政策領域に移動し[3]，またEUを従来の地域的経済圏としてではなく「自由・安全・司法の領域」として再定義した。国境管理は，自由で安全なEU領域を守る政策という意味でも重要視され，外部からの人の流入にEUがより慎重な姿勢を示すようになった。こうした展開を受けて，1999年に開催されたタンペレ欧州理事会では，EU首脳陣が初めて公式にEU共通移民政策を構築すべきだという認識を示している。その後，米国9.11同時多発テロ事件直後という文脈で開催されたラーケン欧州理事会は，脅威からEUを守る手段としての国境管理の役割を強調し，移民を安全保障と明確に関連付ける政治的言説がこれ以降，顕著となった。こうした政治的な動きに加え，EU共通移民政策の構築を促した要因は，2004年と2007年に迫っていた，中東欧諸国を加盟させる過去最大規模のEU拡大にもあった。人の自由移動の空

間を守るという観点からいうと，EU拡大による最大の影響は，EU域外国境が大きく中東欧諸国の国境に移動することである。既存の加盟国は，一定水準の警備・監視体制を保つため地域協力の実施に向けて話し合うようになった（堀井 2013：275）。

このような文脈において，加盟国間で政策の共通化が進んでいるのは移民・難民の流入を規制し，コントロールするための政策である。例えば疑わしい人やモノの出入国に関して加盟国が情報を共有するためのシェンゲン情報システムは，国境管理メカニズムのひとつであり，1995年から稼働している。難民庇護分野も同様に，EU中心部への流入を抑えるために難民申請を最初に到着した加盟国でのみ受け付けることを定めたダブリン規則が1997年に発効した[4]。2000年代には，タンペレ欧州理事会が掲げた共通欧州難民庇護制度の発足に向けて，難民認定の資格要件や手続き上のルール，受入環境などに関するEU指令が成立する。さらに，難民庇護申請者の指紋情報を共有するユーロダックが2003年から稼動しており，難民の動きを監視する体制が形成された。また，EU拡大交渉や欧州近隣諸国政策，二国間協定など，複数の政策領域を含む包括的な対外交渉の枠組みを通して，移民・難民の流入を未然に防ぐような試みが行われるようになった。

他方で，経済移民など正規滞在の移民に関する政策は，自国の労働市場などの状況に合わせ決定したいという各加盟国の要請が強く，EU共通移民政策の中でも統合が遅れた分野とみなされてきた（Geddes and Niemann 2015）。だが2000年代以降，留学生や科学者，あるいは次節で詳述する高度技能移民などEU経済に利益をもたらす人材を対象とした共通の受入制度が整いつつある。また，非正規移民を雇用した業者に対する処罰規定も2009年に制定されるなど，個別的に政策の共通化がみられる。

以上のようなEU単一の経済圏かつ自由移動の空間を維持するための取り組みは，前述したように「周縁」の加盟国が負担を背負うことによって成り立っている。この周縁を構成する加盟国は，EUが自身の経済圏を拡大するたびに，経済的・社会的基盤が脆弱な新規加盟国に移動していく。こうした構造は，ダブリン規則にもとづいて形成されている難民庇護制度も同様である。難民申請

の受付を申請者が最初に到着した加盟国に限定する限り，難民認定から保護にかかる負担は必然的に EU 領域の周縁に位置する加盟国のものとなる。難民は空路によって直接 EU の「内陸」国に入国することも可能であるものの，EU や加盟国政府は必要な書類を携帯していない者の渡航を規制すべく航空会社などに対する制裁措置を強化しており，難民が EU「内陸」に位置するドイツなどの加盟国に直接向かうことは容易ではない。近年の大規模な難民の流入をめぐる EU 加盟国間および欧州社会の亀裂は，EU が達成してきた経済的な統合を裏側で支えてきた構造的問題が顕在化したものといえよう。

2　ブルーカード指令による高度技能移民の受入

　EU は地域共通の高度技能移民の受入体制を整えるべく，BC 指令を 2009 年に制定した。BC 指令は技術・学歴という技能基準と収入という富に関する基準によってどのような移民が EU にとって「望ましい」のかを端的に示しており，EU の選別性を表すものである。他方で，実施にあたっては課題に直面していることも事実である。本節では，BC 指令が，どのように成立しまた実施されているかを，現実と理想の乖離に注目しながら明らかにする。

1）高度技能移民の誘致の背景

　1990 年代後半より，EU 加盟各国は移民の入国を一律に制限する「移民ゼロ」の政策から，高学歴，高技能者を積極的に受け入れる選別的移民政策を含む包括的な移民政策へと舵を切ってきた。そうした制度的転換の過程において，ドイツは当時不足していた IT 技術者などの専門家を誘致するためのグリーンカード制度を制定し，イギリスも一定の年収や技能要件を満たした非 EU 市民を優遇するポイント制度を開始するなど，複数の加盟国が独自の高度技能人材受入制度を策定してきた（各加盟国の制度については，第 5・6・7・9 章を参照）。

　加盟国が高度技能者の誘致に取り組む一方で EU 共通の枠組みが必要とされた背景には，世界的な高度技能人材の獲得競争の激化がある。今日，IT 専門

家や大学卒業者など一定の学歴を有する者は，情報化が進む経済・社会を牽引する人材として扱われ，多くの先進国が優遇政策を打ち出している。そのような状況において，EU 諸国は米国やカナダなどの後塵を拝しており[5]，単一の経済圏を有する EU は，地域全体で共通の政策を打ち出し人材を誘致する必要性を感じていた。その上，EU 加盟諸国では高齢化が進んでおり，将来の労働力不足も懸念されていた。すでに IT 分野では専門家不足が指摘されており EU 域外から専門職に就く人々を受け入れる必要性は EU 政策関係者の間で共有されていた (Cerna and Czaika 2016 : 22)。また，高度技能移民は高い税金を納め，社会保障制度に依存しない存在というイメージがあり，彼らに対し国境を開放しても市民の反発が起こりにくいという事情もあった (Cerna 2014 : 78)。こうした事情から EU は，2000 年に発表されたリスボン戦略において，EU を世界で最も競争力が高くダイナミックな知識集約型経済 (Knowledge based economy) にすることを目標に掲げ，2004 年に採択したハーグ 5 カ年計画を通して知識集約型経済の発展に果たす移民の役割を強調した。そしてそれにもとづき，欧州委員会が高度技能移民受入制度の構築を 2005 年に提案した。

ただし，政策形成の過程では，高度技能移民の受入にすでに取り組んでいる加盟国もあり，何をどこまで EU 共通のルールにするかなどで加盟国・EU 主要機関の間で意見の相違がみられた。その結果，「高度技能者を雇用するための非 EU 市民の入国および居住条件に関する指令，通称 EU ブルーカード (Council Directive 2009/50/EC)」の成立は 2009 年まで待たなければならなかった。また，BC 指令は各国の制度を「代替」せず「補完」するという二次的な役割が付与されるにとどまり，受入人数の上限を含むさまざまな条件が各国の裁量に任せられた[6] (Cerna 2014)。

そのような状況のなかで加盟国が合意したルールのひとつが，高度技能移民とは誰かという問いに答えるものである。BC 指令によれば，高度技能移民とは大学卒業資格もしくは同等の専門的経験を最低 5 年有し，かつ就労先加盟国の平均収入の 1.5 倍以上の収入を雇用先から保証されている者である。この定義からは，EU が応募者に対して純粋に技能・学歴だけではなく，一定水準以上の富（収入）を要求していることが理解される。つまり，高度技能移民は技

能によってEU経済に貢献するだけではなく，社会保障制度などの面から負担にならないことを保障できる者を求めていることが推察される。これらの基準を満たした者には，就労先の加盟国市民と同等の権利が，労働環境，社会保障，年金などの面で保障される。加えて，就労後18カ月が経過すると許可申請を経た上で他の加盟国へ移動・就労が可能となる。また，EU域内で計5年間就労すると永住権取得への道も開かれる。通常であれば厳しい条件が課される家族の帯同も許され，かつその家族も就労が可能である。ビザの分類による制度的な区分は正規移民の中に多く存在するが，高度技能移民は享受できる権利が市民権を除き他の正規移民よりもよりEU市民のそれに近い。BC指令は技能・富という2つの基準を満たした高度技能移民とその他の移民の間に権利上の境界線を引き，正規移民の内側に「準EU市民」を形成しているといえる。

2）ブルーカード実施状況――目標と現実の乖離

　BC指令は国内法制化の移行期間を経て，2012年から実施されているが，これまでにどのような結果をもたらしているのであろうか。就労先加盟国別のBC交付件数を示した表4-1[7]を参照すると，初年度こそ交付を受けた移民の数は3,664人に留まっているが，2015年には1万7千人と大きく増加している。出身国は，初年度に関していうとインド（699人），中国（324人），それに南米など新興国の出身者が多い。他方，ロシアや東欧といったEU隣接地域や北米出身の利用者もおり，いわゆる先進国や地理的に近い国の高度技能人材の受け皿にもなっていることが分かる[8]。なお，年齢層は25～35歳が最も多く（74％），性別では男性が79％を占めている（European Commission 2014：3）。BC指令は実施から4年しか経過していないが，当初の目標と結果の乖離がいくつかの側面で露呈している。第一に，BC制度による利用者の割合が少ないことが挙げられる。BCの交付件数は増加しているが，その数は各加盟国の高度技能移民誘致制度の利用者数には及んでいない。BC指令は，法案成立過程で妥協が必要とされ各国の裁量が尊重された結果，EU共通の枠組みとしての特徴が失われてしまい，加盟国・移民両者にとってメリットを感じにくいものになっているのではないか。まだ実施から時間が経っていないこともあるが，国家横

断的な制度であることを活かした「18カ月後に他の加盟国に就労できる」権利も現在までほとんど利用されていない。

第二点は，ドイツへの利用者の一極集中である。実に 2012 年の BC が交付された者の 70％，2015 年の 85％がドイツで就労しており，帯同する家族もほとんどがドイツに移動している（European Commission 2016a）。こうした傾向の背景には，ドイツでは BC 申請に際しての収入要件が比較的緩く，また永住権が取得しやすいことなどが指摘されている（第 7 章参照）。だが，なかでも注目すべきは BC 申請者の多くが，留学や他の就労ビザ・カテゴリーにより申請時点ですでにドイツに居住していたという点である。ドイツ連邦移民難民庁によると，2014 年に約 2 万人いた BC 制度の利用者のうち，半数以上がそのようなケースに該当している（German Federal Office for Migration and Refugees 2015）。ドイツに留学中の学生や就労している者にとっては，BC 制度はより良い待遇が保障された上

表 4-1 就労先加盟国別ブルーカード交付件数

加盟国／年	2012	2013	2014
ドイツ	2,584	11,580	12,108
フランス	126	371	597
ルクセンブルク	183	236	262
ルーマニア	46	71	190
イタリア	6	87	165
チェコ	62	72	104
リトアニア	N/A	26	92
ポーランド	2	16	46
スペイン	461	313	39
ラトビア	17	10	32
ブルガリア	15	14	21
ベルギー	0	5	19
エストニア	16	12	15
スロベニア	9	3	8
クロアチア	N/A	10	7
スロバキア	7	8	6
ハンガリー	1	4	5
ポルトガル	2	4	3
フィンランド	2	5	3
マルタ	0	4	2
キプロス	0	0	0
オランダ	1	3	0
スウェーデン	0	2	0
ギリシャ	0	N/A	N/A
オーストリア	124	108	N/A
合計	3,664	12,964	13,724

出所）欧州委員会による統計（European Commission 2016b）をもとに筆者作成。BC 指令を適用していないイギリス，アイルランド，デンマークは統計対象外。

位階層に移動する手段となっており，ドイツ政府にとっても，国内にすでに存在する高度技能移民を自国に囲い込むための手段となっているといえる。

BC 指令は，同指令が成立した当時に欧州委員会の内務担当委員を務めていたマルムストロームが期待するような，合法的に滞在する非 EU 市民が自由に域内を移動（および就労）できるような，「米国やカナダのような単一の移動空間（a single area of migration）」という枠組みを提供するにはいたっていない

(Malmström 2014：v)。むしろ，現在の BC 指令の実態はドイツが高度技能移民を国内にプールする手段となっている。このような状況を鑑み，2016 年 1 月現在，EU は BC 指令の見直しを検討中である。検討されている課題は，さらなる制度の共通化や職業訓練の修了者などの中技能移民や起業家への適用範囲の拡大，イギリスの高度技能移民受入制度に類似した EU ポイント制度の導入などである。

　BC 指令は技能と収入という観点から EU に貢献できる一部の正規移民を「準 EU 市民」として「昇格」させる制度であり，単なるビザの種類の違いというだけではなく，同じ正規移民の中でも享受できる法的権利から将来の永住へのパスを含め，さまざまな差異を生み出すものである。EU 共通の制度としては乗り越えるべき課題が多いが，EU レベルでこのような差異を生み出す構造が構築されていることは，軽視すべきではないだろう。

3　EU 域外国境管理政策とフロンテクスの活動

　共通政策の構築に比較的時間を要している正規経済移民に関する政策分野に比べ，EU 域外国境の管理は，共通ルールの策定や加盟国間の協力が進展している政策分野である。第 1 節で論じたように EU は自由移動の領域を構築したが，それは国境の機能を非 EU 諸国と EU を隔てる EU 域外国境に再配置しただけであり，むしろ国境の存在は世界のどの地域よりも強調されている。その背景には域内の自由移動が脅かされるという言説があるだけではなく，国境での人の流れを政府が統制できているか否かが政府の統治能力に対する市民の評価に影響するという政府の懸念がある（ビゴ 2014）。加えて，近年多発するテロ事件は，移民・難民の問題を安全保障政策の文脈で捉えるという安全保障との連結（Castles and Miller 2013）を生み出し，国境における人の移動の規制の厳格化を正当化している。EU 域外国境管理はあらゆる情報技術の動員を伴って行われ，2013 年に稼動が始まった欧州国境監視システム（Eurosur）は人工衛星などを利用し非正規移民や難民の移動ルートを追跡している。そうして得ら

れた情報は，加盟国当局間やEU機関で共有される。EUと加盟国は，時には権限の所在について緊張関係をはらみつつも，構築された情報網を運営し，国境での監視活動を行っている。こうしたEU国境管理体制において核を成す組織がフロンテクスである。

1)「リスク」としての移民・難民

　フロンテクスは，その正式名称「欧州域外国境管理実務協力機関」が示すように，EU域外国境管理のための加盟国間協力を支援するために2004年にポーランド・ワルシャワに設立されたEU専門機関である[9]。複数の加盟国から提供を募った人員や機材のEU域外国境への派遣，情報の収集・分析，国境警備員の訓練や諸外国との連携体制の構築など幅広い任務に従事している。なかでもリスク分析と共同作戦は特に重要な任務である。まず前者は，加盟国が有する移民・難民に関するデータを収集・統合し，移民・難民と国境に関してのEUレベルでの全体像を提供する任務である。この任務が重要である理由は，ひとつにはリスク分析が単なる加盟国のデータの寄せ集めではなく，「リスク」という観点から情報を再構築し，EUの移民・難民と国境に関するひとつの新たな知識体系を創り出しているためであり，それが国境と人の移動に関する作動様式（modus operandi）を構成しているためである。

　収集したデータを分析するためにフロンテクスが開発した「統合型共通リスク分析モデルCIRAM（Common Integrated Risk Analysis Model）」によると，国境のリスクは脅威，脆弱性，影響力によって定義され，かつこれらの要素はすべて移民・難民にかかわる統計的・非統計的データによって説明されている。例えば，不法入国により拘束された人々の出身国や移動手段や移動を促した母国でのプッシュ要因および欧州側のプル要因，さらには各加盟国の国境管理能力やEU域内の治安や正規移民への影響などが，脅威，脆弱性，そして影響力の程度を判断する基準となる。各国境のリスクの高低はこれらの要素を考慮して算出される。このようなモデルを通して生み出された分析結果や統計は定期・不定期に発行されるレポートを通してあたかも「客観的な事実」の如く提示され，フロンテクス自身を含むさまざまな主体に利用されている。例えば，フロ

ンテクスは共同作戦の立案をリスク分析にもとづいており,また欧州委員会は域外国境基金を加盟国に配分する際の比率の根拠を国境のリスクの高低に拠っている。フロンテクスによって発信される情報は,EU の国境管理手法に批判的な人権団体や国際機関によっても利用されている。リスク分析は,国境の何が問題なのか,誰が監視の対象で政府は何をすべきか,という人々や組織の国境や移民・難民に対する考え方を規定し人々や組織の判断と行動の基盤となっているのである。

2) 国境監視体制の展開

共同作戦 (joint operation) はおそらく最も市民に認知され,かつ波紋を呼んでいるフロンテクスの主要任務である。共同作戦とは,複数の加盟国の国境警備員によって構成されるチームを EU 域外国境に派遣し,派遣先加盟国の国境での人の移動のチェックや監視活動を支援する任務を指す。具体的には,フロンテクスはどの域外国境において支援が必要であるかをリスク分析にもとづいて判断する[10]。提案された共同作戦はフロンテクス執行部を構成する加盟国と欧州委員会の了承を得た上で実行に移される。実行の過程では,フロンテクスは人員や機材の提供に関し加盟国と交渉し現場での調整役なども務める。2016年現在まで,共同作戦は陸上と海上の国境だけでなく空の国境である国際空港も含め EU 域外国境のほぼ全域をカバーしている。

共同作戦はフロンテクスが活動を開始した当初から物議を醸してきた。その理由のひとつは共同作戦が難民保護の義務をないがしろにしている可能性が指摘されることである。そしてこの指摘は,すでにフロンテクス活動初期の代表的な共同作戦「ヘラ」に対してなされている。ヘラは,2006年からスペイン・カナリア諸島周辺海域で数次にわたり実施された共同作戦である。アフリカ大陸西の大西洋上に位置するカナリア諸島は当時最大の EU への不法入国ルートであり,ピーク時の 2006 年には 3 万人の非正規移民が到着した (UNDOC 2011: 15)。第 1 次ヘラにはフランス,ドイツ,イギリスを含む 7 加盟国からの職員 11 人が派遣され,非正規移民の出身国の割り出し,母国への送還を含むスペイン当局の任務を支援した (Frontex 2006: 12;第 9 章第 4 節)。論議の主

な対象となったのは第 2 次ヘラである。フィンランド，ポルトガル，イタリアの協力で実施されたこの共同作戦は，スペインがセネガルおよびモーリタニアと結んでいた二国間協定をもとに，両国の領海で監視活動を展開し，カナリア諸島にたどり着く前に人々をアフリカ大陸側に連れ戻したという。フロンテクスは，ヘラ作戦によって木造船（"Cayucos"）57 艘に乗っていた約 3,900 人を発見，送還し，それによって危険な航海から人々を未然に守ったと主張しているが（Frontex 2006：12），実際には人々から難民庇護申請の機会を奪っているのではないかという批判が多い（Carrera 2007）。

　フロンテクスの共同作戦は加盟国の自発的な協力を原則としていたが，徐々に義務的貢献を求め，調整役としてのフロンテクスと加盟国という関係に変化が生じつつある。2007 年に制定された「とりわけ多数の非 EU 市民の不法入国によって EU 域外国境が緊急かつ例外的に高い圧力にさらされた場合」にのみ発動できる「迅速な国境介入部隊 RABIT（Rapid Border Intervention Team）」は加盟国に義務的な協力を迅速に要請するメカニズムである。RABIT は 2010 年に初めてギリシャ政府の支援要請により発動された。その際は，発動から 5 日間以内にすべてのシェンゲン加盟国から計 175 人および必要な機材が集められ，加盟国の動員という点で「成功」を収めた。2011 年にフロンテクス規則が改正されてからは，この義務的協力の原則が通常の共同作戦にも適用され，毎年加盟国はその年の共同作戦に動員可能な人員を「欧州国境監視チーム」という予備兵的な枠にプールしなければならなくなっている。さらに，2016 年 10 月にフロンテクスを核として設立された欧州国境沿岸警備隊のもとでは，動員可能な人数が 1,500 人にまで拡大されている。こうした加盟国の動員という点での影響力の拡大だけでなく，フロンテクスはその組織的規模も設立時より著しく拡大させている。こうした動きは難民庇護を担当する EU 専門機関，欧州難民庇護支援事務所 EASO がフロンテクスのような注目を EU の主要機関や加盟国，メディアから浴びず組織的にも拡大していないこと[11]と対照的であり，移民・難民対応として取締りを重視する EU の姿勢を端的に示している。

4　近年の大規模な難民の到来とEUの対応

　2014年から現在まで，EU域外国境に過去に例をみない数の難民が殺到し，EUは対応に追われている。その対応からは，国境管理の実践における規制と救援のあり方をめぐる議論や特定の加盟国に負担が集中してきたことに対する反動，さらなる国境管理の外部化の進展をみることができる。それらは，EUが抱えてきた構造的な矛盾をあらためて問いかけている。

1）地中海での2つの作戦

　国境管理における規制と救援のジレンマを示すのが，イタリアへ向かう難民に対して展開された2つの地中海沖での作戦，イタリアの「マレ・ノストラム（我らの海）」作戦とフロンテクスの共同作戦「トリトン」である。入国ルートごとの非正規入国者数をまとめた表4-2が示すように，イタリアを中心とする中央地中海ルートはギリシャを含む東地中海ルート同様流入圧力が高い。特に2013年後半から2014年にかけてはギリシャを上回る数の移民・難民が到着し，イタリア政府およびEUは対応を迫られた。

　イタリアへ向かう移民・難民はアフリカ大陸から地中海を渡って来る場合が多く，懸念されたのは航海の途中で命を落とす人々が後を断たないことであった。特に2013年10月3日にはイタリア・ランペドゥーサ島近くで500人を越える移民・難民が乗る漁船が難破し360人以上が亡くなり，衝撃的な事故として世界中で報道された。この事故を受けて，レッタ（E. Letta）首相率いる中道左派政権はランペドゥーサ島の事故を「計り知れない悲劇」と表現し翌4日を国喪日に指定するなど，地中海における難民の状況を憂慮する姿勢を示し，難破事故発生から15日後にマレ・ノストラム作戦の展開を発表した。

　マレ・ノストラムの特徴のひとつは，「軍事作戦と人道作戦の境界線を曖昧にした」（Dimitriadi 2014：12）といわれるように，軍事部門を中心に編成しながらも，地中海で遭難の危険がある人々の保護を任務として強調したことである。イタリアは国防省や財務経済省など複数の公的組織が移民政策を担当して

表 4-2 主な EU 域外国境入国ルートで確認された非正規入国者数

入国ルート／年	2009	2010	2011	2012	2013	2014	2015
東地中海ルート（ギリシャ、ブルガリア、キプロス）	39,975	55,688	57,025	37,224	24,799	50,834	885,386
中央地中海ルート（イタリア、マルタ）	11,043	4,450	64,261	15,151	45,298	170,664	153,946
西バルカン・ルート	3,089	2,371	4,658	6,391	19,951	43,357	764,038
西地中海ルート（スペイン）	6,642	5,003	8,448	6,397	6,838	7,842	7,164
合計	60,749	67,512	134,392	65,163	96,886	272,697	1,810,534

出所）Frontex（2015a；2016）をもとに筆者作成。

おり，マレ・ノストラムではイタリア海軍を中心として，空軍，沿岸警備隊（海軍組織），財務警察が参加した。これらの組織は病院設備を備えた大型揚陸艦など，海上で保護・救護活動をするために必要な設備を整えており，作戦を展開するにあたっては，イタリア保健省も動員し，保健衛生の職員を同乗させ，救助された人々の健康状態をチェックし必要に応じて応急処置を受けられるようにしたという（Italian Navy 2014）。このような体制により，海上で救助された人々がイタリアに到着すると，港に設置された収容施設のスタッフが対応にあたった。収容施設では，Llewellyn（2015：13）によると，国連難民高等弁務官事務所 UNHCR，国際移住機関 IOM，赤十字，セーブ・ザ・チルドレンなどの国際機関・NGO が活動しており，出身国や年齢に関する聞き取りや，難民申請に関する法的手続きの説明などがおこなわれた。

　マレ・ノストラムに対する外部評価は，概ね高い。例えば国連（UN 2015）は，2014 年に少なくとも 16 万人が同作戦により救助されたとしてイタリア政府の対応を肯定的に評価している。しかしながら，この作戦は財政難により 1 年程度で終了する事態に陥ってしまう。大規模な作戦を展開した結果，イタリア政府が当初想定した月 150 万ユーロを大幅に上回る 900 万ユーロが必要となり，継続が困難になったのである（Amnesty International 2014：23）。だが，マレ・ノストラムの終了の背景には，人命救助を前提とした作戦に対する加盟国の否定的な認識もあったといわれる。当時，イギリスの閣僚が「それ自体が移

民や難民を引き寄せる要因となりうるものには(イギリスは)参加しない」と発言したように,マレ・ノストラムの存在自体が移民・難民を欧州へ向かわせているのではないかという批判があった(Taylor 2015)。実際,イタリアに協力した加盟国はマルタとスロベニアのみであり,少なくとも,多くの加盟国はイタリアの行動に積極的に賛成をしていたとはいえない。

　人命救助を前提とする作戦参加への加盟国のためらいは,任務を引き継ぎ2014年8月から共同作戦「トリトン」を展開したフロンテクスが「結果として人命救助をすることはあっても作戦の目的は国境管理にある」(Carrera and den Hertog 2015 : 8)と発言したように,作戦の目的や活動に大きな影響を与えた。まず,予算はイタリアが投じた予算の3分の1程度にとどまり,各加盟国から提供された艦隊やヘリコプターの数もマレ・ノストラムのそれより少なかった。また,作戦を展開した領域についても,マレ・ノストラムがマルタとリビアの捜索・救助(SAR)ゾーンを含む広範な海域を対象としイタリア領海の外で発見された人々を救助の対象としたのに対し,トリトンはイタリア沿岸から30海里の海域までのみと,その範囲を大幅に縮小させた。

　こうした人命救助から流入規制への方向転換の結果,トリトン作戦が開始されて以降,地中海沖で命を落とす事例が増加したという報告が上がり,救助能力の拡大を求める声が高まった(UNHCR 2015a)。その結果,EUはトリトンの規模修正を余儀なくされ,2015年半ばから予算をマレ・ノストラムと同程度にまで増額し,活動領域を138海里まで拡大する決定を下している。しかしながら,規模は拡大しても,規制や排除を中心とした国境管理というトリトンの目的に何ら変更はなく,国境管理の実践において規制重視の傾向に大きな変更はみられていない。

2)選別的難民庇護?——シリア難民への対応

　イタリア周辺海域でフロンテクスがトリトンを展開した2014年頃からEUが直面したさらなる危機は,シリア難民の急激な増加とそれに端を発した加盟国間の亀裂である。長引くシリア内戦によりEUに庇護を求めて到来した人々の数は,他の国からの難民や非正規移民を合わせ,2015年には180万人に達

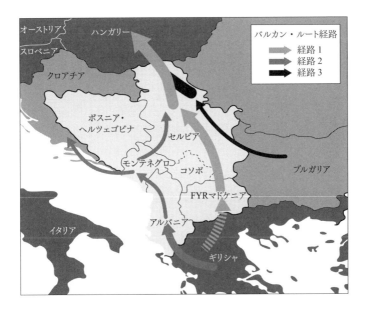

図 4-1 西バルカン・ルートの経路図
出所) Frontex（2015b：29）を参照。

した（Frontex 2016：16）。この時の移民・難民の到来がそれ以前の事例と異なるのは，「西バルカン・ルート」の利用である。これは，人々がトルコおよびギリシャを通過後，バルカン半島諸国を通過し再度 EU に入るというルートである（図 4-1 参照）。最大のルートは東地中海ルートであるが，2015 年に確認された 180 万人のうち，40％超となる 76 万人が同ルートを通って EU へ到着したとされる。その出身国は不特定のケースが 55 万人と多数を占めるものの，シリア（9 万人）とアフガニスタン（5 万 3 千人）が多い（Frontex 2016：16）。突然の移民・難民の流入に直面した西バルカン・ルート上の加盟国の多くは収容能力も整っておらず，また後述するように受入に対する反発が強いため対応は混乱した。以前から移民・難民の流入圧力が高かったギリシャでも桁違いの数の規模の難民の到着に直面し，一国だけでは対応が困難になった。

こうした状況を打破するために EU が示した姿勢は，救援よりも流入の防止を優先するという，イタリア海域におけるトリトン作戦で示したそれと変わっ

ていない。まず水際対策として，EU はフロンテクス（国境管理），EASO（難民庇護），ユーロポール（警察協力）をイタリアとギリシャの国境に集中的に配置し 24 時間体制で人の流入に対応した。そこでは欧州委員会の「登録なしに権利なし（No registration, no rights）」（European Commission 2016c：12）という姿勢が示すように，国境に到着した人々に対し指紋登録を含む厳しいチェックが行われている。また，難民申請が通らず保護対象外とみなされた人々には，送還措置がとられている。海上ではフロンテクスが非常時にのみ発動される RABIT を展開し，さらに北大西洋条約機構 NATO がエーゲ海での監視および取締りに従事するなど，軍事機構との協働も進んでいる。

　国境での水際作戦に加え，難民の流入を未然に防止するためトルコ，レバノン，ヨルダンをはじめとするシリア近隣諸国への支援にも EU は力を注いでいる。2015 年時点でこれら 3 カ国は EU より多い 350 万人の難民を受け入れており（UNHCR 2015b），EU へ向かう難民の多くがシリアからではなくこれらの国々を出発する二次的移動によるものとされる。EU の狙いは，これらの国々に資金援助をし，インフラ整備などを進めることで，この二次的移動を抑えることである。なかでもトルコは，EU にとってはシリアとの緩衝国でもあり，またシリア難民だけでなく EU を目指す移民・難民にとって最大の中継国となっている。EU は，難民の二次的移動を抑える見返りとしてトルコ人のビザ免除や EU 加盟交渉の促進など，他の政策イシューを絡めた交渉を展開している。

　最後に，迅速な対応が求められているにもかかわらず加盟国から強い反発を受け最も対応が遅れている対策が，難民を加盟国同士で分担して受け入れる難民割当（quota）制度である。欧州委員会は 2015 年 5 月に発表した「移民に関する欧州アジェンダ」を通して，「前線」にある加盟国が常に難民庇護にかかる負担を負っている構造的問題点を指摘した。そして，難民庇護の負担を公平にするため，将来的には EU が難民を加盟国に再配置する制度の構築を主張した。同年 9 月には欧州委員会はイタリアとギリシャ，ハンガリーに集中する計 12 万人の割当案を提出した。それによると，各加盟国の割当人数は人口，GDP，過去の難民申請者数，そして失業率によって判断され，ドイツとフラン

ス，スペイン，ポーランドによってほぼ半数が受け入れられる計算であった（European Commission 2015：19）。

　割当制度に賛意を示した加盟国はドイツやフランスをはじめとする複数の加盟国である。ドイツは過去の反省から憲法で亡命権を保障し，歴史的に難民に対して寛容な姿勢をとってきた。今回の難民危機に際しても，メルケル（A. Merkel）首相はシリア難民を歓迎する旨を他の加盟国に先駆けて宣言し，他の加盟国を先導している。他方で反対活動を展開したのはハンガリー，チェコ，ルーマニア，スロバキアの 4 カ国である。特に反移民を明確に打ち出すオルバン（V. Orbán）首相率いるハンガリー中道右派連合政権は，流入を阻止するためセルビアとの国境にフェンスを構築し，催涙ガスや高圧放水を難民に対して使用するなど強硬な姿勢をとっている。難民割当の対象となることも拒否したため，イタリアとギリシャの難民のみが最終的に割当対象国となった。スロバキアはハンガリーと異なり移民・難民の移動ルート上に位置しておらず難民申請者数もごくわずかである。それにもかかわらず，同国政府は難民の多くが宗教的に異質なイスラム教徒であることに対する警戒感を隠さず，また難民割当が EU の「押し付け」であることに強い不快感を表している。割当制度に対する市民の支持率も全加盟国最低レベル（30％）と，社会における反発も強い。

　最終的に，割当制度は 2015 年 9 月の司法・内務理事会において賛成多数（賛成 23，反対 4，棄権 1）により成立した。しかし，賛成多数であったからといって，その後円滑に実施されているわけではない。現実には，多くの加盟国が国内で高まる難民受入反対の声を前に揺れ動き，「政治的意思の問題」で実施は遅れている（European Commission 2016d：11）。当初の想定では 2016 年 5 月中頃までに 2 万人が振り分けられている予定であったが，実際には 1,500 人程度にとどまっている。しかもこの数は，フランスなど一部の積極的な加盟国の受入によるものであり，ハンガリーとスロバキアを含む複数の加盟国が受入ゼロを維持している（European Commission 2016e）。

　こうした加盟国の抵抗だけでなく，難民の割当は加盟国が難民を「選別」する余地を作り出している点で重要な問題を提起している。割当に関する規則によれば，子どもの利益を最優先する，家族はともに受け入れる，そして不当な

差別をしないという条件のもと加盟国は難民を選ぶことができる。また，規則の前文には，受入先で社会統合が円滑に行われるような「文化的・社会的結びつき」の役割が強調されている。だが，何をもって難民がそのような「結びつき」を有しているか，その判断は各加盟国に委ねる部分が多い。こうした点から，割当制度の実効性には警鐘が鳴らされている (Carrera and den Hertog 2015)。

おわりに——国境のないヨーロッパという幻想

本章では，EU 共通移民政策についてその歴史的な形成過程を概観し，高度技能移民政策と域外国境管理政策に焦点をあてて論じることで，EU が抱える限界や構造的なひずみを浮き彫りにした。そのひとつが，国境の開放と強化の同時進行である。EU は，「国境のないヨーロッパ」という理念をその域内で具現化したが，その代替措置として並行して進められたのが，移民・難民に対する移動規制である。その規制は，EU 域外国境における取締りだけでなく，諸外国との協力を通して，望ましくない人々の流入を未然に防ぐ試みにまで及んでいる。そのような試みを，フロンテクスのリスク分析は正当化する役割を果たしている。移民・難民の移動に関する情報をリスクという観点から再構成するフロンテクスの情報は，誰が EU 領域の中で「望ましくない人々」であるかを提示し国境管理をはじめ移民・難民にかかわるさまざまな政策決定やその実践に影響している。

さらに本章が提示したもうひとつの EU のひずみが，加盟国間でのアンバランスな負担の配分である。EU は域内に有した巨大な経済圏をさらに拡大するために周辺諸国を受け入れてきた。この EU 拡大は，経済的に発展した古参の加盟国を EU の内部へおしやり，経済規模が比較的小さい新規加盟国を非 EU 諸国との境界に配置した。このような加盟国の空間的な配置は，EU 域外国境の管理にかかる負担が境界に位置する加盟国に集中する構造を作り出した。これらの加盟国はダブリン規則のために難民庇護にかかる負担を一身に負ってきた。今回のシリア難民問題への対応で改めて浮き彫りとなったのは，その負担

をさらにEU域外諸国に転化させようとする姿勢である。このようなEUの姿勢は目新しいものではない。だが，負担を特定の空間におしとどめる手法は，加盟国同士の対立や移民・難民をめぐる社会の亀裂という形で一気に表面化してきた。

　負担をより公平に分配するために欧州委員会が提示した難民割当制度は，一部加盟国から「押し付け」と批判されたように，加盟国とEU組織との権限の所在をめぐる緊張関係も明らかにした。「準EU市民」を移民の中に作り出したBC指令も，加盟国の自律的な政策運営を尊重するがゆえに，実効的な政策足りえていない。ルールの共通化を図る試みは政策決定の自律性が浸食されることを警戒する加盟国の反発に直面する。このような政策内容を超えた構造的な限界は，国境を越えた政治協力の枠組みを有するEU特有のものである。

　今，EUにはシェンゲンの撤廃を求める声や，地域共通の政策に反発する動きがさまざまなところから上がっている。EUにとっての真の危機は，欧州諸国が統合を通して掲げてきた多様性や寛容という規範のゆらぎではないだろうか。「国境のないヨーロッパ」という理念は幻想に過ぎないのか，現在進行形で進む難民への対応は，このような根源的な問いを突きつけている。

［注］
1）EUの法体系には，一次法として加盟国が批准する各条約があり，その下に二次法として規則，指令，決定，勧告そして見解という5種類の法律がある。二次法にあたる5種類の法律は，加盟国や企業，個人に対する規制の程度によって区別される。規則は全加盟国に直接効力をもち，国内法化の手続きを必要としない。指令は規定された結果についてのみ加盟国を拘束し，達成のための手段は加盟国の裁量に委ねられる。決定は特定の加盟国や企業，個人に対して効力を有し，勧告・意見は法的拘束力を有しない。
2）イギリス，アイルランドはシェンゲンに参加しておらず，またキプロス，ルーマニア，ブルガリア，クロアチアは順次国境が撤廃される予定である。
3）ただし，この時点では，移民・難民に関する政策は各国の自律的決定権限を尊重する政府間協力枠組みの中に配置された。EUは2009年まで，3柱構造と呼ばれる政策領域によって異なる権限の分担方法を採用していた。単一市場に関する政策が属した第一の柱では，加盟国よりも欧州委員会などEU機関の権限が強調され，政策決定にあたっては全加盟国の同意ではなく多数決方式が採られるなど，超国家主義的性質が強かった。第二の柱に属する外交・安全保障政策や第三の柱に属する警察・司法協力に関する政策

は，加盟国の権限を尊重し，政策決定には全加盟国の同意を前提とする政府間協力主義を基本としていた．移民および難民に関する政策はマーストリヒト条約によって，第三の柱に組み込まれていたが，アムステルダム条約によって第一の柱の領域に移動した．

4）ダブリン規則は，難民により良い条件を付与する加盟国での認定を求めて複数の国で同時申請を行う「庇護ショッピング（asylum shopping）」を防ぐ目的があるともいわれている．

5）Lowell（2007：16）によれば，2000年に大卒資格をもつ移民の65％は北米に移動し，欧州は次点とはいえ24％と大きく水をあけられている．欧州委員会の調査（European Commission 2007）においても，大卒以上の学歴をもつ人々にとって欧州は北米ほど魅力的な移動先と映っていないことが指摘されている．

6）例えば，募集している職種が自国民もしくはEU市民によって補充されうるかを判断する労働市場テストの実施の有無や，BCの有効期間は各加盟国が決定できる事項である．2014年時点で12カ国が労働市場テストを実施し，BCの有効期間は1〜5年まで加盟国間で異なっている（European Commission 2014：7）．受入上限についても，上限を設定していない加盟国や上限数を国内労働力市場と連動させて毎年変える加盟国がある（European Commission 2014：4）．

7）欧州委員会統計局Eurostatは交付件数を随時更新しており，過去のデータでも多少変動しうる．

8）ドイツについても，状況は類似しており，ドイツ連邦移民難民庁の統計によると，2014年にBC制度を利用して就労していた1万2千人のうち，3分の1以上がインド人（2,322人），中国人（1,003人），ロシア人（928人）で占められている（German Federal Office for Migration and Refugees 2015）．

9）フロンテクスという通称は，フランス語の域外国境Frontieres exterieuresに由来する．

10）加盟国による支援要請によって共同作戦が展開する場合もある．

11）EASOが初めて予算・人員規模の大きな増加が認められたのが，2015年の移民・難民の到来以降である．ただし，そこでもフロンテクスの拡大規模に及んでいない．

［参考文献］

鈴木一人（2014）「21世紀のヨーロッパ統合——EU-NATO-CE体制の終焉？」遠藤乾編『ヨーロッパ統合史［増補版］』名古屋大学出版会

中林啓修（2011）「司法・内務分野における政策変遷と社会統合」香川敏幸・市川顕編『グローバル・ガバナンスとEUの深化』慶應義塾大学出版会

ビゴ，D.（2014）「国境概念の変化と監視体制の進化——移動・セキュリティ・自由をめぐる国家の攻防」（村上一基訳），森千香子／エレン・ルバイ編『国境政策のパラドクス』勁草書房

堀井里子（2013）「EUエージェンシー設立過程分析——EU域外国境管理政策・フロンテクスを事例として」『一橋法学』第12巻第1号

Amnesty International (2014) *Search and Rescue Operations in the Central Mediterranean : Facts and Figures*, Amnesty International Ltd.

Carrera, Sergio (2007) "The EU Border Management Strategy : Frontex and the Challenges of Irregular Immigration in the Canary Islands," *CEPS Working Document*, No. 261.
Carrera, Sergio and Leonhard den Hertog (2015) "Whose *Mare*? : Rule of Law Challenges in the Field of European Border Surveillance in the Mediterranean," *CEPS Paper in Liberty and Security in Europe*, No. 79.
Castles, Stephen, Hein De Haas and Mark J. Miller (2013) *The Age of Migration : International Population Movement in the Modern World* (5th ed.), Palgrave Macmillan.
Cerna, Lucie (2014) "The EU Blue Card : Preferences, Policies, and Negotiations between Member States," *Migration Studies*, Vol. 2, No. 1.
Cerna, Lucie and Mathias Czaika (2016) "European Policies to Attract Talent : The Crisis and Highly Skilled Migration Policy Changes," in A. Triandafylliodou, I. Isaakyan and G. Schiavone (eds.), *High Skill Migration and Recession*, Palgrave Macmillan.
Dimitriadi, Angeliki (2014) "Managing the Maritime Borders of Europe : Protection Through Deterrence and Prevention?," *ELIAMEP Working Paper*, No. 50.
European Commission (2007) *Proposal for a Council Directive on the Conditions of Entry and Residence of Third-country Nationals for the Purposes of Highly Qualified Employment*, COM (2007) 637final.
―― (2014) *Communication on the Implementation of Directive 2009/50/EC on the Conditions of Entry and Residence of Third-country Nationals for the Purpose of Highly Qualified Employment ("EU Blue Card")*, COM (2014) 287final.
―― (2015) *Communication : A European Agenda on Migration*, COM (2015) 85final.
―― (2016a) *Admitted Family Members of EU Blue Cards Holders by Type of Decision and Citizenship (migr_resbc2)* [accessed 25 November 2016].
―― (2016b) *EU Blue Cards by Type of Decision, Occupation and Citizenship (migr_resbc1)* [accessed 25 November 2016].
―― (2016c) *Managing the Refugee Crisis Greece : Progress Report*.
―― (2016d) *Communication on the State of Play of Implementation of the Priority Actions under the European Agenda on Migration*, COM (2016) 85final.
―― (2016e) *Third Report on Relocation and Resettlement (18/05/2016) : Relocation and Resettlement - State of Play*.
Frontex (2006) *Frontex Annual Report*.
―― (2015a) *Annual Risk Analysis 2015*.
―― (2015b) *Western Balkans Annual Risk Analysis 2015*.
―― (2016) *Annual Risk Analysis 2016*.
Geddes, Andrew and Arne Niemann (2015) "Introduction : Conceptualizing EU Policy on Labour Migration," *Cambridge Review of International Affairs*, Vol. 28, No. 4.
German Federal Office for Migration and Refugees (2015) "Labour Market in Germany and the EU Blue Card," Document Presented at *EMN Conference*, 19-20 March, Riga, Latvia.
Italian Navy (2014) *Mare Nostrum Operation*.

Llewellyn, Sabine (2015) "Search and Rescue in Central Mediterranean Sea," *Migreurop, Arci of Messina, Watch the Med.*

Lowell, Lindsay (2007) "Trends in International Migration Flows and Stocks, 1975-2005," DELSA/ ELSA/ WD/ SEM (2007) 13, *OECD.*

Malmström, Cecilia (2014) "Foreword," in S. Carrera, E. Guild and E. Katharina (eds.), *Rethinking the Attractiveness of EU Labour Immigration Policies*, CEPS.

Taylor, Adam (2015) "Italy Ran an Operation That Saved Thousands of Migrants from Drowning in the Mediterranean. Why Did It Stop?," 20 April, *Washington Post.*

UN (2015) "Report of the Special Rapporteur on the Human Rights of Migrants, François Crépeau," A/ HRC/ 29/ 36.

UNDOC (2011) *Issue Paper : Smuggling of Migrants by Sea.*

UNHCR (2015a) *UNHCR Calls for More Robust Search-and-rescue Operation on Mediterranean*, 12 February.

—— (2015b) *Mid-Year Trends 2015.*

第 5 章　イギリス

ポイント・システム導入と民営化の進展
——敵対的選別化への道

柄 谷 利 恵 子

はじめに

　イギリスでは 2016 年 6 月 23 日に，欧州連合（以下，EU）にとどまるか否かを問う国民投票が実施された。結果は離脱派が約 4％上回り多数を占めた。EU 残留を訴えていたキャメロン（David Cameron）首相は辞任し，新たに選出されたメイ（Theresa May）政権の下で，離脱に向けた交渉が始まることになる。

　今回の国民投票の結果が，イギリスの入国管理制度に多大な影響を及ぼすことは確実である[1]。もともと，離脱を求める声が高まった要因のひとつが，EU 加盟国国民に付与されている EU 域内移動の自由であった。実際に，キャメロン首相（当時）は国民投票の前に，トゥスク（Donald Tusk）欧州理事会常任議長に書簡を送っていた[2]。その中で明示された，EU 改革に対するイギリスの要望のひとつが，国境を越える移住者の扱いだった[3]。イギリス政府は，「EU 域外からの人の移動を管理するために多くの手段を講じてきた。EU 域内からの移住者に対しても，これまで以上に管理できるようにする必要がある」と主張した（Cameron 2015）。というのも，2010 年にキャメロン政権が誕生して以来，実質的受入者数（入国者数から出国者数を引いた数）を万単位で削減するという公約が掲げられていた。2015 年の総選挙において，保守党が下院で単独過半数を獲得した後，イギリス政府が求めたのが，域内出身者の移動の管理を

含めた EU の改革だった[4]。

　イギリスでは 2008 年から，能力別外国人労働者受入制度，いわゆるポイント・システム（points-based system）が導入されている[5]。一般にポイント・システムとは，技術・能力といった客観的指標による移住希望者の選別・受入のための制度と理解されている。イギリスの場合，EU 加盟国である限り，ポイント・システムが適用されるのは EU 域外出身者に限定される。したがって当初から，EU 域内と域外という区分を前提とした上で，グローバル経済競争に必要な移住者をポイント・システムにもとづいて選別し，受け入れる必要があった。しかしキャメロン政権の公約が実質的受入者数の大幅制限である以上，入国管理制度をめぐる議論の焦点は，「誰を受け入れるのか」ではなく，「誰を受け入れたくないのか」の決定にならざるをえない。その結果，ポイント・システムの役割は大きく変わってきている（柄谷 2016：113-131）。

　現在のイギリスの入国管理制度は，①移住者の国籍という出自にもとづく選別と排除への回帰，②民間企業が入国管理業務に携わることによる，移住者間の順位付けの可視化，という特徴が顕著にみられる。本章の目的は，これらの特徴が示す，イギリスの入国管理制度の「敵対的選別化」といえる実態を明らかにし，隣接政策分野に及ぼす影響を検討することである。誰をどのような条件で入国させ，どれだけの期間の滞在を許可するかを決定する入国管理制度は，国家の独占管轄事項である。しかし制度の構築・運用には，人口構成や経済状況といった国内要因だけでなく，国家を取り巻く対外関係や国際情勢も無関係ではない。現在のイギリスにおいても，EU との関係やグローバル経済にかかわる政策との関連を無視しては，ポイント・システムを含めた入国管理制度の実態を理解することはできない。EU 離脱派は国民投票の前に，EU 加盟国国民のイギリスへの入国を管理・規制することで，イギリス国民の雇用を守ると訴えてきた。現実には，EU 加盟国とイギリスの間の人の移動に関する取り決めは今後の交渉課題であり，イギリス政府が一方的に決定できるわけではない。

　本章の構成は以下の通りである。まず次節ではポイント・システムの導入までの過程および現状を概観する。第 2 節では，ポイント・システム導入後の入国管理制度の実態を評価する。続く第 3 節では，関連する他の政策分野に入国

管理制度が与える影響を考察する。まずイギリスでは，ポイント・システムの運用と並行して，「ブリティッシュ・アイデンティティ（Britishness）」を基盤とした成員概念の確立を目指した試みが続いている。というのも，植民地宗主国としての歴史が長かったため，成員資格としての国籍がナショナル・アイデンティティと一致することはなかったからである（Karatani 2002）。実際，移民法および国籍法上に「イギリス国民（British Citizen）」という成員資格がはじめて登場するのは，1981年国籍法においてである。くわえて，本来ポイント・システムは，イギリスの経済戦略と密接にかかわっているはずだった。これらの政策分野に対して，ポイント・システムの変容は無関係ではありえない。最後に，EU離脱後をにらみ，入国管理制度において「イギリス国民との近さ」を重視しようとする傾向がみられることを指摘したい。この傾向は，ブリティッシュ・アイデンティティの解釈と連動し，ポイント・システムという名の下で進展していく可能性がある。

1　ポイント・システムの展開

1）ポイント・システム導入に向けて

　2011年に実施された最新の国勢調査によれば，イングランドとウェールズに居住する8人に1人がイギリス国外生まれだった。くわえて，過去10年間で外国生まれの者が290万人増加したという事実が明らかになった。リーマン・ショックを経験した後も，イギリスに入国する移住者数は減っていない。あらゆる分野で多様化が進む中，既存のさまざまな制度がうまく対応できていないという不満が国内で高まっている。このような不満の対象のひとつが入国管理制度である。というのも，2010年および2015年総選挙の際，保守党は実質的受入者数を「毎年10万単位から万単位（"tens of thousands each year, not the hundreds of thousands every year"）」（The Conservative Party 2015：29）に削減するという公約を掲げた。にもかかわらず，今なお達成できないままである。

　イギリスの入国管理政策において，移住労働者受入が積極的に評価されるよ

うになったのは，ブレア（Tony Blair）政権期のことである。2000年代に入り，入国管理制度の目的が，「選択的開放（selective openness）」を実現するための「管理された国際移動（managed migration）」へと正式に転換された。この管理された国際移動を達成するために，目玉プロジェクトとして提案されたのがポイント・システムである。

　イギリスにおけるポイント・システムの起源は，1999年に着手された労働許可書制度改正にさかのぼる。1990年代のイギリス経済は持続的成長を続けており，労働力不足が生じていた。一方で，当時の入国管理制度の主眼は庇護制度の厳格化におかれていた。それがブレア政権の下では，それまでの規制一辺倒の立場を改め，イギリス経済の役に立つ移住者を受け入れるための制度改革に着手することになった（Spencer 2007）。目標は，移住者がイギリス社会にもたらす利益を積極的に活用するための「管理された国際移動」であり，その実現に向けて複数の労働許可書プログラムが構築されていった。具体的には，高度な金融やIT技能をもつ者向けの高度技能労働者プログラム（Highly Skilled Migrant Programme）や，イギリス国内の雇用を創出するための投資家や企業家に特化したイノベーター向けプログラムが導入された。さらには，看護・介護や教育分野のように人材不足に悩む産業分野には，部門別割り当てにもとづく労働許可書計画（Sectors Based Scheme），農業分野で発生する短期的な労働力不足には，季節農業労働者計画（Seasonal Agricultural Workers' Scheme）が作られた。これらがポイント・システムの基盤となっている。

　2002年に入ると，『安全な国境，安心できる場所』と題された白書が発表された。その中で，人の国際移動がイギリスの歴史の一部であり，イギリスに多大な利益をもたらしてきたと明記された（Home Office 2002，以下，2002年白書）。グローバル化が進む世界において，人の移動を止めることは不可能なだけでなく，イギリス経済の発展に不利益を及ぼす。そうであればこそ，イギリスに必要な移住者とそうでない移住者を選別し，前者を優先して受け入れて後者を排除するための，明確で合理的な制度が必要とされた。さらに2006年には，『ポイント・システム――イギリスのためになる移住労働者』と題した勅令書が発表された。その序文の中では，「世界中から最も優秀な人材を集めるために，

世界レベルの受入政策が必要である。〔中略〕新たに導入するポイント・システムによって，出入国管理が適切に実施され，制度を悪用する者から国境を守ることが可能になる」と宣言されている（Home Office 2006，以下，2006年勅令書）。

　この2006年勅令書によれば，移住者はイギリスに経済的および社会文化的繁栄をもたらしており，医療や教育といった主要公的分野の労働力不足を充足させるためにも不可欠である（p. 1）。その一方で，2004年にEUに新たに加盟した旧東欧諸国から労働者が流入してきた結果，国内の労働力不足が緩和されてきている。このような国際環境の変化を鑑み，労働者を雇用するにあたり，「イギリスを第一に，続いて拡大EU，それでも人材が足りない場合にのみEU域外」から移住労働者を受け入れることが確認された（p. 1）。この目的を実現するために，EU域外出身の移住労働者に対しては，5階層から構成されるポイント・システムを導入することで，法制度の大胆な簡素化の実現が目指された。くわえて，各階層の基準は明確に規定されているため，移住希望者は前もって入国可能性を判断できるようになり，制度の悪用が減少することも期待された。

2）ポイント・システムの現状

　イギリスの入国管理制度の場合，制度の大枠が発表された後で，それを実現するために必要な具体的なプログラムが準備されるという手順がとられる。個々のプログラムは，状況の変化に対応して作成され変更が加えられる。そのため，大枠が保たれていても，実施の段階で当初の想定とは異なるものになったり，非常に煩雑なものになったりすることも多い。

　ポイント・システムもまた，準備過程を経るうちに手直しされ，実施開始後も毎年詳細が変わっている（柄谷2012）。当初，ポイント・システムは，「世界中から優秀な人材を勧誘するための世界第一級の入国管理制度」（Home Office 2006：4）であると説明されていた。しかし2016年現在，ポイント・システムの役目は，実質的受入者数の削減という目標を達成し，それを正当化するために選別的に移住者を排除する，敵対的選別化プログラムへと完全に変わってし

まった。

　それでも制度開始時点では，移住者各人の技能に応じて，入国資格や条件を決定し受け入れていくためのプログラムという要素は残っていた。イギリスで就労もしくは就学を希望するEU域外出身者は，①高度人材，②採用先がすでに決定している技能労働者，③短期滞在の非熟練労働者，④学生，⑤ワーキングホリデーで働く若者やスポーツ選手等の5階層に仕分けられ，それぞれの階層ごとに，入国後の活動条件，付与される権利，入国後の資格変更の方法などが個別に定められることになっていた。このうち，移住希望者の選択がポイントによって明示されるのは，第1および第2階層のみであり，第3階層については労働不足の一時的埋め合わせのために，非熟練労働者の限定的受入が目的とされていた。ただし2016年時点においても，第3階層については運用の詳細が決定しておらず，今後も実施される可能性は低い。

　当初，第1階層の中には，「高度技能移住プログラム」を継承した高度技能者一般（general）にくわえて，起業家（entrepreneurs），投資家（investors），就学終了後雇用（post-study）といった枠が準備されていた。第1階層は，高い技能をもつ個人がイギリス国内で就職したり起業したりする機会を提供する。そのため，入国前に雇用先が決まっている必要はなかった。例えば高度技能者一般枠での移住希望者は，年齢，前職（現職）の年収，学歴にもとづくポイントに，語学能力と当座の生活資金の所持に関するポイントが加算され，入国の可否が判断されるはずだった。しかし，実質的受入者数の大幅削減という公約実現のためには，あらゆる階層での削減が必要である。第1階層も例外ではない。特に高度技能者一般枠については，実際は高度人材を引きつけておらず，制度の悪用者の温床になっているという非難が集まっていた（Hansard 2010）。そこで現在では，高度技能者一般枠は廃止され，代わって「特別優秀者（exceptional talent）」枠が設置されている。一方，起業家および投資家枠については，雇用創出数や投資額に応じて無期限滞在許可申請までの期間を短縮するといった優遇措置を設けることで，いっそうの受入が促進された。

　第2階層の目的は，イギリス国内の労働市場における不足を補填する人材を勧誘することだった。当初，この階層の中には，企業内転勤（Intra-Company

Transfer），一般（General），スポーツ関係者および宗教関係者等（Sportspersons, Ministers of Religion）が含まれていた。第1階層とは異なり，第2階層に申請するためには，前もって在イギリス企業の引受人（sponsor）を確保していなければならない。このうち一般枠に申請する場合は，①政府の諮問機関である移民諮問委員会（Migration Advisory Committee）が決定する「就労者不足ポジション（Shortage Occupation）」のリストに含まれる職業であるか，②引受人がイギリス国内居住者に当該職種の適任者が存在しないかを確認する「イギリス国内居住者労働市場テスト（Resident Labour Market Test）」に合格している必要がある[6]。これらのポイントにくわえて，学歴と入国後の想定収入に応じてそれぞれポイントが付与される。ここに第1階層と同じく，語学能力と当座の生活資金の所持にもとづくポイントが合算され，各人の持ち点が確定する。2011年に受入上限数（キャップ制）が導入された結果，規制の対象として関心を集めたのがこの階層だった。その後も，この階層に関する規則はめまぐるしく変更されている。なお，第3及び第5階層は短期滞在が原則であるため，滞在許可期間が終了すれば帰国することが想定されている。

　政権の公約にもかかわらず，2015年の実質的受入者数は33万3,000人となり，前年同期と比べて増加している（Office for National Statistics 2016）。ポイント・システムのこれまでの変容については，企業家や投資家の受入を通じた既存の富の獲得が優先され，将来に向けた人材獲得が後回しにされる傾向がみられた。例えば，第1階層の就学終了後雇用枠は，高度人材予備軍の囲い込みを目的として，イギリス国内の大学・大学院卒業後もそのままとどまり就職することを可能にしていたが，2012年に廃止された[7]。2016年に入って，第2階層の入国者数をいっそう削減するために，移民諮問委員会から勧告が発表された（Migration Advisory Committee 2016）。その中で，申請のための給与基準の引き上げや企業内移動の基準の厳格化にくわえて，EU域外出身の労働者を雇用する際に，1人につき年間1,000ポンドの税を課すことが提案されている。これによって，移住労働者を雇用することで，国内の労働者の技能向上がおざなりにされることが防止できるという。実質的受入者数の大幅削減という公約を掲げる限り，将来に向けて才能をもったEU域外出身者を勧誘するという声が

保守党政権内で高まることはない。

結果的に現在では，既存の富をもつ者に対しても入国条件が厳格化してきている。例えば2014年に企業家枠のビザ延長条件が厳格化された。また同じく2014年には，投資家枠に応募するための投資最低金額が100万ポンドから200万ポンドに引き上げられている。

2 入国管理制度の評価

1) ポイント・システムというフィルター

イギリスの入国管理制度の現状を，入国管理制度が実施される「場（venues）」と入国管理制度が採用する選別用の「フィルター（filters）」の2点から検討してみると，どのように評価できるのか（Scott 2015）。

イギリスのEU離脱が完了するまでは，入国管理の対象者が外国国籍者全員ではなく，EU域外出身者に限定されるという特有の事情が加わる。現状では，EU域外出身者に対してのみ，移住者の選別フィルターとして，ポイント・システムを通じた「仕分け」が実施されている。この仕分けに従い，特定の業種で就労する熟練労働者（第2階層）とか，活動制限のない投資家（第1階層）というように，イギリス国内に「配置」される。この配置に伴い，入国の合法性から労働許可の有無，さらには国籍取得までの期間や条件などの「処遇」が決められていく。移住者の仕分けの役割を果たすフィルターとして，なにを選ぶかは各国政府に委ねられている。例えば，資産にもとづくフィルターを重視し，いわゆる投資目的の移住者を優先的に受け入れることもあるだろう。また，人道的理由にもとづくフィルターを通じて，庇護申請者の中から難民資格を付与される者が選ばれる[8]。ポイント・システムを導入するということは，複数のフィルターの中から技能・能力にもとづくフィルターを選択したということを意味する。

近年，イギリス以外にも，技能や資産をもった移住希望者の優先的受入を目的に掲げ，そのための制度を導入する国が増えている（詳しい背景については

序章)。2010年に発表された国連の調査によれば，全回答数の27％の国で，いわゆる高度人材の受入を促進する政策が導入されており，先進諸国に限定すればその数は47％を超えている (Koslowski 2014：26)。実際には，ポイント・システムといっても，その運用や基準の設定は多様である (Cerna 2014)。大きくみて，ポイント・システムと呼ばれる入国管理制度は，移住希望者の人的能力を重視する供給主導型と，労働市場における実際の雇用の存在にもとづく需要主導型の2つの理念型に分けられるという。前者の場合，受入国が設定した指標にもとづき移住希望者が選択される。重要視されるのは未来における成果であり，受入国の将来構想を実現するために役に立つ人材かどうかである。そのため，移住時点での雇用の確保は求められない。一方，後者の場合は雇用主から前もって就労先を提供されていることが，受入の前提条件となる。つまり移住時点の評価にもとづき受入が決定され，受入国の将来のための投資という要素は小さい。あくまで現時点での貢献度のみが評価の対象である。ただし，カナダ，オーストラリア，米国を比較した研究によれば，どの国においても，受入国内での滞在・就労経験および雇用先の確定を重視した，雇用者主導型の要素が強まっているという (Koslowski 2014，米国およびオーストラリアについては，それぞれ第1章，第3章を参照)。

　イギリスの場合，ポイント・システムの原型となった労働許可書制度も，それを発展させたポイント・システムも，「技術・能力の低い者はそれだけ付与する権利も少なくする (lesser skills, lesser rights)」ことが原則であることには変わりはない。しばしば誤解されるが，「管理された国際移動」とは非熟練を受け入れないという意味では決してなかったし，受入者数を削減することが目的でもなかった。ポイント・システムの当初の目的は，今後の発展のための人材から現在の労働市場の問題を是正するための人材まで，イギリスに必要な人材を幅広く獲得することだった。先述のポイント・システムの理念型でいえば，第1階層は供給主導型，第2階層は雇用者主導型，第3階層は労働不足の一時的埋め合わせのための非熟練労働者の限定的受入というように，それぞれの目的を反映した運用が各階層で想定されていた[9]。このような制度運用を通じて，いっそうの経済成長や生産性の向上，文化的豊かさや多様性といった多大なる

利益がもたらされるはずだった (Home Office 2002: 22)。

　以上のように，必ずしもポイント・システムの導入が，受入者数の削減に直接的に繋がるわけではない。実際，構想段階においてすでに，ポイント・システム内の各層における受入上限数が設定されていないことから，受入者数が削減できないと危惧されていた (Hansard 2005)[10]。にもかかわらず，国民投票の前においても，EU離脱派が声高に唱えていたのが，EU域内移住者を対象とした「オーストラリア型ポイント・システム」なるものの導入だった (Gove, Johnson, Patel and Stuart 2016)。EU離脱派は，「オーストラリア型ポイント・システム」と呼ぶものを導入することで，EU域内移住者数の削減という成果がもたらされるかのような主張を繰り返していた[11]。しかしこの提案は，現実にオーストラリアで導入されているポイント・システムの実態を正しく理解したものとは言い難い（第3章）。この点について，国民投票後にEU離脱派は，「オーストラリア型ポイント・システム」の導入による域内移住者の「管理」は提言したが，「削減」を公約としたことはないと説明している。そのような説明は，ポイント・システムの役割についていっそうの混乱と困惑を，イギリス国民の間に招いてしまっている。

2）民営化を通じた入国管理制度の場の重層化

　では，入国管理制度が実施される「場」の展開から，イギリスの入国管理制度の現状をどのように評価できるのか。従来から，入国管理制度が実施される場の多様化については，たびたび指摘されてきた (Guiraudon 2001)。近年，国際制度を通じた，入国管理制度の「上向き」の拡大にくわえて，地方自治体や警察などによる入国後の取締りを意味する，いわゆる「下向き」の拡大や，航空会社や鉄道輸送会社といった民間企業に旅券確認などの入国管理業務を担わせる，「外向き」といえる拡大を通じて，入国管理制度の重層化が進展している。もちろん，入国管理制度の重層化を通じた取り組みの事例はイギリスでも増えている。

　EU加盟国であるイギリスの場合，入国管理制度の上向きの拡大は当然である。くわえて近年，入国管理制度の担い手が民営化を通じて外向きに拡大し，

入国後の国内での取締りが強化される傾向が目立っている（Menz 2013）。キャメロン政権下では，2014 年，2016 年と 2 度にわたって移民法が制定された。これらの法律の目的は，非正規の移住者に対して「敵対的な環境（hostile environment）」をつくりだすことであった[12]。2016 年移民法案の提出においては，その理由として，「イギリスに真に利益をもたらす入国管理制度を設立し，そのような制度を悪用する者を取締ることを目的とした，2010 年以来の政府の取り組み」にもとづき，「非正規の移住者がイギリスに来ることを思いとどまらせるだけでなく，すでに入国している場合は，イギリスで生活し働くことを困難にする」必要があると説明している（Brokenshire 2015）。

　これらの法律はともに，非正規の移住者に対する取締り強化のための方法として，入国後の処遇の厳格化を掲げている。そうすることで入国希望者を減らすだけでなく，すでに入国している者に対しては，自発的帰国および強制送還が促進される。例えば 2016 年 2 月以降，賃貸契約相手の「借りる権利（a right to rent）」を確認することを，家主に義務づける制度が開始している。この義務を怠った場合，3,000 ポンド以下の罰金が科せられる。借りる権利をもたない者，つまり非正規の移住者から住居を奪うことにより，「敵対的な環境」を創出する。そのために，移住者を監視する役目を担うのが，一般の住民である家主ということになる。これは入国管理の民営化の一環であり，入国管理の外向きの拡大と説明される。

　このような入国管理の外向きの拡大で危惧されるのが，「移住者のようにみえる者」に対する排除の広がりである。というのも，一般の住民である家主が，複数の外国のパスポートの中から，どれが本物でどれが偽物かの判断をするのは不可能に近い。ある新聞記事の表現を借りれば，リヒテンシュタインのパスポートをみたことがあるという家主はいないのに，それでも家主は偽装パスポートを見抜かなければ罰則を受けることになる（*The Guardian* 2016c）。さらに，パスポート以外の身分証明書やビザ，庇護申請者の ID カードなどにもとづいても，移住者の身分が正規か非正規かを判断しなければならない。その結果，家主が罰金を逃れる最も確実な方法は，「移住者のようにみえる者」全員の入居を拒否することになってしまう。

2016年に入り，非正規の移住者だけでなく，移住者全員に「敵対的な環境」が創出されている事例が，立て続けに報告された。1月には，カーディフで庇護申請者向けの住居を管理している民間会社が，「援助を公平に提供するため」という理由から，庇護申請者に赤い腕輪をはめさせていたことが発覚した (*The Guardian* 2016b)。北ヨークシャーおいては，同じく庇護申請者向けの住居を管理している別の民間会社が，これらの住居の扉を赤く塗っていると通報された (*The Guardian* 2016a)。これらはどちらも，庇護申請者に対する「敵対的な環境」をいっそうあおるような事態を招きかねない。このように，庇護申請者は非正規の移住者ではないにもかかわらず，「敵対的な環境」を強いられてしまっている。

　入国管理制度の外向きの拡大にともない，国内における入国管理制度の最前線の仕事に民間会社が携わるようになった。移住希望者は，入国管理制度によって選択されているフィルターにもとづいて仕分けられ，受入の順位が決められる。入国管理にかかわる民間会社には，移住者の仕分けの基準を正確に理解し，それにしたがった適切な処遇を実施することが要求される。しかし民間会社の場合は，サービスの効率がなによりも重視されがちである。先述のカーディフや北ヨークシャーの事例でも，サービスの「公平」で「効率的」な実行という理由から，順位付けの可視化という事態が生じてしまった。さらに今日，非正規の移住者に対するものとはいえ，「敵対的な環境」の創出が政策として公言されている。そのような現状においては，「移住者にみえる者」に対する排除の論理は容易に広まりかねない。

　移住者間の順位付けが可視化され，移住者に対する敵対的な環境が肯定されるなかで，いまやイギリスにおいて，移住者を技能・能力にもとづくフィルターを通して仕分けられ，受け入れられた人材と評価する国民は少ない。なぜならば，移住者をみただけでは，その者が正規の移住者か非正規の移住者かを判断することは，私たちにはできない。そうであれば，「移住者にみえる者」はみな「敵対的な環境」におかれるべき者たちとして扱われかねない。移住者のなかには，イギリスに利益をもたらす技能・能力をもった者が含まれるという認識が，一般に共有されることは難しい。

3　敵対的選別化のための入国管理制度との交差・連関の中で

これまでみてきたような入国管理制度の現状は、関連する政策分野にどのような影響を及ぼしているのか。ポイント・システムの導入を通じた入国管理制度の改革は、国籍付与のあり方に関する改革と同時並行に進められてきた。また、ポイント・システムの導入理由として、グローバル経済競争に勝ち抜くための人材の確保があげられていた。これらの政策分野に対して、入国管理制度の変容が無関係というわけにはいかない。

1）国籍をめぐる制度との連関

　ポイント・システムの導入によって、「国籍・出自フィルター」による移住希望者の選別は捨て去られたはずだった。にもかかわらず現実には、EU域外・域内を分ける「国籍・出自フィルター」の重要性は以前にも増して高まっている。さらに一部の国民の間では、EU域内出身者ではなく、イギリス帝国との歴史的絆の強いオーストラリアやニュージーランド出身者の優遇を望む声が高まっている（Gove, Johnson, Patel and Stuart 2016）。これらの人々は、ポイント・システムの中での「英語の能力」の比重を高めることで、実質的にはオーストラリアやニュージーランド出身者を優遇することを正当化しようとしている。そうすることで、あくまで「国籍・出自フィルター」の復活ではなく、「技能・能力フィルター」にもとづく受入であると主張する。入国管理制度の変容は、イギリスと近しい国の者は誰か、また近しさの根拠をどこに求めるのかという議論を再燃させることに繋がっている。

　そもそも、国籍・入国管理制度の目的は、国家の現在および将来の成員を定義することである。というのも、入国管理制度を通じて合法的に入国する者の中には、一時的に滞在したり就労したりするだけでなく、所定の要件を満たすことで、将来的に成員資格を獲得する者もいる。そのため、国籍・入国管理制度は密接に関連し、一体となって国家の成員の定義を決定することになる。

　ブレア首相が入国管理制度改革に着手した際にも、国籍・入国管理制度がそ

れぞれ独立して存在するのではなく，相互に関連しつつ包括的な体制を構成すべきであると強調していた。さらに当時，ブランケット内務相（David Blunkett）も議会の答弁の中で，「自分たちのアイデンティティと〔成員資格を示す〕国籍に対する自信」こそが，「難民や合法的移住労働者としてイギリスにやってくる人々を，我々がこれまで以上に快く歓迎して受け入れる」ための出発点となると主張した（Hansard 2002）。このように，先述の2002年白書以降，「管理された国際移動」を目指す入国管理制度改革は，ブリティッシュ・アイデンティティにもとづく国籍付与制度の確立と並行して進められている[13]。その具体的な制度が，管理された国際移動を実現するためのポイント・システムである。さらに，入国後の統合の基盤としてのブリティッシュ・アイデンティティを確立し，その受容と共有を成員の条件とするために，2004年に成員資格獲得儀式の開催とその式での宣誓および誓約，2005年に成員資格獲得のための試験が導入された。

当初，ブリティッシュ・アイデンティティにもとづく成員資格については，政治学の大家であるクリック（Bernard Crick）を座長とする諮問委員会が2002年に設立され，その実現が議論された。その際，「イギリスの成員資格が，現在のイギリスで生活する者の多様な出自，文化，信仰を肯定的に包摂するものであってほしい」という政府方針が述べられていた（Home Office 2003 : 8）。諮問委員会の役目は，このような政府の要望を実現するために，実用的知識と言語能力を身につける最善の方法を提言することだった。しかしながらその後，政権が変わるごとにブリティッシュ・アイデンティティの中核が変容している。

保守党政権が2010年に誕生した際には，経済停滞からの脱却を最優先課題に掲げていた。そのため，そのような目標を実現するための資質をもつ者として，成員としての社会貢献や義務の遂行がブリティッシュ・アイデンティティとして強調された。一見これは，技能・能力を重視するという意味で，ポイント・システムにもとづく入国管理制度と親和性が高いようにみえる。しかし先述のように，ポイント・システムは移住希望者を選別するだけでなく，入国後の扱いも決定する。いまや入国管理制度の大前提が人の移動の管理であり，それは現実にはEU域外出身者の受入削減と同義に使われている。そこで強調さ

れるのは，技術・能力の高い者は優遇されるが，低い者は受入に値しないし，たとえ受け入れても付与する権利が少なくて当然であるという，ポイント・システムにもとづく「敵対的な環境」づくりということになる。

　つまり成員からなる政治体としてイギリスをみた場合，その内部には，イギリス国籍をもつ成員を最上位として，続いてEU加盟国国民，その中でもEU新規加盟の旧東欧諸国は下位におかれるという，ハイアラーキー上の構造ができてしまっている。さらにその下にやっと，EU域外出身者がポイント・システムによって階層付けられ受け入れられる。このようなハイアラーキー上の構造自体は，植民地の出身かどうか，またどの植民地の出身かなどにもとづき，以前からイギリスに存在した。しかしこれまで，そのようなものの存在を明確にしないことが，植民地宗主国としての歴史をもち，今なお連合王国を維持し続けているイギリスにおいて，成員なるものとしてのブリティッシュ・アイデンティティの特徴であった。だからこそ，ブリティッシュ・アイデンティティは「懐が深い」とか「つかみどころがない」と称されてきたのである。

　それが今日では，ポイント・システムの存在を通じて順位付けの存在が正当化され，その頂点に存在する者とブリティッシュ・アイデンティティが直接的に結びつけられることになった。下位に位置づけられた者は，保守党政権が望むブリティッシュ・アイデンティティの中核である，成員としての社会貢献や義務の遂行から遠いとみなされる。そういった者は「敵対的な環境」におかれるべき者として排除の対象になりかねない。一方で，オーストラリアやニュージーランド出身者は，英語を母語とすることやイギリスとの歴史的関係性の深さからみれば，ハイアラーキーの頂点にいるイギリス国民と「近い」といえる。したがってこれらの国の出身者から優先して「技能・能力フィルター」を適用し受け入れたいという要望が強まることになる。

2）グローバル経済競争のための人材戦略と入国管理制度

　ポイント・システムにもとづく入国管理制度の変容は，グローバル経済競争のための人材戦略にどのような影響を及ぼしているのか。いまや，イギリスのポイント・システムに対しては，「技能・能力フィルター」を通じた排除の道

具になっているというだけでなく，フィルターとして振り分ける「技能・能力」自体が，グローバル経済競争に適していないという批判すらある。

一般的にポイント・システムでは，学歴，職歴，給与，職業などによってポイントが付与され，「高度技能」と「非熟練」という分類が決定されている。イギリスの場合も同様である。ただし，非熟練と仕分けられる者も，実際には技能がないというよりは，ある特定の技能を使用しない職業分野に雇用されているという場合が多い。例えば，看護や介護分野で働く移住労働者の場合，技能を使っていないわけでももっていないわけでもない。これらの業種で必要な技能に支払われる賃金が低いために，獲得するポイントが他の業種と比べて少なくなってしまう。その結果として，ポイント・システムの下では非熟練労働者として仕分けられてしまうのである。

このように，現行のポイント・システムのもとでは，目にみえる，数値化しやすい技能しか測定されず，グローバル経済競争に真に必要な技能が見過ごされてしまっているという指摘がある（Williams and Baláž eds.: 17-50）。この議論によれば，本来，ポイント・システムでは測定されない，「柔軟な（soft），稀少な（scarce），選りすぐりの（super）技能」こそが求められるべきである（Collett and Zuleeg 2008）。つまり，各国がグローバル経済競争を勝ち抜いていくために必要なのは，①コミュニケーション能力やネットワーク形成能力，さらには学習および適応能力といった柔軟性にもとづく技能，②従来の技能の定義にかかわらず，今日供給不足に陥っている分野で必要とされる稀少な技能，③少数精鋭者のみが保持し，その国の経済活動や国際競争力を飛躍的に高めることができる選りすぐりの技能である。にもかかわらず，現行のポイント・システムの基準となっている技能とは，従来の社会・産業構造を反映したものであり，ある特定の業種や人種，さらには性別に有利に測定されてしまっている。したがってこのままでは，技能の定義が政治的であるというだけでなく，測定法としてもポイント・システムは不適切であるということになる。

現実に，ポイント・システムの中で上位に位置づけられた者が，受入後にその技能を発揮できていないという批判は以前からあった。政府の想定とは異なり，第1階層で入国した者のうち，「少なくとも30％が商品の棚出し，タク

シーの運転，警備の仕事のような非熟練労働に従事しており，まったく働いていない者もいる」(Hansard 2010)。このような事態を受けて，本来必要なのは「技能・能力フィルター」としてのポイント・システムの見直しのはずである。しかし今日，ポイント・システムに関する議論は，その適用範囲をEU域内出身者に拡大することで，いかに受入者数を削減できるかに終始してしまっている。

では，グローバル経済競争のための人材はどのように獲得するのか。イギリスがEU加盟国である限りは，原則として自由移動の原則によってイギリスに移住してくるEU域内出身者に期待するしかない。というのも，域外出身者の受入は，国内の労働者育成の失敗の結果とみなされるからである。もはやインド料理店のシェフでさえ，イギリス国民を優先して育成し，雇用しなければならないのである (*The Guardian* 2016d)。したがって，国民投票におけるEU離脱派の勝利という結果にもかかわらず，人材確保という観点からみればイギリスのEU依存化は進んでいた。今後，イギリスとEU加盟国間の人の移動について，どのような規則が適用されるかは，EU離脱交渉の結果を待たなければならない。確かなのは，EU離脱後のイギリスに，これまで同様に多くの移住者，さらには高度技能者が集まるかどうかは不明だという点である。高度技能者の場合，多くの国が受入勧誘政策を実施している。結果として，必ずしも今までのようにイギリスが選択されるとは限らないのである。

おわりに

2016年に入り，タブロイド紙のひとつが，移住者数に関して政府機関が発表するさまざまな統計の間で，数字に大きな開きがあることを取り上げた (*The Sun* 2016)。実質的受入者数の大幅削減を公約に掲げる以上，政府が入国者および出国者数を正確に把握できている必要がある。もちろん，統計方法が最近急に変わったわけではない。以前から，どの統計を使うかによって，受入者数の解釈に違いがあった。重要なのは，一部の国民にすれば，政府の発表する

統計というだけで，もはや信じられなくなっているという点である。そのようなところにまで，入国管理制度に対する不信感が高まってしまっている。

このような事態にいたった背景には，非正規の移住者に対する「敵対的な環境」作りを目的とした法律を，保守党政権が立て続けに制定していることがある。法律を制定し，「敵対的な環境」を作るという手順が繰り返されるたびに，その目的は国民の間で広まっていく。その一方で，法律が毎年のように制定されるということは，これまで以上に「敵対的な環境」が必要であるという意味になってしまう。それが入国管理制度を通じた移住希望者の「敵対的選別化」を進め，さらにはそれを正当なものとして受け入れる根拠になっている。

先に述べたように，EU 離脱交渉の結果に伴い，入国管理制度の変革が必要となることは確かである。ただし 2016 年 11 月末現在では，交渉がいつ正式に開始されるかさえ不明である。ここでは，①入国管理制度が実施される「場」，②入国管理制度によって採用される選別用「フィルター」について，今後の動向に影響を与える点を整理したい。

まず，主要 EU 加盟国側はイギリス政府に対し，域内移動の自由原則を受け入れずに単一市場に参加し続けることは認められないと明言している。日本ではあまり報道されていないが，2016 年 11 月時点で，移動の自由の制限に関する交渉が EU とスイスの間で続いている。2014 年にスイスで国民投票が実施され，EU 加盟国国民の移動の自由を制限することに対し，賛成意見が過半数をしめた。2 年におよぶ交渉期限の終了を前に，移動の自由の制限は単一市場からの撤退を意味するという主張を，EU 側は曲げていない。今後開始されるイギリスとの交渉をにらみ，EU 側は強硬な姿勢を続けるとみられる。スイスの事例から明らかなのは，入国管理制度が実施される「場」としての EU からの撤退は，統一市場からの締め出しという代償を伴うことである。

次に，域外出身者同様に，EU 加盟国国民に対してもポイント・システムを導入することを，EU 離脱派は公約として掲げてきた。しかしその点について，メイ政権が確約しているわけではない。一方，「国籍・出自フィルター」の重視に繋がるような動きが，政権の周辺でみられる。現在イギリスに居住している EU 加盟国国民の扱いについては，EU 加盟国に居住するイギリス国民の扱

いとの関連で，今後の交渉を待たなければならないというのが政権の立場である。にもかかわらず，オーストラリアとの自由貿易交渉の早期開始について，メイ首相自身がすでに言及している。EU離脱派も，両国間の人の移動の促進について積極的な発言を繰り返していた。したがってこの点については，自由貿易交渉の一環として進められる可能性が高い。またアイルランドとの間には，1922年の分離以降，共通旅行区域が形成されており，両国間の移動は国内移動扱いとなっている。これについても維持する方針であることを，メイ政権は明らかにしている。

　先述の通り，ポイント・システムの導入以降，イギリス国内で居住・就労する移住者間の順位付けが明示化し，それが正当なものとして受け入れられるようになっている。くわえて，入国管理制度の担い手が民営化されることで，制度運用の効率性が重視される結果，移住者の敵対的選別化といえる状況が深刻化している。このような現状とあわせて，EU離脱派を中心に，言語や歴史を基準としたイギリス国民との「近さ」を重視しようとする声が高まっていた。EU離脱後をにらんだEU加盟国，オーストラリア，アイルランドへの対応をみると，ポイント・システムによる「技能・能力フィルター」が継続されるとしても，その適用対象および運用基準を定める際に，「国籍・出自フィルター」への回帰傾向が進むとみられる。

　国民投票を前に，EUからの離脱は失われた帝国への郷愁であるという指摘がなされた（Colley 2016）。しかし郷愁の対象である「失われた帝国」は，「歴史上存在した帝国」とは異なるものである。帝国期のブリティッシュ・アイデンティティなるものは，多人種・多文化帝国を実現し維持していくために，その中核が意図的に曖昧にされていた（Karatani 2002）。その点は，ブリティッシュ・アイデンティティを限定的に定義しようとする現状と相反する。今後，EU離脱に伴う入国管理制度の変化と連動して，成員からなる政治体としてのイギリスのあり方も変化することになる。帝国としての過去を振り返るのは，郷愁を感じるからだけではない。今，振り返る必要があるとすれば，イギリスとは異なるEUという政治体およびそこに住む多様な背景をもつ人々とのかかわり方に対する教訓としてであろう。

[注]
1) 国境を越える人の流れを管理する「出入国管理政策（border control policy）」の中で，本章が着目するのは移住者の受入にかかわる制度である。
2) キャメロンは，「柔軟性」をキーワードとして，「経済ガバナンス（Economic Governance）」，「競争力（Competitiveness）」，「主権（Sovereignty）」，「国境を越える移動（Immigration）」の4分野の改革を要求した（Cameron 2015）。これら4分野における改革の中身については，庄司（2015）に詳しい。
3) 本章では，国境を越えて移動する人々一般を総称する語句として「移住者」を用いる。
4) 実際には，ヨーロッパ経済地域（EEA）参加国籍およびスイス国籍保有者は入国管理制度の対象とはならず，自由にイギリスに入国し就労することができる。しかしスイス国籍者や EEA 加盟国国民の入国が，イギリスで問題視されることはないため，本章では「EU 域外」と「EU 域内」の区分で統一する。
5) ポイント・システムの導入までの経緯については，柄谷（2012）を参照。
6) 「イギリス国内居住者労働市場テスト」とは，雇用者が一定期間，募集広告を掲載することで，EU 諸国の労働者では雇用を埋められないことを証明する制度である。
7) その後，「大学卒業生企業家（Graduate Entrepreneur）」枠が設置されたが，年間発給数に上限が課されるなど，受入条件は非常に厳しい。
8) 入国管理制度の「場」と「フィルター」にもとづく評価は，Scott（2015）の分析を参考にしている。
9) 当初，ポイント・システムについては，「非合法な人の移動を防止し，国家が必要とする人のみを歓迎することを目的とした強固な管理制度」であることと，多様な目的に応じた複数の階層から構成されていることが強調されていた（Hansard 2008）。
10) 移住者受入総数削減のため，第2階層で受け入れる移住者数の上限が導入されたのは，制度開始後から3年が過ぎた 2011 年においてである。
11) 当然，ポイント・システムの導入が移住者受入数削減の直接的な帰結であるかのような解釈に対し，疑問を呈する識者は多い。実際，ポイント・システムの下で，オーストラリアの移住者受入数は増加している。
12) 非正規移住者に対する「敵対的な環境」について，メイ内務相（当時）が初めて述べたのが，イギリスの日刊紙である『テレグラフ』紙でのインタビューである（*The Telegraph* 2012）。「敵対的な環境」に関しては，2016 年 11 月現在でも繰り返し主張され，そのための制度作りが提案されている。
13) 21 世紀に入り，歴代政権は，ブリティッシュ・アイデンティティとは何かを探りだし，それを基盤として国籍を認定していくことを試みている。ブリティッシュ・アイデンティティをめぐる論争には，学界，各種メディアも参加し，近年ますます熱を帯びている（柄谷 2013）。

[参考文献]
柄谷利恵子（2012）「英国におけるポイント・システム——仕分け・配置・処遇をめぐる政治」『移民政策研究』第4号

――（2013）「国籍・入国管理政策と対外政策の交差――英国人性をめぐる議論から考える」『国際政治』第173号

――（2016）『移動と生存――国境を越える人々の政治学』岩波書店

庄司克宏（2015）「イギリス脱退問題とEU改革要求――法制度的考察」『阪南論集 社会科学編』第51巻第3号

Brokenshire, James (2015) "New Measures will Make it Tougher than ever before to Live Illegally in the UK," Home Office, 17 September, 2015, 〈https://www.gov.uk/government/news/new-measures-will-make-it-tougher-than-ever-before-to-live-illegally-in-the-uk〉（2016年6月2日アクセス）.

Cameron, David (2015) "A New Settlement for the United Kingdom in a Reformed European Union," 10 November, 2015, 〈https://www.gov.uk/government/uploads/system/uploads/attachment_data/file/475679/Donald_Tusk_letter.pdf〉（2016年5月16日アクセス）.

Cerna, Lucie (2014) "Attracting High-Skilled Immigrants: Policies in Comparative Perspective," *International Migration*, Vol. 52, No. 3.

Collett, Elizabeth and Fabian Zuleeg (2008) "Soft, Scarce, and Super Skills: Sourcing the New Generation of Migrant Workers in Europe," Migration Policy Institute, 〈http://www.migrationpolicy.org/research/soft-scarce-and-super-skills-sourcing-next-generation-migrant-workers-europe〉（2016年6月1日アクセス）.

Colley, Linda (2016) "Brexiters are Nostalgics in Search of a Lost Empire," *The Financial Times*, 22 April, 2016.

The Conservative Party (2015) *The Conservative Party Manifesto 2015*, 〈https://s3-eu-west-1.amazonaws.com/manifesto2015/ConservativeManifesto2015.pdf〉（2016年5月16日アクセス）.

Gove, Michael, Boris Johnson, Priti Patel and Gisela Stuart (2016) "Restoring Public Trust in Immigration Policy: A Points-Based Non-Discriminatory Immigration System," June 1, 2016, 〈http://www.voteleavetakecontrol.org/restoring_public_trust_in_immigration_policy_a_points_based_non_discriminatory_immigration_system〉（2016年6月1日アクセス）.

The Guardian (2016a) "Home Office Officials to Make 'Red Door Policy' Inquiry Trip to Middlesbrough," 20 January, 2016.

――（2016b）"Asylum Seekers Wristband Policy to Be Dropped," 25 January, 2016.

――（2016c）"Forcing Landlords to Check Tenants' Immigration Status Won't be Easy," 1 February, 2016.

――（2016d）"Curry Restaurants in Crisis as Immigration Rules Keep Out Chefs," 22 April, 2016.

Guiraudon, Virginie (2001) "De-nationalizing Control: Analyzing State Responses to Constraints on Migration Control," in Virginie Guiraudon and Christian Joppke (eds.), *Controlling New Migration World*, Routledge.

Hansard (2002) Parliamentary Debates, House of Commons, Vol. 379, Col. 1027, 7 February, 2002.

――（2005）Parliamentary Debates, House of Commons, Vol. 436, Col. 246, 5 July, 2005.

――（2008）Parliamentary Debates, House of Commons, Written Ministerial Statements, Vol. 482,

Col. 18WS, 4 November, 2008.
―――(2010) *Parliamentary Debates*, House of Commons, Vol. 519, Col. 169, 23 November, 2010.
Home Office (2002) *Secure Borders, Safe Havens : Integration with Diversity in Modern Britain*, Cm. 5387, TSO.
―――(2003) *The New and the Old : The Report of the "Life in the United Kingdom" Advisory Group*, TSO.
―――(2006) *A Points-Based System : Making Migration Work for Britain*, Cm. 6741, TSO.
―――(2015) *Work Topic Report*, 27 August, 2015, 〈https://www.gov.uk/government/publications/immigration-statistics-april-to-june-2015/work〉（2016 年 2 月 1 日アクセス）.
Karatani, Rieko (2002) *Defining British Citizenship : Empire, Commonwealth and Modern Britain*, Routledge.
Koslowski, Rey (2014) "Selective Migration Policy Models and Changing Realities of Implementation," *International Migration*, Vol. 52, No. 3.
Menz, Georg (2013) "The Neoliberalized State and the Growth of the Migration Industry," in Thomas Gammeltoft-Hansen and Ninna Nyberg Sørensen (eds.), *The Migration Industry and the Commercialization of International Migration*, Routledge.
Migration Advisory Committee (2016) *Review of Tier 2 : Balancing Migrant Selectivity, Investment in Skills and Impact on UK Productivity and Competitiveness*, December 2015, 〈https://www. gov. uk/government/uploads/system/uploads/attachment_data/file/493039/Tier_2_Report_Review_Version_for_Publishing_FINAL.pdf〉（2016 年 2 月 15 日アクセス）.
Office for National Statistics (2016) *Migration Statistics Quarterly Report*, May 2016, 〈http://www.ons.gov.uk/peoplepopulationandcommunity/populationandmigration/internationalmigration/bulletins/migrationstatisticsquarterlyreport/may2016〉（2016 年 5 月 28 日アクセス）.
Scott, Sam (2015) "Venues and Filters in Managed Migration Policy : The Case of the United Kingdom," *International Migration Review*, 〈http://onlinelibrary.wiley.com/wol1/doi/10.1111/imre.12189/full〉, August 2015.
Spencer, Sarah (2007) "Immigration," in A. Seldon (ed.), *Blair's Britain 1997-2007*, Cambridge University Press.
The Sun (2016) "The Great Migrant CON : Government Cover-up Fury," 26 February, 2016.
The Telegraph (2012) "Theresa May Interview : 'We're Going to Give Illegal Migrants a Really Hostile Reception' ," 25 May, 2012.
Williams, Allan M. and Vladimir Baláž eds. (2008) *International Migration and Knowledge*, Routledge.

第6章 フランス

共和国的統合コンセンサスへの挑戦とその帰結
——サルコジ政権下の「選択的移民」政策

伊藤 るり

はじめに——戦後フランスの移民政策と「選択的移民」

1）「統合の成功のための選択的移民」

2015年1月の風刺新聞『シャルリー・エブド』襲撃事件で犠牲となった人気画家、G. ヴォランスキ（Georges Wolinski）の作品に「統合の成功のための選択的移民」と題した漫画がある[1]。題名は、N. サルコジ（Nicolas Sarkozy）が、大統領となる以前、内相として実現した2006年7月24日法（以下、サルコジII法）のスローガンである。絵の中央には小柄なサルコジが国境警察官を従え、ずらりと並んだ移民をひとりひとり吟味して、「ウイ」「ノン」と、品定めをしているようすが描かれている。整列する移民は、黒い肌の非正規滞在労働者、スペイン人看護師、ポーランド人配管工、クルド人難民、インド人IT技師など。ニカブを着用した失業中の寡婦もいる。そのようすは閲兵式のようでもあり、かつて高度経済成長期に移民労働者を求めて北アフリカやサハラ以南アフリカに出かけ、「良質」の労働者を選定した斡旋業者の姿のようでもある。

「選択的移民（immigration choisie）」[2]とは、国民運動連合（以下UMP、2015年5月に共和党と改称）の指導者、サルコジの政治スローガンであり、内相に就任した2002年5月から大統領の任期を終える2012年5月まで、およそ10年にわたって掲げられた政策である[3]。その特徴は、国家が市場の要請に応じて必

要な移民を能動的に選び取り，移民現象全体へのコントロールを高め，あわせて移民の統合コストを軽減しようとするところにある。同政策は，世界的なトレンドである選別的移民政策のひとつだが，本章ではこれをフランスに内在的な問題として考察するため，その歴史的背景と展開を検討し，フランスの移民政策，とりわけその「共和国的統合コンセンサス」（ホリフィールド）にどのようなインパクトをもたらしたかを問うことにしたい。

2）戦後フランスの移民政策と「共和国的統合コンセンサス」

はじめに，戦後フランスの移民政策の主たる展開を簡単に整理しておこう[4]。

フランスは19世紀後半より移民を受け入れてきたヨーロッパ有数の移民受入国であり，国立経済統計研究所（INSEE）によれば，2014年1月現在，外国人人口は420万人（総人口の6.4％），移民は586万人（同8.9％）を数える。アメリカの政治学者で移民政策の専門家として知られるJ. ホリフィールドは，フランスの移民受入と政策の歴史を概観し，「強烈に平等主義的，反教権的（ライック）で，王権を否定し，これに代わって人民主権，市民権，そして人権を強調する」共和国主義的伝統こそは，フランスを他のヨーロッパ諸国と分かつのであり，フランスは革命以来のこの伝統にもとづいて外国人を潜在的市民として受け入れ，基本的に移民の統合に力点を置いてきた，と指摘している（Hollifield 2014：157-158）。実際，生地主義と血統主義を組み合わせたフランスの国籍法は，国籍を取得したい外国人に対して，出自や属性よりも，個人が共和国の諸価値への信念を主体的に表明することを重視する。その結果，例えば今日でも，帰化者や二重国籍者が首相や大臣級の要職に就くこともめずらしくない[5]。ただし，フランスの建国理念はあくまで革命に求められるのであり，移民受入国としての自認は意外に遅く，1990年代に入ってからのことである[6]。

フランスにおいて本格的な移民政策が生まれたのは，第二次世界大戦終了直後，1945年11月2日公布の「外国人の入国の諸条件と国立移民公団の創立に関わるオルドナンス」によってである。同オルドナンス[7]は，その後，度重なる改定を経て，最終的には「外国人の入国及び滞在に関する法典（以下，CESEDA）」（2005年3月発効）によって置き換えられるまで，戦後60年にわたっ

て移民政策の基礎を成した。その展開は概ね以下の3つの時期に分けられる。

(1) 戦後復興および高度経済成長下の市場経済主導期（1945～1973）——1945年のオルドナンスは，外国人の出入国と滞在に関する諸原則を定めるとともに，戦争によって多大の損害を被ったフランスの復興のため，移民労働者を積極的に募集する方針を打ち出し，国立移民公団（ONI）を設置した。同オルドナンスの成立過程においては，フランスへの「同化可能性（assimilabilité）」の観点から，移民労働者を民族的出自に応じて選別する方針がG. モコ（Geoges Mauco）によって一時提案されたものの，平等を保障する共和国の価値に反するとして退けられた（Weil 1993；1999）[8]。ONI は当初こそ二国間協定の締結や送出国での募集などで主導権を発揮したが，市場における労働力需要が急速に拡大するにつれ，また他方でアルジェリアの独立後，同国とのあいだの移動の自由が認められたこともあって，年間入国者数は平均30万人（1960～75年）の規模に達して管理能力を圧倒的に越えた。こうして，労働者の多くが非正規滞在で就労する状況が続き，ONI はその存在を正規化によって追認，事後的に調整することとなった（Hollifield 1992）。

(2) 「統合コンセンサス」形成期（1974～1992）——第1次石油危機による景気後退を受け，政府は1974年に就労目的による新規入国停止措置をとった[9]。これ以降，入国を認められたのは，家族合流による移民と庇護申請者である。社会党・ミッテラン（François Mitterrand）政権のもと，1984年には，労働許可証と滞在許可証を一元化し，10年有効の常住許可証が創設されて，定住移民の地位の安定化が図られた。その一方で，移民第2世代（「ブール世代」）の差別的処遇への抗議の声は「平等と反人種差別のための行進」など，移民出自の若者の社会運動へとつながった。ホリフィールドは，この時期に「共和国的統合コンセンサス」が生まれたと指摘している（Hollifield 2014：166）。「共和国的統合コンセンサス」（以下，「統合コンセンサス」と略記）とは，就労目的の新規入国（経済移民）停止，帰国奨励，定住を選んだ移民のフランス社会への定着を推進するというものであり，そのために移民とその家族の地位の安定化を進め，差別を是正し，権利の平等を保障するための統合が目指された。移民の子どもたち世代による社会運動を指して「葛藤を介した統合」（Jazouli 1985；La-

peyronnie 1987)という表現や,定住外国人の「新しい市民権」論(伊藤 1991)が聞かれたのもこの時期である。

(3)「ゼロ移民」政策と「統合コンセンサス」への揺さぶり(1993～2001)——1993 年 3 月の総選挙で与党・社会党大敗後,第 2 次保革共存政権・バラデュール(Édouard Balladur)内閣の内相に就任した C. パスクワ(Charles Pasqua)は「ゼロ移民(l'immigration zéro)」政策を掲げ,「統合コンセンサス」の変更を迫った。パスクワはすでに第 1 次保革共存政権期(1986 年 3 月～1988 年 5 月)の内相として,非正規滞在者の強制送還など,国境管理の厳格化を進めてきたが,この時期になると,家族合流の規制強化,非正規移民規制に関する県知事の権限強化などを含むパスクワ II 法(1993 年 8 月 24 日法),国籍法における生地主義原則を制限するメニュリ法(1993 年 7 月 22 日法),15 年以上滞在した非正規移民の自動的正規化の廃止を含めたドブレ法(1997 年 4 月 27 日法)などによって,憲法やオルドナンスで認められてきた外国人の諸権利への締めつけが強硬に進められ,これに反対する人権擁護・移民支援団体の激しい抗議が続いた(Lochak 2000;稲葉 2003;野村 2009)[10]。この流れは,1997 年 3 月に左翼連合が総選挙で勝利すると,J. = P. シュヴェヌマン(Jean-Pierre Chevènement)内相のもとでいったんは押し戻される。

サルコジの「選択的移民」政策は「ゼロ移民」政策を序曲として,「統合コンセンサス」のさらなる変更を迫るものだが,それは移民政策を国民経済の競争力強化の手段として位置づけるという点で,明確に新自由主義的である。この点,「ゼロの移民政策」から「国民競争国家」への転換を遂げたドイツの事例との類似性を認めることができる(第 7 章)。次節で「選択的移民」の特徴を「統合コンセンサス」との対比で整理し(第 1 節),そのうえで政策の具体的展開を経済移民の選別的受入(第 2 節),家族移民と庇護申請者への規制強化,ならびに非正規滞在者の地位の不安定化(第 3 節)に分けて検討し,最後に,この政策の帰結と残された課題を考察する(おわりに)。

1　「選択的移民」と「統合コンセンサス」への挑戦

「ゼロ移民」政策，ならびに「選択的移民」政策の背景にあるのは，1990年代以降の政治状況の変化である。国民戦線が，1988年の大統領選挙で初めて400万票台を記録して以降，総選挙，並びに地方選挙で——2007年の総選挙を除いて——ほぼ安定的に300万票前後を獲得し，党勢拡大を行うにしたがって，保革2大政党体制は崩れ，2000年代に入ると，UMP，社会党，そして国民戦線が三つ巴となる勢力図の塗り替えが進んだ。そのことを強く印象づけたのは，2002年の大統領選挙第1回投票でJ.=M. ルペン（Jean-Marie Le Pen）が社会党候補を破って550万票強を獲得し，2位につけてJ. シラク（Jacques Chirac）との決戦投票に躍り出たことであろう。こうした情勢のなかで，UMP，わけてもサルコジとその支持者は，移民政策を選挙戦の争点として戦略的に利用し，移民排斥ムードを高めていった。そこには，国民戦線の支持層を切り崩すという狙いだけでなく，移民問題を——実際はどうあれ——グローバリゼーションの変動の中で最も国家の統御可能な領域として位置づける認識がうかがえる。かくして，「極右の主張に感染した政治ディスコース」（Lochak 2000 : 2）が蔓延するようになる。

1）政策対象の転換——定住移民から新規移民へ

2002年，シラク再選後，内相に就任したサルコジは「もはや押しつけられたのではなく，選択した移民を（l'immigration choisie et non plus subie）」というスローガンを掲げた。「押しつけられた移民」vs.「選択された移民」という対立図式は，19世紀末以降，繰り返されてきた「望ましい移民」vs.「望ましくない移民」という区別の亜種だが，それは新自由主義的装いを纏うものであった。

サルコジによれば，1974年以降，フランスは「権利にもとづく移民」，すなわち家族合流移民と庇護申請者を「受動的」に受け入れ[11]，その一方で，国家が「能動的」に選べる「経済移民」については受入を停止してきた。しかし，グローバルな競争でフランスが勝ち残るには，「国民経済の需要」と「社会の

統合能力」の2つの条件に応じて,「必要」で「有能」な「人材」の獲得を積極的に進めるべきであり,国家の意思が移民の権利のまえに優先されねばならないとした。

このような政治レトリックには2つの意味を見いだすことができる。第一は,「国家 vs. 移民」という対立図式を置くことで,パスクワ内相の時代にもみられたような移民過程への国家の強権的介入,イギリスでいうところの「敵対的選別化」(第5章)を辞さないという点である。第二に,新自由主義的統治レジームのもと,国民経済の環境を整える際の道具として移民政策を位置づけるという視点である。

これに伴い,移民の「統合」は入国後,事後的に行われるのではなく,入国時,あるいは入国以前の選別によって準備されることになる。この新しい方針には次の諸点が含意されている。(a) 移民の統合が入国後ではなく,入国以前の問題であるとすれば,それはもはや受入国家の責務ではなく,移民自身の責任となること。(b)「統合」の意味自体も,受入社会における差別の撤廃ではなく,むしろ移民の側における同化可能性,ないし同化能力の問題にシフトし,これによって「統合」が予め保障されること(これを「予めの統合」と呼ぶことにする[12])。(c) 移民政策の重点が,定住した移民の統合ではなく,新規移民の受入方と規制へとシフトすること。

表6-1は,「統合コンセンサス」と「選択的移民」の相互関係を,政策対象となる新規移民(primo-migrant)と定住移民(immigré)の2つに分けて示したものである。「統合コンセンサス」の前提にあるのは,就労目的の新規入国者,すなわち経済移民の受入停止である(A1)。そのうえで,重点的政策課題となったのが,フランスへの定住を選んだ移民とその子どもたちの世代を対象とした差別撤廃,権利の平等としての統合(A2)であった。家族合流は,外国人の「家族とともに暮らす権利」の尊重であるだけでなく,定住移民の統合を推進するうえで許容され,他方,庇護申請者受入は他の移民受入とは別個の独立した領域として位置づけられてきた(A1)。

これに対して,「選択的移民」の焦点は定住移民ではなく,新規移民の側に置かれる(B1)(重点のシフト)。新規受入のうち,家族合流と庇護申請の本来,

第6章　フランス　共和国的統合コンセンサスへの挑戦とその帰結　147

表 6-1　共和国的統合コンセンサスと「選択的移民」の対照表

政策対象 \ 政策パラダイム	共和国的統合コンセンサス	「選択的移民」
新規移民	A1 ●経済移民の停止 ●家族合流，庇護申請に限定した受入	B1 ●経済移民の選別的受入 ●家族合流，庇護申請の受入抑制 ●「予めの統合」，移民の個人責任としての「統合」
定住移民	A2 ●差別撤廃としての統合 ●地位の安定化	B2 ●権威主義的同化 ●地位の不安定化

（重点のシフト）

出所）筆者作成。

異なる論理にもとづく移民を「権利にもとづく移民」と一括したうえでこれを制限し，国民経済の競争力強化に資するとされ，市場の需要と統合コストに応じて選別される「経済移民」の新たな受入に重点をシフトさせるものである。これに伴い，権利の平等としての統合ではなく，同化可能性を基準とした入国時・入国前の選別で移民の「予めの統合」が志向される。また，国家の責務であったはずの統合は，「受入・統合契約」（後述）が示すように移民の責任となり，定住移民とその家族に関しては，例えば「企業におけるダイバーシティ憲章」（2004年創設）のように，経済的パフォーマンスに有用なダイバーシティが称揚される一方で，「スカーフ」問題をめぐるライシテ原則の教条主義的で排除的適用が象徴的であるように，統合は「国民アイデンティティ」の問題に置き換えられることになる（B2）。こうした経過のなか，高度技能移民といったごく一部を除き，移民の滞在上の地位の不安定化が全般的に進むことになる（B2）。

2）内務省主導の移民行政一元化

「選択的移民」政策の特徴はまた，移民現象への国家の管理能力を高めるため，移民行政を内務省，さらに2007年新設の「移民・統合・国民アイデン

ティティ・共開発省」に一元化し,集中管理体制を整備した点にある。まず2005年5月,首相(または委任された内相)が議長となり,移民政策の方針を定める「移民統御省庁間委員会(CICI)」が設けられた[13]。これを皮切りとして,内務省に諸権限が集中していった。P. シモンの整理にしたがえば,外務省管轄のビザ発行が内務省との共同管轄となり,法務省管轄の帰化業務,外務省管轄の庇護申請,さらに社会問題省の一組織であった人口・移民局が内務省の所轄となった(Simon 2012 : 87)。内務省への権限集中に伴って,「非正規滞在と隔離にかかわる諸権限」をはじめ,司法府の従来の権限が狭められ,行政府の力が大きくなったことも重要である[14]。このことは,内務省の管轄下にある県知事の裁量権が広がることを意味し,県ごとに正規化や強制送還などの条件が変わり,移民行政の恣意性を高めた[15]。移民過程を「強権的」に変えていくための「未曾有の行政統合」が図られたとシモンは指摘している。この一連の流れは,1996年移民法以降,米国でみられた移民行政の構造的変化とも共通するものである(第2章)。

この結果,従来,明確に区別されてきた庇護政策と移民政策とが一括して議論されるようになっただけでなく,「移民・統合・国民アイデンティティ・共開発省」の名称が示すように,「国民アイデンティティ」と「共開発」という2つの新しい問題領域が強引に移民政策と結びつけられるようになった。前者については,オルトフーの後継,ベソン大臣が2010年1月から2月にかけ,2カ月間にわたって,「フランス人とはだれか」と題した国民的討議を実施し,混乱を引き起こすが,その主要な効果は,移民,とりわけムスリムを他者化し,権威主義的同化圧力を強めるものであった[16]。また「共開発」は,開発協力を通じて,送出国に出移民の流れのあり方や国境管理の責任を負わせる移民政策の外部化であり,「予めの統合」と連動する。

以上を基礎として,「選択的移民」政策では次の具体的目標が掲げられた。
① 移民受入総数の抑制。2002年時点で18万人弱を記録していたが,これを年10万人にまで減らすこと。
② 高度技能移民,そして国内の需要にもとづく経済移民を,年間受入総数の1割から5割に拡大すること。

表 6-2 「選択的移民」政策と移民関連 4 法（2002～2011 年）

法律名	移民の制御，及び外国人の滞在と国籍に関する法律	移民及び統合に関する法律	移民の制御，統合及び庇護に関する法律	移民，統合及び国籍に関する法律
通称	サルコジⅠ法	サルコジⅡ法	オルトフー法	ベソン法
公布日	2003 年 11 月 26 日	2006 年 7 月 24 日	2007 年 11 月 20 日	2011 年 6 月 16 日
主な内容	●禁固刑の判決を受けた外国人がフランス生まれでフランス育ち（13 歳未満まで）の場合には，国外退去としない（二重処罰の禁止） ●非正規滞在外国人の行政的勾留期間延長（12 日から 32 日に） ●非正規入国幇助の厳罰化 ●受入証明の交付条件の改正 ●常住許可証の前提条件としての「共和国的統合」の表出 ●フランス人の配偶者のための常住許可証（10 年）取得に必要な期間の延長（1 年から 2 年に）	●「能力と才能」滞在許可証（3 年）の創設 ●滞在許可証取得に先だつ長期滞在ビザ取得の義務化 ●滞在許可証取得に際する受入・統合契約の署名の義務化 ●10 年常住を要件とする非正規滞在外国人の自動的正規化制度の廃止。正規化はケース・バイ・ケースとなる ●家族再結合に必要な滞在期間の延長（12 カ月から 18 カ月へ） ●フランス人の配偶者が常住許可書（10 年）を取得するのに必要な滞在期間の延長（2 年から 3 年に），「偽装結婚」の取締り強化	●OFPRA（フランス難民及び無国籍者保護局）の外務省から内務省への移管 ●長期滞在ビザ（家族再結合，もしくはフランス人の配偶者）取得にフランス語試験が要件となる。ただし，試験不合格はビザ交付拒否の理由にはできない ●家族再結合において親子関係を証明するための DNA 検査の可能性（←憲法院により留保を付せられる）	●EU3 指令の国内法化（①第三国出身非正規滞在者の帰国指令，②ブルーカード指令，③非正規移民の雇用主への罰則指令） ●非正規移民の行政的勾留期間の上限引き上げ（32 日から 45 日に） ●非正規移民の入国拒否を決定できる「待機ゾーン」概念の拡大

出所）Simon（2012：88）をもとに筆者が加筆して作成。

③家族合流移民と庇護申請者の削減。

④非正規移民の取締り強化と国境管理の厳格化。

表 6-2 は，「選択的移民」政策のもとで制定された 4 つの移民法（サルコジⅠ法，同Ⅱ法，オルトフー法，ベソン法）の主な内容を整理したものである。以下，この表を適宜参照しながら，具体的な政策の推移を検討していく。

2 高度技能移民と「労働力不足職種」リスト

1) 労働力の需要の検討と選別方法

　「ゼロ移民」路線から脱却し，経済移民を受入全体の 50％にまで拡大することは，「選択的移民」政策の最大の眼目であった。そのための前提として労働市場における需要の検討がなされた。首相府・戦略分析センター（CAS，現在の戦略予測総庁）は 2006 年 5 月，サルコジ II 法の準備段階で，『労働力の需要と移民政策』と題した報告書を首相（当時，D. ド・ヴィルパン [Dominique De Villepin]）に提出している。同報告書は，一方で，フランスの人口動態が比較的良好であることから，向こう 10 年，移民労働者を導入する必要はないとしつつ，他方で，サービス・セクターの不熟練雇用（ホームヘルパー，家事使用人，「保育ママ」，清掃労働者など），ならびに工業とサービス・セクターの管理職，熟練職（IT 技術者，販売・販売技術の管理職，建設・公共工事の管理職・技術者，研究開発職，企業管理職，教員など）においては，ベビーブーム世代が退職年齢に達するに伴い，需要が大きくなるとしている（Centre d'analyse stratégique 2006）。また，フランスの競争力や魅力を高めるような経済移民を優遇する必要，さらには 2009 年以降，EU 新規加盟国からの労働者受入が期待されるものの，それだけでは不十分であり，目標を定めて域外出身移住労働者の受入を拡大する必要があるとする。こうした方向性にしたがって，①地域と職業を特定して外国人労働者を雇いやすくすること，②トランスナショナルな企業の内部異動（内部派遣労働者）の組織化を進めること[17]，③高度技能労働者の移動促進，とりわけ卒業した留学生の労働市場へのアクセスを高めること，という 3 項目の法的枠組が提案された（Centre d'analyse stratégique 2006 : 12）。

　サルコジが当初目指してきたのは，職種と出身地域ごとのクォータ制の導入であった。議会に専門委員会を置いて，毎年の受入人数の上限を設定する仕組みはサルコジ I 法の法案提出時に検討されたが，ド・ヴィルパンら UMP 党内でも憲法における平等原則に違反するとの反対論があがり，憲法院もまた同様の立場からこれを無効とする判断を示した（2003 年 11 月 20 日）。継続審議のあ

と，2008 年提出の憲法院・ピエール・マゾー委員会の報告書も，これを違憲であるばかりか，無用とした（Mazeaud et al. 2008）[18]。これを受け，サルコジはクォータ制に代わって，数値目標の設定と「労働力不足職業」リスト（後述）の作成によって，移民を制御する方針に切り換えるとともに，CESEDA の制定にあたっては毎年，CICI が出入国と統合に関する方針と実績をまとめ，議会に報告書を提出することとなった。

　また，サルコジ II 法では，新たに「能力と才能（compétences et talents）」，ならびに「給与所得者（salariés）」の 2 つの滞在許可証を設け，経済移民の選別的受入の枠組とした。表 6-3 は，就労目的の移動（経済移民）のための主要な滞在許可証を比較したものである。このうち「能力と才能」は EU，EEE，スイス，アルジェリアを除く第三国出身の高度技能外国人を対象とし，3 年の滞在許可証が付与され，6 年後に帰国することが求められる。このほか，「企業内転勤の給与所得者」，ならびに，EU 指令にしたがってベソン法（2011 年 6 月16 日法）が他の加盟国に先駆けて導入した「EU ブルーカード」がある（第 4 章）。

　ところで，就労目的の移動の枠組として新設された「給与所得者」は，他の 3 つのカテゴリーとは異なった性格を示している。「報酬」の条件が「他の給与所得者と同等」であってよいことや「雇用状況による却下」がありうることからわかるように，他の優遇される経済移民とは異なり，労働市場の需要に応じて受入の可否が決まる。

2)「労働力不足職種」リスト，そして選別アプローチの死角

　オルトフー法第 40 条に則った，2007 年 12 月 20 日の通達は，新規 EU 加盟国出身者[19]と第三国出身者の 2 つのグループに分けて「労働力不足職種（métiers en tension）」リストを作成したが，これらは概ね上記「給与所得者」向けである[20]。このうち移行期間の新規 EU 加盟国 10 カ国出身者対象には，建設，農漁業，ホテル，電機・電子産業，運輸，加工産業，情報産業など，幅広く技能の中・低度のものを含む 150 種が定められた。また第三国出身者については，地域ごとにリストを作成し，30 種程度が選ばれた。例えば，パリを含むイル・

表 6-3 就労目的の移動のための主要な滞在許可証——比較対照表

		一時滞在許可証 [EUブルーカード]	一時滞在許可証 [給与所得者]	一時滞在許可証 [企業内転勤の給与所得者]	滞在許可証 [能力と才能]
発行上の条件	労働契約，もしくはプロジェクト契約	●高度技能を要する雇用，なくとも1年の労働契約	●12カ月，もしくはそれ以上の期間の労働契約	●特定の専門をもった給与所得者で，外国企業と同じ企業グループに属するフランス企業への派遣，もしくは外国人のフランスへの転勤が同じ企業グループ内か，もしくは同じグループの企業間で行われるようなフランスにおける企業との労働契約	●特定の領域において能力や才能が認められ，プロジェクトをもった外国人（給与所得者，自由業，職人，商業，産業，芸能人等）はフランスに寄与できる。そのプロジェクトはフランス人によるプロジェクトと同じではいけない。外国人もしくはこのプロジェクトはフランスの出身国もしくは米国人はしなければならない
	報酬	●平均的年収総額の少なくとも1.5倍	●同じ性質の雇用にある給与所得者と少なくとも同等	●スライド制最低賃金給与の少なくとも1.5倍	●プロジェクトで生活することができる，もしくはプロジェクトから必要な資金を得ることができるとの証明
	資格	●3年以上の課程を要する資格，もしくは同程度の5年間の職業経験	●資格，経験，学歴，雇用の特徴が相互に見合っていること		●才能と能力の証明 －全国，もしくは国際的なスポーツの成績 －国際的な名声の確立：出版，研究業績など －顕著な職業経験
	雇用状況による却下	無	有。ただし「労働力不足職種リスト」掲載の職種の場合を除く	無	無
	労働許可の必要	有	有	有。特定の任務と特定のグループに限定された労働許可	該当能力と才能「証」で入国する者は当該プロジェクトの枠内でいかなる職業活動を行うことも認める
受入統合契約		無	有	無	無
滞在許可証の期間		1年から最大3年	1年	3年	3年
更新		●発行条件が満たされていれば可能	●発行条件が満たされていれば可能	●任務の範囲内において，また任務の継続が正当化でき，当初設定された雇用条件が維持されている場合には更新可能 ●任務終了後は出国しなければならない	●発行条件がさされていれば可能
滞在許可証に付帯する特典		●家族に関する特典：帯同家族には同じ生活と「家族」滞在許可証を発行と期間同一 ●家族合流の手続きを免除 ●EU域内移動における加盟国に18カ月滞在後	●家族に関する特典：配偶者と子どもに対して，1年有効の「訪問者」滞在許可証の発行と更新 ●民法の家族合流手続き	●家族に関する特典：帯同家族には「私的生活と家族」滞在許可証の発行 ●家族合流の手続きを免除	●家族に関する特典：帯同家族には同行家族と滞在許可証を同じ期間発行 ●家族合流の手続きを免除

出所) Direction générale des étrangers en France, Ministre de l'intérieur, avril 2014.

ド・フランス地域では，第三国出身者に開かれる職種として比較的高い技能の IT 技術者，保険商品開発管理職，電気・電機設計技術者，木工技術者，エレベーター等設置技術者，建設現場監督，ガラス細工技術者など 29 職種がリストアップされた。B. オルトフー（Brice Hortefeux）移民相は，このように，経済移民を EU 域外・域内の区分に即して選別する方式を追求していく[21]。憲法院に否定されたクォータ制は，EU 域内・域外の区分，さらに東欧の新規加盟国という，域内の新たな中心／周辺構造を利用した「労働力不足職種」リストの制度によって，部分的に実施が試みられたといえる。

このリストは，パスクワ法で増加した非正規滞在者の正規化を進めるためにも一役買うことになる。2008 年 1 月 7 日の通達は，「労働力不足職種」リストに掲載される職に就き，かつ向こう 1 年の労働契約を有するなど，いくつかの条件のもとで，非正規移民の「就労にもとづく地位正規化」の可能性を開いた。ここから，2008 年から 10 年にかけて，大規模な就労にもとづく地位正規化キャンペーンが展開されることにもなった[22]。

ところで，経済移民の選別に執着するアプローチにはひとつの死角が存在する。上述の戦略分析センターの報告書は，労働市場に参入する外国人労働者のうち，経済移民が実際には 5 分の 1 を占めるに過ぎないと，見逃すことのできない指摘を行っている[23]。そして 1990 年代以降は，むしろ家族合流や庇護申請など就労目的以外で入国した者の労働市場への参入が増えていることを明らかにしている（Centre d'analyse stratégique 2006：65）。いいかえれば，「権利にもとづく移民」として削減のターゲットとなっている家族移民などが，実際にはフランスの労働市場を支える外国人の主流ということになる[24]。事実，ベビーブーム世代が退職年齢に達するにしたがって需要の拡大が見込まれるとされるサービス・セクターの不熟練雇用（ホームヘルパー，家事使用人，「保育ママ」，清掃労働者）などは，都市部において，すでに家族合流等で入国してきた移住女性の多くが担うセクターでもあり，インフォーマルな雇用を多く含むことから，「選択的移民」政策においてその経済的価値を十分に評価されず，不可視化されている。これらの雇用はまた，再生産労働の領域とほぼ重なっており，そこに再生産労働の徹底した貶価という新自由主義的統治の刻印とともに，同

政策のレイシズムとセクシズムが交差した隠れたバイアスを指摘できよう。

3　移民の地位の不安定化——家族移民，庇護申請者，非正規滞在者

1）家族移民への規制強化

　家族移民と庇護申請者は，サルコジが想定する「押しつけられた移民」に相当する。このうち家族移民の入国者数は，2000年代初頭においては年間6〜8万人であったが，2003年から2006年にかけては漸増して9〜10万人のあいだで推移し，2007年から11年は比較的抑制されているが，8万人を若干上回っており，大きな変化はない（図6-1）。また，その割合は入国者数全体の4〜5割で推移してきた。

　家族移民に関して見逃せないのは，それが，サルコジが強調するような外国人の家族成員によるというよりは，むしろフランス人の配偶者等によるものが多く，家族移民全体の5〜6割を占めるという点である。これに対して，外国人の家族成員はほぼ2〜3割，また，フランス在住の外国人同士の家族形成を示す「私的・家族的絆」の比率も2000年代後半になると約20％で推移してきた（SGCICI 2011；2012；2013）。

　「選択的移民」政策の家族合流に関する規制は，呼び寄せを行う外国人と来仏する家族成員双方について強化されてきた。サルコジII法では，呼び寄せを行う外国人について，申請資格として正規滞在期間を12カ月から18カ月に延ばし，かつ収入については最低賃金（手当を除く）と同等以上という条件を課している。この点は，オルトフー法になって，申請側の収入と居住にかかわる条件を家族の規模に応じて定めることになり，より厳格化した。

　またサルコジII法は，滞在許可証取得の際の「受入・統合契約（CAI）」の署名を義務づけたが，オルトフー法は，さらに来仏する家族成員に対して，第一に，長期滞在ビザの出身国での申請時にフランス語能力の評価を要求し，フランス語能力に問題がある場合には最大2カ月のフランス語教育を求め，修了証明書を長期滞在ビザ取得の条件とした。第二に，「家族のための受入・統合

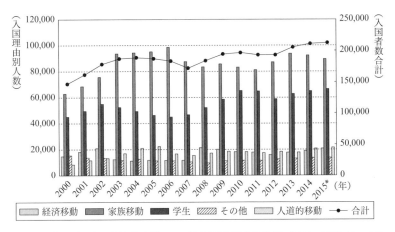

図 6-1 第三国出身入国者数合計および入国理由別人数推移（2000〜2015年，フランス本土のみ）

出所）内務省統計（AGDREF/DSED）をもとに筆者作成。なお，2015年は推定値。

契約（CAIF）」を創設し，新規入国する子どもたちの適正な統合に関して，親の監督義務が設けられた。監督不十分と判断される場合には，児童裁判所を通じて，家族手当の差し止めがなされうる。CAIFは，親子関係において，移民の側における「統合」責任を明文化したものといえる。

次にフランス人の配偶者の外国人に関しては，サルコジⅠ法において，常住許可証（10年）を取得するために必要な滞在期間が1年から2年に延長され，サルコジⅡ法ではさらに婚姻期間3年以上となって厳格化された。また，長期滞在ビザの出身国での申請時におけるフランス語能力の評価が必要となった。

なお，オルトフー法においては，家族合流について，出身国において親子の関係を立証することが困難な場合には，DNAテストを利用できるとの項目が含まれていたが，この点については，反対論が強く，結局，同テストを法律から排除することになった。

2）庇護申請者への規制強化

庇護申請業務は本来，外務省・フランス難民及び無国籍保護局（以下，OFPRA）の専管であったのが，内務省の発言権が強まった領域である。内務省と

の共同監督下に置かれたOFPRAには新たに総監が設けられ，2003年以降，副総監には県知事が任命されることになった。

　庇護に関する2003年10月23日法にもとづき，「偽装難民」に対する規制強化の観点から，2004年8月14日の政令によって，仮滞在許可が下りてから申請を提出するまでの期間が1カ月から21日に短縮され，加えて県知事が申請を却下し，滞在許可証を交付しない場合には，OFPRAは審査を15日以内，申請者が行政的勾留のもとにある場合には96時間以内に審査を行わなければならなくなった。同じく内務省の政令は，庇護申請者の郵送用住所を提供するアソシエーションに県庁への事前登録を義務づけた。

　また，EU指令を先取りした2003年12月11日法は「安全な出身国（pays d'origine sûr）」という概念を導入し，迫害を想定できない国を予め設けることになった。この「安全な出身国」のリストは2005年6月30日に採択され，2006年5月16日に5カ国が追加されて，09年，11年にも改定されている。

　これらの政令や法律は，人権擁護団体のみならず，全国人権諮問委員会（CNCDH）からも，庇護申請と移民との区別を不明確なものとし，正当な庇護申請への大きな障害となるとして厳しい批判を浴びた。

3）非正規滞在者の地位の不安定化

　上記の規制強化とはべつに，「選択的移民」政策は，非正規滞在外国人の地位を不安定化させた。その代表的な施策は，サルコジⅡ法による，1998年のシュヴェヌマン法で定められた10年間常住した非正規滞在者の地位を自動的に正規化する制度の廃止である。他方，非正規滞在外国人の隔離件数も2001年の1万人弱から2012年の3万6千人強と3倍以上の伸びを示してきた。これに対して，強制退去と自発的帰国の合計件数は1万5千件から2万2千件を推移している。この件数と隔離件数のあいだの差は，異議申し立て件数に相当するものと考えられる。異議申し立てをすると行政裁判にかけられ，外国人収容施設に収容されるか，自宅で監視されることになる。この時期に，外国人収容施設が数多く設置され，かつその受入環境が格段に悪化したことが市民団体によって指摘されている（森，ルバイ編2014）。

また，国外退去強制処分に対して異議申し立てを行う場合には1カ月以内に行わなければならなくなった。ベソン法になると，国外退去強制が出た場合には令書発行後30日間は原則として自発的に帰国できるが，30日を過ぎると，退去が執行され，場合によっては「EU領域立入禁止」となる。また，ベソン法では，非正規滞在のために収容された外国人の隔離の決定は，保釈・勾留判事ではなく，行政判事が行うこととなっている。行政判事が拘束できる最長期間は15日から20日間に伸び，さらに一回延長可能となる。この結果，サルコジⅠ法で12日から32日間に延長された拘束期間が，さらに最大45日間まで拡大された。このように，非正規移民の行政的拘束期間の長期化が顕著となった。

4）「パルクール」調査が示すサハラ以南アフリカ出身者への影響

こうした一連の法的・政策的変化が，移民の生活実態，とりわけ「定着」にどのような影響を与えたかを知る手がかりを示す調査研究に「パルクール（経歴）」調査がある。同調査は，1972年から2013年のあいだにフランスに入国し，イル・ド・フランス地域に住む，18歳以上のサハラ以南アフリカ諸国出身者513人を対象とし，彼らがフランスで安定した生活を築けるようになるまで（「定着過程［processus d'installation］」）にどのくらいの時間を要したかを，住居，滞在許可証，就労の3つを指標として調べるものである（Gosselin et al. 2016）。

それによれば，定着過程は男女で異なり，女性の場合には住居，男性の場合には就労先の獲得から始まる[25]。そのうえで，女性の場合，住居の獲得に必要な時間はこの間に増大している。入国年が1996年以前の場合には半数が1年目に，1996年から2004年の場合には半数が3年目に，2004年目以降の場合には半数が5年目になって住居を得ている。男性の場合も就労先の獲得に必要な時間が格段に増加している。中央値で，入国年が1996年以前の場合には1年目に，1996年から2004年の場合には2年目，そして2004年以降の場合には4年を要した（Gosselin et al. 2016: 2-3）。著者は移民政策がこの間，家族合流の条件を厳格化したことの影響を指摘している。また，滞在が6年，7年目に

なっても，半数以上の人々が3つの要素すべてを入手できず，11年から12年経っても，4分の1が定着を果たしていないことが明らかになっている。「パルクール」調査は，その理由が，個々の人々の背景ではなく，フランスにおける正規化過程の長さ，労働市場のセグメント化，そして差別に由来すると結論づけている（Gosselin et al. 2016：4）。

おわりに――静かなパラダイム・シフトと移民政策の民主的統御

　以上，「選択的移民」政策の背景と展開をみてきた。その帰結を簡単に確認しておこう。

　まず，移民受入総数の抑制という点では，図6-1にみるように，2000年代を通じて年間15万から20万で推移しており，2008年以降，むしろ漸増であって，年間10万人という目標からは遠い。また，内訳をみるなら，経済移民は年間1万から2万人のあいだ，全体のほぼ1割の水準，また家族移民も6万から9万人台，全体の4割から5割のあいだで推移していて，大きな変化はみられない。経済移民の主眼であった高度技能移民の受入も，「能力と才能」の滞在許可証発行数は2007年以来，ピークで2009年の368人であり，限定的である。これに対して，学生については，4万5千人から6万人へと増えた（ただし，比重は3割程度の推移）。このことを踏まえ，Cl. ゲアン（Claude Guéant）内相は，2011年5月31日通達で留学生の就労目的での滞在資格変更を規制する指示を県知事に出している。総量の数値目標を達成できないので，正規滞在者，なかんずく本来なら「選択的移民」の候補というべき学生を規制の対象としたのである。自家撞着ともいうべきこの通達については，市民団体から強い抗議の声が上がった（ちなみに，社会党政権がまっさきに行ったのも，同通達の取り消しであった）。庇護申請者については，2000年代前半にピーク時で5万人であったが，2006，07年で3万人にまで落ち，その後4万人弱で，規制強化の効果がうかがえる。だが，総じて「選択的移民」政策は，その数値目標を，総数，そして内訳の両面で達成できていない。

他方で,「選択的移民」政策は国民戦線の台頭に対抗する UMP の政治レトリックであった。しかし,振り返ってみれば,2000 年代を通じて国民戦線の党勢拡大は継続しており,この点でもその効果は定かではない。大山鳴動して鼠一匹,「選択的移民とはなんら実際的,あるいは法的意味をもたないスローガンである」と,ヴェイユに倣って評することも可能である (Weil 2006)。

だが,そこにまったく変化がなかったとはいいきれまい。第一に,優遇される一部の高度技能移民を除けば,移民の地位はこの間,確実に不安定化した。この傾向は,「ゼロ移民」の時代から断続的に進行してきたものだが,「選択的移民」政策は本章で言及してきた一連の法律と政策によってこれをいっそう強固にした。「パルクール」調査は,この点をサハラ以南アフリカ出身者について明瞭に示している。第二に,「選択的移民」政策は,「統合コンセンサス」の解体とまではいかないまでも,その前提となる普遍的平等の認識を「統合」の意味内容(セマンティクス)を組み替えることで徐々に揺るがせ,静かなパラダイム・シフトを進めたといえるのではないか。

その徴候の第一は,移民政策における司法府に対する行政府の権限強化である。そのことは非正規滞在者の隔離や異議申し立てに関する政策のあり方に如実に表れている。第二に,経済移民にかかわる「滞在許可証に付随する特典」(表6-3)が示すように,憲法で保障されているはずの「家族と暮らす」権利が,一部の移民には特典として与えられ,他の移民に対してはその権利が脆弱化された。第三に,統合の問題を定住移民への差別撤廃と権利の平等という問題から「同化」の問題へと切り換える試みがなされ,社会の「統合能力」とは移民の側における統合コストの支払能力の問題にすり替わった。

こうした「選択的移民」政策による「統合コンセンサス」への挑戦に対して,人権擁護・移民支援団体からは強い抗議の声が聞かれ,これを受けて,国務院,そして憲法院が共和国の理念に即した判断を示してきた[26]。2012 年 5 月に成立したオランド (François Hollande) 政権下では,再度,庇護申請の問題を経済移民の問題と法的に区別する方向が検討され,移民の権利を尊重する方向に向けて,一定の修正が取られた[27]。また,県知事に委任された権限についてもその恣意性を抑える方向で修正が図られている。「選択的移民」では帰化もまた

抑制されたが，この分野でも修正がなされている。このように，「統合コンセンサス」は，人権擁護・移民支援団体の監視のみならず，これに応えて国務院（行政訴訟における最高裁判所）や憲法院（憲法裁判所）といった機関が政策の憲法からの逸脱を逐一検討する制度によって守られてきた。

しかし，「選択的移民」政策が過去のものといえないのは，一方でグローバリゼーションのもとで移民政策を経済競争の欠かせない手段とみる新自由主義的統治が継続しているからである。

他方で，新しい事態も生まれている。2015年1月以降の一連の「テロ」事件[28]を背景に，「イスラム国」とのたたかいが国内治安と安全保障上の課題として浮上し，非常事態の長期化，アルジェリア戦争に遡ることができる「内なる敵」を対象とする「例外的司法（justice d'exception）」（Codaccioni 2015）の常態化が進みつつある。2005年の「郊外暴動」の背景ともなった旧植民地出身移民第2世代の若者に対する社会的排除は，「選択的移民」政策のもと，改善の兆しもなく，むしろ彼・彼女らを「イスラム国」に惹きつける要因ともなってきた[29]。それは，定住移民に対する統合コストを忌避し，移民政策をいわば強制再起動しようとした「選択的移民」政策の負債といえる。

共和国的統合コンセンサスは固定されたものでも所与のものでもない。それは，市民社会の国家に対する絶え間ない民主的統御の要求があって初めて維持されるものといえよう。

［注］
1）原題は"Une immigration choisie pour une intégration réussie"。移民史シテの下記サイトでみることができる〈http://www.histoire-immigration.fr/histoire-de-l-immigration/questions-contemporaines/politique-et-immigration/qu-est-ce-que-l-immigration-choisie〉。
2）本章では，総称としての「選別的移民政策（selective immigration policy）」に対して，フランスの歴史的文脈と原語のニュアンスを残すため「選択的移民」と訳出することにする。
3）UMPは，2015年5月に「共和党（Les Républicains）」に改称，サルコジが初代党首に選出された。なお，サルコジの内相としての任期は，2002年3月から2004年3月と2005年6月から2007年3月に分かれ，途中，2004年3月から同年11月まで経済・財務・産業相を務めた。

4）「選択的移民」が開始される以前のフランスの移民政策については稲葉（2003）を参照のこと。
5）マヌエル・ヴァルス（Manuel Valls）首相はスペイン・カタルーニャ出身でフランスに帰化。ナジャット・ヴァロー＝ベルカセム（Najat Vallaud-Belkacem）国民教育相，ならびにミリアム・エル・コムリ（Myriam El Khomri）労働相はモロッコとフランスの二重国籍。
6）フランスの歴史の中に移民の歴史を正当に位置づけることを求める運動が，歴史家のG. ノワリエル（Gérard Noiriel）らを中心に高揚したのは1990年代であった。運動の末，2007年10月に国立移民史シテが開館したが，皮肉なことに，同年5月のサルコジ政権成立に伴って，「移民・統合・国民アイデンティティ・共開発省」が新設され，「国民アイデンティティ」を強調して移民を異化する政府の目論見に抗議して，シテ準備委員会からノワリエルを含め，8名の歴史家が辞任した。
7）憲法第38条にもとづき，政府が政策実施のために立法し，国会から承認を得て成立する命令。
8）ただし，「同化可能性」という基準はONIが二国間協定を結ぶ相手国を選ぶ際に参照されたとヴェイユは述べている（Weil 1993）。なお，モコは戦前より移民問題にかかわってきた人口学者。精神分析にも明るく，戦時中は対独協力活動に加わったことでも知られる。
9）実際にはアルジェリア政府が前年に，自国民に対する差別的襲撃事件が続いたために，一方的に送出停止措置をとっている。
10）この時期のサンパピエの運動については，稲葉（2003）を参照。
11）フランス1946年憲法前文第10項には「国家は個人と家族にその発展に必要な諸条件を保障する」とあり，これにもとづき，国務院は1978年12月8日に移民の家族合流は権利として保障するとの判決を下し（Gisti判決），1993年にも家族合流を制限する法律に対して違憲判断を出している。同じく前文第4項に「自由のための活動を理由に迫害を受けたすべての者は，共和国の領土内に庇護を受ける権利を有する」とある。
12）ここで「予めの統合」というのは，足立眞理子のグローバリゼーション分析における「予めの排除」と「内なる排除」の対比に示唆を受けている。足立によれば，中心部資本主義においては家事労働者を雇う自由もなく，再生産労働を無償で負う女性たちの「内なる排除」に加えて，雑多な日常的・メンテナンス的個人サービスを担う「切り捨てられ使い捨てられつつも滞留する」移住女性たちへの「予めの排除」が認められる（足立2003：86-87）。受入国家が統合コストの見地から，同化可能性の高い移民を入国する以前に先取りし，「予めの統合」を確保する政策は，グローバル・シティにおける「予めの排除」がさらに深まった段階での排除といえる。
13）Comité interministériel de contrôle de l'immigration.
14）「隔離」とは，éloignement des étrangers（外国人の隔離）と呼ばれる行政処分の総称。4つのカテゴリーがある。①国外退去強制，②国外追放，③その他の隔離措置（国外退去，フランスへの帰還禁止措置，EUの枠組における隔離，刑法上の領土立入禁止），④隔離過程における外国人の監視。

15) サルコジ II 法で，滞在許可証を拒否された外国人には国外退去強制令書が県知事から発行されることとなった。
16) 注6参照のこと。
17) 原語は salariés détachés，英語では posted workers。
18) なお，クォータ制については，サルコジと P. ヴェイユ（国籍・移民政策を専門とする政治学者）の論争がある。ヴェイユは次のように述べている。「クォータ制は今日，移民の管理において最悪のシステムである。コストがかかり，非効率な官僚制を生み出す。前年に発表されたクォータが次の年に修正され，かくして移民問題に関する終わることのない政治化を惹き起こすことになる。また，高技能移民にとってそれは無益である。なぜならクォータはけっして達成されることはないのだから。非熟練移民の場合には，クォータは常に破られ，大規模な非正規移民とその後，地位正規化を惹き起こすことになる」(Sarkozy 2005 ; Weil 2005)。
19) フランスは 2006 年 5 月 1 日時点で，エストニア，ラトビア，リトアニア，ハンガリー，ポーランド，チェコ，スロバキア，スロベニアに対して労働力不足の 61 職種への就労を許可した。その後，2007 年 1 月の時点で，これらの職種はルーマニアとブルガリアにも開かれた。2007 年 12 月 20 日付の政令は，これら 10 カ国に対して，さらに 89 職種を加えた 150 職種を労働力不足として提示するものであった。
20) 職種の選定作業は，戦略分析センター（首相府），労働省研究・調査・統計振興局，国立職業安定所（ANPE）と各種職業団体・労働組合の協議によってなされる。
21) このほか，ベニン，ブラジル，ブルキナ・ファソ，カメルーン，カーボベルデ，コンゴ，ガボン，モーリシャス島，セネガル，チュニジアについては二国間協定にもとづく職種リストが存在する。2015 年 2 月現在，第三国出身者のためには全国共通リストで 30 職種，またクロアチア出身者については 2015 年 6 月 30 日までの期間に限定して，291 職種が定められている。
22) しかしながら，2008 年 1 月 7 日通達については，外国人支援団体の GISTI が国務院に対して，平等原則に違反するものとして訴えた。新規 EU 加盟国と第三国出身者で就労できる職種を別々に設定し，しかも前者については 150 種，後者については 30 種と職種数に大きな差があること，さらには第三国からはアルジェリアとチュニジアが排除されるなど，不平等を生むものだとの内容である。この訴えを受けて，2009 年 10 月 26 日，国務院は同通達を無効とした。その後，このリストは非正規滞在者の地位正規化にあたって，あくまでも参照枠組として利用されることとなり，厳密な適用はされなくなった。だが，その分だけ正規化の適用範囲に関する恣意性が増すことにもなった。なお，同通達にもとづくイル・ド・フランス地域のフィリピン人非正規滞在家事労働者の正規化については Ito (2016) を参照。
23) 戦略分析センターによれば，労働市場参入外国人数を把握するには，少なくとも 3 つの相互排他的カテゴリーを設ける必要がある（Centre d'analyse stratégique 2006 : 62-65）。①就労目的で入国する外国人（直接的参入），②就労以外の目的で入国したが，入国年に労働市場に参入する外国人（間接的参入），③当該年 1 月にフランスに滞在しているが，まだ労働市場に参入したことがなく，その後，当該年の期間中に就労を開始する外

国人(時間差参入)。
24) ただし,その技能の程度はフランス人よりも低く,失業率も高い。このことから上院議会の職業的移民に関する報告書は,「家族合流」で入国する新規移民に対する「職業的統合」を進める必要を記している(Commission des finances 2008:1)。
25) 女性の場合には家族合流による入国が多く,その場合には住居があることが条件となっていることを反映している。
26) 市民社会の側における応答については,野村(2009),稲葉(2003)などを参照されたい。
27) オランド政権は,非正規滞在者の正規化の基準に関するデクレ(2012年11月),庇護権改革法(2015年7月15日法),外国人権利法(2016年3月7日法),共和国的統合契約導入,複数年滞在許可証の制定といった一連の政策を実施している。
28) 2015年1月と同年11月のパリにおける連続襲撃事件,2016年7月のニース・トラック突入事件,同月,ルーアン近郊教会襲撃事件など。
29) 2015年1月のシャルリー・エブド社,ならびにユダヤ系食品店襲撃事件に対する「郊外の住民」の反応については,森(2016)第7章を参照。

［参考文献］
足立眞理子(2003)「予めの排除と内なる排除——グローバリゼーションの境界域」『現代思想』第31巻第1号
稲葉奈々子(2003)「『共和国主義的統合』の終わりと『多文化主義』のはじまり——フランスの移民政策」小井土彰宏編『移民政策の国際比較』明石書店
伊藤るり(1991)「〈新しい市民権〉と市民社会の変容——移民の政治参加とフランス国民国家」宮島喬・梶田孝道編『統合と分化のなかのヨーロッパ』有信堂
鈴木尊紘(2008)「フランスにおける2007年移民法——フランス語習得義務からDNA鑑定まで」『外国の立法』第237号
高山直也(2007)「フランスにおける不法滞在者の隔離措置の変遷」『外国の立法』第233号
野村佳世(2009)「『サン・パピエ』と『選別移民法』にみる選別・排除・同化」宮島喬編著『移民の社会的統合と排除——問われるフランス的平等』東京大学出版会
馬場里美(2008)「外国人の入国と国家の裁量——『家族呼び寄せ』との関連で」『立正大学法制研究所研究年報』第13号
宮島喬(2012)「フランス移民労働者政策の転換——2006年移民法と『選別的移民』の含意」『大原社会問題研究所雑誌』第645号
森千香子(2016)『排除と抵抗の郊外——フランス〈移民〉集住地域の形成と変容』東京大学出版会
森千香子,エレン・ルバイ編(2014)『国境政策のパラドクス』勁草書房
Centre d'analyse stratégique (2006) *Rapport. Besoins de main-d'oeuvre et politique migratoire*, Premier Ministre, ⟨http://www.ladocumentationfrancaise.fr/rapports-publics/064000296/index.shtml⟩(2016年5月20日アクセス)。

Codaccioni, Vanessa (2015) *Justice d'exception. L'État face aux crimes politiques et terroristes*, CNRS.

Commission des finances (2008) «Immigration professionnelle : Difficultés et enjeux d'une réforme», Rapport d'information de M. André Ferrand, Note de synthèse (le 25 juin), Sénat.

European Commission (2014) *Communication from the Commission to the European Parliament and the Council on the Implementation of Directive 2009/ 50/ EC on the Conditions of Entry and Residence of Third-country Nationals for the Purpose of Highly Qualified Employment* ("EU Blue Card").

Gisti (2012) «Dix années de lois Sarkozy : Toujours plus de devoirs, toujours moins de droits,» in *Après-demain*, no. 23, 〈http://www.gisti.org/spip.php?artile2803〉 (2016年7月1日アクセス).

Gosselin, Anne et al. (2016) «Migrants subsahariens : Combien de temps leur faut-il pour s'installer en France?», *Population et Sociétés*, No. 533, INED.

Hollifield, James F. (1992) *Immigrants, Markets, and States*, Harvard University Press.

―― (2014) "Immigration and the Republican Tradition in France, " in James F. Hollifield, Philip L. Martin and Pia M. Orrenius (eds.), *Controlling Immigration : A Global Perspective* (3rd edition), Stanford University Press.

Ito, Ruri (2016) "Negotiating Partial Citizenship under Neoliberalism : Regularization Struggles among Filipino Domestic Workers in France (2008-2012)," *International Journal of Japanese Sociology*, No. 25.

Jazouli, Adil (1985) *La formation de l'action collective des jeunes issus de l'immigration maghrébine en France*, thèse de doctorat.

Lapeyronnie, Didier (1987) «Assimilation, mobilisation et action collective chez les jeunes de la seconde génération de l'immigration maghrébine», *Revue française de sociologie*, Vol. 28, No. 2.

Lochak, Danièle (2000) «La politique de l'immigration au prisme de la législation sur les étrangers (2)», GISTI, 〈http://www.gisti.org/doc/presse/1997/lochak/politique-2html〉 (2016年7月1日アクセス).

―― (2006) «Le tri des étrangers : un discours récurrent,» *Plein Droit*, No. 69.

Mazeaud, Pierre et Ministère de l'immigration, de l'intégration, de l'identité nationale et du développement solidaire (2008) *Pour une politique des migrations transparente, simple et solidaire*, La documentation française, 〈http://www.ladocumentationfrancaise.fr/var/storage/rapports-publics/084000446.pdf〉 (2016年6月2日アクセス).

Ministère de l'économie, des finances et de l'industrie (2006) *Rapport «Immigration sélective et besoins de l'économie française»* (14 janvier 2006), 〈http://www.ladocumentationfrancaise.fr/var/storage/rapports-publics/064000160/0000.pdf〉 (2016年7月1日アクセス).

Premier Ministre, Commission supérieure de codification (2012) *Code de l'entrée et du séjour des étrangers et du droit d'asile*, Direction de l'information légale et administrative, Les éditions des Journaux Officiels.

Sarkozy, Nicolas (2005) Lettre de Nicolas Sarkozy à Patrick Weil (Publiée dans *Le Monde* du 13 juillet 2005).

Secrétariat général du comité interministériel de contrôle de l'immigration (SGCICI) (2011) *Les orientations de la politique de l'immigration et de l'intégration*, Huitième rapport établi en application de l'article l. 111-10 du CESEDA.

—— (2012) *Les chiffres de la politique de l'immigration et de l'intégration*, Année 2011, Neuvième rapport établi en application de l'article l. 111-10 du CESEDA.

—— (2013) *Les étrangers en France*, Année 2012, Dixième rapport établi en application de l'article l. 111-10 du CESEDA.

Simon, Patrick (2012) «Les revirements de la politique d'immigration», *Cahiers Français*, No. 369.

—— (2014) "Commentary," James F. Hollifield, Philip L. Martin and Pia M. Orrenius (eds.), in James F. Hollifield, Philip L. Martin and Pia M. Orrenius (eds.), *Controlling Immigration : A Global Perspective* (3rd edition), Stanford University Press.

Weil, Patrick (1993) «L'ordonnance de 1945 : L'aboutissement d'un long processus», *Plein Droit*, No. 22-23.

—— (1999) «Georges Mauco, expert en immigration : Ethnoracisme pratique et antisémitisme fielleux», in Pierre-André Taguieff, dir., *L'antisémitisme de plume 1940-44, Études et documents*, Berg International Editeurs.

—— (2005) Réponse de Patrick Weil (publiée dans *Le Monde* du 13 juillet 2005).

—— (2006) «Entretien. Les limites de l'immigration choisie», *Le Monde*, le 9 mai 2006.

第7章　ドイツ I

移民政策のパラダイム・シフト
――国民福祉国家から国民競争国家へ

久保山　亮

はじめに――移民制御法施行からの10年

　2015年で，ドイツは移民制御法（移民法）の施行から10年目になった。その間，日本では報告されてこなかったさまざまな移民政策改革が進められてきた。その焦点は高度人材・技能人材の獲得にあったが，1990年代末に現れ始めた「選別的移民政策」という方向性をとりつつある。本章では，ドイツでの選別的移民政策の展開を追うとともに，一部でいわれているように，ドイツは2004年移民制御法で突如として移民国家に変貌したのではなく，むしろ「挫折」に終わった移民制御法以降の，選別的な路線の下で進んだ高度・技能人材獲得に向けた一連の移民政策改革により，「移民国家」への道を歩みつつあることに注目する。

　本章では，まずドイツを含む欧州諸国の「選別的移民政策」への流れの出発点とそうした移民政策の構造転換をもたらした文脈を，フィリップ・サーニーの議論を借りて，国民福祉国家から国民競争国家へのシフトとして説明する。そのなかで，ガストアルバイターの募集停止からゼロの移民政策に傾斜し，1998年のSPD（社会民主党）・緑の党の連立政権による移民制御法制定へといたる過程も簡単に描述する（第1節）。移民制御法は，抜本的な政策改革には程遠く，多くの関係者，研究者，世論を失望させた。この後，ドイツの移民政

策は急転回を迎える。難民の流入の減少・国内失業率の低下という好機をとらえて，リーマン・ショックにもかかわらず，2000 年代末からのドイツは高度人材・技能人材獲得に向けた政策改革へ向かう（第 2 節）。国民競争国家への転換で重要なのは，国家が，市場活動を抑制したり保護したりする立場から，市場活動のプロモーターへと変わる点に特徴があり，ドイツの移民政策で国家の役割が，市場活動のプロモーター，特に市場が求める人的資源の供給者へと変わってきたことを強調する。この点は 2014〜15 年に大量に受け入れた難民への社会統合政策でさらに顕著になってきた（第 3 節）。最後のまとめでは，日本では連邦レベルの統合講習の導入ばかりが強調され，見逃されているが，ドイツでは 1990 年代後半から自治体の社会統合への取り組みが活発化してきたことも報告したい。もともとは移民国家がとってきた政策モデルである選別的移民政策の進展とともに，「移民国家」へと向かいつつあるドイツの今後の行方についても展望したい（おわりに）。

1　欧州諸国の選別的移民政策の出発点と要因

1)「ゼロの移民政策」から「選別的移民政策」へ

　ドイツを含む欧州諸国では，1970 年代前半のガストアルバイターなど移民労働者の募集停止や受入制限措置の後，移民労働者の受入を制限し永住への道を狭め，移民の数の最小化をめざすといういわゆる「ゼロの移民政策」をとってきた。そこでは，EC 域内の労働者の自由移動は別として，EC（ヨーロッパ共同体）域外の第三国からの移民労働者の入国や就労は，労働力需要の一部に対する「消極的な対応」という形で，例外的・一時的な受入に限るという原則が確立していた。季節労働や，国境をまたいでの企業間での請負契約労働にみられるような，福祉国家コスト（福利厚生コスト）を除外し，就労期間の長短にかかわらず，家族統合や永住も認めないという短期ローテーション型のスキームや，就労可能な職種を例外的にリストアップするというものであった。
　しかし 1990 年代末から，欧州諸国では「ゼロの移民政策」からの脱却がみ

られるようになる。それまでの移民労働者への一律の制限をやめて，IT産業や医療・介護の分野で移民労働者の積極的な受入に乗り出す。この延長で，質の高い労働力の獲得・長期的確保という観点から，当該分野で傑出した業績を上げてきた人材や研究者，高度な専門技術者，多国籍企業社員などのエリート層といった「望ましい移民」には労働許可交付をスムーズに行う，社会的コスト負担を理由に制限してきた家族呼び寄せを認めるなど，それまでの欧州諸国にはなかった移民国特有の一部移民の「優遇的受入」が俎上にのぼる。他方で，欧州レベルでの移民政策の共同体化を目指す流れの中で，非合法移民対策の強化や難民受入の制限など，「望ましからざる移民」に厳しい態度をとるという，「選別的移民政策」という新しい政策モデルが浮上してきた（久保山2004；Kuboyama 2008）。

　その皮切りとなったのはスウェーデンで，高度人材を中心に1960年代以来停止状態だった移民労働者受入の再開に踏み切った。オランダの2000年の新外国人法も，極右政党の閣外協力にもとづくデンマークの2002年外国人法の抜本改正も，難民受入の規制強化や外国人婚約者の呼び寄せ制限（デンマーク）と，技能人材の優遇的受入とが抱き合わせになっていた。フランスのサルコジ（Sarkozy）政権下での2006年法も選別的政策を掲げていた。欧州委員会は，加盟国に対し「選別的移民政策」への流れを促し，リードする姿勢をとった。

　またこうした選別的移民政策は，統合政策と入国管理政策の連動化にみることもできる。これは，国によって違うが，統合講習への半強制的・強制的な参加，統合講習の成果や参加を，滞在権の交付や更新にリンクさせる，語学力習得を滞在権交付や国籍取得の条件にする，オランダやドイツのように，家族統合の場合，入国前に語学力などの試験で選別するというものである。オランダでは統合講習の中に，履歴書の書き方や就職のためのトレーニングも盛り込まれている。これらの動きは，統合政策や市民権政策の選別的政策への転換と捉えることができる。つまり，統合政策や市民権政策でも，母国語教育や多文化主義の視点が後退し，言語の習得や職業能力の育成が強調され，そのための講習参加が義務づけられ，参加を怠った場合や能力習得が達成できなかった場合には，国籍取得や滞在権の交付や更新に影響を及ぼすようになったのである。

これまでのエスニシティやナショナリティ，宗教といった「属性的側面」を問題にしていた，一律な社会統合の要請から，社会的生存のスキルや言語能力の習得という「業績主義的」基準にもとづく移民の選別，彼らの自活能力や国家資源としての有用性という面からの選抜という，新しい方向性への転換を読み取ることができるということである。すなわち，対外的には外国からの高度・技能人材の獲得をめざし，対内的には移民を有用な国家資源へと育て上げることで，市場が求める人材を供給することが，国家に求められるようになってきたわけである。

　ただし選別的移民政策への転換で注意したいのは，もともと移民国である米国，オーストラリア，カナダなどには選別的移民政策の伝統があり，近年顕著になった現象とは必ずしもいえないことである（詳しくは序章・第1章参照）。欧州諸国での制限的移民政策（restrictive immigration policy）から，選別的移民政策（selective immigration policy）への転換は，ある意味でこうした移民国の選別的政策への接近であり，ドイツをはじめとする欧州諸国が長年否定してきた「移民国」というアイデンティティを強めるという意味も伴っている。選別的政策で優遇的に受け入れる外国人労働者の枠を設けるということは，その優遇策に永住への道も否定しないという要素も含まれている以上，また外国人労働者の入国を極力抑えることが入国管理政策の目標だったのが，初めから彼らの入国を積極的に奨励するという方向への転換である以上，「外国人」が定住することにより望まざる「移民」となるというこれまでのあり方から，彼らを将来的な「永住移民」候補として受け入れることを事実上是認するということへの方向転換にほかならない。選別的移民政策への転換は，「移民国」への道を踏み出すことを意味する。

2）なぜ「選別的移民政策」か？──国民福祉国家から国民競争国家への転回

　こうした高度・技能人材の受入や外国人の「定住移民化」をめざす統合講習の導入は，人口減少や高度・技能人材不足が理由に挙げられることが多い。しかしそうした議論はすでに1980年代から出ていた。では，なぜこの1990年代末から2000年代初頭にかけての時期に，こうした政策，特に「選別的移民政

策」という新しい政策モデルが登場してきたのだろうか。ここには国民福祉国家から国民競争国家への転換をみることができる。

1970年代後半から1980年代にかけての欧州諸国のゼロの移民政策は，大衆政治の顕在化に加え，多くの労働移民を受け入れていたまさにその時期に達した福祉国家の高度化と，それに伴う戦後福祉国家における社会的市民権確立の帰結というべき「福祉国家ナショナリズム」というナショナリズムの下位カテゴリーの所産でもあった[1]。景気後退や失業率の上昇により「公共財の欠乏」という認識が広がると，福祉国家ナショナリズムは強まり，財の配分をめぐる政治的コンフリクトが生じる。同時代の観察者であるオッフェもいうように(Offe 1984)，政府への要求や正統性評価の水準，公共財の欠乏という認識とそれによる相対的剥奪感，それらの統治上の影響は，高度化した福祉国家ほど高くなる。彼のいう福祉国家の内在的危機の増大，さらに移民の増加という対内的イメージはこれに拍車をかける。ファイストは，1970年代以降の欧州の福祉国家諸国に共通してみられるこうした政治的コンフリクトにおける排外的イデオロギーの狙いが，「福祉国家ショーヴィニズム」論がいうような単なる外国人の福祉国家からの排除というよりも，福祉国家政治の象徴的利用による権力資源の動員にあることを示唆している（Faist 1994；1996）。福祉国家の基本的な枠組みの維持や是認をふまえる限り，外国人の福祉からの大幅な排除や労働市場での周縁化は，福祉国家の分極化や労働市場規制の空洞化を招く危険がある。この矛盾は保守や極右の政治家も認識していることであり，福祉国家ナショナリズムは，むしろ，イミグレーションの政治化による権力資源動員の手段として利用されてきた（久保山 2004）。

ドイツの場合でいえば，イミグレーションと難民の庇護が，本来のテーマから離れて，福祉国家政策上の多面的な問題に置き換えられることで，「メタ問題化（meta issue, 本来の固有の問題やルールから意図的にそらすこと）」され，1970年代末およびドイツ統一直後から顕在化してきた失業率上昇とそれに伴う公共財の配分をめぐる政治的コンフリクトの中で，移民や難民庇護申請者たちを社会経済的な競争者としてイメージさせようとしてきた（Faist 1996）。難民の地位を，個人が国家から財やサービスの分配を受ける資格と暗に関連づけること

が，福祉国家の再分配コストをめぐる緊張・対立を回避することを可能にするのである（Faist 1994）。福祉国家ナショナリズムによる移民・難点の争点化は，ヨーロッパ諸国で保守政党が，移民・難民にリベラルな姿勢をとる野党を攻撃するパターンとして，1980年代，1990年代前半によくみられた（久保山 2004）。

福祉国家ナショナリズムによる移民の象徴的な政治利用は，社会政策上の課題を，外国人や難民というシンボルで置き換えることで，ピアソンのいう福祉国家後退の際の「代償戦略」として展開されたのである（Pierson 1994）。移民を「労働市場での競争者」，難民を「福祉国家の寄生者」という暗喩で語ることは，福祉国家のカットバックを進める際の「政治的コスト」を軽減させる効果をもちうる。ドイツでは，シュミット（Schmidt）政権もコール（Kohl）政権も，1970年代末以降の福祉国家の縮小的再編成で，（実際には効果の乏しい）移民や難民の社会権の制限を意図的にタイアップさせ，有権者の支持離れを食い止めようとしてきた。

福祉国家ナショナリズムによる移民・難民の争点化は，移民・難民の流入，彼らの存在という現実，人の移動にどう対処するのかという「やっかいな政治的課題」と向き合うことを避け，世論の関心を，移民政策それ自体を問うようなアジェンダ設定へと向かわせない効果をもつ（Faist 1994）。移民政策それ自体を問えば，移民の質や選択がテーマとなり，外国人や難民を全体として減らすという課題は二義的になりうる。それは「移民国」としての自己認識を不可避とする。1990年代末までの「ゼロの移民政策」で展開されていた「移民国」であることを認めるか，認めないかという論争には，そして，ゼロの移民政策から選別的移民政策への転換には，移民を「機会」や「能力」と連想するのか，それとも「リスク」や「負担」と連想するのかという，移民をめぐる「象徴的世界観」の対立があったといえよう。

しかし，1990年代末から，欧州の福祉国家諸国は相次いで構造改革へと歩みを進める。デンマークやスウェーデンでも労働市場規制の緩和や年金制度改革が進められるが，特に第三の道を掲げるイギリスの労働党ブレア（Blair）政権とドイツのSPD主導のシュレーダー（Schröder）政権は，公共部門や福祉供給の民営化や労働市場の規制緩和，社会給付改革を進める。国家には市場活動

に歯止めをかけて，国民の生活や社会的権利を保護する義務があるという，福祉国家ナショナリズムの共通理解が瓦解し始める。国家は，低賃金就労など格差を是認する政策を進め，個人には国家からの保護を期待するよりも，自助努力が求められるようになる。ここには，フィリップ・サーニーやレギュラシオンの論者たちの議論を借りれば，「競争国家」へのシフトをみることができる。「国民福祉国家」から「国民競争国家」へのシフトでは，国際競争力や人的・エネルギー資源確保を優先した国家介入の再構築が焦点のひとつとなる。国家は，戦後福祉国家の全盛期でのような市場活動の脱商品化よりも，民間投資の障害除去，国家活動の商品化（国家機構の民間企業的な形での再編成，国家活動の民間委託，民間部門化）へと進み（Cerny 1996），国家機能・アクターと民間機能・アクターとの境界は崩れてゆく（Cerny 2000；2003）。国家介入は，公共財の配分や社会的保護，国内市場や重要産業の対外的保護よりも，教育や産業インフラ，技術革新への投資，変動や成長の著しい国際市場での競争状態へのフレキシブルな対応体制などへとシフトする。国家は市場活動からの社会生活や公共活動の保護よりも，市場活動のプロモーターとしての役割に重点を移し，行政機構は独立行政法人など民間企業的な組織へと再編される傾向を強める（Cerny 2000；2003）。

　移民政策もこうした国家モデルのシフトに適応した修正へと向かわざるをえなくなる（久保山 2003）。そこでは，1970 年代後半以来ヨーロッパ諸国がとってきた，一律にニューカマーの移民を抑制したり，定住化を抑えたりするという「ゼロの移民政策」では対応できず，国家資源としての有用性や能力面での選別という面から，入国管理や統合政策が進められることになる（久保山 2003）。「ゼロの移民政策」と違い，規制の「量」だけでなく，競争国家化に伴い，効率的で機敏な対応が可能な入国管理という，規制の「質」にも目が向けられるようになる。これは入管の制度や行政の改革として進められる。イギリスのブレア政権の労働許可行政の独立法人化と同様に，時期はずれるが，ドイツでも労働市場行政の再編成が行われ，労働市場保護主義の牙城である連邦雇用庁はエージェンシーとして民間企業的な組織に組み替えられ，行政対応の効率化が目指された。さらに，技能移民の積極的獲得や多国籍企業の社員の国際

移動を迅速・容易化するという政策は，人的資源の蓄積とグローバル市場へのフレキシブルな対応を目指す戦略の一環として出てきたものである。シュレーダー政権は挫折に終わるが，移民労働者の受入をローカル・レベルの決定・調整に委ねることで，市場対応型のフレキシブルな移民労働政策の導入をも目指した（詳しくは後述する）。

競争国家への転換が進む一方で，少子高齢化と企業福祉の後退で，福祉国家財政の膨張は避けられず，難民（衣食住にかかるコストが問題にされる）や移民の家族の呼び寄せ（統合にかかるコストが問題にされる）は制限を余儀なくされる。1990 年代のドイツやイギリスでの難民への給付の制限・縮小や 1990 年代末以降の欧州各国での統合講習の導入により，統合講習それ自体のコストはかかっても，後から派生する移民の統合に伴うコスト負担を減らそうという動きはこの一例といえよう。高度・技能人材移民の獲得とともに，家族統合や難民受入の制限という，選別的移民政策へ向かうわけである。

いずれにしても，ここには，競争国家へのシフトとともに，福祉国家で問題とされてきた「公共財の希少性」だけでなく，「人的資源の希少性」が問題とされるようになり，移民をもはや「コスト」や「リスク」だけでなく，「機会」や「資源」としてもみるようになるという「イミグレーションに対する世界観」の変化があった。そこにはまた，それまでヨーロッパ諸国の公共政策には弱かった「競争原理による選別」という新しい基準を持ち込んだ移民規制へのシフトという構図をみることもできよう。

これに伴い，移民排除の論理としては，福祉国家ナショナリズムには，1990 年代までの勢いはみられなくなっている。2012 年の EU ブルーカード法の法案審議では，野党の緑の党や SPD も含めた右から左までのほとんどすべての政党が法案を支持し，ドイツ経済の国際競争力強化のために高度人材・技能労働者獲得を訴えていたのに対し，左翼党（Die Linke）だけが，国内労働者保護，賃金ダンピング，国内での人材・労働力の活用・育成という福祉国家ナショナリズム的な理由から反対に回り，かつて守旧派だったはずの保守の CDU 議員から「安っぽいポピュリズム」と揶揄されるという倒錯的な構図がみられた[2]。

3) ドイツで高まった移民政策改革への機運と挫折——2004年移民制御法

こうして競争国家への転換に伴い，ドイツでも移民政策改革への機運が高まる。端緒となったのは，シュレーダー政権が，2000年に導入した時限的措置（その後恒久的措置となったが，2004年移民制御法施行で廃止となった）としてのIT技術者への優遇的な受入制度「グリーンカード」だった。

人的資源の獲得という面では1万3,000人程度しか集められなかったこの制度がもたらした意味は，制度自体よりも，競争国家への転換を象徴する言説とともに，ゼロの移民政策に初めて風穴を開けたことにあった。保守のコール政権が1990年に成立させた新外国人法では，ニューカマーの移民労働者にはすべて，永住権への切り替えはできず，家族の呼び寄せも原則として許されない短期滞在の（滞在目的が終了すれば，滞在資格も終了する）「滞在承認（Aufenthaltsbewilligung）」という滞在資格を与えることになっていたが，このグリーンカード制度では，家族同伴も認められ，永住権への切り替えも可能な滞在許可が交付された。家族の同伴を認め，永住権へいたることを認めたという点で，「ドイツは移民国ではない」とするイデオロギーを揺るがす意味をもっていた。また，新外国人法とともに1990年に成立・施行した「募集停止例外法令」は，文字通り「例外的」に認める入国・就労可能な職種・ケースを厳しく狭く規定していた労働許可法制であり，ゼロの移民政策を「上書き」する役割を果たすものだったが，高度人材・技能移民すら，ドイツへの入国・就労は難しく，たとえ可能であったとしても，煩雑で時間のかかる手続きが必要だった[3]（Treibel 2001）。グリーンカードはこの法令を無意味化する第一歩だった。

グリーンカードは，EUレベルでの競争国家化へのプロジェクトに強力に後押しされていた。同時期にEUから出されたリスボン・アジェンダ（リスボン戦略）と呼ばれる10年計画の構造改革プランでは，特に加盟国の労働市場改革が掲げられ，その一環として第三国の技術者（特にIT分野）に国内労働市場を開くことをうたっていた。これは，移民政策改革，とりわけ，旧来の国内労働市場の保護から開放への転換を正当化し，また推進することをEUから求められているものとして当時の政権には受け止められ，利用された[4]。政府内でグリーンカード政策を推進したのは，連邦内務省でも連邦労働省でもなく，こ

のリスボン・アジェンダの加盟国政府の行動への拘束力を強調して，グリーンカード制度の導入を強く主張した連邦教育・科学省だったといわれている[5]。

グリーンカードは，技能労働者・技術者不足を訴えてきた経済界，また自動車や機械産業などからの支持を得るとともに，同種の制度を自分たちの業界にも広げてほしいとする要望の噴出も招いた。こうした声は，やがて，世論での，移民政策それ自体の抜本的な改革，現行の外国人法に代わる新法制定への要求へと変わり，シュレーダー政権は，諮問委員会（ジュスムート委員会）を設置して移民政策改革へと舵を切った（久保山 2003）。

グローバル化と少子高齢化に伴う国家行動の目標や戦略が大きく転換しつつあること，これにあわせて抜本的な移民政策改革が必要であることを訴え，統合講習やポイント制の導入を勧告した諮問委員会報告書と，ブレア政権ドでの同時期のホワイトペーパー（2002 年の"Secure Border, Safe Haven"）は驚くほど似た論点が多かった。諮問委員会報告については日本で何度も言及されてきたのでここでは立ち入らないが，問題は，これをたたき台としてできるはずだった新法案の中味だった。ブレア政権は選別的移民政策への転回で一定の成果を収めたが，ドイツのシュレーダー政権の新法は不十分な改革に終わる（久保山 2004）。

2004 年に成立した移民制御法では，与野党の政治的力学の関係（連邦参議院のパワーバランスの問題）から妥協を余儀なくされた。政権側が準備した当初の法案にあった，機敏に対応できるフレキシブルな移民労働政策を目指して，非熟練労働者を含む外国人労働者の受入は，連邦中央ではなく，地域の労働市場動向にあわせて，地域レベルでの労働局の政労使の運営委員会が決めるという制度が外された。ポイント制により，初めから永住権を与えるという移民国的な政策も外された。初めから永住者として受け入れるのは，特別な能力をもつ研究者，指導的な地位に就く大学教員・研究員，およそ 1000 万円以上という高額な収入下限を満たす上位管理職の企業社員もしくは専門家に限られた。この制度で永住権を取得して入国した移民は，2010 年までに限れば，増加傾向にはあるものの，年間 70 人台〜200 人台にとどまっている（数字は BMI 2014 による）。また，移民国の投資移民受入策をまねて，一定条件（1 億数千万円以

上という莫大な額の投資と10人の雇用）を満たした起業家への滞在許可制度も設けた。しかし移民国と違い，優遇的な措置はとられておらず，しかも，地元経済へのマイナスの影響を考慮した，地元の商工会議所と管轄行政による審査を通らなければ，外国人（定住者を含む）の起業は認めないという，戦前からのコーポラティスト的な伝統を引きずった外国人自営業規制は，そのまま残されている（21条3項）。このハードルもクリアしなければ，滞在許可は出ない。この地元の商工会議所と管轄行政による審査は，起業家が成功して，永住権へ切り替える際にも行われる[6]。

　移民制御法は，それまでの移民労働政策のありかたそれ自体を見直し，改革することが眼目のひとつだった。それにもかかわらず，外国人滞在法とともに移民制御法を構成し，ドイツで就労可能な職種や資格，手続きを定めた就労法令（Beschäftigungsverordnung）は，ドイツでの移民労働の可能性を極端に狭め，手続きを煩瑣で時間のかかるものにしてきた「募集停止例外法令」をほぼそのまま取り込むことになった[7]。後述する2000年代後半から段階的に進められた技能・高度人材への門戸開放は，この募集停止例外法令を踏襲した就労法令に，移民へのドイツでの就労可能性を広げるための制度を拡張的に「加筆」してゆく作業でもあった。また，移民制御法は，滞在資格を滞在許可と永住権とに一本化したが，旧外国人法よりも，滞在許可の交付・延長，永住権への切り替えで，外国人局の裁量範囲が広がっている（Angenendt 2008）。これは，その時の政権の方針次第で，外国人局に交付・延長を厳しくするように指示が出せる危険性をはらんでいた[8]。

　日本ではこの「移民制御法」はドイツがあたかも「移民国」になったかのように「移民法」と呼ばれてきたが，誤解を招く訳語である。法律の略称である"Zuwanderungsgesetz"の"Zuwanderung"は，移民国での永住移民迎え入れを意味する"Einwanderung"とは区別して用いられている[9]。"Zuwanderung"には，むしろ「入国管理」のニュアンスが強くこめられており，"immigration control"の"immigration"を含意している。しかも法の正式名称は，「移民の流入を制御し，制限する，またEU市民および外国人の滞在と統合を規制する法（Gesetz zur Steuerung und Begrenzung der Zuwanderung und zur Regulierung des

Aufenthalts und der Integration von Unionsbürgern und Ausländern)」であり，どこにも「移民法」と呼べるようなニュアンスはこめられていない。そこには，"Einwanderung"を避けてあえて"Zuwanderung"という用語を用い，「人々の受入と統合を前面に打ち出すのではなく，むしろ拒絶と不快感，多すぎる"Einwanderung"に対する不快感が前面に出ている」(『南ドイツ新聞』)[10]。しかも前述のように，就労に関する法規定は，ゼロの移民政策を支えてきた「募集停止例外法令」にもとづいており，この法は，「外国人法を新しい土台に移した」(『南ドイツ新聞』)[11]に過ぎない。はじめから永住権を与える移民がきわめて限られており，最大でも年間数百人台でしかない国を，「移民国」とは呼ばない。ドイツは，この法の策定で，ポイント制など移民国としての政策を取り入れようとして失敗したという方が正しい。

　移民制御法で，起業家移民とともに数少ない重要な改革点となったのは，ドイツの大学を卒業したEU域外出身者に，求職のために1年間の滞在を認めたことだった。この法律の施行までは，ドイツで大学を卒業して学位を取得したEU域外出身者は，学業終了後，ただちに帰国しなければならなかった。ドイツが新たに獲得している外国人の高度・技能人材の大部分が，ドイツの大学を卒業して，ドイツ国内の企業に就職した人たちで占められている現状を考えれば，この措置はドイツの高度・技能人材不足を埋めるうえで効果的な措置だった。現在は1年半に延長されているが，OECD諸国のなかには，ベルギーやスイス，イギリス，スウェーデン，米国など主要な受入国でも，求職のための滞在権は認めておらず，認めている国でも1年か半年が多く，ドイツの1年半は，カナダの3年間に次いで，オーストラリアとともに2番目に長い期間となっている（OECD 2013）。

　2012年のドイツの第三国出身の外国人大卒者はおよそ2万7,751人だった（数字はBMI 2014による）。2011年にこうした大卒者のなかで求職のための滞在許可を受けた外国人は約5,000人だったので（数字はOECD 2013による），第三国出身大卒者の少なくとも2割近く（18.5%程度）は，求職のためにドイツに残っていると思われる。逆にいえば，卒業時あるいは卒業後すぐに職をみつけた外国人を除いて考えても，大部分はドイツに残っていないことになる。

DIHK（ドイツ商工会議所）の調べでは，ドイツの大学を卒業した第三国出身の外国人は，潜在的にはドイツでの就労を望んでいる人はもっと多いにもかかわらず，最終的には，他の国での就労・居住か，帰国しての母国での就職を選ぶ傾向があるという[12]。

2　高度・技能人材獲得へ——2004 年法以後の移民政策改革

　ドイツの「移民国家」への道は，2004 年移民制御法ではなく，その後に聞かれる。皮切りは，2007 年の EU の第三国出身の研究者の入国・滞在に関する EU 指令の国内法化（EU 指令法，Richtlinienumsetzungsgesetz）で，受入研究機関と協約を結ぶ形での，第三国からの研究者への滞在許可制度を新設する。この法では，EU 指令にはなかった，第三国出身のドイツの大学卒業者への労働市場テストを廃止する規定が盛り込まれ（これにより，ドイツの大学を卒業した外国人は，職をみつけさえすれば，自動的に，滞在許可が出されるようになった），起業家向けの滞在許可交付でも，条件が 50 万ユーロ（約 6000 万〜7000 万円）以上の投資，5 人の雇用に緩和された。起業家移民は，この緩和後（2008 年以降），それまでは数百人で推移していたのが，1,200 人〜1,300 人台に増加した（数字は，BMI 2014 による）。しかし，与野党の激しい綱引きで成立した EU 指令法は，さらなる高度・技能人材受入の拡大を期待していた経済界には失望感が広がり，SPD・緑の党時代のシリー（Schily）内相指揮下で策定されていた法案が目指していた改革目標からはさらに後退したものと受け止められた（Angenendt 2008）。

　この 2007 年には，日本や米国などの一部先進諸国を除く第三国からの配偶者呼び寄せで，入国前にドイツ語試験を課す制度を導入し（現在は，大卒者，高度・技能人材の配偶者などは免除されている），さらに選別的政策への傾向を強める。ただし 2014 年 7 月に，欧州裁判所が，トルコ人に関しては，1980 年の EC 域内でのトルコ人労働者と家族への保護規定を含む EC とトルコとの準加盟協定議定書に違反するという判断を下し[13]，トルコ人労働者の家族呼び寄せ

では，ドイツ語習得が困難であるなどの場合，試験が免除されることになった。さらに露骨な選別の装置として現れてきたのは，かつてベルリンの教会アジールの運動の成果として始まり[14]，2004年移民制御法で各州に設置が義務づけられた苛酷ケース審査委員会（Härtefallkommission）である。もともと人道的配慮から，滞在資格を失った「苛酷ケース」の移民・難民に滞在許可の交付を勧告する機関であったが，正規就労しているか，その就労実績，子どもの学校の成績，ドイツ語の習熟度を滞在許可交付の基準とするようになった[15]。社会や市場にとって有用な資源となりうる移民・難民にだけ滞在を認めるという選別の機関へと変貌してきた。

この2007年以降，ドイツは政策改革へのギアをあげる。実は，移民制御法の法案が策定されていたころ，当時連立政権を組んでいたSPD・緑の党の影響下にあった連邦内務省では，さまざまな改革案が提出されていた。そのなかには，これから述べてゆく法改正での改革案がすでに先取りされていた。しかし当時の議会の与野党の力関係や世論の動向では，実現は困難だった[16]。そうしたなかで，この2000年代後半の時期になると，難民庇護申請者の数は激減し，国内失業率も低下に向かっており，他方で企業の高度・技能人材不足は深刻で，このタイミングをとらえ，政府内では，省庁官僚たちが，高度・技能人材を対象にした移民政策改革へ動き始め，2004年移民制御法の策定時に出されていた改革案が再び取り上げられるようになった[17]。その結果が，関係する省庁官僚たちの合意を経て，翌年の2008年7月に閣議決定され，連邦政府が発表した「ドイツにおける技能労働力の土台安定への労働移民の寄与」プランだった。

これに沿って，議会での激しい論議を重ねて，2009年に法案改正パッケージとして，労働移民制御法（Arbeitsmigrationssteuerungsgesetz）が成立する。一見すると規制的な名称をもつこの法では，移民政策の規制緩和策として次の5点が主な内容となっていた。

(1) 永住権を交付する企業の管理職社員および専門家の収入下限を減額，
(2) 起業家移民への滞在許可の要件を，25万ユーロ（3000万～3500万円）の

投資に減額,
(3) 第三国の大学を卒業した人材にドイツでの就労の道を開く（彼らへの滞在許可制度新設），
(4) 技能移民・高度人材移民の家族の就労で労働市場テストの免除，
(5) 国内人材活用の観点から，「国内の潜在的な技能労働力活用を強化するため」（アルトマイヤー［Altmaier］内務政務次官)[18]，「滞在許容（Duldung）」（国外退去の猶予として交付される非公式な法的地位）の所持者に，就労実績や職業資格取得を条件として，滞在許可を交付する（①12カ月の滞在要件で，職業訓練のための滞在許可交付，②ドイツの高等教育機関に匹敵する高等教育機関の卒業者で，かつ資格に見合った2年以上の就労で，滞在許可交付，③職業訓練資格を前提とする職，かつ専門技術者としての3年以上の就労で，滞在許可交付）。

　FDP（自由民主党）や連立相手のSPDが要求していたポイント制導入は，内務省サイドやCDU（キリスト教民主同盟）／CSU（キリスト教社会同盟）内の右派の反対でならなかったが，起業家移民への要件としての投資額が大幅に下げられたことで，起業家としての移民がしやすくなったこと，第三国の大学を卒業した人材にもドイツでの就労が容易になったことは，新たな一歩といえる。法改正後，米国などからの起業家移民が激増し，ベルリンは彼らのベンチャービジネスの拠点となった。この労働移民制御法は，海外からの高度・技能人材獲得のための具体策にはまだ乏しかったが，ドイツが彼らの獲得に向けて本格的に舵を切り，後述する2012年のEUブルーカード法へと結実してゆく，ターニング・ポイントとしての意味をもつ法律だった。妥協の産物だったため成果は乏しくても，技能人材不足・少子高齢化をにらんで，外国からの高度人材・技能労働者にドイツの労働市場を開いていくという点では，左翼党を除き与野党の一致したコンセンサスだった。FDPの担当議員は，「我が国の未来は我々がさらなる発展を遂げられるか，それにふさわしいキャパシティを確保できるかにかかっており，景気が困難な状況にある今こそ，革新，研究，発展が必要である。これは高度人材と技能労働力なしには立ち行かない。このために

速やかに技能人材不足問題を解決しなければならない」と法案の審議で述べていた[19]。連邦議会の審議では，技能人材不足が企業の生産活動にマイナスの影響を及ぼしている中で，海外からの高度人材・技能労働者獲得が，企業の生産活動を拡大させることで，非熟練労働者を含めた国内雇用の創出につながるという点も強調されていた[20]。

また上記の(5)にあるような「滞在許容」所持者への措置には，人道的配慮を装いながら，国内企業で，長年技能労働者として就労してきた「滞在許容」所持者に限り安定した法的地位を与えるという，企業サイドの利害にこたえる意味が大きかった[21]。「滞在許容」という最も法的地位の弱い移民から，業績主義原則を適用して，ドイツの労働市場で利用できる人材をすくいとろうとする政策は，議会審議で左翼党の議員がいみじくも「有用性という基準に従った選別メカニズム」と断じたように[22]，明らかに選別的な政策といえる。ここに来て，国家は，市場が求める労働力の供給者という意味での市場活動のプロモーターとして動くのであり，ゼロの移民政策時代の「労働市場保護主義」から脱却を図るという姿勢が鮮明となった。これは，福祉国家ナショナリズムの時代の，さらには戦間期の移民労働規制の始まりから連綿と続いてきた，外国人への国内労働市場の開放が国内雇用へのダメージをもたらしかねないとするイデオロギーからの訣別でもあった。

同じ2009年にEUは，第三国出身の高度技能移民（大卒者）を対象にした滞在権制度をしくよう各国に求めるブルーカード指令（2009/50/EC）を出している。ドイツは2012年に，この指令を国内法化（EUブルーカード法, Gesetz zur Umsetzung der Hochqualifizierte -Richtlinie der Europäischen Union）している。EU指令では，第三国出身の大卒者もしくは大卒資格に匹敵する水準の専門職で5年の職歴がある人に，雇用契約があることを前提に，一定水準の収入（平均年収の1.5倍）で1〜4年の滞在許可を交付し，家族も同伴でき，最初に就労を始めた国で18カ月を過ぎたら，他の加盟国にも移動できるというものだった。ドイツの国内法は，このEU指令を規制緩和して，高度人材を引き寄せる制度へとつくりかえた。

EU指令では，収入の下限は，その国の平均年収の1.5倍に設定してよいと

定められていたが，ドイツの国内法では，最低年収が，ドイツのこの水準の給与所得者が受け取る年金支給最高額の3分の2にあたる44,800ユーロ（月額3,733ユーロ）となっており，これは明らかに（EU指令で定められていた）ドイツの平均年収の1.5倍を下回る額だった。労組によれば，この額は，ドイツ国内でのこの種の水準の職での（労使間で結ぶ）協約賃金のレベルからおよそ50％も低い水準だという[23]。しかも人材が不足している分野——この法の施行時点では，自然科学，数学専攻者，技術者，医師，IT産業の技術者——では年収下限はさらに下げられ，年金支給最高額の52％にあたる34,944ユーロ（月額2,912ユーロ）とされた。EU指令では労働市場テストを行ってもよいとされていたが，ドイツは，手続きを迅速化するために，労働市場テストを免除した。さらに不足職種以外の職種で34,944ユーロにしか満たない場合でも，労働市場テストを受ければ，ブルーカードを交付できるようにした。これらの規定は明らかにブルーカード指令を逸脱した規定だった。また，ドイツの大学を卒業して，年収下限を満たしている場合は，連邦雇用エージェンシーの同意も免除することになった。ブルーカードを交付される場合は，呼び寄せる配偶者のドイツ語能力は問われず，（外国人局の判断で必要とされた場合には，参加が義務となる）統合講習への参加も必要なく，配偶者は申請手続きもなしに就労できるという特権も与えた。配偶者も高学歴であろうから，ドイツで高度人材として就労してもらおうというわけである。

　ドイツはさらにブルーカード指令にはない規定も，国内法に盛り込んでいる。そのひとつは，ブルーカードの所持者に，33カ月の就労で，ドイツ語能力が一定水準以上であれば21カ月後に永住権を与えるというものである。また，事業が好調な起業家移民には最短で入国後3年で永住権を与えている[24]。このように最短で1年9カ月で永住権を与える，起業家移民にも3年で永住権を与えるという政策は，移民国の米国でもこれほどの水準の改革を一気に進めるということはありえず，移民国の永住移民受入に，限りなく近づいた。のみならず，H-1Bビザ制度ですら制限論が席巻し，移民政策改革で停滞の続く現在の米国をはるかに超える改革だったといえる。

　EUブルーカード法では，さらに，EU指令とは無関係に，高度・技能人材・

起業家移民への受入の緩和が図られた。主なものとして，次のような改革がある。

(1) ドイツの大学の学位取得者の求職期間を1年から1年半に延長し，資格に見合った就職先がみつかった場合，連邦雇用エージェンシーの同意（移民制御法で，労働許可制度を廃止し，その代わりとして導入された手続き）は必要なくなり，2年の就労で，永住権が交付されることになった。
(2) 起業家移民への滞在許可交付で，投資と雇用の条件を完全に廃止した（ただし，地域レベルでの審査は残された）。
(3) 外国の大学を卒業した第三国出身者に，求職のための6カ月の滞在を認める（2016年までの時限規定だったが，永続化が決まった）。

　ドイツの大学を卒業して就職した第三国出身の外国人に，2年の就労で永住権を与えるという制度も驚きに値するが，ドイツの入国管理政策にとっての大きなターニングポイントとなったのは，第三国の大学を卒業した第三国出身者に，求職目的で入国・滞在を認めるという規定である。ドイツの入国管理政策では，難民などの人道目的や家族呼び寄せ，留学を除き，入国には，ドイツ国内の雇用主との雇用契約が前提とされるのが，原則だった。これはゲストワーカーの時代でも変わらず，ブルーカードによる高度人材であろうが，2004年移民制御法によるはじめから永住権を与えられる高度人材であろうが，雇用契約が結ばれていることが，入国・滞在の絶対条件であり，これは「非移民国」としてのドイツを象徴するものでもあった。雇用契約を前提としない形で，入国・滞在を認めるというのは，ドイツの入国管理政策の歴史上（第一次世界大戦期・戦間期に構築されて以降），初めてのことである。ある指導的研究者の言葉，与党FDPの議員の言葉を借りれば，雇用契約のない移民の入国・滞在を認めるというのは，「ドイツの移民政策のパラダイム転換」[25]に等しいものといえる。内務省の担当者たちによれば，ブルーカード法策定の際に，連邦経済省がポイント制の導入を主張し，ポイント制で入国させても長期失業に陥る懸念があるとした連邦内務省が受け入れなかったため対立し，議論は平行線をたどり，最終的に妥協案として，ポイント制の代わりに，この求職目的での滞在

制度を導入したのだという[26]。政府内では，この制度は，大卒者という一定基準をクリアした人を，雇用契約や雇用の保障なしに入国させるもので，ポイント制の目指す方向に近いという見方もある[27]。

ドイツは，このリベラルな EU ブルーカード法を武器に，事実上のブルーカード制度開始の年だった 2013 年だけで，約 1 万 4,000 人という，EU 加盟国内でも最大の数のブルーカード移民を獲得した。EU 全体で約 1 万 5,500 人だったので，9 割以上をドイツが占めていることになる[28]。これには，他の加盟国では，国内法化で EU 指令が要求どおりのリベラルな水準になっていないケースがみられるのに対して，ドイツでは制度がよりリベラルに解釈され，永住権が取得しやすい上，ドイツの経済状況が良好なため労働力需要が高く，雇用機会が多いことが作用しているとドイツ側はみている[29]。しかし，1 万 4,000 人のうちの多くは，ドイツにすでに居住している移民（ドイツの大学を卒業した第三国出身者など）で，外国から申請して取得した人の数は約 6,000 人だったという[30]。

この EU ブルーカード法は，大卒者を対象としているため，中小企業が現場レベルでの即戦力として必要としている，高卒で職業資格を取得している技能労働者・中堅技術者を迎え入れる制度が欠けていた。これに対応するため，2013 年には，ドイツで就労可能な職種や資格，手続きを定めた就労法令を抜本改正した。EU 域外国の出身者を対象に，実業学校もしくは中卒後の職業訓練で取得する資格をもつ技能移民労働者に対して，2 年以上の職業訓練経験を条件に，ドイツでの就労・滞在への道を開いた（彼らに特化した滞在権制度を導入した）。就労法令は，手続きが面倒で複雑だという雇用主側の声も考慮して，手続きの簡易化・効率化を図ることにも狙いがあった。

またこれらの職業訓練資格をもつ移民労働者や大卒者を対象にして，不足職種を年度ごとにリストアップし（就労法令 6 条 2 項 1 段 2 番），これらの職種に関しては，労働市場テストなしで，ドイツで就労できるようにした（ただし，入国前の雇用契約は必要）。2014 年 8 月に連邦雇用エージェンシーが作成した「ポジティブリスト」と呼ばれる不足職種のリストには，メカトロニクス（機械工学と電子工学の融合分野）職，自動化技術職，建設現場での電気技術職，冷

蔵技術職，鉄道交通監視職などが並び，この中には，衛生・看護職（看護師，医師など）や高齢者介護職（介護福祉士など）も含まれている[31]。リスト作成では，地域ごとの人材不足（地域性）も考慮されているが（Mayer 2013），ドイツではインターネットと人工知能による生産工程の自動的な一括管理・稼働システムの開発をめざす「第四次産業革命（Industrie 4.0）」の官民合同プロジェクトが進行しており，また自動車産業などでは自動化技術の開発を競っていて，不足職種リストにはこうした産業界からの需要や圧力が反映されている。看護師や介護福祉士は，改正前の就労法令でも，ドイツで就労できなくはなかったが，煩瑣な手続きと労働市場テストが必要だった[32]。このポジティブリストの制度自体は，一足先に2011年11月から，大卒者のみを対象にしてスタートしていた（Mayer 2013 ; OECD 2013）。こうした中堅の技能労働者には，このポジティブリスト以外に，連邦雇用エージェンシーと出身国の雇用行政との二国間の取り決めによるルートで，ドイツでの就労の道が開かれている（Mayer 2013）。

3　労働市場保護から市場のプロモーターへの変貌——人材獲得戦略

　ドイツの移民政策改革は，単に制度にとどまらず，その行動にも現れてきた。硬直的かつ官僚的で，入国・滞在の前提となる労働許可の交付に厳しく，労働許可の交付を抑えるのが，ドイツの移民政策行政・労働市場行政組織の特徴だった（cf. Cyrus and Vogel 2003）。しかし競争国家への転換に伴う制度改革とともに，国家は労働市場の「番人」から，市場のプロモーターとして，市場の需要に応える人材の供給者へと変わり，「人材企業」化している。

　はじめは，EU域内からということで，失業率の高いスペイン，ポルトガル，イタリア，ギリシャからの獲得を目指した。これらの国で，EURES（European Employment Service）という，EU加盟国とアイスランド，スイスなどの4カ国の労働市場行政，労組，経営者団体が欧州委員会の指揮下で集まるネットワーク——参加国での就労希望者と雇用主への支援・相談，求職者への職業紹介，雇用主への求職者紹介を行っている——を利用して，ドイツへの就職説明会や

雇用主が参加してのジョブ・マーケットを開催してきた。これらの事業は連邦雇用エージェンシーの内局であるZAV（Zentralarbeitsvermittelung, 労働紹介センター）が行っており，ZAVは独自に，これらの国からのエンジニアなどの技術者，技能労働者の斡旋・獲得にも動いている。連邦移民難民庁は，ドイツでの就労を希望する外国人のためのホットラインも設けた[33]。

さらに，数年前からは，"MobiPro" という，EU域内の東欧，南欧諸国およびロシアから，高卒の18〜20歳の若者で失業している者を対象に，ドイツでの職業訓練，あるいはすでに職業資格をもつ者を対象に追加訓練後のドイツでの就労に招くプロジェクトを，連邦労働省が，中小企業の協力を得て進めている[34]。旅費やドイツ語講習の費用を政府がもち，プログラムのコーディネイトや訓練生へのカウンセリングやケアも行っている[35]。2014年時点で，9,200人が来ており，1人当たり4,000ユーロかかるこのプロジェクトには[36]，2016年までに2億3000万ユーロの予算が計上され，DIHK（ドイツ商工会議所）やZDH（ドイツ手工業会議所中央連盟）などの経済団体も積極的にかかわっている（OECD 2013）。MobiPro計画には，介護職・看護職者の受入も含まれている（BT-Drucksache 14/14716）。

EU域外国に対しても積極的な働きかけを行っている。連邦経済省とDIHKが共同で立ち上げたインターネットでの高度・技能人材向けの情報提供・就労勧誘の宣伝に加え，連邦外務省，連邦労働省，連邦経済省が管轄し，ドイツ国際協力協会という半官半民の開発援助団体が実施主体となり，職員をインドネシア，インド，ベトナムなどパイロット・プロジェクトとして選んだ国に派遣し，技能・高度人材を勧誘している（BT-Drucksache 14/14716）。アルメニア，グルジア，コロンビア，モロッコ，チュニジアなどとも，このプロジェクトを広げるべき将来的な候補国として，相手国政府と協議を行っている（Angenendt 2014）。このプロジェクトでは，ドイツで就労するこれらの国からの若者には，帰国と引き続いての就労・定住の両方が選択肢として与えられている[37]。

また，2007年から，ハンブルクやベルリンでは，民間企業や企業団体と一体となって，高度・技能人材の移民を迎え入れるセンターを設置し，外国人局の協力を得て，彼らの滞在資格の交付や切り替えを，他の移民と区別して，セ

ンターで行う試み（ベルリン），英語による生活の相談や情報提供のほか，ベルリンでは大卒者と起業家に的を絞り，就職のアドバイス，投資先や事業立地の相談，関係法（税制など）や行政への手続き申請の説明，ベルリン市経済省やベルリン商工会議所への仲介，事業開始後の追補的なコンサルティングやサービスも提供している[38]。

　こうした市場への人材供給者としての国家の役割は，2014年ごろから増加の一途をたどってきた難民に対しての「社会統合」の名の下に次々に進められてきた「人材開発」にも現れている。2013年の就労法令改正では，庇護申請者が職業訓練を受けることが可能になったが，連邦雇用エージェンシーは，連邦移民難民庁，連邦経済省や商工会議所などの経済団体と協力しながら，ドイツに残る可能性の高い庇護申請者への職業訓練プロジェクトを各地で立ち上げている。特に，2014年から始まった「早期介入プログラム」では，そうした庇護申請者の中から活用できる技能や資源をもつ者を早期に選び出し，ドイツ語学習や資格認定，追加訓練などを施して，彼らをなるべく早いうちに労働力として活用することが企図されている。2016年8月から施行されている統合法では，職業訓練中の庇護申請者が，庇護認定の結果にかかわらず職業訓練を継続し，資格認定後は2年間ドイツで就労できるようにする規定が盛り込まれている。職業訓練と就労をあわせれば5年間の正式な滞在になり，庇護申請を却下されていても，雇用契約が維持されていれば，引き続いての滞在が認められる可能性が高い（詳しくは，久保山2016）。ゼロの移民政策時代に排除の対象だった難民に対しても，労働力資源としての活用性から「選別」が進められつつある。

おわりに——「移民国家」への道を歩むドイツ？

　こうした移民政策の「選別的政策化」への動きの一方で，この数年静かに進行しているのは地方自治体での統合政策への取り組みである。ドイツでは，連邦政府も自治体も，ゼロの移民政策時代，統合政策に取り組まず，委託やプロ

ジェクト，補助金の形で，福祉団体やNGOに統合政策を事実上丸投げする状態が続いていた。連邦政府は移民制御法で統合講習導入に踏み切り，ようやく重い腰をあげたが，自治体でも，1990年代後半から統合政策への取り組みが始まった（久保山2009）。EUの反差別指令も追い風となって，2010年代初頭から，州によっては移民を含むさまざまな市民との共生と彼らの社会参加を目指す州法を制定し，各自治体に彼らへの社会統合を担う機関を設けるよう促すところが出ている。その代表格はノルトラインヴェストファーレン州とニーダーザクセン州である。

ノルトラインヴェストファーレン州とニーダーザクセン州の取り組みは興味深い対称をなしている。ノルトラインヴェストファーレン州では，自治体が「統合センター」を設置し，それまで福祉団体に任せきりにしていた統合政策にひとつひとつ取り組んでいる。

この統合センターの取り組みは，結果として福祉団体が統合政策を担うことで得ていた「既得権益」を侵すことになり，福祉団体側からは問題視され，両者の間には何の協同作業も提携関係もなく，多くの施策で両者が競合状態や摩擦に陥る事態になっている[39]。

これに対して，ニーダーザクセン州では，自治体に「移民と社会参加のためのコーディネイションセンター」を設置して，既存の各団体，NGOの活動を生かし，それらのグループの活動を調整したり，組み合わせて作業グループを立ち上げ，プロジェクトを興したりしている。結果として既存の福祉団体やNGOの活動，リソース，経験を生かす形になっており，センターは各団体と密接なネットワークを構築している。例えばゴスラー郡では，庇護申請者全員を対象にした統合プログラムを立ち上げたが，枠組みをセンターが整備し，プログラムの中味を実施・運営するにあたっては，既存の団体や民間部門に委ねている[40]。

さて，これらの技能・高度人材の獲得戦略，統合講習や自治体での統合政策の拡充にもかかわらず，ドイツでは，移民の多くをEU域内からの自由移動による労働者が占め，期待している第三国からの高度・技能人材は，既存のドイツの移民政策のイメージを変える水準にまで増えてきたとはいえ（2012年以降

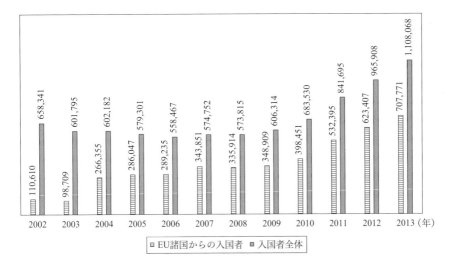

図 7-1　EU 諸国からの入国者数（短期滞在を除く）

出所）BMI (2015) S. 12, Tabelle 1-1 / S. 51, Tabelle 3-1（出所：連邦統計局）にもとづき作成。

ドイツは米国に次ぐ世界第 2 位の移民受入国となった），まだ年間 4 万人に満たない（図 7-1, 表 7-1）。また OECD と DIHK の調査でも，企業側は高度・技能人材の空きポストを多く抱えているにもかかわらず，外国からの人材調達に消極的で，主に手続きの煩雑さや要する時間をその理由にあげている（OECD 2013）。

増加の一途をたどる EU 域内からの労働者自由移動による移民は，主に南欧諸国からの「見えざる高度人材」と，ドイツの非技能労働者需要を埋める東欧諸国からの労働者から成る。南欧諸国からの「高度人材」にはドイツでの定住を意図する者も少なくないが，進行中の少子高齢化と将来的な労働力人口不足を埋めるには，定住を企図する第三国からの移民をどう増やすかという課題が残る。現在はルーマニアやブルガリア，ポーランドといった東欧諸国からの労働者が，難民の一部，トルコ系移民の周縁層とともに，非技能労働者需要を埋めているが，東欧諸国にも少子高齢化や人口減少が迫っており，今後ドイツへの労働力移動の先細りが予想され，将来的に，清掃業や旅館飲食業，介護などのサービス業，建設業，一部製造業での下請け・孫請け企業，港湾作業，農業での季節労働，食品加工業分野での非技能労働者需要をどう埋めるかも問題と

表7-1 ドイツへの移民入国者の構成

	EU加盟国からの移民	家族結合	アウスジードラー	ユダヤ系移民	難民庇護申請者	季節労働者（二国間協定）	就労目的の移民（第三国出身）	留学生
2005	286,047	53,213	35,522	5,968	28,914	329,789	18,415	55,773
2006	289,235	50,300	7,747	1,079	21,029	303,429	30,188	53,554
2007	343,851	42,219	5,792	2,502	19,164	299,657	29,803	53,759
2008	335,914	39,717	4,362	1,436	22,085	285,217	30,601	58,350
2009	348,909	42,756	3,360	1,088	27,649	294,828	26,386	60,910
2010	398,909	40,210	2,350	1,015	41,332	293,711	29,768	66,413
2011	532,395	40,975	2,148	986	45,741	207,695	38,083	72,886
2012	623,407	40,873	1,820	458	64,539	3,593	38,745	79,537
2013	707,771	44,311	2,427	246	109,580	-	33,648	86,170
2014	809,807	50,564	5,649	237	173,073	-	37,283	92,916

出所）BMI (2016) S. 43, Tabelle 3-1 から作成。

ならざるをえないだろう。

　CDUの幹部やSPDからは，ポイント制導入を柱とした移民法（Einwanderungsgesetz）制定が議論されるようになった。政府サイドは今のところポイント制導入には否定的で[41]，基本的に労働力需要・不足に対応した移民政策をとり，入国後に仕事がみつかる保障のない形での入国・長期滞在は認めないというドイツの制度には，ポイント制はなじまないとみている[42]。連邦内務省は，ポイント制をとる「移民国は，国民となる移民を求めており，ドイツは社会に貢献する移民を求めている」として，「移民国」との立場の違いを強調している[43]。EUブルーカード法の審議の際に，野党SPDや緑の党は，ポイント制導入を求めたが，入国させた高度人材が適材適所に，必要とされている企業の雇用に就くとは限らないとして拒否されている[44]。研究者のなかでは，何らかの資格や技能をもつ移民を受け入れる制度が整備されたこと，永住権が短い期間で取得できる制度ができたことなどで，ポイント制導入が意味を失っているという見方もあれば[45]，今後さらに拍車のかかる少子高齢化と労働力人口の減少を考えれば，将来的にはポイント制導入は不可避とみる立場もある[46]。労組もポイント制導入を積極的に訴えている[47]。使用者団体，SPD，FDP，緑の党も，ポイント制導入を求めている。

2016年7月の外国人滞在法改正では，当初の法案には雇用契約を前提としない形での高度・技能人材の入国の拡充が盛り込まれていた。ダブリン規則の棚上げによる難民の大量流入は，経済界やもともと移民受入拡大やポイント制導入を訴えてきた連邦経済省からは，不足している定住目的の移民に代わる，高度・技能人材育成のチャンスとして歓迎されており，バルカン・ルートの閉鎖やEUのトルコとの送還協定による難民流入の減少は，こうした方面からは「移民労働力供給」の道が閉ざされるものとして憂慮されている。今後ドイツが移民国へと歩んでゆく道は二通り考えられる。ひとつは，雇用契約を前提としない形での移民の入国可能性を広げてゆくという道である。例えば，現行の求職目的での6カ月の滞在制度を，ポイント制で入国・滞在を認めた高度人材に1年間の求職期間を認め，就職先をみつけたうえで永住権を付与する制度へ拡張するというものである。

　一方でドイツのポイント制プランがモデルとするカナダでは，ポイント制で，申請者に求職バンクへの登録が義務づけられており，すでにカナダでの就労先が確保されている申請者が優先して受け入れられている。雇用契約の前提は義務づけられていないものの，雇用契約があることを重視したシステムへと変わっている。2つ目の可能性として，こうした何らかの形で雇用契約を前提としたポイント制の導入が考えられる。例えば，ポイント制の疑似的制度として，EUブルーカード法をさらに緩和して，はじめから永住を認める規定を加えるということが考えられる。つまり，いずれの場合も，ドイツの戦間期以来続く労働市場需要対応型の受入制度に，ポイント制やはじめから永住を認める制度を継ぎ足すという形での改革が，近い将来最も現実的に考えられる可能性といえよう。この予測を裏付けるように2016年秋から，連邦労働省は，バーデン・ヴュルテンベルク州で，PUMAという，ドイツ語能力，英語／仏語能力，ドイツでの滞在歴（ドイツでの留学・就労・語学留学経験等）などを基準とした100点満点のポイント制により，第三国からの技能移民を選抜し，合格者を「労働力プール」に入れ，企業が採用すれば入国を許可する3カ年のパイロット・プロジェクトを始めた。カナダのポイント制のドイツ・バージョンというべきものだった。

ポイント制をめぐる議論からも露呈しているように，ドイツが移民国家へと変貌を遂げるには，基本的に労働力需要・不足がある限りにおいて移民の受入を認めるという，入国管理政策が構築された戦間期以来の「非移民国」としての呪縛から解かれるかどうかにかかっている。単に多くの移民を受け入れてきたという事実や，移民制御法で，1990年のコール政権による旧外国人法が認めてこなかった永住への道が開かれたということだけをもって，ドイツが「移民国家」に変わったとするのは不正確な評価といわざるをえない。しかしドイツでは高度人材の永住権取得の要件が大幅に下げられ，増える起業家移民は次々にベンチャービジネスを興し，2014年からは，出生によりドイツ国籍を取得した外国籍者の二重国籍を条件付きで認めている（国籍を選ぶ必要はなくなった）。保守のCDUですら，ポイント制を盛り込んだ移民法の制定はタブーではなくなっており，連邦政府はカナダのポイント制をモデルにしたPUMAプロジェクトも始めている。省庁内では2017年の次期政権が「移民法」の制定に乗り出すという見方も出ている[48]。そこでは当然ポイント制の導入が焦点となる。ドイツが，移民国家特有の政策モデルとして実践されてきた選別的移民政策に足を踏み入れ，歩みを進めてきたことで，すでに「移民国家」への「引き返せない道」の途上にあることは確かだろう。またドイツの例が示すように，「移民国」と「非移民国」の境界が溶融しつつあるということもできよう。

［注］
1）ここではあえて，ファイストらが用いる「福祉ショーヴィニズム」という狭い概念で捉えず，イミグレーションや移民の存在を政治的に利用する「ナショナリズムの下位カテゴリー」としての把握を試みた。例えば，移民排斥の局面には，まさに競争国家への転換で格差が広がり，自助努力を求める時代にあって，既成の政策エリートやマスメディアへの反発を，移民のイスラム文化がキリスト教や民主主義秩序と相いれないという主張にすり替えることで権力資源の動員を狙う文化的ナショナリズムをもみることができる。
2）左翼党のJelpke議員の演説（BT-PlPr 17/ 162, 19256B）；左翼党のKrellmann議員の演説（BT-PlPr 17/ 176, 20893A）；CDUのSchipanski議員の発言（Ibid. 20898D）。
3）Institut des Statistisches Bundesamtes，研究員Ette氏の未定稿での教示。

4）2013年3月19日，Id. Ette 氏へのヒアリング。
5）Ibid.
6）2014年9月8日，DIHK, Hardege 氏へのヒアリング。
7）2014年9月11日，DGB Migration und Integration Leiter, Roßocha 氏へのヒアリング。
8）オックスフォード大学 COMPAS の Duevell 研究員の筆者への教示。
9）CDU/CSU の議員たちは，immigration を指す言葉として，"Einwanderung"を使わず，区別して"Zuwanderung"を用いている。これに対し，緑の党や SPD の議員は，"Einwanderung"を使う傾向がある。
10）〈http://www.sueddeutsche.de/politik/nach-den-anschlaegen-von-paris-deutschland-muss-vielfalt-akzeptieren-und-nicht-nur-ertragen-1.2296770〉（2015年1月10日アクセス）。
11）Ibid.
12）2014年9月8日，Id. Hardege 氏へのヒアリング。
13）〈http://www.spiegel.de/politik/deutschland/eugh-kippt-deutschtest-bei-ehegattennachzug-a-980254.html〉（2014年7月10日アクセス）。欧州裁判所は，トルコから夫を呼び寄せようとしたトルコ系移民女性の訴えを，家族統合は，議定書で認められている「トルコ人就業者の家族生活を可能にするために欠くことのできない手段」であるとして，就業しているトルコ人移民の配偶者呼び寄せでのドイツ語試験を認めなかった。
14）2010年3月22日，ベルリンの教会アジール活動家 Vorbrodt 氏へのヒアリング。
15）2013年3月8日，Hältefallkommission, Nordrhein-Westfalen, Detering 氏，2015年2月12日，Leben in der Fremde, Goslar, Ohse 氏へのヒアリングによる。
16）2014年9月10日，Bundesministerium des Innern, Kugler 氏および Conradt 氏へのヒアリング。
17）Ibid.
18）Altmaier (BT-PlPr 16/179, 19007B)；連立相手の SPD の議員 Veit も，国内の技能労働者活用の観点からの措置であるという指摘をしている（BT-PlPr 17/187, 20175C-D）。
19）FDP の Wolff 議員の発言（BT-PlPr 16/187, 20176C）。
20）FDP の Wolff 議員の指摘（BT-PlPr 16/179, 19009D；Ibid. 16/187, 20176C）；SPD の Juratovic 議員の指摘（BT-PlPr, 16/179, 19010D）。
21）CSU の Mayer 議員の説明（BT-PlPr 16/187, 20173）。
22）左翼党の Dağdelen 議員の発言（BT-PlPr 16/179, 19012B）。
23）2014年9月11日，Id. Roßocha 氏へのヒアリング。
24）2013年3月14日，Berlin Immigration Service, Giesbach 氏へのヒアリング。
25）2013年3月15日，Sachverständigenrat deutscher Stiftungen für Integration und Migration 研究員 Kolb 氏へのヒアリングでの発言。与党 FDP の Wolff 議員，Vogel 議員の，EU ブルーカード法の審議で同様の指摘（BT PlPr 17/176, 20885B-C；17/176, 20892C）。
26）2014年9月10日，Id. Kugler 氏および Conradt 氏へのヒアリング。
27）2014年9月1日，Bundesamt für Migration und Flüchtlinge, Humpert 氏へのヒアリング。
28）2014年9月10日，Id. Kugler 氏および Conradt 氏へのヒアリング。数値は以下の報告書にもとづく。European Commission, Communication from the Commission to the European

Parliament and the Council on the Implementation of Directive 2009/ 50/ EC on the Conditions of Entry and the Residence of Third-Country Nationals for the Purpose of Highly Qualified Employment, COM (2014) 287 final, p. 11, table 1. これらの数値は 2014 年時点のものである。

29) 2014 年 9 月 1 日，Id. Humpert 氏へのヒアリング。
30) 2014 年 9 月 3 日，Bundesministerium für Arbeit und Soziales, Kholy 氏，Albers 氏へのヒアリング。
31) Bundesagentur für Arbeit, Positivliste-Zuwanderung in Ausbildungsberufe, Nürnberg, 26.08. 2014, S.1 による。
32) 2014 年 9 月 1 日，Id. Humpert 氏へのヒアリング。
33) 2014 年 9 月 10 日，Id. Kugler 氏および Conradt 氏へのヒアリング。
34) 2014 年 9 月 1 日，Id. Humpert 氏へのヒアリング。
35) Ibid.
36) 2014 年 9 月 3 日，Id. Kholy 氏および Albers 氏へのヒアリング。
37) 〈http://www.giz.de/de/mit_der_giz_arbeiten/11666.html〉(2015 年 1 月 11 日アクセス)。
38) 2013 年 3 月 14 日，Id. Giesbach 氏へのヒアリング。
39) 2014 年 9 月 12 日，Caritas Münster, Wegemann-Sandkamp 氏へのヒアリング。
40) 2015 年 2 月 12 日，Landkreis Goslar Zentrum für Migration und Teilhabe, Warnecke 氏および Risig 氏へのヒアリング。
41) 2014 年 9 月 10 日，Id. Kugler 氏および Conradt 氏へのヒアリング。
42) 2014 年 9 月 1 日，Id. Humpert 氏へのヒアリング。
43) 2014 年 9 月 10 日，Id. Kugler 氏および Conrad 氏へのヒアリング。
44) 緑の党の提案については，"Antrag : Fachkräftesicherung durch ein Punktsystem regeln" (BT- Drucksache 17/ 3862) を参照。SPD の提案は，Kolbe 議員の発言 (BT-PlPr, 17/ 176, 20882D)，与党のポイント制への反対は，CSU の Friedrich 連邦内務大臣（当時）の指摘 (BT PlPr 17/ 176, 20880D-20881A) をそれぞれ参照。
45) 2013 年 3 月 19 日，Id. Ette 氏へのヒアリング。
46) 2013 年 3 月 15 日，Id. Kolb 氏へのヒアリング。
47) 2014 年 9 月 11 日，Id. Roßocha 氏へのヒアリング。雇用契約は 1 年以内に結べばよいという条件で，ポイント制を提案している。
48) 2016 年 9 月 6 日，Bundesministerium für Arbeit und Soziales, 担当部長へのヒアリング。

［参考文献］
久保山亮（2003）「ドイツの移民政策——移民国型政策へのシフト？」小井土彰宏編『移民政策の国際比較』明石書店
——（2004）「欧州諸国における移民政策と国内政治——イギリスとドイツの中道左派政権下での移民政策の構造転換」山口二郎・宮本太郎他編『市民社会民主主義の挑戦——ポスト「第三の道」のヨーロッパ政治』日本経済評論社
——（2009）「ドイツにおける地方と地域の移民政策——中間団体の役割と統合政策から締め出される『グレーゾーン』の移民」庄司博史他編『移民とともに変わる地域と国

家』国立民族学博物館出版部,〈http://ir.minpaku.ac.jp/dspace/handle/10502/4001〉.
—— (2016)「ドイツにおける難民の社会統合——労働市場統合と自治体の役割に焦点をあてて」『難民研究ジャーナル』(難民研究フォーラム)第6号
Angenendt, S. (2008) *Die Steuerung der Arbeitsmigration in Deutschland-Reformbedarf und Handlungsmöglichkeiten*, Gutachten im Auftrag der Friedrich-Ebert-Stiftung.
Bundesministerium des Innern (BMI) (2014) *Migrationsbericht 2012 des Bundesamtes für Migration und Flüchtlinge im Auftrag der Bundesregierung.*
—— (2015) *Migrationsbericht 2013 des Bundesamtes für Migration und Flüchtlinge im Auftrag der Bundesregierung.*
—— (2016) *Migrationsbericht 2014 des Bundesamtes für Migration und Flüchtlinge im Auftrag der Bundesregierung.*
Cerny, P. (1996) "Globalization and Other Stories : The Search for a New Paradigm for International Relations," *International Journal*, Vol. 51, No. 3.
—— (2000) "Structuring the Political Arena : Public Goods, States and Governance in a Globalizing World," in P. Palan (ed.), *Global Political Economy : Contemporary Theories*, Routledge.
—— (2003) "What Next for the State?" in E. Kofman and G. Youngs (eds.), *Globalization : Theory and Practices*, 2nd ed., Continuum.
Cyrus, N. and D. Vogel (2003) "Work-Permit Decisions in the German Labour Administration : An Exploration of the Implementation Process," *Journal of Ethnic and Migration Studies*, Vol. 29, No. 2.
Faist, T. (1994) "How to Define a Foreigner? : The Symbolic Politics of Immigration in Germany Partisan Discourse, 1978-1992," *West European Politics*, Vol. 17, No. 2.
—— (1996) "Immigration, Integration, and the Welfare State : Germany and the USA in a Comparative Perspective," in R. Bauböck et al. (eds.), *The Challenge of Diversity : Integration and Pluralism in Societies of Immigration*, Avebury.
Kuboyama, R. (2008) *The Transformation from Restrictive to Selective Immigration Policy in Emerging National Competition State : Case of Japan in Asia-Pacific Region*, Working Paper 61/ 2008, COMCAD, Bielefeld University, 〈http://www.ssoar.info/ssoar/bitstream/handle/document/35345/ssoar-2008-kuboyama-The_transformation_from_restrictive_to.pdf?sequence=1〉.
Mayer, M. (2013) *Gewinnung von hochqualifizierten und qualifizierten Drittstaatsan-gehörigen*, Working Paper 53, Bundesamt für Migration und Flüchtlinge.
OECD (2013) *Zuwanderung ausländischer Arbeitskräfte Deutschland*, OECD.
Offe, C. (1984) *Contradictions of the Welfare State*, MIT Press.
Pierson, P. (1994) *Dismantling the Welfare State? : Reagan, Thatcher, and the Politics of Retrenchment*, Cambridge University Press.
Treibel, A. (2001) "Von der Anwerbstoppausnahme-Verordnung zur Green Card : Reflexion und Kritik der Migrationspolitik," in E. Currle u.a. (Hrsg.), *Deutschland-ein Einwanderungsland?* Lucius & Lucius.

第8章 ドイツⅡ

難民受入をめぐる移民政策の変容
——排除と包摂のはざまで

昔農 英明

はじめに

　近年,シリア紛争などの国際社会の変動の大きなうねりのなかで,ドイツの難民保護に対する日本の関心が急速に高まっている。紛争地域などから逃れてくる難民のドイツでの受入が急増したことで日本のマス・メディアでもその現状が頻繁に紹介されるようになった。ドイツの難民保護はナチス・ドイツの恐怖政治の反省をもとに成立した憲法の規定によって実施されているために,ドイツが難民を積極的に受け入れていることを紹介する記事や,難民を労働力として活用しようとするドイツの力をみて取る記事もみられた[1]。
　他方で難民が福祉財政の大きな負担になる,あるいは労働市場における自国民との競合者になるという「移民脅威論」も根深く存在している。プロ・ケルン（pro Köln）などの西欧のイスラム化に反対する排外主義勢力は,難民の流入が自国民の雇用の問題や福祉財政の悪化を招くと主張し,このような主張に賛同する人々の存在も無視できない。ドイツにおいても,当初世論は難民受入に寛容な姿勢を示していたとされるが,増え続ける難民の数により世論は次第に硬化するようになった。
　これまでの国際社会学的な研究潮流における難民保護の議論では,ヤスミン・ソイサルらの議論にあるように,「パーソンフッド（personhood）」,すなわ

ち「人間であること」の概念が用いられて説明されることが多かった。当該受入国の国籍をもたない人であっても，第二次世界大戦後に確立された国際人権体制のもとで，国民だけではなく，外国籍者・難民にも権利保障が行われるようになったとされる (Soysal 1994)。人権の概念に関する議論は，諸権利付与は国民のためにあるという「ネーションフッド (nationhood)」，すなわち「国民であること」を前面に出すナショナリズムを相対化するものとして注目に値する議論である。

　もっとも「移民脅威論」が台頭する中で議論されている難民の「労働力としての活用」言説やそれにもとづく政策のあり方などは，パーソンフッドに関する議論では十分にとらえきれない問題を含んでいる。人権概念は，とりわけ冷戦体制において，政治的な意味合いを帯びつつも，難民受入の正当化の原理として実効性を有してきた。しかしながら今日においては，人権概念だけでは難民受入を根拠づける原理として不十分になってきた。難民受入は，福祉国家の統合能力や労働市場の論理と密接に結び付いた移民統合の論理の影響を受けている。

　一見すると近年の世界情勢の変化の中で多大な困難を抱えるようになったと理解できなくもないドイツの難民受入も，実際にはすでに30年以上も前から難民の包摂と排除が交錯する複雑な現実を抱えていた。なぜ今日のドイツでは難民を労働力として受け入れようとする議論があるのか。なぜ難民受入が長年にわたって大きな問題を抱えていたのかを歴史的に理解する必要があるだろう。

　錯綜した難民の包摂と排除のありようを検討する際に重要となる点は，難民の受入の問題は当該受入国家がその構成員資格（メンバーシップ）の基準をどこに置いているのかという問題と決して無関係ではありえないということにある。近代国家とは近代国民国家であり，当該国家は常に誰を国家の構成員と認めるのか，あるいは認めないのかのメンバーシップの基準を定めてきた。難民受入の基準はこのようなメンバーシップ原理に影響を受けてきたのであり，難民の包摂と排除の境界線は常に揺れ動いてきた。したがって難民の包摂と排除の問題をとらえる際には，メンバーシップのあり方とその変容をあわせて考えることが重要である。

ドイツにおけるメンバーシップのあり方は、難民保護が成立した冷戦期とポスト冷戦期において大きく変容した。冷戦期においてドイツは東西に分断されており、ロシア・東欧の共産圏からドイツ系移民や難民が流入してくるなど、ドイツは「不完全なネーション」という状態にあった。ドイツは同質的なネーションフッドの論理のもとで、ドイツ系移民や旧共産圏の東欧諸国からの難民を受け入れるなど、同化されるべき、あるいは同化が可能な難民の受入を行っていた。これに対してポスト冷戦期は、ドイツが統一されて不完全なネーションから脱するとともに、労働力不足の中で福祉国家を支える担い手をいかに確保するかという課題を抱えていた。そうした点でドイツに流入、あるいは定住している移民・難民の「潜在能力」の活用という課題が浮上した。ドイツは2000年代において移民の統合を実施し、その基本方針として移民・難民の「自己統治（self-government）」の能力を重視した[2]。

このように冷戦期において難民受入は人権原則という正当化原理のもとで行われた一方で、血統やエスニシティなどの属性主義的な側面が重視された。これに対してポスト冷戦期においては、業績主義的な側面が重要になった。難民は人道的な保護を必要としているという人権の基準だけではなく、統治において重要な概念となっている「自己統治」の能力をどれだけ保持しているのかに応じて諸権利の付与がなされている。

本章では以上のような問題背景を受けて、受入国のメンバーシップ原理の枠組みの中で、難民の包摂と排除の論理の変化を検討し、ドイツの移民政策における難民の選別性の論理とそれがもたらす問題点を明らかにする。

1 エスニック・ネーションからシビック・ネーションへ

1) 移民の市民的統合政策の導入

前節でみたように移民を伝統的に国民国家の脅威・挑戦とみなす傾向は根強い。とりわけドイツはアメリカ合衆国に次ぐ大量の移民を受け入れてきた国家であるにもかかわらず、ドイツ政府は1990年代後半まで「移民国家ではない」

という方針を堅持してきた。「非移民国家」という自己認識があった背景には，「エスニック・ネーション」という民族的・文化的に同質的なネーションの観念の存在があった。

歴史社会学者のロジャーズ・ブルーベイカー（William R. Brubaker）によれば，ドイツの構成員資格取得の基準の根底には「エスニック・ネーション」という固有のネーションの観念があり[3]，こうした固有のネーションの観念がドイツの国籍取得や移民政策のあり方を特徴づけてきたとされる（ブルーベイカー 2005）。たしかに1990年代後半までドイツは血統主義的な国籍取得原理を採用し，「非移民国家」の基本方針を掲げてきた。これに対して隣国フランスは「シビック・ネーション」という自由や民主主義などの普遍的な価値を重視するネーションの観念に根差した政策を採用し，移民の同化に努めてきたとされる。しかしながら移民研究者のクリスチャン・ヨプケ（Christian Joppke）が批判するように，ブルーベイカーによる各国固有のネーションの観念のとらえ方はいささか静態的なものであり，現状に即した議論とはいい難い（ヨプケ 2013）。ドイツは「エスニック・ネーション」型だとされてきたが，1999年に国籍法を改正して，出生地主義原理を加味し，2014年には二重国籍を原則認める法改正を行っている。また2004年に移民制御法（移民法）を制定するようになった（Bade und Oltmer 2007）。

つまりドイツはメンバーシップの原理のあり方において「エスニック・ネーション」型ではなく「シビック・ネーション」型の政策を採用するようになった。ドイツは従来の民族的に同質的な原則ではなく，普遍的な価値を重視する統合政策を実施するようになったのである。その原則には具体的には以下の点が含まれている。第一に移民は受入国の公用語たるドイツ語を習得することである。第二に移民は受入国の憲法，法規範，制度を熟知し，法治国家の原則，人権の保持，自己決定，両性の平等，政教分離などの概念を理解し，それを保持することを無条件に求められるということであった（Bundesregierung 2007：12-13, 24）。

第三に，「自発性と努力，自己責任」（Bundesregierung 2007：13）の原則のもとで，国家は移民に対して職業教育市場や労働市場への参入をサポートし，経

済的に自立することを目指すというものだった (Bundestag Plenarprotokoll：以下 BT-Plpr 16/ 94：9547)。移民が受入国家の教育や労働市場に積極的に参加することを要求し，その意思や能力をもつ者に対して支援を行う，「支援と要求 (Fördern und Fordern)」という原則が重要となった。

移民は受入国ドイツへの統合の意思や能力を問われ，そうした意思や能力を保持した人の統合を後押しすることになった。従来，移民は社会的・経済的コストとして「国家の脅威」ととらえられるか，せいぜいのところ単なる保護の対象として位置づけられる傾向が強かった。2000年代の新たな移民政策の導入にともない，移民は国家を支える潜在的な労働力としてとらえなおされている。

2) 自己統治能力の養成

このように移民の統合において重視されているのは，移民を政策の「客体」ではなく，受入社会における「主体」としてとらえることにより，積極的に社会に参加し，国家を支える貴重な人材として認知する政策転換がはかられたことであった。移民は国家の財政負担増につながる保護の対象や恩恵的な権利付与の対象者としてみなされるのではなく，むしろ受入国の公用語を習得し，受入国の労働市場に参入することで積極的に社会参加を果たす存在としてとらえなおされた[4]。ドイツ連邦政府は移民をどのようにドイツ社会に統合していくのかをまとめた骨子である国民的統合計画においても，移民を「資源」としてとらえる視点を採用している (Bundesregierung 2007)。

こうした移民政策の変化は，より根源的には現代の統治形態と密接にかかわっている。齋藤はミシェル・フーコー (Michel Foucault) の生権力の議論をもとにして，国家は個人に直接的に介入するという度合いを弱め，むしろ個人をある一定の方向に秩序化しようとする，すなわち「統治の統治 (a government of government)」と呼ばれる形態をとることが重要となってきたと指摘する (齋藤 2000)。

その統治の技法においては，個人は自由な自己選択を行いうるという前提の下で自己決定が求められる一方で，個人はその結果を自身で引き受ける自己責

任も求められている。人は自己という「人的資本」をゆるみなく開発し，それを積極的に活用する能動的な個人であること，すなわち「自己統治（self-government）」の能力を養成することが要求されている（齋藤 2000）。

これを福祉国家と個人との関係でみてみると，個人は労働市場における自らの雇用可能性を維持するように努めると同時に，生命／生活の保障を自らの力で獲得するように求められている。とりわけ福祉国家の再分配能力が不安定化する今日的状況にあっては，従来のように国家が個人に対して社会的権利などの諸権利を恩恵的に付与し，個人の生命の根幹的な保障を行うというよりも，個人自らにその生命を保障させようとする。そのことが国家の財政的な負担の軽減にもつながりうると考えられる（齋藤 2000；渋谷 2003）。

こうした意味で統治の形態をとらえるとすれば，市民的統合における自己統治とは以下のことを含意している。すなわち移民個人は市民的統合の原則に沿って，受入国の公用語たるドイツ語を習得し，そのうえで公教育を受けて，職業市場や労働市場に参入し，生計維持能力を発揮して経済的に自立することが重要となる。難民も受入国で長期的に生活する以上は，自己統治の原則の順守を要求されることになった。以下では「非移民国家」から移民国へと次第に移行するドイツにおける難民受入の基準の変容をみていく。

2　エスニック・ネーションにおける難民の包摂と排除の論理

1)「不完全なネーション」における難民保護の二重基準

全体主義による恐怖政治を経験したドイツは，第二次世界大戦後に難民保護の法制度を成立させた。1949 年に定められたドイツ連邦共和国の基本法（憲法に相当）の 16 条（現行 16a 条）においては，「政治的に迫害された者は庇護権を享有する」と定められている。この規定はドイツ国外において迫害を受けるに足る恐怖心を抱いた難民に庇護の請求権を認めるものであり，国家主権に制約を課すという画期的な規定であった。またこうした規定により，難民申請者の庇護申請は寛大に認められ，難民は申請の期間ドイツでの生活が保障され

た。そうした点でドイツの難民受入は人道主義にもとづいて実施されていた。

　もっとも実際の受入においては，東欧諸国からやってくる難民を積極的に受け入れる一方で，非ヨーロッパ諸国出身の難民を排除するという二重基準が存在していた。その背景には以下の2つの理由があった。第一に東欧諸国出身の難民受入は，東西冷戦体制における東側体制に対する西側体制の自由主義，民主主義理念の優越性と正当性を顕示しうる意義があった（Bade 1994：95）。

　第二の理由として，東欧諸国出身の難民は当時の共産圏に含まれるヨーロッパ諸国からの難民であり，1970年代以降に流入するようになった非ヨーロッパ諸国出身の難民と比べて，人種的，宗教的，エスニシティの観点からドイツ国民と相対的に同質的な存在であると考えられた。そのため東欧諸国出身の難民はドイツ社会に比較的編入されやすい存在であり，彼らの存在がドイツ社会の中で可視化されることはほとんどなかった[5]（Münch 1992：62-63）。

　これに対して非ヨーロッパ諸国出身の難民については，受入を拒絶する方針がとられた[6]。その背景には，1970年代以降やってくるようになった非ヨーロッパ諸国出身の難民は，経済的に豊かなドイツに魅かれて庇護制度を乱用して入国してくる「経済難民」であり，ドイツにはこうした人々を受け入れる義務は存在しないという難民の排除のための正当化論理があった。

　しかしながら排除の理由はそればかりではなかった。ドイツは民族的，宗教的，文化的に同質的な国家であり，米国のような多民族的・多文化的な移民国家ではないという自己認識が根強く存在していたことがあった。とりわけムスリムは宗教的あるいは文化的な観点から受入が困難であるとして排除された[7]。特に1980年代以降，アウスジードラーと呼ばれるドイツ系移民が多く流入するようになり，その流入は難民の数を上回るようになったものの，政府与党はその受入を問題視することはなかった[8]。なぜならドイツ系移民は「在外同胞（Landsleute）」であり，彼らは歴史的出来事の結果として生み出された人々であった。そのためドイツ系移民は，人道的，あるいは道義的な観点から優先的に受け入れられるべき「エスニック・ネーション」としてとらえられていた。

　このようにエスニック・ネーションたるドイツが果たすべき課題は在外同胞の受入であり，冷戦体制下でいまだなしえていなかったネーションの再統一で

あった。「不完全なネーション」であるドイツがとるべきは、まずは在外同胞の受入であり、そのため逆に難民の受入は制限されるべきだと論じられた（昔農 2014）。

2）難民受入制限策の構築

非ヨーロッパ諸国出身の難民などを排除するために、連邦政府は1970年代から1980年代前半にかけて難民の流入と滞在を制限することを目的としてさまざまな政策を講じた[9]。

まず特定のアジア、アラブ諸国、アフリカ諸国出身の難民はドイツ入国の際にビザを所持していることを義務付けた[10]。またビザ所持の義務とあわせて、民間の航空会社に入国書類を所持していない外国人の搭乗を禁じる命令を出した。航空会社は必要書類を所持していない難民を搭乗させた場合には彼らを送り返すことを義務付けられた。さらに難民のドイツでの生活条件を切り下げる政策を講じた。連邦政府は1980年に難民の就労を入国後1年間禁ずる制限策を導入し、また難民への社会給付額も減額し、支給の形態も現金給付から現物支給に切り替えた（BT-Plpr 8/ 228：18539）。他方で東欧諸国出身の難民に対して設けられていた受入・滞在に関する優遇措置の方針は、1980年代半ばまで続くことになった（Herbert 2001）。

もっとも難民受入制限策の効果は限定的であった。1980年代後半の冷戦末期に共産主義諸国の政治体制が崩壊し、東欧諸国出身の難民が大量にドイツに流入するようになると、それまではタブー視されてきた基本法の庇護権規定の改正が現実味を帯びるようになった。連邦政府は難民流入数を大幅に抑制することを狙って、1992年に与野党間で基本法を改正することの合意を成立させ、1993年に基本法の庇護権規定を改正した。

基本法の改正とあわせて、庇護申請者給付法（Asylbewerberleistungsgesetz）も成立した。同法の目的は難民の社会給付を削減し福祉国家の負担を減らすことにあった[11]。同法の成立により難民に対する社会給付の法的位置づけは大きく変化した。これまで難民はドイツ国民と同様に社会扶助法にもとづいて給付を受けられたが、1993年以降、難民の公的給付は庇護申請者給付法にもとづい

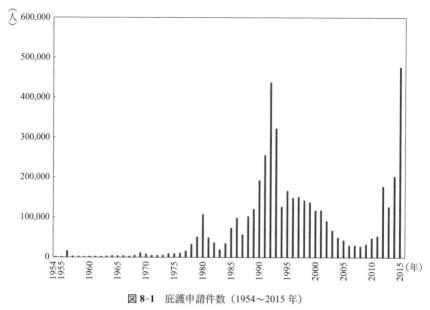

図 8-1　庇護申請件数（1954〜2015 年）
出所）Bundesamt für Migration und Flüchtlinge (BAMF) (2015a).

て行われることになった。これにより難民は福祉国家の社会保障制度体系から完全に切り離されることになった。

　こうした給付の削減と就労の禁止措置をとった背景には，増え続ける難民数を抑制するとともに，難民にドイツに来れば豊かな生活が送れるという「誤ったイメージ」を抱かせないようにするという政策意図があった。連邦政府は難民保護に伴う福祉財政の負担を軽くし，ドイツ人と難民との間に雇用関係で競合を招かないようにするために国内労働市場の保護を行う必要があった。難民NGO や市民社会組織はこうした難民の生活条件の切りつめと受入の制限策を「脅しの政治（Abschreckungspolitik）」だとして批判した。こうした一連の法政策の導入が効果を発揮したのか，1994 年以降，難民の流入数は大きく減少し，この問題は政治的には一応の決着をみた（図 8-1 参照）。

3）難民保護のジレンマ

　しかしながら1970年代から90年代初頭にかけて難民受入を厳しく制限する政策を導入したことで新たな問題が発生するようになった。第一に，難民申請者の申請期間はしばしば長期にわたるが，その期間，難民は就労を禁止，あるいは制限されるなど，展望のない無為な生活を送らざるを得ないようになった。公的な扶助に依存して生活せざるを得ない状況に立たされることになったのである。

　第二に難民申請者はその申請が却下されることが多いが[12]（表8-1参照），直ちに出身国に送還される難民の数は申請者数に対して少なく，ドイツにとどまるケースが多い（図8-2参照）。連邦政府は難民受入を制限するために申請を却下された難民の出身国や第三国への送還，移送を進めようとするが，送還実施はかなり困難となる。というのも人道上あるいは手続き的な理由から，多くの難民は国外退去を猶予され，ドイツでの滞在を一時的に許容されるからである。一時的に国外退去を猶予された外国人は，法的には国外へ出国する義務を有している。こうした人々の多くは「滞在許容（滞在黙認，Duldung）」という法的に不安定な状態にある。

　滞在許容（滞在黙認）とは法的には国外退去の一時的な停止に伴う措置として定義される（Unabhängige Kommission "Zuwanderung" 2001：164）。滞在許容（滞在黙認）にある外国人はその大多数が庇護申請を却下された難民であるとされる。滞在許容（滞在黙認）の措置を受けた難民に対しては，滞在許可が交付されるのではなく，あくまでも行政的な措置により，ドイツでの滞在が一時的に認められるに過ぎない。難民はこの措置によって滞在資格不所持を理由に処罰されることから逃れられる。滞在許容（滞在黙認）の措置を受けた難民は数カ月ごとにその人が居住する地区にある外国人局にその滞在のための申請を届けなければならない（昔農2014）。

　滞在許容（滞在黙認）を受けた外国人の多くは国外退去が一時的に停止されているという扱いであるにもかかわらず，その滞在年数が5年以上経過しており，事実上ドイツ社会に定住している人々が多い。しかしながら滞在許容（滞在黙認）の状態にある外国人は，法的には国外退去を猶予されているに過ぎな

表 8-1 庇護申請処理の内訳（2005〜2015 年）

年	庇護申請処理数	基本法 16a 条にもとづく庇護権者数	%	庇護手続法 3 条 1 項にもとづく庇護	%	庇護手続法 4 条 1 項にもとづく補完的な庇護	%	滞在法 60 条 5, 7 項にもとづく送還停止措置	%	庇護申請却下数	%	形式的な手続き決定	%
2005	48,102	411	0.9	2,053	4.3	71	0.1	586	1.2	27,452	57.1	17,529	36.4
2006	30,759	251	0.8	1,097	3.6	144	0.5	459	1.5	17,781	57.8	11,027	35.8
2007	28,572	304	1.1	6,893	24	226	0.8	447	1.6	12,749	44.6	7,953	27.8
2008	20,817	233	1.1	7,058	34	126	0.6	436	2.1	6,761	32.5	6,203	29.8
2009	28,816	452	1.6	7,663	27	395	1.4	1,216	4.2	11,360	39.4	7,730	26.8
2010	48,187	643	1.3	7,061	15	548	1.1	2,143	4.4	27,255	56.6	10,537	21.9
2011	43,362	652	1.5	6,446	15	666	1.5	1,911	4.4	23,717	54.7	9,970	23
2012	61,826	740	1.2	8,024	13	6,974	11	1,402	2.3	30,700	49.7	13,986	22.6
2013	80,978	919	1.1	9,996	12	7,005	8.7	2,208	2.7	31,145	38.5	29,705	36.7
2014	128,911	2,285	1.8	33,310	25.8	5,174	4	2,079	1.6	43,018	33.4	45,330	35.2
2015	282,726	2,029	0.7	137,136	48.5	1,707	0.6	2,072	0.7	91,514	32.4	50,297	17.8

出所）BAMF (2015a).
注）形式的な手続き決定とは，主として，ダブリン規定にもとづく決定，難民申請者自らが庇護申請を取り下げることによる決定などである。

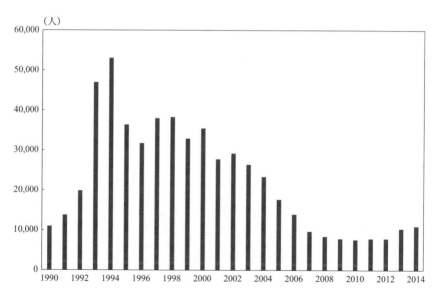

図 8-2 国外への退去強制を執行された外国人数（1990〜2014 年）
出所）BAMF (2015b).

いことから，ドイツ社会で統合の対象とはならずに排除の対象となっている。1999年には滞在許容（滞在黙認）にある外国人の数は285,150人に上った。

　難民申請者や滞在許容（滞在黙認）にある外国人は就労を禁止され，あるいは労働市場への参入が圧倒的に不利な立場に立たされている。そのために労働市場から締め出されて，公的な給付に依存して生活せざるを得なくなる。さらに多くの難民は教育，医療へのアクセスや，国内移動などの自由権も制限されており，社会的に排除された状態にある[13]。これに対して難民として法的に認定された外国人，すなわち庇護権者などに対しては，労働市場への参入が認められており，ドイツ人と同等の公的な給付を受けることができる。そうした点で難民の間にも諸権利の獲得において大きな格差が存在する。

　「脅しの政治」は難民のドイツ国内への流入数を抑制するとともに，福祉財政の負担を減らし，国内労働市場における難民と自国民との競合を回避するために実施された政治であった。しかしながらこれが結果として，審査が長期にわたる難民申請者の福祉負担を生じさせると同時に，申請が却下されたものの，送還を猶予され国内にとどまっている難民への財政負担を招くことになった。また福祉財政の負担を軽減するために，難民に対して労働市場への参入を認めるとなると，労働市場において難民がドイツ国民と競合する懸念があったために，難民に対して労働市場へのアクセスを緩和することにも根強い抵抗があった。ドイツ政府は，難民の福祉と就労の問題について福祉政策的にも，労働市場政策的にも打開策を講じることが困難な状況となった。

　しかしながら主として1990年代後半以降，ドイツ国内においては労働力不足の問題が浮上し，いかにして国内労働市場において不足する職種の穴埋めをするのかが重要な政策課題となった。そうした中で高度人材などの移民とあわせて，難民の労働市場における活用の問題が次第に議論された[14]。つまり福祉国家における国内労働力不足という議論の中で，難民を労働市場における自国民との競合者ではなく，労働市場において不足する職種の担い手となりうる存在として位置づけることが政策的に可能となった。ドイツ政府は難民を社会的に排除するのではなく，就労の制限措置を緩和し，難民の生計維持能力を条件にドイツでの残留を認める政策方針をとった。

3 市民的統合における難民の包摂的な排除

1) 難民への正規化措置

　厳密にいえば，欧米諸国と異なり，ドイツでは非正規移民を正規化するという正規化措置（アムネスティ）が実施されたことはこれまで一度もない。もっとも正規化がまったく行われてこなかったかといえば，そうともいえない。元難民申請者などを中心にして，滞在許容（滞在黙認）の地位にある外国人などを対象とする正規化措置はこれまで何度も実施されてきた経緯がある。合法的にドイツに一定年数以上居住しており，犯罪歴がない，生計維持能力があるという諸条件を満たすことなどにより，法的な滞在資格を有しない人々の法的地位の安定化を図る措置が実施されてきた（Cyrus and Vogel 2005；久保山 2010）。

　移民制御法（移民法）が制定され，連邦政府レベルで統合政策が実施されるようになった 2000 年代においては，滞在許容（滞在黙認）の状態にある人々のための正規化措置がいくつか成立した。こうした法政策の策定の背景には，ドイツに居住する人々の労働力を有効に活用する，あるいは福祉に依存する人々を自立させるという福祉国家の費用対効果の論理があった[15]。

　まず 2006 年，2007 年に正規化措置が成立し，滞在年数（単身者であれば合法的滞在が 8 年以上，家族を伴う場合には 6 年以上），一定程度のドイツ語能力，生計維持能力，犯罪歴のないことなどを条件として，滞在許容（滞在黙認）にある外国人に対して滞在許可証が交付された。またドイツに在留する外国人の能力を有効に活用することを重要な目的のひとつとして，2008 年に労働移民制御法（Arbeitsmigrationssteuerungsgesetz）が成立し[16]，国外退去を猶予された外国人は，熟練労働市場における勤め口があることを証明できれば滞在許可証を獲得できるということになった[17]。

　さらに 2011 年に国外退去を猶予された外国人の潜在性を有効に活用し，統合を進めることを目的として，「よく統合された滞在猶予者への規定（Bleiberecht für gut Integrierte）」が成立した。同規定によれば，15 歳から 20 歳までの外国人のうち，6 年以上ドイツに合法的に滞在し，かつ 6 年以上，学校教育，職

業教育などを受けているなど，ドイツに統合されているとみなされる者は滞在許可を取得できることになった[18]。

このようにドイツに居住する難民は，統合原則を守ることによりドイツでの滞在を正当化されるようになった。ドイツ・キリスト教民主同盟（CDU）はドイツで長期的に保護を受ける難民は例外なく統合原則を守ることが重要だと論じている（CDU 2016）。庇護認定を得た難民だけではなく，それ以外の法的ステータスにある難民も，ドイツで生活するのに十分なドイツ語能力を習得し，ドイツの法令・社会秩序の知識を有し，生計維持能力を発揮することが求められ，逆に統合原則が順守されない場合の対象者への制裁の必要性も議論している。CDUは保護の必要がない，あるいは統合の意思のない難民はドイツを去ることが求められるとしている。またCDUは，庇護認定を得た難民などが期限付きの滞在許可から定住許可へと切り替える場合には，当人の統合能力の有無を条件に滞在資格の変更を認めるようにすべきだと指摘した（CDU 2016：9）。ドイツ社会民主党（SPD）のアンドレア・ナーレス（Andrea Nahles）労働大臣も，ドイツで保護を求めて，新たなる生活を希望しているのであれば，統合原則の順守は重要であり，そうでなければ保護の水準を引き下げる可能性があると指摘した（Spiegel Online, 1. 2. 2016）。

ただ難民の受入は，実際には統合原則にだけ則って行われているともいい難い。彼・彼女らは出身国などでの肉体的・精神的なトラウマを抱えた人々であり，受入国でもさまざまな健康上の問題を抱えている存在であるから，人道的な観点から権利保障を行う必要があるからである。

しかし人権の正当化原理だけでは，難民受入は福祉政策的にも労働市場政策的にも維持しがたい。福祉国家における労働力不足という議論が，福祉政策的にも労働市場政策的にも，ジレンマ状態から抜け出すための方策としてみられた。難民受入を根拠づけるものとして，難民がドイツで就労しているかどうかが重要になった。さらに難民が就労するためには，仕事を円滑に遂行する際に必要となるドイツ語能力を習得することに加えて，ドイツでの生活習慣に習熟することや法令順守も求められた。難民は統合の諸条件を満たすことを要求され，難民の自己統治能力が問われた。難民受入は統合政策の基本方針と重なり

合うようになった。

2）難民保護の改善策

ところで難民は，労働市場規制政策の影響により長年にわたって就労することが困難であった。しかしながら正規化措置が難民に対して生計維持能力を有することを条件に滞在許可証の交付を認めたことから，2007年に就業手続き令が改正されて，ドイツ入国後の4年間，合法的に滞在していれば，ドイツ人と同等に労働市場への参入が認められることになった[19]（Laubenthal 2008：10）。また難民申請者に対しても入国後1年間とされた就労禁止措置が3カ月に短縮され（ただしその後は労働市場テストを受ける必要がある），就労禁止措置が緩和されるにいたった。

国外退去を猶予された難民を念頭に置いた一連の救済策と合わせて，難民の公的給付の状況を改善するための政策も策定された。2011年7月に連邦憲法裁判所が，難民に対する社会給付の額がドイツ人などのそれと比べて著しく低いことは違憲であるという判断をしたことを受けて，その給付額を通常の公的給付の額と同額にすることになった[20]。またいくつかの州では，管理の都合上，難民に課せられていた自由移動の制限の区域が，難民が居住する郡から州全体に広がるなど，移動制限が緩和されるようになった。さらに難民の子どもを含む貧困家庭への教育支援を目的とする教育パッケージが実施されるなどの改善策も行われた[21]。こうした点で難民に対して自己責任を要求するだけではなく，統合政策の「支援と要求」という原則にもとづいて，移民や難民に対する支援策もなされている側面が看取される。

正規化措置などの難民に対する救済策，連邦憲法裁判所の判決による難民に対する給付の引き上げは，ヨプケなどが指摘する西欧諸国における「埋め込まれたリベラリズム」を受けた改善策の一例だと指摘できるのかもしれない（ヨプケ 2013）。これまで社会的に排除されてきた難民に対しても，滞在許可取得のチャンスが与えられ，制度上は労働市場参入要件の緩和などが行われている。そうした点で難民の受入を厳しく制限し，難民の社会的排除を生み出すような従来の政策は改善点がみられる。

3) 自己統治の陥穽

　しかしながらこれをもって難民の社会的排除から包摂へと政策が転換したとはいい難い。改善策は依然として難民の包摂が困難となる問題点を抱えているからである。その何よりの問題点は，難民に対して「自己統治」を発揮するように問うていることにある。

　先述のように，難民も受入国の公用語であるドイツ語を習得することはもとより，教育や労働市場へ参入することで，自己の人的資本の開発を求められると同時に，積極的な受入社会への参加を求められている。こうしたことにより能動的な個人として社会で自立することが要求されている。

　しかしながら難民にとっての困難とは，職業訓練市場や労働市場へ包摂されることの難しさにある。それゆえに国家の最大の関心事は，いかにして労働市場から排除されてきた難民に能動性を発揮させて，市場への包摂を促すのかということになるのだった。前述のように国家は，難民に対する労働市場の規制を徐々に緩和するとともに，職業教育支援などを実施する政策を策定するようになった。これまで社会的・経済的に不自由を強いられてきた難民に対して，労働市場への参入の機会を増やすことにより難民の自己選択の幅を広げて，難民個人の自己決定の可能性を高めることが模索されてきた。

　ただ，はたして難民の自己選択の幅が広がったといえるのかは疑問である。たしかに難民に対する「脅しの政治」がとられてきた従来に比べれば，難民の自己決定の幅が広がるとともに，雇用がされやすくなったといえる部分はある。しかしながら近年の労働市場の規制緩和策によって，雇用の形態の多くは正規ではなく非正規雇用であり，多くの低賃金労働が生み出されている。こうした労働市場の現状をふまえると，難民は自己選択の結果として，こうした雇用形態へ従事する不自由さを経験せざるを得ない。

　福祉国家の大陸ヨーロッパ・モデルの代表格とされるドイツは労働市場規制の度合いが強く，移民は正規就労を中心とする第1次労働市場への参入が困難だとされてきた。とりわけ難民は入国後一定期間，就労を禁止され，その後も労働市場テストが厳格に実施されることにより，労働市場への参入が困難な状況にあった。これは移民・難民政策の論理であると同時に，労働市場政策の論

理でもあった。また難民はドイツ語学習コースへの参加が閉ざされているケースが多く，そのために職業教育や就労でもハンディを負ってきた。たとえ就労が可能であったとしても，第2次労働市場における不熟練で収入の低い仕事につく場合が多かった[22]。

　近年ドイツでは，ハルツ IV 法改革による労働市場の規制緩和を受けて，ミニ・ジョブや派遣労働などのさまざまな非正規雇用が生み出されると同時に，低賃金労働に従事する人々の割合が拡大していると指摘されている。デュースブルク・エッセン大学の労働資格研究所の調査によれば[23]，ドイツ全土でみたときに低賃金労働に従事する人の割合はドイツ国籍者でみると，1995 年に 18.8％ であったのに対して，2013 年には 23.4％ に増加した。これに対して外国籍者だと，低賃金労働に従事する人の割合は 1995 年に 18.6％ だったのが，2013 年にはおよそ 34％ にも上るとされた（Kalina und Weinkopf 2015）。外国籍者はドイツ国民よりも大幅に低賃金労働に従事する割合が高いことがみて取れる。外国籍者のなかでも社会的・経済的に最も脆弱な立場に立たされる難民は，なおさら低賃金労働に従事せざるを得ないことになるだろう。ある有力な難民支援団体も，難民に対する労働市場参入が緩和されたものの，多くの難民は派遣やミニ・ジョブなどの非正規雇用の形態で雇用され，不安定な収入状況・就労条件のもとで働いているという。彼・彼女らは常に失業や病気になるリスクを抱えながら仕事をせざるを得ないことになる（Pro Asyl 2011）。

　また図 8-3 の相対的貧困率（等価可処分所得の中央値の 60％ に満たない世帯構成人数の割合）に関するグラフに示されるように，移民はドイツ人などに比べて貧困に陥るリスクが 2 倍以上あり，とりわけ移民の中でも外国籍の者だとドイツ人と比較して貧困リスクは約 3 倍と非常にリスクの高い状況に置かれている（Beauftragte der Bundesregierung für Migration, Flüchtlinge und Integration ed. 2011）。移民の中でも最も社会的に底辺層になりやすい難民は低賃金労働に従事する可能性と同様に貧困に陥るリスクが高くなる。自己統治の能力の有無が難民保護の重要な基準になると，多くの難民は社会的に排除される。近年の難民政策は一見したところ包摂的であるが，排除を伴うものである可能性が高い。

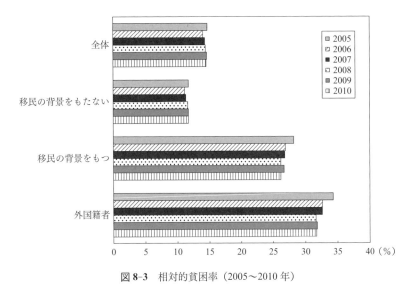

図 8-3　相対的貧困率（2005〜2010 年）

出所）Beauftragte der Bundesregierung für Migration, Flüchtlinge und Integration ed. (2011).

おわりに

　今日難民保護のあり方は大きく変化するようになった。かつて人権原則と同質的なネーションの基準が交錯する中で実施されてきた難民保護は，市民的統合の原理が重要となる中で実施されるようになった。ネーションのあり方が再規定され，普遍的な価値にもとづく統合原理が強く影響する中で，移民は「自己統治」を求められている。同様に難民に対しても，ドイツに保護を求める限り，自己統治の能力が示されることを要求されている。迫害を受ける恐れがあるか否かといった人道的な観点に加えて，経済的に有用であるのか，自己統治の能力を有しているのかという基準もまた難民保護において重要となる。

　ドイツの難民保護のありようは，しばしば議論される人権原則のグローバル化と国民共同体の弱体化として主張されるテーゼとはまったく異なる現実を示している。パーソンフッドの概念が現実世界において実効性を有するように

なって，ネーションフッドは有効性を失ったのでは決してない。むしろネーションフッドは変容することにより，再活性化している。ネーションフッドの変容によって移民の包摂と排除の基準は大きく変化し，移民の権利保障も変容したネーションフッドの論理にもとづいて実施されている。結局のところ，人権の保障は変容したネーションフッドとの両立可能な範囲内において，国民共同体の保持・増進という前提の下で実施されているという傾向が強まっている。

　それゆえ難民が抱えている労働の不安定さや脆弱性の問題点はとりあえず後回しにされ，自己統治の中で重要となる労働への参加や経済的自立の論理の重要性が増すようになっており，滞在の正当性を難民の労働参加を前提として付与する傾向を強めている。自己統治能力を有しない難民は，ただちに国外退去されるわけではないが，社会的に排除される恐れが強い。難民申請を却下された人々，とりわけ，いまだ10万人以上に上る滞在許容（滞在黙認）にある難民は自己統治を求められる対象であると同時に，国家による管理，すなわち国外退去処分の候補者でもありうる。

　貧困研究の岩田正美が指摘するように，社会的排除の究極の形態では，市民の権利・義務の基礎としての存在証明の喪失が問題となり，その存在証明の回復には住居，住宅の保障が前提となる（岩田 2008 : 175）。同様にして難民の場合も，自己統治能力の有無よりも，まず存在証明としての法的に安定的な滞在許可を付与することで地位の安定化を行うことが不可欠になっている。

　このように難民の諸権利は，人権原則が実効性をもつようになったものの，ネーションフッドの原理によりいまだ大きな制約を課せられており，受入国において，難民は積極的に統合の対象となっているわけでは決してない。また多くは身体・生命が極度に脅かされるような，迫害の恐れのある，あるいは内戦状態にある出身国に強制的に連れ戻されるということは実際には少ないが，原理的には国外退去の実施から完全に免れているわけではない。

　ジョルジョ・アガンベン（Giorgio Agamben）は，難民などは諸権利を奪われ，主権的権力の生殺与奪権によって翻弄される「剥き出しの生」に陥っている点を指摘している（アガンベン 2003 : 210）。アガンベンに倣っていえば，難民は受入国で積極的に生かされるわけでも，そうかといって即座に国外退去の処分

にされるわけでもないが，国外退去処分の候補であるという包摂と排除の不分明な地帯，すなわち例外状態にいる。それは難民が受入国において居住しているという点では，当該国家の構成員と同じ領域に帰属しているものの，法的には公式の帰属を有していない状態にある。つまり包摂でも排除でもない，排除されつつも包摂されるというような状態に留め置かれている。

　難民がこのような包摂と排除のグレーゾーンにとどめられることにより，国民共同体はその存立基盤を確保できる。一方では，国民共同体はすべての人間を包摂することなどできない。誰が共同体に帰属し，誰が帰属しないのかの境界線を常に規定することにより，共同体を保持することが可能になる。そのためには外部化される存在を生み出すことにより，内部の適正化を図る必要がある。それゆえに国家によって公式に認定されない難民を共同体の外部へ追いやろうとする。しかしながら，国民共同体は難民を完全に外部へと追いやることなどできない。つまり受入国は難民の国外退去を徹底化することも困難である。なぜならば今日の国民共同体は，人権の原則を無視することもできないからである。とりわけナチス・ドイツの反省を踏まえて外国人の人権尊重を掲げているドイツにとっては，一度受入国に入国した難民の退去強制を執行することはさまざまな困難がつきまとう。

　滞在を一時的であれ許された難民の受入国での居住に際しては，国民統合にとって重要となる福祉政策や労働市場政策の論理との整合性が強く求められる。その整合性のために難民の就労能力の有無が問われることになる。さらに難民の就労能力を問うことは，難民に対してドイツ語能力やその他の条件を満たすように要求することをも意味する。これらにより難民は市民的統合の原則の順守も求められる。

　もっとも多くの難民はドイツに統合される市民として政策の対象となっているわけではない。多くは公式には難民としての認定を受けておらず，ドイツからの出国の義務を有しているからである。難民の大部分は，実質的にドイツからの出国が困難にもかかわらず，あくまでもドイツに一時的に滞在する外国人とみなされており，共同体から外部化され続けることになる。実際には統合の対象とはみなされていないにもかかわらず，難民を市民的統合の政策方針の中

に組み込むことが、難民受入の正当性を維持するために必要であり、福祉政策や労働市場政策の論理からも理に適っていると考えられる。それゆえに一時的な滞在者とみなされる難民に対しても市民的統合の原則を要求するのである。

　ドイツにおいては移民の統合政策が策定され、ドイツの国籍を取得する定住外国人が増加すると同時に、出生とともにドイツの公式なメンバーシップを保持する者も増えてきている。他方で難民の多くは、メンバーシップ付与が困難な存在であり、共同体に内部化されたとはいい難い人々である。難民は受入国において包摂と排除の不分明な地帯に留め置かれることによりその存在がかろうじて認められており、難民という形象は統合を重要視する国民共同体の秩序形成のありようを端的に示している。

［注］
1 ）例えば『朝日新聞』2015 年 9 月 8 日付朝刊,『毎日新聞』2015 年 9 月 7 日付朝刊,『日本経済新聞』2015 年 8 月 30 日付朝刊など。
2 ）本章では移民政策を高度人材・労働移民,家族呼び寄せ移民,難民などのさまざまなタイプの移民の受入と定住を包括的に取り扱う政策を指すものとして用いる。
3 ）ブルーベイカーはこうした各国固有のネーション概念を「文化的イディオム（cultural idiom）」と呼んだ。
4 ）移民を「主体」としてとらえ,国家を支える貴重な人材として認知することは「移民のマネジメント」という新たな視点の導入とも関係していると指摘できるだろう。「移民のマネジメント（migration management）」,あるいはその中に含まれる「移民と開発（migration-development）」言説では,移民が受入国や市場にとって有益だという視点が含まれるだけではなく,移民の送出国,さらには移民自身にとっても「利益がある」という新たな視点が提示された（Geiger 2010 ; Geiger and Pecoud 2012 ; Hilber and Baraulina 2012）。「移民のマネジメント」は国家や移民双方にとって「ウィン・ウィン（Win-Win）」,あるいは受入国,送出国,移民の三者にとって「トリプル・ウィン（Triple-Win）」だと指摘された。このように移民を国家発展のための資源と捉える「資源指向的なアプローチ」の重要性が論じられている（Thränhardt 2004）。また移民の出身国への再定住,「自発的帰還」の問題領域においても,移民の流出が出身国にとって頭脳流出ではなく,移民が受入国から出身国へ帰還するという視点が加味されることで,頭脳・技術移転につながるという視点が強調されるようになった。
5 ）こうした理由から,たとえ政治的に迫害されていない難民であっても,彼らが東欧諸国出身の難民であれば,通常 2 年後に滞在許可を取得することができた（Münch 1992 : 46-47）。彼らは難民収容施設ではなく個別の住居に住むことができたとされ,のちに難民に対して禁止されるようになった就労に関しても,この当時は就業許可が問題なく発

行された (Münch 1992 : 62)。
6) 1973年9月の連邦議会においてCSU所属のカール・シュプランガー (Carl D. Spranger) はチリ人の難民を安全保障の観点から受け入れるべきではないと主張した。CSU所属のエーリッヒ・リードル (Erich Riedl) も第三世界出身の難民が流入していることを問題視した。リードルはツィルンドルフの難民収容施設の状況悪化は難民申請者の大半がアラブ諸国出身の難民であることに原因があるのではないかと発言し，その流入を阻止すべきだと主張した (BT-Plpr 7/50 : 2846-2847)。さらにSPD所属のラインハルト・ビューリング (Reinhard Bühling) も多くのアジア系難民，とりわけトルコ系の難民が増加している点を問題視し，密入国斡旋業者を介してくるこうした人々を取り締まるべきだと論じた (BT-Plpr 8/101 : 8030)。
7) 1980年7月の連邦議会においてCDUのアルフレート・ドレガー (Alfred Dregger) は，ドイツは東欧諸国出身の難民を受け入れる義務があるとしつつ，第三世界からやってくるムスリムやヒンドゥー教徒などのアジア・アフリカ系の難民に関しては，オランダやイギリスの事例からも明らかなように，キリスト教徒に比べて統合が困難であることからその受入に難色を示した (BT-Plpr 8/228 : 18524-18525)。またSPDのヴィルフリート・ペンナー (Willfried Penner) も「最終的には相当多くの外国人にとって，文化と文明の差異はしばしばここで住み慣れる際の克服しえない障害なのだ」と文化的な観点からこれ以上の難民の受入は困難であるとし，さらに「ドイツは移民国家ではない」という点から難民の受入を制限すべきだと主張した (BT-Plpr 8/228 : 18530)。FDP所属のフリードリッヒ・ベンディヒ (Friedrich Wendig) も「我々 (FDP) にとってもドイツ連邦共和国は移民国家ではない」ことから，ドイツの統合能力の限界を考慮に入れるためにも難民の受入は制限されるべきだと主張した (BT-Plpr 8/228 : 18533)。
8) 1950年から1987年までにおよそ140万人のアウスジードラーがドイツにやってきたが，1988年から1992年までのわずか5年間にそれ以前の38年間を超える，およそ142万人もの人々がドイツにやってきた。1986年から1988年にかけてドイツにやってきたアウスジードラーの数はそれまでの数の5倍となり，それは同時期の難民申請者数の2倍もの数に膨れ上がった。
9) 1978年と1980年に庇護手続促進法 (Asylverfahrensbeschleunigungsgesetz) が，1982年に庇護手続法 (Asylverfahrensgesetz) が成立するなど，連邦政府は一連の難民受入制限政策を講じた。こうした一連の法改正により，難民庇護審査はこれまでの3人の審査官による審査体制から，審査官1人によって行われる体制となった。
10) このビザ取得を義務付けたアジアやアフリカ諸国は，例えば，アフガニスタン，スリランカ，ガーナ，エチオピア，インド，バングラデシュ，トルコなどが含まれた (Münch 1992 : 83)。
11) またそれと同時に難民に対する就労制限政策も実施された。
12) もっとも2015年は処理件数のおよそ半分が法的に難民として認定されている。というのもシリア内戦から逃れてきた難民は法的に難民として保護されるケースが多いためである。アフガニスタン出身の申請者のうちの40％弱，シリアは90％以上，イラクは60％，イランは50％強が人道的な配慮から何らかの滞在資格を得られるのに対して，

東欧諸国出身（セルビア，マケドニア，ボスニア・ヘルツェゴビナ，コソボなど）はほぼ上記のような資格を得られず，申請が却下されるケースがほとんどである（BAMF 2015b）。

13) 難民は，ドイツ入国後1年間（近年3カ月間に改められた）は就労が禁止されており，それ以降も労働市場テストの実施によって正規雇用で雇われることが困難である。労働市場テストとは，雇用者がある勤め口において，ドイツ国民，EU市民などを採用することができないことを証明できた場合に，それ以外の法的ステータスの外国人を雇用できるテストのことをいう。

14) 2009年5月14日，ミュンスター，ディアコニー移民担当官への聞き取り。

15) 例えば連邦参議院での連邦内務次官ペーター・アルトマイヤー（Peter Altmaier）の発言（BR-Plpr 835: 225），あるいは連邦議会でのSPDのリュディガー・ファイト（Rüdiger Veit）やSPDのヨージップ・ユラトヴィチ（Josip Juratovic）の発言を参照されたい（BT-Plpr 16/179: 19010-19017）。

16) 滞在法に新たに18a条（就業目的の滞在許可交付規定）が設置された。

17) その具体的条件は，①ドイツで有資格の職業訓練・高等教育を修了した場合，②出身国で取得した職業資格などがドイツで認められ，2年以上それにふさわしい職業に従事している場合，③有資格の職業教育を前提とする就業に3年以上従事しており，滞在許可申請前の1年以内において家族のための生計費用を公的扶助に依存することなく稼ぐことができる，熟練労働者である滞在許容を受けた外国人の場合とされる。

18) 滞在法25a条により，2012年6月末現在で1,450人が滞在許可を取得した。国籍別ではトルコ，シリア，コソボ，セルビア，レバノン，イラクなどとなっている（BT Drucksache 17/10451: 9）。

19) もっとも難民がパスポートなどの身分証を携帯していない場合には就労許可がおりないことがある。とりわけ当人が身分証の発行に協力的でない場合，あるいは身元に偽りありと外国人局が判断した場合，就労許可はおりない。こうした問題点は滞在許容の地位にある難民に滞在許可証を交付するかどうかという際にも生じる。そのために難民の中には就労許可や滞在許可が交付されない人々が少なくない。

20) 2014年3月19日，レクリングハウゼン，ドイツ・カリタス職業支援センター関係者への聞き取り。

21) ただし教育パッケージに関しては，手続きがきわめて煩雑であると同時に，申請数が少ないという。親や周囲がその制度の存在を知らないといったケースも多いとされる。2013年3月6日，レクリングハウゼン，ドイツ・カリタス職業支援センター関係者への聞き取り。

22) 2013年3月15日，デュッセルドルフ，福音主義教会ディアコニー会関係者への聞き取り。

23) ここでいう低賃金労働とは，さまざまな雇用形態を含む，基本的にあらゆる就業により得られる賃金額を時給に換算して，時給の中央値の3分の2（時給9.3ユーロ）未満にある時給となる労働のことを指している。

[参考文献]

アガンベン，G.（2003）『ホモ・サケル——主権権力と剝き出しの生』高桑和巳訳，以文社
岩田正美（2008）『社会的排除——参加の欠如・不確かな帰属』有斐閣
久保山亮（2010）「5つの滞在正規化レジーム」近藤敦・塩原良和・鈴木江理子編『非正規滞在者と在留特別許可——移住者たちの過去・現在・未来』日本評論社
齋藤純一（2000）『公共性』岩波書店
渋谷望（2003）『魂の労働——ネオリベラリズムの権力論』青土社
昔農英明（2014）『「移民国家ドイツ」の難民庇護政策』慶應義塾大学出版会
ブルーベイカー，W. R.（2005）『フランスとドイツの国籍とネーション——国籍形成の比較歴史社会学』佐藤成基・佐々木てる監訳，明石書店
ヨプケ，C.（2013）『軽いシティズンシップ——市民，外国人，リベラリズムのゆくえ』遠藤乾監訳，岩波書店
Bade, Klaus J. (1994) *Ausländer, Aussiedler, Asyl : Eine Bestandsaufnahme*, C.H.Beck.
Bade, Klaus J. und Jochen Oltmer (2007) "Mitteleuropa. Deutschland," in Klaus J. Bade, Pieter C. Emmer, Leo Lucassen und Jochen Oltmer (Hrsg.), *Enzyklopädie : Migration in Europa. Vom 17. Jahrhundert bis zur Gegenwart*, Wilhellm Fink.
Beauftragte der Bundesregierung für Migration, Flüchtlinge und Integration (Hrsg.) (2007) *7. Bericht über die Lage der Ausländerinnen und Ausländer in Deutschland*, Beauftragte der Bundesregierung für Migration, Flüchtlinge und Integration.
—— (2011) *Zweiter Integrationsindikatorenbericht*, Beauftragte der Bundesregierung für Migration, Flüchtlinge und Integration.
Bundesamt für Migration und Flüchtlinge (BAMF) (2006) *Migrationsbericht des Bundesamtes für Migration und Flüchtlinge im Auftrag der Bundesregierung (Migrationsbericht 2005)*, Bundesamt für Migration und Flüchtlinge.
—— (2015a) *Aktuelle Zahlen zu Asyl*, BAMF.
—— (2015b) *Migrationsbericht 2014*, BAMF.
Bundesregierung (2007) *Der Nationale Integrationsplan : Neue Wege- Neue Chancen*, Koelblin-Fortuna-Druck.
CDU (2016) *Fördern und Fordern : Eckpunkte für die Integration von Schutzsuchenden mit Bleibeperspektive*, CDU.
Cyrus, Norbert and Dita Vogel (2005) "Germany," in Jan Niessen, Yongumi Schibel and Cressida Tompson (eds.), *Current Immigration Debates in Europe : A Publication of the European Migration Dialogue*.
Geiger, Martin (2010) *The Politics of International Migration Management*, Palgrave Macmillan.
Geiger, Martin and Antoine Pecoud (2012) "The New Politics of International Mobility : Migration Management and its Discontents," *IMIS Beiträge*.
Herbert, Ulrich (2001) *Geschichte der Ausländerpolitik in Deutschland : Saisonarbeiter, Zwangsarbeiter, Gastarbeiter, Flüchtlinge*, C.H.Beck.

Hilber, Doris and Tatjana Baraulina (2012) "Migration and Development: A New Policy Paradigm in Germany?," *IMIS Beiträge*.

Kalina, Thorsten und Claudia Weinkopf (2015) *IAQ Report, Aktuelle Forschungsergebnisse aus dem Institut Arbeit und Qualifikation Niedriglohnbeschäftigung 2013 : Stagnation auf hohem Niveau*, Universität Duisburg-Essen.

Laubenthal, Barbara (2008) "Two Steps Forward, One Step Back : Recent Trends in German Migration Policy," *CeSPI Country Paper*.

Münch, Urusla (1992) *Asylpolitik in der Bundesrepublik Deutschland : Entwicklung und Alternativen*, Leske + Budrich.

Pro Asyl (2011) *Für eine neue Bleiberechtsregelung*, Pro Asyl.

Soysal, Yasmin N. (1994) *Limits of Citizenship : Migrants and Postnational Membership in Europe*, University of Chicago.

Thränhardt, Dietrich (2004) "Entwicklung durch Migration : ein neuer Forschungsansatz," *Auspolitik und Zeitgeschichte*, No. 27.

Unabhängige Kommision "Zuwanderung" (2001) *Zuwanderung gestalten : Integration fördern*, Bundesministerium des Innern.

第9章 スペイン

新興移民受入国のダイナミズム
―――なぜ2000年代を代表する移民国家となったのか

小井土 彰宏

はじめに[1)]

　2000年に100万に満たなかったスペインに滞在する移民の総計は，2012年には540万に到達した（図9-1）。スペインは，21世紀初頭の2000〜2007年の8年間で，実に400万人を超える新規移民を受け入れたことになる。日本では長く認識されてこなかったが，2012年段階で人口規模4,400万人のスペインは，21世紀最初の10年において移民流入の絶対数で合衆国に次ぐ世界第二の移民受入国となった。この結果，スペインの総人口中の移民数は，12％を突破し，EU主要国中最も高いドイツの外国人人口比率に匹敵するようになった。データの検討でみるように，確かに経済危機によりこの移民人口増は現在終焉し，過去4年その数は緩やかに減少してきた。しかし，そのことはこの8年間の飛躍的な増大のもつ大きな意義を減じない。しかも，このニューカマーの移民は，きわめて多様な出身地からのものであり，近隣のモロッコや西アフリカのみならず，ラテンアメリカ，東欧の多様な国々，そしてアジアからも近年は増え続けている（図9-2）。

　このようなスペインの移民人口の増大は，いかに可能になったのであろうか。その背景に経済成長があったのは確かだが，とはいえどのような政策，そしてそれと連動した社会的なダイナミズムが生じたのだろうか。はたしてこのよう

222　第II部　EU諸国の受入政策の転換

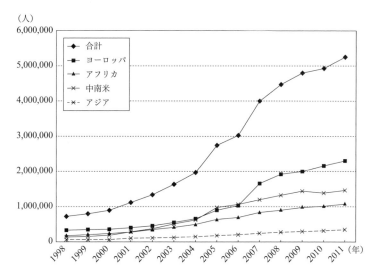

図 9-1　在スペイン住民登録済み外国人――総数および大陸別数（含む非正規，1998～2011年）

出所）スペイン国立統計局（INE）。

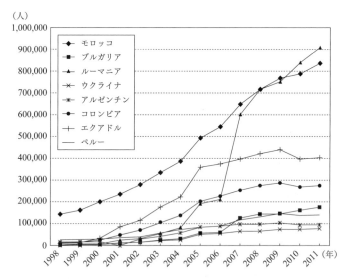

図 9-2　在スペイン住民登録済み外国人――出身国別（1998～2011年）

出所）スペイン国立統計局（INE）。

な急激な増大は，きわめて開放的な移民政策の帰結なのであろうか。

　それ以上に大きな疑問は，このような短期間での急激な移民人口増を経験しながら，スペインでは，加速度的移民拡大の初期の2000年のエル・エヒード市での事件を除いて[2]，ドイツ・フランス等でみられるような移民排斥運動も極右による反移民プロパガンダも本格的には展開したことがかつてなかった。また2004年3月11日に発生したイスラム過激派によるマドリード地下鉄同時多発テロ事件を例外として，フランス，イギリスでたびたびみられたような移民出身者によるテロ，「暴動」や蜂起等はこれまで報告されておらず，ヨーロッパ諸国の中でも移民をめぐる社会紛争が際立って少ない。いったいこのような，一見するといわば「例外的に」調和的とも思える形で，この急激なプロセスはなぜ進行することができたのであろうか。

　このことは，特に2007年の経済危機以降の状況を考えるとき，特に興味深い。すなわち，急激な移民流入は危機の中で必然的に終焉し，移民人口は高原状態となり2012年にピークを迎えた後緩やかに減少し，特にEU圏外からの移民は明確に減少してきている。このような経済成長の終焉と失業率の増大の中では，通常移民排斥論の台頭が歴史的に繰り返されてきたが，25％程度の失業率が2010年代に持続し，低下傾向にあるとはいえ2016年現在19％を維持する中でも，明確な排斥運動はいまだにみられる気配はない。

　このような例外的とも思える事態は，どのような移民政策によって可能になったのであろうか。スペインは，本書の対象国の中でも，韓国，日本と並んで最も後発的な移民受入国であり，その移民過程の規模の大きさに比して，日本における社会科学的研究はきわめて限られている。このため，まず本章では上記の基本的疑問について検討していく必要があるだろう。また，スペインの経済的な発展自体が韓国を除く諸事例に比べて位相にズレがあり，新自由主義的な論理の浸透は他のヨーロッパ諸国や日本とは時間的なラグがあると思われる。これを踏まえた上で，スペインにおける移民政策に潜在する選別性，そして経済危機の中での政策転換の中で出現してきた新たな傾向について議論する必要がある。

　本章では，まず第1節でスペインの移民人口の動態とその特徴を時間的，空

間的,産業別に概観し,第2節でフランコ体制以来のナショナルな政治的過程に照準をあわせることで移民政策の縦軸の歴史的過程を概観する。第3節では,スペインの移民政策の骨格をなしている移民選別の複数の制度的枠組みを空間構造の視点から検討し,いわば複合レジームとでも呼ぶべき移民政策の基礎構造の特徴について分析する。第4節で移民政策のうち出入国管理にかかわって外部国境線地帯での具体的なローカル構造をみる。第5節では移民の社会統合を促進するナショナルおよびローカルなガヴァナンス構造を検討したうえで,「おわりに」で2007年以降の経済危機の深化と2011年の政権交代によってどのような変動がそこに発生し,移民への新たな対応が生まれてきているかについて考察していく。

1 スペインの経済発展と人間の移動の概観

スペインは,周知のように1970年代まで,移民送出国であった。日本でもよく知られているように第二次世界大戦後のドイツ等の戦後復興と高度成長期に移民を排出したのみならず,それ以前の19世紀から20世紀にいたるまで旧スペイン帝国の版図であったラテンアメリカ諸国に持続的に移民を送り出した。特に,スペイン内戦(1936〜1939年)における国土の荒廃,社会の分裂,政治的な抑圧は,多くのスペイン人,特に知識人を国外に,すなわち内戦から第二次世界大戦中はラテンアメリカ,そして戦後は先進ヨーロッパ諸国に流出させた。

第二次世界大戦中からのラテンアメリカの工業化は,スペイン人労働力を引き付けた。フランコ(F. Franco)時代後期には,一方でガストアルバイター等として,北西ヨーロッパでの工業労働者,家事労働者を含むサービス労働者となって,大量に国際移動が進み,彼らの送金はスペインの重要な外貨収入源となる。他方,この時期の工業化による急激な経済成長は,スペイン国内での地域間移動を拡大させた。典型的には,バルセロナ市へのアンダルシア州農村や大西洋岸のガリシア地方からの移動や,マドリード市への周辺の農村やガリシ

ア州からの移動，北東部バスク地方へのガリシア州等からの移動がつづいていく（竹中 2009）。1980 年代における，移民送出国から移民受入国への転換は，一方で石油危機を受けての西欧の移民受入停止の影響と，国内での民主化の進展および西欧民主国家群への仲間入りという国際的経済的地位の上昇，という変化が大きい。と同時に，このような農村 - 都市間移動による国内労働力吸収にもとづいた経済成長という工業化路線が限界に達し始めたことがある。

　内戦 - 体制安定 - 民主化という変動過程や経済成長のダイナミズムに加えて，もうひとつ重要な要因は，スペインにおける出生率の歴史的な減少の趨勢である。合計特殊出生率は，1980 年まで 2.2 を保っていたが，現在は 1.3 と日本とほぼ同水準のきわめて低い出生率にとどまっている。スペイン統計局の指標の 1,000 人当たりの出生率では，1975 年で 18 人であったのが 1990 年代前半には 9 人前後と 20 年弱でほぼ半減している。このような出生率減少の趨勢は産業化とともに進行することが一般的ではある。しかし，スペインを特徴づけるのはこの趨勢の中で，60 年代の高度成長後，他の先進国で雇用を誘発する力強い成長が終わった時期にあたる 80 年代半ばからバルセロナ五輪後までの成長，そして人間の自由移動を含む EU への完全な統合を果たした後の 96 年から 2007 年までの新しい持続的な経済成長を経験したことである。人口成長が収束に向かい国内人口の高齢化が進行しながら，このような大きな波をなす成長を繰り返し経験したことは，必然的に大規模な労働力不足を生み出した。このことが大きな政策変更のダイナミズムの基底をなしている。

　しかし，移民の吸収は単に労働市場の調節機能を担っただけではない。総人口の動態と出生率からは，このような移民流入の増大は，1990 年代前半に完全に伸びが停滞していた総人口を押し上げるのみならず，出生率自体も押し上げたことが，移民人口の動態と照らし合わせるとみえてくる。移民は，単なる「労働力」ではなくスペイン社会の基礎的社会動態を規定し，高齢化を少なくとも 90 年代半ばから 2007～08 年まで緩和したことは間違いない。そこで次節で，スペイン国家の移民政策がこのような移民人口の動態をいかに規定したかを，中央政府の政策を縦軸に概観しておこう。

2 スペインの政治体制変動と移民政策の形成

1) 未完の「国民国家スペイン」の動揺とフランコ体制

　近代最初の植民地帝国を築き，多くの人口を海外に送り出したスペイン国家は，20世紀初頭大きな試練に立たされた。1898年の米西戦争での敗北により，キューバ，フロリダ半島，フィリピンを合衆国に奪われ，帝国的構造は最終的に解体した上，20世紀初頭に保護国であったモロッコとの軍事衝突でも敗北し，その国家的威信は大きく揺らいで，イベリア半島を中心とした国民国家への転換が迫られた。帝国の崩壊は明確だったが，それに代わる国民国家の輪郭はいまだにようとしてみえなかった。

　その中で，王政に変わる共和制を模索する動きが強まるとともに，元来民族的独自性の強かったカタルーニャ，バスクなどの地域の自治主義の動きが頭をもたげてくる（立石2002）。1930年代初頭，共和制は地域主義者との連邦主義的方向での妥協の下にいったん成立するが，1936年辺境方面軍のフランコ将軍の蜂起により内戦が勃発して1939年まで続き，共和制と自治主義の瓦礫の上にフランコ体制が打ち立てられる。

　外側に攻撃的なナチなどのファシズム体制と対比してより静的な権威主義体制と特徴づけられたフランコ体制（Linz 1975）は，第二次世界大戦後西ヨーロッパから孤立して非民主主義体制を30年にわたり維持していく。空間的スケールに焦点をあてるなら領土の縮小に対応しつつ地方への分散化を抑圧し，国民国家の枠組みを内向的な暴力により確立する体制ともいえた。

　この体制の下では2つのことが進行した。一方で，アウタルキアと呼ばれる経済的自律を維持しその中で荒廃した国土を農業開発と工業化によって復興させる路線の追求であり，この結果スペイン経済は国民経済として高度成長を遂げる。他方で，この体制は多くの人口を国外に散逸させていった。市民戦争中からすでに多くの人々が亡命し，戦後も迫害を逃れるために難民が流出した。加えて1950年代に入ると，復興と高度成長の進行する西欧に労働者を，また開発の進むラテンアメリカに多くの人々を送り出し，彼らの海外からの家族へ

の送金はこの工業化路線を側面から支える機能をもった。すなわち，フランコ体制は，政治的には孤立しながら一方で脆弱であった国民経済を固めつつ，同時にヨーロッパと旧帝国版図の二方向に広がる人間の流れに依存していたのだった。

2) フランコ後の3つの転換と移民レジーム

　スペイン権威主義体制は，1975年フランコの死去によりちょうど戦後のヨーロッパの高度成長が終わり，同時に本格的な経済統合が始まる時期に終焉した。独裁者の死後，後継者スアレス（A. Suárez）の巧みな各層との交渉による漸進的な政治路線により，スペインにも議会制民主主義が定着し，権威主義体制期に抑圧された社会労働党（Partido de Socialista Obreros de Espana, PSOE）が長期に政権を担う（F. ゴンザレス［F. Gonzalez］政権，1982～1996年）までになった。また，民主化プロセスの中で，徹底的に抑圧されてきたカタルーニャ，バスクなどの地域主義が容認され，長く公教育で禁止されていた固有言語の教育を復活させるなど，強権的に集権制を維持した体制が転換された。1978年憲法において単なる分権主義ではなく，歴史的民族の独自性を公的に承認することを明確にし，特定の地域により多くの自治を認める「非対称的連邦制」とも呼ばれる特異なレジームが形成された（立石2002）。また，民主政権は，長く西欧から孤立した状況であったのを脱して，さらに進みつつあるヨーロッパ統合に加わり，EC（ヨーロッパ共同体）に参加することを強く希求した。

　以上から，フランコ後のスペインの政治変動を特徴づけるのは，①民主化，②地方分権化，③ヨーロッパ化（統合ヨーロッパへの参入）の3つの移行の共時的進展である。国際社会学におけるヨーロッパ研究では，国民国家レベルだけに排他的な関心を寄せることを超えて，ヨーロッパにおけるⓐ超国家的な地域＝統合ヨーロッパ，ⓑ国民社会，ⓒサブナショナルな地域という3つの水準の自律性と相関を把握することの重要性が論じられてきたが（宮島・梶田編1991），スペインの体制移行は単なる民主化というⓑの水準でとらえるべきではなく，まさにこの3水準の同時並行的な転換であることを理解しなければならない。さらにいうならば，20世紀初頭からの変動を考えるとき，もうひとつの旧帝

国の水準がこのⓐの層において統合ヨーロッパのベクトルと交錯しうることを認識しておくことがレジームの特性を把握するのに重要であろう。

スペインは，1986年1月にECへの加盟を前にして，移民法を整備することを既存の加盟国から求められ，その直前の1985年，初の本格的な移民法としての「スペインにおける外国人の権利と自由に関する組織法[3]」（Ley Orgánica 7/ 1985, de 1 de julio, de derechos y libertades de los extranjeros en España)」が成立する。この法律では，統合欧州の最南端に位置するスペインが外部からの侵入路となることへの加盟国からの危惧によって，入国管理と強制送還の規定が重要関心事となった。例えば，就労のために入国するには，送出国で受入企業や住居に関する証明書を提出してビザ発給手続きを行わなければならないが，これはインターネットの発達した現在ですら困難であり，この当時の実際の処理のあり方としては不可能に近く（中島 2012），EC加盟国の危惧を払拭するためにいわば実務的には非現実的なハードルを設定したともいえる。この域外からの入国抑止中心の制度は，以下にみられる特有のダイナミズムを作り出す。

3) 非正規移民の繰り返される正規化と割当制度

1985年の移民法の成立に際して，すでに国内に滞在していた非正規移民の正規化が実施され，3.4万人が正規化された。さらに，堅調な経済の下外国人労働力は増大，結果として非正規移民数も拡大し，1991年には11万人，1996年には2.1万人，さらに国民党への政権交代後も2000年18万人，2001年22万人と正規化が繰り返された。このような正規化は，表門の就労許可の取得（序章図序–1の短期合法ゲート）が厳しいために持続的に蓄積される非正規移民の周期的な解決といいうるが，社会労働党政権下のみならず，移民に対しより厳しい国民党政権下でも実施されることから，特例措置といいながら第3節で検討するように一種の構造化されたメカニズムともいえることが分かる。

この一方，1993年には，労働市場の状況に応じて外国人労働者の雇用を一定数認める"contingente"と呼ばれるクォータ（割当）制度が導入された。この制度は，次第に国内労働者で賄いきれなくなった労働市場の実情に対して，各地域の特定産業において求人を出した場合に埋めきれない労働者の数を算出

し，これを各国に割り当て外国人労働者を導入するという制度である。例えば，ムルシア自治州の農業にエクアドルからは100名といった特定国からの導入である。しかし，建前では各国からの「新規導入」であるものの，その実態は国内に蓄積した非正規移民を国籍別に各産業に割り振るという形で，彼らの労働者としての正規化を産業別に経済動向に合わせて（一斉ではなく）逐次的に行うシステムの形成であった。

4) 国民党政権下でのEU対応とその矛盾

14年にわたって続いたF. ゴンザレス政権が長期政権ゆえの腐敗により下野すると，フランコ時代にルーツをもつ国民党（Partido Popular）のアスナール（J. M. Aznar）政権が登場する。この時期，EUは通貨統合をはじめその統合度を深化させていくが，1999年にアムステルダム条約が成立し，EUが共通移民政策の策定権をもつこととなる。その直接の影響を受け，EC加盟直前に成立した1985年外国人法に代わる「2000年外国人法（Ley Organica 4/2000）」で，新たなEUの移民政策諸基準への適応（harmonization）が図られたといえるだろう。この結果，スペイン在留の外国人はEU市民に準じる諸権利を得るとともに，社会・経済・文化上の差別の撤廃と反人種差別政策が盛り込まれた。家族の呼び寄せ，地方参政権などが盛り込まれるとともに，非正規移民を含め集会・結社・デモ・組合結成・ストライキの権利も認められ，きわめて先進的な法制となった。しかし，これらの法整備は，国民党とその支持者の元来もつイデオロギー，移民に対する姿勢からするなら過度に寛容なものであり，翌年には改正されて諸権利が再び否認されるが，この改正は憲法裁判所において係争点になり2007年には違憲判断が出されることになる。

5) 第2次社会労働党政権下での大規模正規化と社会統合政策の始動

アスナール政権は，好調な経済に支えられ高い支持率を維持し，これには移民労働力が必要として2000年法にもとづき2度にわたる移民の正規化を実施した。しかし，2004年3月11日にマドリード同時多発テロ事件が発生すると，自らのイラク戦争への派兵の正当性を主張するために，犯人をイスラム過激派

ではないと断定したが，それが誤っていることが発覚すると総選挙での支持を失い下野することになった。これに代わった社会労働党のサパテロ（J. L. Zapatero）政権は，EUの中でも政治体制が安定し，開発ポテンシャルの残されたスペインへの外国資本の流入に支えられて，持続的な経済ブームの中で，ますます増大する移民に対して一連の積極政策をとった。

第一に，過去最大となる2005年非正規移民の正規化（normalisación）を実施する。この正規化では，過去1年間のうちの半年間の就労実績に加え社会的・労働上の「定着（arraigo）」が正規化の根拠とされ，実に70万人を超える非正規移民が正規化されて1年間有効な居住・労働許可を付与された[4]。第二に，社会統合政策が本格的に実施された。すでに社会統合は政策のキー概念としては93年に出現していたし，2000年に打ち出された移民政策大綱でも多文化主義社会の実現がうたわれていたが，このサパテロ政権は，急激に増大した移民人口を踏まえて，社会統合政策を実施するための中央と地方における制度的な構造の整備と積極的にそれを推進しうる人材の登用を大胆に行い，「市民権と統合戦略計画2007〜2011（Plan Estrategico Ciudadania e Integración 2007-2011）」が策定され推進されていく。その詳細は第4節に譲るが，これを通じて移民の社会適応の促進が，中央・自治体・NGOsの共同の下で持続的に推進されるガヴァナンス構造が形成されていく。

6) 不動産バブルの崩壊・経済危機・移民政策の停滞

2007年，長期に及んだスペインの経済ブームは，投機により上昇した不動産価格の暴落（「日本的バブル［burbuja japonesa］」の崩壊とスペイン人は呼ぶ）により終焉し，さらにリーマン・ショックを受けて欧州の中核的銀行への対外債務によりスペイン経済は長期の不況期に突入する。バブル期後半を担当した社会労働党は経済運営の責任を問われ下野し，2011年首相M.ラホイ（M. Rajoy）を首班とする国民党が政権に復帰する。国民党政権は，トロイカと呼ばれるEU，欧州中央銀行，IMFの3つの超国家機関のヘゲモニーの下で税収減を踏まえた財政再建と，国際債務返済をその主要課題としていく。「対外債務返済によりEUに残存し経済再建を果たす」という至上命題の下，25％を超える

きわめて高い失業率（若年失業率は 2014 年には 50％にも達し，EU 加盟国中最高）にもかかわらず，支出削減（Recorte）を 4 年以上推進した。経済危機下で 2011 年に始まった若者中心の「5 月 15 日運動」や，やはり若者を中心とした市民ベースの 2014 年結党の新政党ポデーモス（Podemos）の批判と挑戦をものともせず，国民党は対外公約の履行と「社会労働党の失策」のツケを払うと正当化し緊縮政策を進めながら，移民政策に関しては否定も肯定もせず放置しているのが現状である。この現状のもつ意味は，それ以前に形成されたスペイン特有の移民レジームの構造的特質を制度内在的にまず分析したうえで，本章の最後に検討することにしよう。

3　「複合レジーム」としての移民規制・受入体制とその選別性

1) 2 面的レジーム形成

　スペインの移民政策は，第 2 節で示したように大きく段階的に転換してきたが，ここでは個々の移民法の内容ではなく，これらの法制度のもつ構造的作用とその相互連関が作り出した社会的なダイナミズムを中心に政策体系の変容を検討しよう。第 2 節での説明のように，一面で，スペインの移民政策の基本枠組み（レジーム）は，国内政治経済の変動の帰結である。と同時に，ナショナルなレベルに還元できない，空間次元での次の 3 つの広がりに規定されている。すなわち，①フランコ体制下で「先進国群」西ヨーロッパから孤立してきたことから脱却するための EC，EU への段階的な加盟による統合過程とそれへの対応，②旧スペイン帝国の植民地へのさまざまな事情による処遇，③非対称的連邦主義ともいわれる 1978 年憲法が認めた歴史的自治体としてのカタルーニャ，バスク，アンダルシアがもつ強い政策的自律性，これらの 3 つが絡み合うことで，他の国家にはみられない特徴的な複合的移民政策の基礎レジームが形成されているということができる。

　まず，第一の要因は，移民政策の最も基礎的なレジームの構造を規定した。1986 年 EC 加盟を目前に準備された 1985 年法は，域外移民の通過点となるこ

とを恐れた旧 EC 諸国からの要求の圧力の下で形成され，その影響は移民政策の構造を規定し続けたが，2007 年にこのレジームの骨格は確立する。この結果現在のスペイン移民レジームは，外国人を「欧州共同体レジーム（Régimen Comunitario）」と「一般レジーム（Régimen General）」で大きく区分する。ただし，EC/EU 出身者優遇を前提としたことは，自国出身者の権利を守るという北西欧の主要諸国の利害だけではなく，スペインのもつ移民送出国としての歴史背景がもう一方にある。つまり，移民の第 2・第 3 世代（特に受入国での国籍取得者）の帰国，定年後スペインへの帰国を予定しているものを包摂していく（中島 2012）という，元送出国としてエスニックな帰還移民を優遇する側面も併せもっていたことも見逃せない。

2）一般レジームの中での制度の不整合性とその実質的機能

　一方，この欧州共同体枠組みの外側に位置づけられる外国出身者の入国は，一般レジームの下におかれた。この枠組みの形式上の基本原理は，就労許可と滞在許可が一致するガストアルバイター型のシステムであり，ビザ制度が制度的軸であった。しかし，現実には 1960 年代ドイツと異なり海外での積極的な国家機関による募集（佐藤 1994）を欠いていた上に，いまだに送出国との通信手段の限界がある時代でもあり，スペイン国内の雇用者との直接交信・折衝は現実的ではなく，必然的に観光ビザで入国し就労を開始するということが，むしろ主要な流れとなっていく。この結果として，スペイン特有の公式・非公式の政策的な基礎的パターンが形成された（中島 2012）。

　すなわち，第一に，このような実態から乖離した許可制度は，非正規移民の大規模な滞留・増加を招き，表面上は不承不承の容認でありながら，周期的な正規化・合法化プログラムによって労働者の形式的な就労許可が認められるというパターンが定着した。第二に，1993 年に成立した労働市場調査による雇用割当制度（contingente）もまた形式的には労働力市場における需給の過不足状況の調査によって各国に雇用許可を割り当てるというルールでありながら，実際にはそれは国内ですでに就労している各国の非正規移民の就労許可割当の配分という機能をもっていた。すなわち，それは既成事実の容認による逐次的

正規化とでも呼びうる。それは拡大基調の経済にあわせた，地域・業種別の，ナショナリティにもとづく国内化された選別システムといいかえることができるだろう。

　選別性という観点からするとき，このような首尾一貫性を欠いたようにみえるスペインの移民政策はどのような構造的特性をもっているといえるだろうか。ビザ申請手続きにおける形式主義，時間的非効率性からみる限り，マクロの移民ストックの統計における持続的増加から受ける印象とは異なり，実はスペイン国家の移民政策の形式的枠組みはきわめて硬直的で，開放的とはいいがたい。ディーツらが指摘するフランコ体制下で形成された産業志向の硬直的官僚制の特性が継続している（Agrela and Dietz 2006）。問題はこのこと自体が逆説的にも特有のダイナミクスを引き起こすことである。合法入国，観光ビザでの資格外就労というパターンは，労働市場での移民自身の定着と移民依存の体質を企業に生み出し，これを合法化によって追認せざるを得ないというメカニズムが形成される。特に，いったん就労が認められても，1年後の延長承認時に6カ月以上失業しているとそれが就労権の剥奪をもたらすという，第一関門以上に第二の関門が厳しい構造的な特徴は，結局非正規滞在者を拡大し，それ自体がまた特別正規化プログラムを生み出す（序章図序-1，第4層・第3層間の往復）。

　結果として，スペインのこの形式論理的には一貫性をもたない諸制度が相互に連関しあうことで，そのトータルな効果としてはある種の段階的正規化・市民権獲得への定型化されたパターンが2007年頃までに事実上形成されてきたと捉えることができる。すなわち，①ゆるい観光ビザ規制で非正規労働市場にまず参入→②非正規就労→③クォータにより就労権を得たうえで，さらに非正規資格との間を行き来する不安定な状況→④特別正規化で合法的な滞在者になる，というパターンがひとつの典型となった。一見するとパッチワークのようにみえる諸規定が相互に結合することで，移民と雇用者にひとつの予測可能性を生んでいるわけである。この結果，労働市場での実際の就労経験が一種のOJTによる実技能力と就労態度に関する選別テストとして機能する，インフォーマルなメカニズムが形成されてきたと捉えることができる。ここでは，移民政策当局や雇用者が，遠隔地から書類や面接審査によって適格者を選抜す

るのではなく，一見すると非整合的な制度の集合体が，スペインでの就労経験・雇用者の評価と定住化実績を基準とした選別機構を形成してきたとみることができよう。

表面上は相互に矛盾した，厳格な就労ビザ規定と緩やかな特別正規化の規定は，顕在的機能としては破綻しているが，実は潜在的機能としては移民を，クッションを置きながら労働市場に組み込むというメタ構造の一部をなしているとみなしうる。

もちろん，このような制度複合体は立法府や行政機構が上から一方向的に生み出したのではない。その基底をなしていたのは，雇用者の利害と移民たちの蓄積してきた社会的な発言力・組織力であった。一方で，スペインをはじめとする南欧で特徴的な，小規模事業者の比率の高さとそこに起因するインフォーマル・セクターの分厚さから，非正規の事実上の容認と周期的な承認への圧力が生まれてきたことは，これまでも指摘されている（Calavita 2005）。他方，移民たち自身の政策形成における能動性も見逃してはならない。例えば，2001年の正規化プログラムの背景には，スペイン東部農業地帯（ムルシア自治州）でおこった，長時間労働の後，帰宅途上の移民が乗せられたバンの交通事故で多数死亡する事件があった（Cachón, 2009：196）。これをきっかけにエクアドル人移民の教会占拠による抗議運動があり，彼らのスペイン・エクアドル両政府への働きかけによる正規化を突破口にして，さらに一般正規化プログラムが実施されていく[5]。非正規の蓄積自体がその正規化の原動力になるという社会的サイクルがそこから浮かび上がるが，労働市場における選別は必ずしも単純に市場メカニズム依存型の選別政策とはいえず，その中で形成される移民自身の社会的力が，上昇のために選別のゲートを徐々に押し広げる側面があることもまた重要である。

3）超国家的な文脈によるレジームの選別性

このような動態をもつ一般レジームであるが，そこではさらに別の2つの論理がその内部のメカニズムを複雑化してきた。第一に，ラテンアメリカや赤道ギニアなど旧帝国植民地との関係である。スペインは，2002年までラテンア

メリカ諸国に対してその入国に関しての規制を行ってこなかった。この背景には，先に述べたスペインの19世紀からフランコ期までのラテンアメリカへの出移民とその送金，そして亡命知識人・政治家の経験があった。これらの海外亡命者たちは，後に民主化後のスペインでは政権の中枢をはじめとする影響力の強い地位をしばしば占め，結果として彼らラテンアメリカ諸国への「心理的・政治的負債」を生じさせ[6]，ラテンアメリカからの入国規制にはきわめて寛大であったという[7]。

このため就労許可はともかく，入国自体はきわめて容易であった。しかし，特定のラテンアメリカの国家からの入国が急増し政治問題化するたびに，ビザ規制の対象国へと切り替え，徐々にビザによる出入国管理が一般化してきた。ここにも事態の進展に対応して（先の正規化措置と対照的だが）状況依存的な制度形成の傾向がみられる。しかしながら，その後もラテンアメリカ諸国に対する特恵的な処遇は持続した。すなわち，ラテンアメリカ，例えばエクアドルからの移民は，2年でスペイン市民権を獲得することができ，これは他の一般の外国人の10年に比べて，破格の速度での権利獲得であり，このような選別的な優遇策が制度自体の正統性が問われる要因となった。

第二に，欧州共同体枠組みとの相互作用がある。欧州共同体枠組みをレジームの2つの柱のひとつにしたのは，スペイン自らがEC・EUに参加を承認され，統合を深めていくためであったが，EC・EUは周知のようにその後ダイナミックに拡大してきた。このことは，2つのことを惹起していく。すなわち，まず一方で外縁国境の東方拡大はスペインより経済水準の低い東欧諸国を段階的に組み込み，これらの国々はシェンゲン域（移動の自由空間）を拡張するが，その前段階では加盟後数年といった時限的な移動制限地域になる。このことは，スペインに独特な効果をもった。すなわち，ルーマニア，ブルガリア等の新加盟国からの移民は，いまだEU加盟準備段階でも，シェンゲン域に入るや国境の無規制を利用して，スペインへと移動しそのゆるい就労規制により労働市場に参入した。そして，2007年にEUに加盟し2009年に労働移動制限が撤廃されるや正規移民としての就労滞在を続けるという境界変動を利用したいわば時限的非正規移民戦略を取っていた。

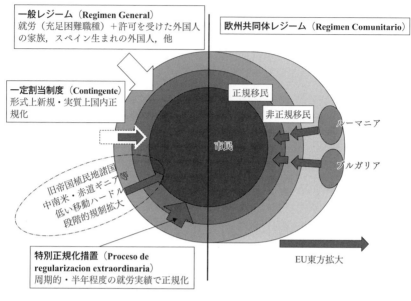

図 9-3 2007 年に確立した移民受入レジーム

このように、二重の移民レジームの下での移民の受入数の急速な増加とその出身国籍の多様化の背景には、それぞれのレジーム内部での制度の特有の選別性の論理と、それが時間的な経過の中で常に再編されてきたことが大きな要因として作用していたといえよう。

4　国境管理の実態──カナリア諸島と地中海域

1) シフトする規制の焦点

1990 年代以来、スペインの南部国境/海岸地帯への侵入、特にサブサハラ系アフリカ人たちの海上からの侵入が増加していく。最初は、ジブラルタル海峡をパテーラ (patera) と呼ばれるカヌー型の数人乗りのボートで渡海する小規模な漂着と侵入にとどまっていた。しかし、1999 年以降 2000 年代になり、

状況は転換していく。特に，2006〜07年には，より大きなカユーコ（cayuco）と呼ばれる漁船を改造した中・小型船によって数十人から最大で150名を超えるような数の移民たちを乗せてアフリカ西部，特にセネガルやモロッコ支配下の西サハラ地域からカナリア諸島に漂着を繰り返していく。これは，大きな反応をEU諸国に引き起こし，EU諸国の共通域外国境政策の枠組みに大きな転換をもたらした。後述のようなフロンテクスと呼ばれる新組織による管理強化の中で，現在は非正規移民の流れの焦点は，ジブラルタル対岸のセウタ，さらに最新の状況では特により東のメリーリャへとシフトしつつある。2012年の夏以来メリーリャのモロッコとの陸上国境では国境フェンスを挟み，サブサハラ移民と警備隊のにらみ合いが続き，全ヨーロッパ的な関心が続いてきた。すなわち，スペイン南部国境は国民国家の国境であると同時に，イタリア南部海岸・島嶼地域と並んでヨーロッパ外部国境を構成し，2つの境界維持機能をもつことで，複雑な動態を示してきたのである。それでは，この重層的な境界地帯における実際の管理と移民の選別・排除はいかに行われているのだろうか。ここでは，国境管理をめぐる変動，構造と特性，規制現場におけるさまざまなアクターの関係，について検討していく。

2）管理体制の構築と入国の焦点の移動

1990年代初頭から，すでにジブラルタル海峡を越えての非合法の漂着は繰り返されてきた。西アフリカにおける低開発状況と新自由主義的な市場志向の構造調整策は，これら諸国の経済状況をさらに悪化させ，他の選択を求める移動への志向を強めた。これらのサブサハラ移民たちは，欧州統合の中で成長しつつあった南部アンダルシア自治州の農業——特に温室野菜や果実——における不足しつつあった労働力として吸収されるとともに（中川2000），シェンゲン空間へ参入しフランスほかに移動していった。90年代後半には，この拡大は次第に問題視され，特に93年以降，自由移動空間が確立する中で，EUからの規制への圧力は高まる。治安警察による海上監視，陸上での拘束は強化されるが，同時にアンダルシア海岸地帯における人権NGOによるこれらの漂着移民の保護の運動と組織化も拡大し，安全な他地域・他国への移動を支援する

という交錯した状況が進行する。徐々にジブラルタル付近の監視が強化される中で，2006～07年から移民たちは新たなルートとしてカナリア諸島に向かった。同諸島はEU空間の最南端かつ最西端に位置し，移民たちはいわば脆弱な裏口にある突端に漂着することでEUへの進入を図り始めた。セネガルやモーリタニアには，小中型船を使った漁業者が多数存在する。彼らは収入補填のために周辺諸国からの移住希望者を募って手数料を取り，1週間程度をかけて，カナリア諸島海岸部に漂着した。観光地としても有名なこの地帯への漂着は，サブサハラ・アフリカ移民の問題をきわめて可視的なものとし，EU側においてセンセーショナルな事件としてとらえられた。

これに対して，EU諸国は域外共通国境の共同管理の常設機関としてフロンテクスを設立し（第4章で詳述），情報の共有化と，監視システムの構築，そして関係国の実行部隊の共同作戦を調整する任務が与えられた（堀井2013）。

このフロンテクスの最初の共同作戦が，カナリア諸島への漂着の激増への対処であった。大陸から諸島への広大な海域の管理は一見すると困難に思われるが，実際には遮蔽物のない海上の監視は，高度に発達した監視衛星によるリアルタイムの把握と，監視船のレーダーによってきわめて精度の高いものとなり，海上での捕捉と送出国への送還も強化された（Godenau 2012；第4章第3節）。

しかし，カナリア諸島現地の研究者によると，より効果を上げたのは，実はスペインのみならずヨーロッパ諸国と送出諸国との間の，共同・開発（Co-desarrollo，英語でのCo-development）のコンセプトにより結ばれた開発援助協定やそのための交渉であった（Godenau 2012）。モロッコに加え，セネガル，モーリタニア，赤道ギニア等の西アフリカ諸国とEUは，援助と引き換えに出国管理，漁民らの密航ビジネスへの強い取締りを要請した。この結果，カナリア諸島は2006年に3万人強の漂着数であったのが，2009年を過ぎると2,000人以下へと急激に減少し，サブサハラ移民のルートとしての重要性を失っていったのである。

しかし，このことはEUとスペイン政府が海上ルート一般を遮断できたことを意味しない。この後，移民たちはモロッコ海岸からアンダルシア南部への漂着を拡大させていき，ジブラルタル海峡より東部のアンダルシア海岸への漂着

が続く。これに対して同じくフロンテクスとスペイン治安警察海上部隊は，共同してその監視を強化していった。

　この結果，拡大していったのが，2011年ごろからの陸上ルートである。スペインはジブラルタル対岸のセウタ，それより200 kmほど東に位置するメリーリャという2つの港湾都市を飛び地領としてアフリカ大陸内にもっており，この飛び地への陸上からの侵入は2000年代に入り拡大する。これに対し，スペイン内務省は，周囲の国境線を鋼鉄製のフェンスで囲み始める。しかし，サハラ以南からの移民たちは，セウタやメリーリャの周囲の山や谷あいなどでしばらく滞留しながら，チャンスをうかがい，フェンスをよじ登りスペイン側に侵入することを繰り返してきた。スペイン内務省は，2010年以降さらにフェンスを多重化し立体的な障害物を構築することなどを試みた。しかし，実際には取締りは国内における移民を含む人権への関心の高さによって，露骨な強硬手段は従来とれず，移民にスペイン側への侵入を許してしまった後は，移民収容施設での保護の対象となっていく。この結果，スペイン側の公式的な抑止政策にもかかわらず，周期的に両飛び地への移民の侵入は拡大していく。特に，2010年秋以来のアラブの春と呼ばれたチュニジアを起点とする体制の転換は，北アフリカ地域ではリビアのカダフィ（Gaddafi）政権の崩壊という結末をみた。この結果，サブサハラ・アフリカからの労働者を吸収しながら石油輸出に依存した重要な地域の成長軸が消滅することで，移民たちの移動の方向に大きな変更が起こった。それはヨーロッパに向かい，イタリア南海岸・島嶼地帯とスペイン飛び地地帯に「危機」をもたらした。

　2012年にはよりリビアに近いメリーリャの周囲にサブサハラ系移民が大挙して野宿した上，高い有刺鉄線をめぐって治安警察隊と対峙する状況が続いた。さらに海岸線からこの飛び地への突破を試み，失敗し15名が溺死するなどの事件も起こり，メリーリャの周囲は最も緊張した境界領域へと変貌した。

　以上の推移から，非正規の国境・共通域外境界の突破は，一方で境界管理策に関して国民国家による取締りと超国家機関による共同管理の強化を誘発し，新たな技術の応用や開発を推進した。しかし，その結果移民たちとその手引きをする組織の新たな地点への矛先のシフトと，その際の侵入戦略の変化をもた

らし,継起的に移民入国の突破地点が移動し続けることになる。このパターンは,1990年代に米墨国境地帯で観察されてきたパターンに酷似している。同国境の場合は,国境管理の強化の中でカリフォルニア海岸地帯から内陸部へ,さらにアリゾナ国境地帯へと移動が進み,多数の遭難者が出るようになった(小井土2002)。その意味で1990年代以降2000年代におけるグローバルな水準での国境管理の強化におけるある種の一般的なパターンに符合しているともいえる。だが,はたして現場における取締り,および非正規移民の拘束と排除においても同様な論理が認められるだろうか。

3)地中海における海上監視における取締り・保護の両義性

先述のように,シブラルタル海峡からアンダルシア南部アルメリア地域まで,多くの非合法入国のための小舟が渡海し,偵察衛星や海上レーダー監視の対象となってきた。一見すると国境管理の軍事化という合衆国にも共通する傾向が見出される一方,ここでは別の一面も見出される。常識ではこのような準軍事的な作戦の傾向から考えると海上情報は治安警察やフロンテクスに極秘情報として独占されるのではないかと思われるが,このスペイン南岸地中海上の情報は,海難捜査,救助にかかわる国際赤十字を中心としたNGOsにも提供され,特に赤十字はこれにもとづいて直接的な救助活動を行う[8]。このことから,海上での捜査活動は合衆国の陸上国境やオーストラリアでの海上監視・水際阻止活動とは著しく様相を異にする展開となる。すなわち,海上検挙作戦と通常みなされる行動は,実際には検挙主体である警察海上部隊と,赤十字社の救助艇が相前後して対象船舶に接近し,この乗船者たちを「拘束」と同時に保護することになる。例えば,治安警察が検挙したとしても,ぎりぎりまで詰め込まれた船での長い渡航で衰弱している場合は,監視船上で実際は赤十字社の医師らが診察するなど,これを保護の対象としていく。そこからみえてくるのは,一義的に海上で拘束し,排除・送還するといった論理ではなく,いわば海上からの侵入が同時に生命の危険をはらんだ遭難にいつでも転嫁しうるがゆえに,渡海自体がある種の救援対象になるという複合化した特有の論理である。

ここから浮かび上がるのは,スペイン国家が海上での入国阻止行動をとりな

がらも，実際にはその入国を排除することを主たる目的とはせず，抑止 (deterrence) の姿勢をみせつつ，危険な場合は保護活動に転換し，実際には海上での保護が繰り返され，保護の主体は形式上国際赤十字などになるという，本来異なる目的をもった団体と作戦が，構造的に入れ込み・共存して境界過程が両義的に進行し，しばしば受入保護機能に傾斜するというきわめてパラドキシカルな境界線上の現実なのである。

4）周辺諸地域における規制・収容と統合政策の相互浸潤過程

カナリア諸島，飛び地のセウタ，メリーリャは，スペイン領であり EU 域を構成しながらも，半島とは空間的に分離した，いわば例外領域的な特殊空間をなしている（第 3 章参照）。それゆえ移民規制の最前線であり，同時に本国から遮断された移民収容の拠点としての機能ももつ。はたして，その移民収容施設の機能の実態はどのようなものなのか。

カナリア諸島において，2006〜09 年頃の移民到来の大きな波は，大規模な移民収容を必然化させた。刑務所を改造した収容施設の中で漂着移民を収容したが，スペインの外国人法では，非合法入国であっても，送還すべき国を特定できない場合は強制送還できず，60 日を過ぎて送還できない場合は国内での滞留を認めることになる。この時期の大規模な漂着の結果，60 日を過ぎた移民たちはイベリア半島本土へ移送されていった。実際には，この結果彼らは，スペインでの滞在が可能になり，さらには事実上シェンゲン域内での移動を認められたに等しい。

カナリア諸島においては，自治政府は移民の統合政策の一環として，「社会統合常設研究所（Observatorio Permanente de Integración Social）」を設置し，そこで移民，特に漂着した若者の移民の統合に取り組んできた。この機関は，移民に関する調査を行う一方，まず，西アフリカからの漂着型移民以外の多様な移民にかかわる諸団体もフォーラム形式で参加させ，教育，医療などの政策課題を討議し，その意見を行政に吸収する機能をもった。他方，この研究所は，実際の社会統合を推進するために小規模の統合センターを同島各所に設置し，そこで漂着し非正規滞在を続けている若者の定着に力を入れている。西アフリカ出

身の若者に，スペイン語の学習，同諸島固有の農作物の栽培などの実習を行っている。そこからみえてくるのは，一方において人道的観点からの青少年の保護政策が，同時に農産物輸出地帯の将来労働者の育成という機能をもつことである。

アフリカの飛び地，セウタとメリーリャの場合，市周辺の国境管理は内務省（Ministerio del Interior）の管轄だが，そこで検挙された移民たちは社会保険・労働省の施設，「移民一時滞在センター（CETI：Centros de Estancia Temporal de Inmigrantes）」へと収容される。2012年夏に筆者が現地調査したセウタの施設もまた，それ以前の大量の陸上からの侵入により，その収容能力の限界に達し，周期的にイベリア半島側に移民を移送していた。しかし，この移送の結果，半島側の施設も限界に達したため，結局移民の自由な移動につながることへの批判が，国内だけではなくEUの他の加盟国で高まっていく。これに対応して，社会保険・労働省が取った措置は，非正規入国移民を半島側に移送するのを停止し，CETI収容者をセウタ内にとどめ続けるということであった。しかし，このことは必ずしも合衆国で発展してきた閉鎖的監獄型の移民収容施設に転換することを意味しなかった。実は，カナリア諸島はシェンゲン域であるが，セウタとメリーリャはEUでありながら，シェンゲン域外として設定されている[9]。拡大した収容者数に対してセウタのCETIが取った方策は，施設外への自由な移動を認める代わりにシェンゲン域への移動を禁止するという二重の措置であった。すなわち，彼らは施設に閉じ込められることはなくなり，「シェンゲン域外のスペイン」としてのセウタという例外空間自体に封じ込められたのだった。それは，第3章が分析した「コミュニティ抑留」に類似しているともいえ，同時に海外施設への封じ込めにもまた似ている。

これに対し，2015年5月と9月に筆者が訪問したメリーリャに設置されたCETIの場合，西アフリカ難民の到来が続いていたものが，前年からは地中海ルートを通って到着したシリア人難民が拡大していた。その数は定員1,000人のところ1,200人となり，400人の先行する西アフリカ系を加えると1,600人にも膨れ上がっており，常設キャンプの施設の外に仮設キャンプも作られていた。この結果急激に増大したシリア難民家族たちは次々にイベリア半島に移動

することとなる一方，やはり自由にIDを使い敷地を出入りでき，子どもたちは施設外の学校でスペイン語での授業を受けに通学までしていた。

　筆者の施設の現地調査からの大きな発見点は2つある。第一に，施設収容者の自律性である。IDを携行し，自由に外部に出ることができるだけでなく，夕方などに戻ってきた移民はIDを用いて入所する。それは拘留施設ではなく「保護滞在施設」としての性格を著しく強くもっている。また，施設内においても，彼らの活動は画一的な指示にもとづくものではなく，自律的に施設内の自室の清掃，整理などを行い，自室として活用する。第二は，施設の運用が社会保険・労働省のみによって行われるのではなく，赤十字など2つのNGOが施設内に入り，移民のスペイン語教育，IT教育，保健衛生などの社会統合に必要な教育プログラムを実施していた。

　この二点からは，CETIが非正規移民を市民社会の外部に置き続けることを実際目的にするものというよりも，社会統合を，施設外部への接触・就労の容認や，施設内部での人的資本の拡大によって達成する機能をもっていることがみえてくる。と同時に，半島に移動後施設外に出された者たちに関しては，ある意味でスペイン国家としてその負担を外部化し，シェンゲン域の他国家に移転するのに等しかった。

　このように，スペインにおける移民の国境規制と収容は，公式的には規制を目的としながら，実質的には社会統合を推し進める機能をも併せもっていると考えていいだろう。移民規制の顕在的な機能と潜在的な機能の乖離は，合衆国などでも顕著であり，そこではあくまでも移民の物理的排除を目指すという演技を行いつつ，実質的には移民を非合法化し，脆弱で搾取しやすい対象にするという機能をもっていた（小井土2002；2003）。スペインの場合はある意味でその乖離はより大きく，入国阻止と拘留にみえながら，実質的な機能に受入と社会的な統合策あるいは他のEU諸国へ負担転嫁という変形した選別のメカニズムも含まれるとみることができる。

5 社会統合政策の形成・実践・変容

1) 政策の転換と新たな移民ガヴァナンス構造の形成

　社会労働党のサパテロ政権は，第2節でみたように2005年以降，移民に対して積極的な政策を打ち出し，初めて移民の統合を推し進めるための積極的な社会政策を開始する。この政権は，2006年に移民政策の新たな政策立案メカニズムとして，「移民の社会統合のための全国フォーラム（Foro Nacional de Integración Social de Inmigrantes）」を設立した。

　注目すべきはこの円卓形式の公共的政策討論空間の構造とその権限であろう。このフォーラムは，内務省，外務省，社会保険労働省など官庁の代表10，赤十字，カリタスなど10の人権関係NGO，そして出身国別移民団体や出身国横断的な連合組織などが，代弁者（vocales）として参加して政策議論を行うという構造をもっている。特に注目すべき点は，直接利害当事者であり政策対象（受益者）でもある移民団体がその中でひとつの柱をなすことだろう。人口比と団体規模からいって大きなエスニック集団が常時参加し，さらに小規模な集団を代表する団体が輪番で組み込まれて意見表明をする構造が生み出された。

　そして，これらの行政機関，NGOs，移民団体の三者の合議の結果として報告書（Informe）あるいは答申が定期的に提出された。それ自体は法的拘束力をもたないが，政府の方針，議会における立法に一定の影響を与えてきた。このような移民集団自体の意見を政策決定過程で吸収する公式な回路が形成されていることは大きな特徴をなす。すなわち社会統合という概念から通常イメージされるような，国民社会の既存の支配的文化への適応促進という一方向的プロセスとは異なり，移民自体の政策過程での主体的参加を通じて，多元的な民主的プロセスの回路に組み込むことで，参加団体を中心とした組織化と双方向的な意見交換が行われてきた。その内容自体は，スペイン語教育，医療へのアクセス方法といった福祉国家の制度の理解，歴史文化の理解など，通常の社会統合と一致する。しかし，この統合策の機能は必ずしも，施策の効果自体だけではなく，これを決定する過程への移民団体の参加によってこれらの団体がスペ

インの公論空間＝公共圏（public sphere）の担い手となり，そのことを通じてさらには団体を超えて広がる各移民人口がこのような過程に向かって動員され回路づけられるということ自体により大きな意味があると思える。

このような構成に加えて，この全国フォーラムの座長は，アランゴ（Juaquin Arango），カチョン（Lorenzo Cachón）といったフランコ時代後期に青年期を過ごし，合衆国や西欧に留学し1960年代以降の理論を積極的に吸収して，民主化の時代の社会学をリードしてきた進歩的社会学者が務めた[10]。彼らが，多文化主義的な理念，エスニックな多元的共生の価値を重視し，この新しい政策形成空間をリードするとともに，社会労働党政権下では女性をはじめとする若い政策プランナーを多く登用していく。このような政治的な編成と文脈の中で，上記の政策決定プロセスは，単にアウトプットとしての政策の内容だけでなく，政策形成過程自体の効果が重視されてきたのであった。このような開放的な移民たちの政治的プロセスへの包摂（inclusión）自体が，社会統合政策の目標として政策をリードする中核メンバーによって認識されていた[11]。

2）自治州レベルでの移民統合政策の構造──カタルーニャ自治州の事例

自治州レベルでの移民統合政策の統治構造を多数の地域について分析することは本章の射程を超える。ここでは，最も積極的に移民統合政策を実施しているカタルーニャ自治政府の事例を，2014〜15年に実施したフィールドワークでの自治政府と団体からの聞き取りにもとづき検討しよう。

①カタルーニャ・ナショナリズムと国内・国際移民包摂

カタルーニャ州は，周知のように強い自治への志向性をもつ。その自治政府（Generalitat）は，2015年には主権国家としての分離独立の可否を問う住民一般投票（Referendum）を実施し，中央政府・与党からの激しい批判をよそに，多数を制したが，マドリード中央政府はこれに反発するとともに，憲法裁判所は違憲判断を下して，膠着状態にある。この強い地域主義の一方で，カタルーニャ自治政府は移民を最も積極的に迎え入れ，それをカタルーニャ主義にもとづいて統合する政策を打ち出し，強力に推進してきた。

このような積極的な政策には歴史的背景がある。古くから海洋国家として発

展したカタルーニャは，19世紀には先進工業地域として繁栄した後，1930年代内戦で膨大な人口を喪失，戦後の復興期には，アンダルシア，ガリシアなどからの国内移民を大量に受け入れた。さらに都市縁辺部に移住した彼らを積極的に支援する政策を60年代から発達させ，彼らを「もう一方のカタルーニャ人」と規定し，カタルーニャ社会の構成員として統合していく政策を作り上げてきた[12]。カタルーニャ自治政府の下で，移民団体は地域フォーラムの下に組織化され，エクアドル人他のラテン系団体とその横断的な団体，ルーマニア人，中国系，パキスタン系など多様な諸団体が参加する空間がやはり形成されている。「ナショナル」レベルと共通するこのような参加民主型の統合策の一方で，カタルーニャ独自の統合の強い施策群がある。

②カタルーニャ語教育の潜在的選別性

　第一に，カタルーニャ・ナショナリズムの強い基盤であるカタルーニャ語（Català）の教育である。フランコ時代には公式言語の世界から排除されていたが，民主化は同時にカタルーニャ語の復活をもたらした。その公教育での徹底と，公式文書のカタルーニャ語化が推し進められ，1980年代以前，州住民のカタルーニャ語での筆記能力が16％であったのが，現在では80％を超えるという。国際移民たちは，このカタルーニャ語教育システムに組み込まれてきた（立石2002）。州政府は，カタルーニャ語の教科書をアラビア語，中国語，ルーマニア語等で作成，各移民集団に配布し，成人教育の中でも言語を重視して，その授業のための教室・教員・教材の提供などの補助も行ってきた。

　この地方のこのような統合政策は，それだけを取ればきわめて先進的な多文化・多言語政策の実行枠組みとも理解できるが，争点となるのは「地方語」であるカタルーニャ語を第一優先とした政策としてこれが推進されていることである。ラテンアメリカ移民にとって，スペイン本国のスペイン語を使うことに支障はない。にもかかわらず，カタルーニャ自治政府は，これらのラティーノ移民にもカタルーニャ語教育を求め，移民団体側も定住化しつつある若者が登記など公的手続きなどで不利にならないように，これを促進している。このような政策は，二重の意味で，序章で論じたものとは別の意味での選別的な性格をもっているといえる。すなわち，このようなカタルーニャ主義的政策は，言

語的にカタルーニャ語に親和的な性格をもつグループ，例えば基礎単語500が同一というルーマニア人の集団には有利に作用する。これに対して，元来スペイン語話者であるホンデュラス人など，特に成人に達した人々にとっては大きな負担となっており，汎用性の高いスペイン語に追加して一地方を越えることがないカタルーニャ語学習への潜在的不満も観察できる。

③岐路に立つ地域における社会統合政策レジーム

このように積極的な地域的社会統合政策は，移民たちやその団体，支援NGOの積極的参加と同時に大きな制度的枠組みと補助を必要とする性格のものであった。2008年からの危機はこの枠組みを直撃し，財政危機に対応した財政再建・支出削減策（Recorte）はこの統合枠組みそのものを揺るがし始めている。

例えば，移民たちのカタルーニャ語教室への援助は，教室の賃貸料のみ保障され，講師派遣料などは生徒負担となり始めている。しかも，ほとんどの人間がスペイン語とのバイリンガルである社会で，日常では必ずしも必須でない言語の追加学習が，経済成長期のような求心力を今後はたして持ち続けていくかは継続調査すべき課題といえる。

この支出削減策のもつ影響を複雑化しているものに，財政構造の多元性・重層性と意思決定機構のズレがある。スペインの移民政策は先述のように参加型とはいえ，予算配分はマドリードの議会と国家官僚機構（Estado）で決定され，これが地方に配分される部分が多い。一方で集権的な国家主導的な構造をもちながら，統合政策の実際はNGOsに担われ，必然的にその地方組織がその主体となっていく。ここから国家によるNGOs中央本部への配分を通した地方実行組織への資源配分と，地域自治体を通した地方支部NGOsへの配分が進行する。このような2系統の財政メカニズムによって，結局は中央の強い削減策の影響が拡大し，地方のNGOsや移民団体を組織化した社会統合のガヴァナンス構造自体が再編成を迫られる。

現地調査の中での聞きとりでは，このような財政削減策の影響はさまざまな形で，他の州においても統合政策に影を落としている。例えば，南部セビーリャ市では財政補助を得て統合政策の推進役であった多くの団体が消滅してい

た[13]。さらに,同市にあるアンダルシア州の社会統合常設研究所は多くの成果を上げてきたが,4名いたスタッフは1名に削減され存続の瀬戸際に立っていた。

このように,地方の非政府部門が統合政策の実施を主導しながら,その実施は選別的に縮小されていた。その過程が示しているのは,危機に端を発したネオリベラル的な発想に立つ国家がさまざまな水準と論理をもつ社会統合政策を,財政規律というひとつの絶対化された基準で再検討し,移民を包摂する政策体系が選別的に解体されつつある現実だった。

おわりに

スペインの移民政策の基本構図とその実施実態は,本書全体を貫いている現代における選別的な移民政策という統一テーマから大きくズレている印象を与えるだろう。結果としての2008年までの移民の大量の受入のみならず,大規模でゆるい基準の正規化プログラム,ラテンアメリカ移民の帰化要件のハードルの低さなど,能力主義的選別性とはかけ離れているとも思える。この背景には,複数の歴史的要因がある。

第一に,スペインは,1975年までのフランコ体制の継続によって,他の西欧諸国と大戦後における発展パターンに大きなタイムラグをもってきた。すなわち,内戦後の荒廃からの復興,高度成長を果たしたものの西欧からは孤立し,1980年代にECに組み込まれた後に新たな高い成長と福祉国家化を進め,まもなく入移民国となった。この結果,移民受入国への転換のタイミングは世界的な新自由主義の台頭とほぼ重なり,他の先進国の戦後の同時代構造とはズレた位相にある。また,40年前まで続いたフランコ体制の抑圧のいまだに生々しい集合的記憶は,人権侵害や人種主義を深刻な社会的イシューにし,排外主義に対して知識人のみならず市民社会でもそれへの批判は大きな動員力をもつ。さらに,市民戦争以来の亡命経験と,戦後の出移民による移民労働者としての経験は,移民として故国を離れて就労する現代の在スペイン移民への強い共感

能力となり，ファナティックな排外主義に対する強い抑制作用をもつという。これら抜きに，高失業率が続く中で，目立った反移民運動や露骨な排除政策が欠けていることは説明できないだろう。

　第二に，スペインのEC・EUへの統合は，一方での外部国境管理を必然化すると同時に，域内移民の受入を必然化させた。しかも，スペインは加盟段階では経済的後発国と考えられていたが，その時点で想定されていなかった東欧各国が，1990年代に入りスペイン加盟とわずかな時差で準加盟，加盟国，シェンゲン域へと組み込まれていった。相対的に低賃金の集団が，EU市民，準市民としていまだ成長し続ける経済に入ることになり，そこには厳しい選別性は介在し得なかった。

　このようなスペインの発展パターンによって確かに選別性は曖昧なものにされてきた。しかし，スペインの場合には，特有の発展パターンと歴史的な構造の複合の中で，これまでに独自の選別構造を作り出してきたとも理解できる。

　第一に，EUへの加盟とシェンゲン条約加盟により，共通自由移動域に入ることで，明確にEU市民の入国，滞在，就労に関して自国民に次ぐ諸権利が与えられた。国内体制自体が共同体レジームを一方の柱とする，明確なEU／非EUの二分法的な選別が形成されてきた。

　第二に，もうひとつの柱の中身を分析すると，一見すると「一般レジーム」という残余カテゴリーとして一律の規制の対象になるようにみえて，実は歴史的な諸事情により，旧帝国に属していた，ラテンアメリカ，赤道ギニアには長く入国にビザ申請による規制自体がなく，流入拡大後ビザが課せられ，しかもそれでも市民権獲得は容易であるという旧帝国の特別待遇が持続した。このような歴史的関係を基準とした選別が続けられた。

　第三に，一般的に正規の就労許可（フロントドア）は，非常に煩瑣で時間がかかり恣意的なメカニズムをもって閉鎖的であるため，観光という正面脇の入口から入国し非正規滞在をさせることで，非正規滞在が持続した人々に対しては，その労働市場における需要，その就労実績や雇用者の評価によって，正規化がかなりの確率で認められた。そこにあるのは，ポイント制などの第2ゲートの資格・学歴などによる能力評価・人的資本の評価ではなく，いわば国内労

働市場における実績にもとづく事後認定といった選別ともみなすこともできる。一見するときわめて寛容な6カ月滞在を基準とした2005年の正規化プログラムであるが，正規化後も長期の就労ビザが発給された場合でも，期限が来て1年のうち6カ月以上就労していないと，非正規へと転落するのである。その意味で正規化された移民も労働市場で繰り返しテストされ，選別は続くのである。

第四に，南部海上・海岸国境における非正規の監視政策にもある種の選別性を認めることができる。まず，出入国管理のうち最も注目されてきたのがこのサブサハラ・アフリカ系の黒人移民たちの侵入である。しかし，非正規入国滞在の実数でいうなら明らかに，ラテンアメリカからの資格外就労目的の入国や，モロッコ人のフェリーによる非正規入国のほうがはるかに大きな数といえる。その意味で，サブサハラ系に国境管理の焦点があてられること自体が，人種主義的で可視的な象徴的差異に反応した選別的な対象の設定であり，その背後にはさらにスペイン国家にとどまらない北西ヨーロッパ諸国の政治的圧力とその差別的なリスク認識の構造があるといえよう[14]。このことをさらに明確にしたのは，シリア難民であり，彼らのためにメリーリャの国境には難民受入用のブースが作られ，迅速な処理の対象となる一方，西アフリカ系はいまだにフェンスでの対峙劇を続けなくてはならない。

第五に，焦点化した強面の国境管理は，その外面（ファサード）では欧州各国が参加した軍事化したオペレーションを演出しながら，他方で国境管理のガヴァナンス構造にはNGOsらがステークホルダーとして入り込み，その執行には人権規範の制約が強く作用する。その結果として，排除のオペレーションが保護の緊急援助作業として機能し，さらに収容・拘束の施設は，保護・定着・統合のメカニズムとして，結局はスペインへの定着可能な人間へと多くの非正規入国者を変貌させていく。ここでも，非正規滞在者が境界的な存在として設定されながら，施設収容を通じてのスペイン社会への馴化により統合へと回路付けられる，複数のアクターの相互作用が作る選別メカニズムを見出すことができる。

第六に，2005年以来積極的に展開してきた大規模な社会統合政策は，福祉社会への定住を前提とするもので，新自由主義的，選別的な移民政策と対極に

あるともみることができる。しかし，同時にそれは言語的適応，社会制度上の学習，第2世代の教育などを図ることで有用な労働力化する機能をもち続けてきた。このことを理解するには，第三点の正規化後の労働市場内での評価に依存した法的地位の可変性との連動を見逃してはならない。合衆国の86年法の正規化のようにいわば不可逆的な地位になったとしたなら，陶冶機能は保障されないかもしれない。しかしこの労働市場におけるパフォーマンスと地位の連動が，さらに社会統合政策にリンクするとき，そこには労働力陶冶と選別のメカニズムがインフォーマルな構造の中に形成されてきたともいえるだろう。

　以上のように，スペインの移民政策は，一見するとその受入数から受ける印象のように無差別的な包摂のようにみえながら，さまざまな歴史的論理の複合と諸制度の結合による構造が形成されることで，独自の好ましい労働移民の選別と形成，そして該当しない移民の排出を行ってきた。

　だが，このような成長時代の選別と統合のメカニズムは，2008年以降の危機の中で大きな転換を経験しつつある。一方で，労働市場においては，平均25％に達した失業率は移民にも同様にのしかかり，大規模な出身国への帰国や市民権・定住権を利用したドイツなどへの労働移動が進行し，出移民が起こってきた（終章第1節）。他方で，EUから課せられる財政緊縮策は，旧来の社会統合政策のメカニズムを維持不能にし，いまや移民団体やNGOsの機能は確実に制約されつつある。

　このような点からすると，新自由主義的な選別とは異質な論理にもとづいてきたスペインにも，国際的な労働市場の調整による移民排出という転倒した形で選別の論理が浸透すると同時に，従来のより包摂的な移民統合のメカニズムの解体が進行しつつあるといえるだろう。このプロセスの生み出していく状況はいまだに不安定で，不透明であり，今後の研究の中でのさらなる検討課題としたい。

［注］
1）本章は加藤伸吾との共著「新興移民国家スペインにおける移民政策の形成と変容」科学研究費補助金基盤研究（A）『選別的移民政策の国際比較』中間報告書第7章をベー

スとして，小井土が単独で大幅に改稿したものであり，第 2 節には加藤の視点も組み込まれている．
2) スペイン南部アンダルシア州の農村地帯のエル・エヒード市で移民の起こしたひとつの暴行事件が引き金となり発生した反移民的住民暴動．しかし，その後は繰り返されてはいない（Calavita 2005）．
3) 組織法（Ley Orgánica）は，スペイン憲法 81 条に定められる法律の種類で，単純な法律（Ley）とは区別される．組織法は，基本的人権，公的自由，自治憲章，および国政選挙制度にかかわる法律がこれに該当するとされる．その成立には下院における絶対過半数が必要とされる．
4) この数は，270 万人を正規化した 1986 年法による合衆国のプログラムには絶対数では及ばないものの，約 7：1 の人口比を考慮すると驚くべき規模といえよう．
5) ラティーノ系の移民団体へのインタビュー（2015 年 1 月，マドリード市内）．
6) 例えば，社会労働党の党首はメキシコ訪問の際，多くのスペイン人亡命者を受け入れたメキシコのカルデナス（L. Cárdenas）大統領（1934～40 年）の墓に献花を行う．
7) オルテガ・イ・ガセット（Ortega y Gasset）大学，アランゴ（J. Arango）教授へのインタビュー（2012 年 9 月マドリード市内）．
8) 2012 年 8 月，スペイン赤十字社，マドリード本部での幹部からの聞き取りにもとづく．
9) このシェンゲン域外という地位は，飛び地を取り囲むモロッコ国家との関係に配慮したものといわれる（2014 年春高等科学評議会ロペス・サラ［Ana Maria Lopez Sala］教授へのインタビューによる情報）．
10) マドリードにおけるこの歴代の全国フォーラムの 3 代の座長からの聞き取りによって確認できた．2012 年 9 月アランゴ教授，2014 年 3 月カチョン教授へのインタビューにおける情報．
11) 注 7 に加えて，2015 年のロサ・アパリシオ（Rosa Aparicio）オルテガ・イ・ガゼット大学教授へのインタビューを含めての情報．
12) この点は，自治政府移民局長官シャビエル・ボッシュ（Xabier Bosch）氏へのインタビューにおいて自治政府の視点として強調された．
13) セビーリャ大学アンヘレス・カスターニョ（Ángeles Castaño）教授へのインタビュー（2015 年 1 月）．
14) この点は，ラ・ラグーナ大学のゴデナウ（Godenau）教授の指摘による（2012 年 8 月）．

［参考文献］
小井土彰宏（2002）「NAFTA 圏と国民国家のバウンダリー——経済統合の中での境界の再編成」梶田孝道・小倉充夫編『講座国際社会 3 国民国家はどう変わるか』東京大学出版会
——（2003）「岐路に立つアメリカ合衆国の移民政策——増大する移民と規制レジームの再編成過程」小井土彰宏編『移民政策の国際比較』明石書店

――(2013)「現代アメリカ合衆国における移民の社会運動と公共圏の再編成――重層的境界構造の転換と非正規移民たちの熟議への参加」舩橋晴俊・壽福眞美編『公共圏と熟議民主主義――現代社会の問題解決』法政大学出版局
佐藤忍（1994）『国際労働力移動研究序説』信山社
竹中克行（2009）『多言語国家スペインの社会動態を読み解く――人の移動と定着の地理学が照射する格差の多元性』ミネルヴァ書房
立石博高（2002）『スペインにおける国家と地域――ナショナリズムの相克』国際書院
中川功（2000）「『銀世界』をめざすマグレブ系労働者のスペイン定住化」森広正他編『国際労働力移動のグローバル化』法政大学出版局
――（2006）「移民受け入れ先進国となったスペインの移民政策と経済成長」『経済史林』第77巻第4号
中島晶子（2012）『南欧福祉国家スペインの形成と変容――家族主義という福祉レジーム』（シリーズ・現代の福祉国家）ミネルヴァ書房
深澤晴奈（2009）「スペインの移民政策と労働組合――2005年不法移民正規化措置をめぐって」『スペイン史研究』第23号
堀井里子（2013）「EUエージェンシー成立過程分析――EU域外政策フロンテクスを事例として」『一橋法学』第3号
宮島喬・梶田孝道編（1991）『統合と分化の中のヨーロッパ』有信堂高文社
森田有貴（2006）「スペインにおける移民政策――ヨーロッパ諸国との比較において」『龍谷大学大学院法学研究』第8号
Agrela, Belen and G. Dietz (2006) "Nongovernmental versus Governmental Actors? : Multilevel Governance Integration Policy in Spain," Takeyuki Tsuda (ed.), *Local Citizenship in Recent Countries of Immigration : Japan in Comparative Perspective*, Lexington Books.
Aja, Eliseo (2006) "La evolución de la normativa sobre inmigración," en Eliseo Aja y Arango Joaquín (eds.), *Veinte años de inmigración en España. Perspectivas jurídica y sociológica [1985-2004]*, Fundación CIDOB.
Arango, Joaquín, David Moya y Josep Oliver (2014) "2013 : ¿Un año de transición?" en Joaquín Arango, David Moya y Josep Oliver (eds.), *Inmigración y emigración : mitos y realidades*, CIDOB.
Anguiano Tellez, Maria (2010) *Migraciones y fronteras : Nuevos contornos para la movilidad internacional*, Antrazyt.
Aparicio, Rosa y Andres Tornos Cubillo (2009) *Las Asociaciones de inmigrantes en España : Una vision conjunto*, (Documentos del Observatorio Permanente de la Inmigracion 26), Ministerio de Trabajo e Inmigración.
Cachón Rodriguez, Lorenzo (2009) *La «España inmigrante» : marco discriminatorio, mercado de trabajo, y politicas de integración*, ANTHROPOS.
Calavita, Kitty (2005) *Immigrants at the Margins : Law, Race, and Exclusion in Southern Europe*, University of California Press.
Godenau, Dirk (2012) "An Institutional Approach to Bordering in Islands : The Canary Islands on

the African-European Migration Routes," *Island Studies Journarl*, Vol. 7, No. 1.

Linz, Juan (1975) *Totalitalian and Authoritarian Regimes*, Lynn Rienner Books.

López, Ana María (2007) "La política española de inmigración en las dos últimas décadas. Del asombro migratorio a la política en frontera y la integración," en Fundación Pedro García Cabrera (ed.), *Inmigración en Canarias : contexto, tendencias y retos*, Fundación Pedro García Cabrera.

Perez, Anita (2012) "La Evolucion Reciente de Las Politicas de Control Migratorio en España," en A. Izquierdo y Wayne Cornelius (eds.), *Politicas de Control Migratorio*, Ediciones Bellaterras.

Zapata-Barrero, Ricardo (2012) *Fronteras en movimiento*, General Universitaria.

第 III 部

後発受入国の戦略形成

第 10 章 韓国

政府主導の「制限的開放」移民政策の形成
――人権と競争力の交差

宣　元　錫

はじめに

　韓国の移民政策は 1991 年,既存の研修生制度の拡大から変化しはじめ,2004 年の雇用許可制と 2007 年の「在韓外国人処遇基本法」(以下,外国人基本法という)制定を境に,それまでと異なる新しいレジームに移行したといえる。韓国の移民政策は定住を前提とする移民を受け入れない「反定住政策」を特徴としている。後述するが,それがもっとも顕著にあらわれるのが非熟練労働者の受入政策である。非熟練外国人労働者の受入システムである雇用許可制は,短期契約労働者の一定期間の就労を,家族を同伴しないという条件で認める,短期循環交替(ローテーション)システムを堅持している。そのなかで,2000 年前後から比較的容易に移住が可能な結婚を媒介とする移住が急増し[1],定住外国人が増大した。こうした結婚移住者の増加は統合政策開始の契機になり[2],実際の施策においても,結婚移住者とその家族を対象とするものが多い。

　近年,韓国の移民政策は「選別性」が強まっている。移住労働者については,まず専門職,高度熟練労働者を選抜して受け入れ,定着を促し定住を促進する政策がとられている。この流れはエスニック紐帯にもとづくコリア系が対象になる入管政策にも及ぶ。また国籍法が改定され,これまでの血統主義と単一国籍主義から条件付きながら部分的に重国籍が容認された。このような積極的な

政策の流れの背後には，深刻な出生率の低下による人口減少が確実になるなかで，国民の減少を食い止めまた増やそうとする「国民作りプロジェクト」がみえ隠れする[3]。また韓国経済に貢献し，財政的に重荷にならない移民を選別的に受け入れようとする経済優先主義が強く反映されている。

韓国の移民政策は，民主化後に発足したリベラル政権期に人権問題改善を意識した政策転換がなされ，「競争力」強化を政権の中心課題とする保守政権への交代を機に，移民政策の方向が変わったと簡潔に理解することも可能だろう。しかし韓国の移民政策は2000年代前半の転換期を経て現在にいたるまでその基本的な枠組みはそのまま維持され，統合政策はその政策領域を拡大しつつある（宣2009；2010b）。本章の課題は人権から競争力へとその重点を移しつつある韓国の移民政策を選別性の観点から再検討することである。そのためにまず，移民政策の転換期にあたるリベラル政権期（1998～2007年）の政治・社会的状況を概観する。それから選別性が移民政策にどのように組み込まれたのかを検討し，保守政権期（2008年～）における変化を確認したい。

1　移民政策の創設期──冷戦終焉，民主化，新自由主義

世紀転換期を挟むこの30年間，韓国社会は移民をめぐる未経験の課題に直面しつつある。移入する外国人は急速に増加し，1980年代末には5万人に満たなかった在留外国人は2014年現在約157万人（住民登録人口比3.1％）を記録するにいたり，今後も増え続けることが予測されている[4]。韓国に押し寄せた移民の流れは海外から職を求めて流入する外国人が増えたことが最大の要因であるが，その流れは冷戦体制の崩壊とグローバリゼーションの進展，そして新自由主義の拡散といった20世紀後半の世界情勢と無関係ではない。また国内的にみればこの時期は経済的に高度経済成長がピークを迎えた好景気のもとにあり[5]，政治的には1961年以来続いた軍事独裁政権が市民の民主化運動によって終焉を告げ，1987年の大統領直接選挙から始まる民主化プロセスの時期と重なる。

韓国への新しい移民は，1980年代後半，非熟練外国人労働者の流入から始まった。当時の入管政策は外国語教師や一部の専門職を対象に国内就労が可能なカテゴリーがあっただけで非熟練労働者の就労に関する枠組みは存在しなかった。それまで自国の労働者を外国に送り出していたことを考えると，非熟練外国人労働者が出稼ぎに移入することはあまり想定されていなかった。ところが，1980年代半ばを境に，外国に出稼ぎに出ていく韓国人は減り，逆に韓国での出稼ぎを目的とする移入外国人が出現し始めた。

外国人労働者は求人難にあえいでいた中小製造業や建設現場の非熟練部門に就労した。外国人労働者の急増は，1990年前後の景気拡大期に生じた一部の中小企業での国内労働市場からの労働力供給不足が最大の要因であったが，需要拡大だけが労働力の供給不足の原因ではなかった。1980年代後半，民主化運動はそれまで抑圧されていた労働運動を活発化させ，各地で労働組合が結成され労働争議が多発した。その結果大企業の生産職労働者の賃金は急速に上昇し，中小企業との賃金格差が拡大した。また1980年に27.2％だった大学進学率も年々上昇して2001年には70.5％に達し[6]，若年労働者の高学歴化が急速に進行するにつれて生産関連職への就労忌避現象が広範囲に広がった。こうした労働市場の状況変化は低賃金労働力に依存していた中小企業に深刻な労働力不足をもたらし，景気拡大期と相俟って外国人労働者が流入しやすい市場状況を作り出した。

他方，この時期は冷戦体制の終焉と重なった。ベルリンの壁の崩壊（1989年）に象徴される国際政治情勢の変化によって旧共産圏が労働者の移出国に加わった。さらに1990年に始まった湾岸戦争は中東に出稼ぎにいったアジアの労働者を日本，韓国，台湾，香港などアジア域内の就労先に向かわせる契機となった。このような国際政治情勢の影響を受け，民主化運動の結果として憲法改正を経て初めて国民の直接選挙によって成立した盧泰愚政権（1988～1992年）は共産主義国との関係改善に乗り出す「北方政策」を進め，1990年に旧ソ連，1992年に中国，1993年にベトナムと次々国交を結び，外国との交流を活発化させた。なかでも中国との関係改善は中国朝鮮族の大量流入につながった。盧泰愚政権を次いで登場した金永三政権（1993～1997年）は「世界化」

をモットーに 1996 年に OECD に加入するとともに，公企業の民営化，金融部門の規制緩和などの新自由主義政策を強力に進めた。

このような国内外情勢と労働市場の状況を背景に，外国人労働者の受入をめぐる入管政策が課題として浮上した。外国人労働者受入について，使用者団体は労働力不足を補うためにその必要性を強く主張したが，労働団体は国内労働者の雇用機会が縮小し労働条件改善の足かせになると反対し，政府内でも受入をめぐって意見が分かれた。外国人労働者受入政策をめぐる議論が錯綜するなか，政府は産業の空洞化を防止し，生産現場の労働力不足に対応するために外国人労働者の受入は不可避としつつ，外国人労働者受入に伴う社会問題の発生を憂慮し，労働者の身分ではなく研修生として受け入れることを選択した（설동훈 1999：423）。

研修生制度は法制的にみれば外国人労働者受入制度とはいえないが，制度的枠組みが限定的であれ労働市場に外国人労働者を供給するスキームとして機能したのは紛れのない事実であり，その意味で研修生制度は外国人労働者の需給システムとして，その後新たに展開される移民政策の出発点と位置づけられる。非熟練外国人労働者導入政策として本格的に始まった韓国の研修生制度は，その後展開される移民政策全般に大きな影響を与えることになる。その最たるものは職能による専門職就業者と非専門職就業者の「選別」と，非専門職就業者の「反定住政策」である。研修生制度は 2007 年に廃止されるまでほぼ 10 年間非熟練労働者が韓国国内で就労できる唯一の合法的ルートとして機能した。2004 年に施行された雇用許可制はそれまでの制度と実態の乖離を解消して，非熟練外国人労働者を合法的に導入する制度ではあったが，研修生制度の選別性と反定住政策はそのまま堅持された。

総じていえば，韓国の移民政策は冷戦終焉という国際政治の激変と，民主化という国内政治状況の転換に，低賃金の非熟練部門労働市場において労働者の供給が逼迫する市場状況が重なる中で新たに出発したのである。

2 民主化レジームと移民政策の転換

　1998年，金大中(キム・デジュン)政権は2つの課題を抱えて発足した。第一の課題は，1987年の大統領直接選挙を勝ち取った民主化の後にも以前の軍部政権の影響力が残っていたそれまでの政権からの真の政権交代として，韓国の政治のみならず社会全般にわたって民主主義を拡大・定着させることであった。これは軍部独裁の残滓を清算して，人権擁護と民主主義の拡大と定着を望んで金大中政権を誕生させた支持勢力から受けとった政治的使命というべきものであった[7]。第二の課題として，1997年通貨金融危機に始まった経済危機から脱出し韓国経済を立て直さなければならなかった。金大中政府が掲げた「民主主義と市場経済の並行発展」はまさにこの2大課題が凝縮されたスローガンであったのである。金大中政権は，政治的には制度的民主化と人権を重視する改革を実行する一方で，通貨金融危機に瀕し緊急融資を仰いだ国際通貨基金（IMF）の意向に沿った新自由主義的経済改革を断行せざるを得ない立場に立たされた。こうした状況は金大中政権の後を継ぐ盧武鉉(ノ・ムヒョン)政権にいたる2期10年にわたって続き，政治的民主化レジームが形成される一方で新自由主義的経済システムが深く浸透する，大変革期を迎える[8]。

　リベラル政権期の民主化政策については紙幅の関係で詳述することはできないが，人権状況の改善と政治や行政に市民の参加を促進する実質的な民主化政策に意味ある進展があったと評価できる（최장집 2010）。しかし一方で新自由主義的な経済政策も着実に進められた。移民政策との関連でいえば，労働市場の柔軟性を高める政策は後の外国人労働者需給政策に直接・間接に影響を与えることになる。代表的なことだけを挙げれば，それまで法制化されていなかった整理解雇の条件と手順に関する法律が整備され，事業主はより柔軟に雇用調整が可能になる一方，当然ながら労働者の雇用の安定性は低下した。さらに1998年に派遣労働を認める「派遣勤労者雇用等に関する法律」が制定され，雇用形態がいっそう多様化し後の非正規雇用の増加につながった[9]。また，1987年民主化以降，堰を切ったように展開された労働組合の結成と労働争議

は結果的に労働者の賃金上昇をもたらしたが，組合が結成され賃金を上げる余力のある大企業と，組織運動がなかなか進まなかった中小企業の間の雇用の質に大きな差が生じた[10]。このような労働市場の柔軟性の高まりや企業規模間の賃金格差は中小企業の深刻な雇用不安につながり，慢性的な人手不足に陥る構造的要因を作り出した。すなわち，労働市場制度に限っていえば，リベラル政権期の民主化レジームは組合の結成と労働運動の自由を拡大する政治的民主主義を進展させた一方で，労働市場の柔軟性を高め，労働者間の格差が広がる新自由主義的改編が同時に進行した時期であった。民主化プロセスの中で政治的民主化とは別に，社会経済的民主化（脱独占と平等化）が進まなかったことについて，ここで深く検討することはできないが，経済危機に瀕し国外から活路を模索せざるを得なかった韓国にとって，新自由主義の「外圧」（例えばIMFの改革プログラム）が制約要因になったことは間違いない（조희연외 2009）。

民主化レジームのなかの新自由主義的な制度変更はこの時期に転換期を迎える移民政策にも見出される。金大中政権では外国人の基本的な権利を拡大する制度改革がなされた。まず経済活動を制限していた関連規制が次々と撤廃・緩和される中で，1962年「外国人土地所有禁止法」に始まり1970年「外国人土地取得及び管理に関する法」に継がれた，外国人の経済活動と財産形成を制約してきた規制が撤廃された。また2002年には，在留資格「永住」が新設され，長期居住外国人の居住権の向上が図られた。それまで，長期滞在の外国人であっても安定した居住を保障する在留資格はなく，5年おきに「居住」資格での在留期間の更新を余儀なくされていたのだった。これらの措置は，世代を超えて韓国に定住していた長期居住外国人（当時はそのほとんどが在韓華僑）の居住権と経済権の権利向上につながる意味ある政策変更であった。さらに2005年8月，盧武鉉政権下で永住外国人の地方参政権が実現した[11]。このような一連の政策展開は，リベラル政権の人権を重んじる民主化レジームの外縁が外国人関連政策にまで広がっていたことを示すといえよう（宣 2010b）。

このように外国人の人権状況の改善が進展するなか，当時移民政策の最大の課題であった研修生制度を中心とする非熟練外国人労働者の需給に関する政策が雇用許可制へ転換する，という韓国の移民政策において大きな意義をもつ転

換点を迎えた。研修生制度をめぐる課題は制度が施行されて以降，研修の建前と労働の実態の乖離という制度そのものに内包する問題と制度施行に伴って多発した人権問題が多く指摘されたが，結果的に制度の廃止と新制度の導入の原動力は人権問題の改善を強く主張した外国人労働者当事者と市民運動側が連帯して展開した抗議活動であったといえよう（Lim 2006）。しかし外国人労働者の需給をめぐる政策は人権問題への対応だけではなく，中小製造業をはじめとする労働供給が逼迫する部門に外国人労働者を安定的に供給する労働市場の需要を満たす制度作りという2つの課題に答えを出さなければならなかった。後者の労働市場の視点からみれば，雇用許可制は労働者としての権利を保障して期限付きのローテーション原則のもとで外国人労働者を労働市場に供給する，一般的な短期契約労働者の需給モデルである。一方，人権問題への対応策としては，労働者の募集・移動・職場異動・サポートのような需給システムと管理において民間を排除し国が直接管理する制度が採用された。これは外国人労働者の需給や管理を国が直接マネジメントすることによって，労働者の移動と管理のコストを下げ，仲介業者や使用者などの利害関係者による人権侵害を減らす仕組みと理解される（宣 2010a）。このように雇用許可制は人権状況の改善要求と市場のニーズを融合させた政策フレームといえる。

このように，雇用許可制は民主化レジームにおける新自由主義的経済政策が進展する当時の政治経済状況が強く反映された政策転換であったが，その後の韓国の移民政策の展開において国家介入が増大する起点になった。次節で詳述するが，それまでの民間中心の外国人労働者需給システムから政府が直接マネジメントする雇用許可制への転換は，新たにスタートした韓国の移民政策において政府が直接かつ主導的な役割を果たすフレームを作り上げ，後の統合政策や多文化家族支援政策といった移民政策の拡大局面において国家介入が増大する嚆矢になったのである。

3 外国人労働者需給システムの運営主体の変更

雇用許可制の施行 (2004 年 8 月) は非熟練労働者を合法的に受け入れる韓国の移民政策にとって大転換であったが，その後の移民政策の展開をみると，人権問題の改善と労働市場の部分的な開放という政策目標とは別に，それまでの消極的で現状追随的な政策スタンスから政策の積極的主導者へと政府の役割が変化した点で重要な意味をもつ。ここでは研修生制度と雇用許可制度の需給システムを比較しながら政府の役割がどのように変化したのかを分析する。

1) 研修生制度——民間主導の運営システム

研修生制度は 1991 年，韓国企業の海外投資によって設立された現地法人の労働者を対象に限定的に運用されてきた海外投資企業研修生制度の受入要件を緩和することで労働者受入制度として運用され始めた。その後，研修生制度は 1993 年，外国人産業研修制度という名の外国人労働者受入制度として本格的に出発する。その大枠は，政府の量的規制のもとに，外国で行われる労働者の募集や送り出しと韓国国内の就労先事業所の選定や雇用管理など一連のプロセスを民間が行う，民間主導型の需給システムである。そこで重要な役割を果たしたのが，研修生事業の運営主体として指定された業種別の使用者団体の中央組織である[12]。これら団体は研修企業の募集，研修生の斡旋，事後管理にいたる研修制度の韓国側の全プロセスを独占的に管理することになった。

韓国の研修生制度の構造を日本の外国人研修・技能実習制度 (2009 年入管法改正により技能実習制度に一本化された。ここでは旧制度を前提に記述する) と比較してみると，労働者の送出と受入を民間団体が行うことは同じだが，受入団体の性質と役割において大きな違いがある。日本の制度は数千に及ぶ民間団体 (主に中小企業組合) が受入団体となり研修機関 (研修生が就労する企業や事業所) に研修生を斡旋する，一般的な民間業者を介した国境を越える労働者需給システムである。それに比べて，韓国の制度は使用者団体の中央組織が独占的に一括して外国人労働者を受け入れ，傘下の会員企業に配分と事後管理を行う

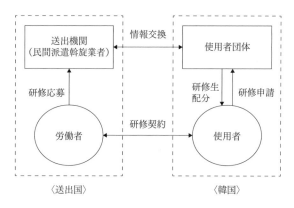

図 10-1　研修生制度の需給システム

「ハブ&スポーク」システム（自転車の車輪のような）である（図 10-1 参照）。韓国のこの独占構造は研修生を取り巻くさまざまな問題の原因になっただけでなく，受入団体に莫大な利益と利権をもたらしたため，後の雇用許可制への制度変更の際には大きな阻害要因にもなった。

当初からさまざまな矛盾と問題を内包してスタートした研修生制度は，多くの方面から批判と廃止要求を受けた。特に市民団体や労働団体など市民セクターは，研修生制度を現代版「奴隷制度」と規定し研修生の人権保護とともに研修生制度そのものの廃止と外国人労働者の合法的な受入制度の導入を主張した。しかし研修生制度の維持を強く求める中小企業経営者とその要求を代弁する当時の通商産業部と中小企業庁の主張通り，2 年間の「研修」後，1 年間労働者の身分で就労を可能にする研修就業制度に決着し，1998 年 4 月に入管法と入管法施行令が改定された[13]。1997 年通貨金融危機後登場した当時の金大中政権は市民運動勢力と近い政権であったが，支持基盤が弱い経済界の要求を無視することができなかったのである。

研修生制度は政府の介入が少ない民間主導のシステムとして，人手不足の解消を目的とする市場優先の発想と使用者の自由度が高い運営で新自由主義的な色彩が濃い仕組みであったが，研修生制度そのものに内在する矛盾のために使用者からも敬遠され，次第に入管政策としてはその信頼性を失っていった。雇

用許可制への転換は市民団体の問題提起が大きな原動力になったが，政府はそれまでの使用者主導から政府主導の雇用許可制への転換を通して信頼回復をもくろんでいたのである。

2）雇用許可制——政府主導の運用システム

　雇用許可制は，労働者の求職活動，使用者の求人活動，マッチングといった需給プロセスを政府機関が直接管理する政府主導の需給システムである[14]。図10-2 はそのプロセスを示したものである。まずその需給プロセスを簡単に説明しよう。使用者は日本の公共職業安定所（通称，「ハローワーク」）にあたる雇用支援センターを通して国内の労働者に対する求人活動が義務付けられる（労働市場テスト）。その求人活動にもかかわらず必要な労働者を雇用できなければ，雇用許可が下り，同センターを通して国外にわたる求人活動が可能になる。対象になる外国人は韓国政府と労働者送出と受入に関する政府間協定（MOU：Memorandum of Understanding）を結んだ 15 カ国に限られる[15]。韓国での就労を希望する 15 カ国の外国人は韓国語試験などの条件をクリアすれば，自国の政府機関または政府所管の公共機関の求職者名簿に登載し，韓国側の求人需要に合わせて名簿を送付してマッチングが行われる。

　このように，雇用許可制は国内労働市場の保護を目的とする補完性と国内労働者との同等待遇とともに，短期循環交替（ローテーション・システム）を原則とする。また一度の入国に最長 3 年の滞在と就労を認めるが，帰国後 6 カ月の入国猶予期間が経過すれば同じプロセスを経て再入国が認められる。2009 年10 月の法律改定により，同じ事業所での再雇用の場合は 1 回に限って滞在期間を 2 年間延長することができるようになったが（厳密には総滞在期間 4 年 10カ月以内），定住を認めないローテーション原則は維持されている。

　ローテーション原則は，雇用許可制が外国人労働者の就労を認める一方，定住を想定しない，あるいは定住化を防止する「反定住政策」である。一見緩和されたとみられる再入国容認も，研修生制度の再入国禁止が非正規滞在者の増加につながったという過去の経験から，再入国容認と未登録労働者雇用に対する使用者罰則規定をセットに，非正規滞在者の増加を食い止め，定住化を防止

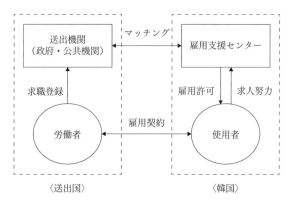

図 10-2　雇用許可制の需給システム

しようとする政策意図が読み取れる。4 年 10 カ月という一見中途半端にみえる最長連続滞在期間も 5 年以上の滞在で「永住」の在留資格変更要件を満たすことを防止するための制度的ハードルに過ぎない。したがって，現行の制度のもとに雇用許可制ルートで入国した外国人は「永住」への途を選択するためには原則的に再入国して 5 年以上の滞在期間要件を満たすか，専門職に該当する在留資格に変更するしかない。

　雇用許可制は制度の運営主体を使用者から政府に変更して非熟練労働者に関する入管政策の危機的状況の打開を模索した政策転換であったが，労働市場の部分的開放に踏み切った政府は雇用許可制の施行後，コリア系外国人を対象とする訪問就業制の施行，外国人基本法の制定，部分的重国籍の容認などそれまでとは異なる開放的かつ現実的移民政策を展開していく。韓国にとって雇用許可制は非熟練労働者の入管政策の変更にとどまらず，政府主導で積極的な移民政策を展開していく方向への新たな転換点となったのである。

4　「人材誘致」重視の移民政策

　韓国の外国人労働者受入政策において，「人材誘致」は常に最重要政策課題

であり続けている。2007年に制定された外国人基本法では5年ごとに政府が基本政策を策定することになっているが，新法のもとで策定された外国人基本計画には共通して「人材誘致」が最重要課題として挙げられている。そして入管政策は人材誘致のために新たな在留資格を新設するなど選別性がより鮮明になっていた。

　外国人基本法制定後初めて策定された第1次外国人政策基本計画（2008～2012年）は，政策目標を①積極的な移民許容による国家競争力の強化，②質の高い社会統合，③秩序ある移民行政の具現，④外国人人権擁護と設定し，うち人材誘致に関連して優秀人材誘致による成長の原動力の確保，国民経済の均衡発展のための人材の受入を重点課題に挙げている。具体的には起業や求職のためのビザの新設と投資移民制度を拡充するなど，「優秀人材」に対してより開放的な入管政策を展開することにしている。また「卓越した能力を保有する外国優秀人材」に対しては二重国籍を容認することも挙げていて，人材誘致のために国籍制度を活用することも明確にしている。この計画は盧武鉉政権から保守系の李明博政権に交代して策定された基本計画であり，「競争力」を重視した保守政権の色が鮮明になった。

　こうした競争力重視の移民政策は第2次外国人政策基本計画（2013～2018年）にもそのまま維持された。第2次計画では①開放；経済活性化支援と人材誘致，②統合；大韓民国の共同価値が尊重される社会統合，③人権；差別防止と文化多様性，④安全；国民と外国人が安全な社会の具現，⑤協力；国際社会との共同発展を政策目標と策定し，そのうち人材誘致関連の重点課題として国家と企業が必要とする海外人的資源の確保，未来の成長の原動力を拡充するための留学生誘致，地域均衡発展を促進する外国人投資誘致を挙げている。保守政権を引き継いだ朴槿恵政権（2013～）は，競争力重視の李明博政権と基本方向を同じくし，入管政策を活用した選別的人材誘致にいっそう拍車をかけている。第1次計画にはなかった，観光客誘致やメディカル・ツーリズムの拡大，「未来の成長の原動力」としての留学生の誘致など，内需拡大と競争力向上のために移民政策をフル活用する姿勢がより強くなったといえる。

　このような韓国政府の「人材誘致」に重点を置く移民政策は，韓国で働いて

表 10-1　在留資格別外国人労働者（2011 年末）

		合計	合法滞在	非合法滞在
合　計		595,098	540,259	54,839
専門人材	小計	47,774	44,730	3,044
	短期就業（C-4）	679	466	213
	教授（E-1）	2,474	2,468	6
	会話指導（E-2）	22,541	22,435	106
	研究（E-3）	2,606	2,599	7
	技術指導（E-4）	202	199	3
	専門職業（E-5）	629	614	15
	芸術興業（E-6）	4,246	2,800	1,446
	特定活動（E-7）	14,397	13,149	1,248
単純技術人材	小計	547,324	495,529	51,795
	非専門就業（E-9）	234,295	189,190	45,105
	船員就業（E-10）	9,661	6,629	3,032
	訪問就業（H-2）	303,368	299,710	3,658

出所）出入国外国人政策統計月報（2011 年 12 月）。

いる移住労働者のうち非熟練労働者が圧倒的に高い比率を占めているアンバランスな状態を問題視する認識を反映している。表 10-1 の統計から確認できるように，2011 年統計から専門人材が外国人労働者の 8％ に止まっている。この点について，法務部移民政策諮問委員会委員 K 氏（民間シンクタンクのエコノミスト）は政府の認識について以下のように述べている。

　　これまでの移民政策は非熟練労働者受入政策の改善に力を入れてきた。雇用許可制の施行によって合法的な受入が開始され，人権保護の面でも大きく進展したと評価できる。他方，専門人材に関してはいろいろ政策を講じているにもかかわらずあまり効果が上がっていない。非熟練労働者が大多数を占めているアンバランス状況はあまり好ましくない。専門人材の場合は政策効果が出にくい側面はあるが，政府はあらゆる側面から専門人材を増やそうとしているようだ。
　　　　　　　　　　　　　　　　　　　　　（2014 年 1 月 23 日，ソウル）

ところで，積極的な専門人材誘致政策が推進される背景要因のひとつには，皮肉にも現在韓国が専門人材の移出超過状態（brain drain）である点がある。外国の博士号取得帰国者は 2004 年 937 人から増加し 2007 年 1,539 人をピークに減り始め 2011 年には 685 人の半分以下に減少しているが，留学生が最も多い米国での理工系の博士号取得者の 60％ 以上が残留意志をもっており，その割合も上がっている。また国内の理工系博士号取得者の 3 割以上が「海外での就労意志がある」としている。こうした頭脳流出と外国人専門人材の移入が少ないのはそもそも韓国の労働市場において専門人材の誘引力が弱いことを反映する。その大きな理由は韓国の労働環境が海外に比べて劣るという評価と，国内の投資減少があげられる。韓国科学技術評価院（한국과학기술평가원 2012）による理工系博士に対する調査によれば，大学院生と現職ともに労働環境関連のほぼ全項目において，国内が海外より低いと答えている。一方 2005 年以降韓国資本の海外投資が外国人の直接投資を上回る資本純流出が続き，なかでも大企業の高付加価値分野の海外投資が大きな比重を占めている点が指摘されている（유영성 2013）。

5　短期就労者と定住者の選別

1）非熟練労働者の選別システム

　専門人材に対して開放的な移民政策と比較して，非専門人材に対してはより慎重な政策が展開されているものの，ここにも選別システムが組み込まれてきた。非熟練労働者受入制度である雇用許可制は基本的に期間を定めた短期就労を前提にしているが，このルートで入国・就労している非熟練労働者の中から技能労働者を選別して定住を誘引する政策が組み込まれている。雇用許可制がスタートした当初はなかったが，後にこのルートで就労する外国人労働者に付与される「非専門就業」から永住につながる「居住」と専門人材に付与される「特定活動」への在留資格変更が可能な仕組みが加えられた。その中身をみると，下記の通り，職業能力，所得水準，資産保有，韓国語能力など定住に伴う

社会的コストがあまりかからない人を対象としたきわめて選別性の高い仕組みとなっている。

2008年から始まった「居住」への資格変更の主な要件は，①過去10年間，非専門職を対象とする在留資格で4年以上就労，②所定の技術技能資格を取得したか，直近2年間年平均賃金総額が韓国人の年間賃金総額以上であること，③2000万ウォン以上の資産保有，④韓国語能力試験3級以上の取得，その他犯罪歴がないことなどである。ところが，この要件はハードルが高く実際に資格変更にいたった人が2013年末までに4人に過ぎず実効性が乏しい形式的なものとなっていたために，政府は2011年に今度は専門人材に付与する在留資格である「特定活動」への変更が可能な要件を新設した。「居住」の賃金要件や技能資格など資格変更への要件を緩和したが，依然としてハードルは高い。

非熟練労働者から中間レベルの技能労働者の選抜・定住については使用者側からの要望が強く，熟練労働者の確保は産業政策の一環として今後さらに要件緩和と拡大が予想される。第2次外国人政策基本計画には外国人労働者を専門性と労働市場の代替性の程度によって，①高級人材，②準専門人材，③非専門人材と区分して，技能・熟練労働者を②の準専門人材として分類し，非専門人材を熟練技能人材として引き上げるために企業と協力することも挙げていて，非専門職外国人労働者に対する選別がいっそう強まる可能性を孕んでいる。

2）専門人材の選別システム

上述の通り，韓国政府は専門人材に対する入管政策はリベラルや保守といった政権の政治色と関係なく一貫して開放的政策を取り続けてきたが，近年その選別性がより精緻化していく傾向にある。

専門人材の選別に関しては，選抜主体の多様化と定住を誘導する優遇措置の制度化が進んでいる。ゴールド・カード（2000年11月導入），サイエンス・カード（2001年12月導入）のように，特定分野の専門人材の獲得を目的とする選抜システムはそれまで入管当局が担当した専門能力の審査機能を関連省庁の推薦によって専門人材に付与する「特定活動」ビザを発給する形で選抜主体が多様化された。ゴールド・カードはIT，技術経営，ナノ，デジタル電子，バ

イオ，輸送及び機械，新素材，環境エナジーの先端技術8分野を対象に産業通商資源部長官の委任により大韓貿易公社の社長が雇用推薦書を発給する。サイエンス・カードは大学や研究所で雇用予定の理工系の専門人材を対象に未来創造科学部長官が雇用推薦書を発給する。運用実績をみると，2010年までにゴールド・カードは2,379人，サイエンス・カードは1,346人に発給されているが，大きな成果をあげているとまではいえない。

　これらカードの発給を受けた専門人材は最長5年の複数ビザ発給，通常5年の「永住」資格申請に必要な滞在期間を3年に短縮，配偶者の就労可能，家事労働者の同伴可能，資格外活動可能などさまざまな優遇措置を受けられる。また，2010年からは専門人材の定住を誘導するために，就労の職種に制限がなく入管への届け出もいらない「居住」への申請要件にポイント制度が導入された。さらにポイント制度によって「居住」に変更されれば3年で「永住」に申請を可能にするなど（一般基準は5年），さまざまな優遇措置を次々と加えている。

3）コリア系の選抜システム

　外国籍のコリア系を対象に発給される「在外同胞」(F-4)は韓国国内での滞在・就労などにほとんど制限を設けない在留資格だが，単純労働就労が禁止されているために，欧米や日本など先進国のコリア系は「在外同胞」，中国や旧ソ連地域のコリア系は「訪問就業」資格で入国・就労する，「分離」状態が続いていた。

　ところが，図10-3の通り，近年中国朝鮮族の在留類型で「訪問就業」資格の減少と「在外同胞」資格の増加が顕著になっている。これは「在外同胞」資格の中国朝鮮族の急増に伴うことであるが，このような現象は外国人労働者の受入状況と「人材誘致」の移民政策の流れと無関係ではない。法務部（법무부 2013）は「母国と同胞間の交流拡大および居住国による同胞間の差別解消のために」という理由をあげ，「在外同胞」の資格要件を緩和した。具体的には国内外の2年制以上の大学卒業者，法人企業代表，技能士以上の資格取得者等に「在外同胞」資格付与要件を拡大した。また「訪問就業」資格者の中で，地方

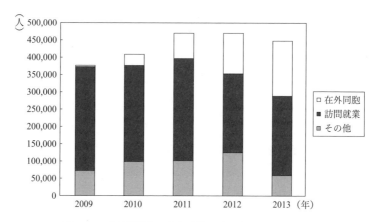

図 10-3　中国朝鮮族の在留資格別滞在者数（2013 年末）
出所）法務部「出入国・外国人政策統計月報」（2013 年 12 月号）。

所在の中小製造業など国内労働市場で求人が困難な企業に一定期間就労することも要件のひとつとして認めるなど「在外同胞」資格要件は格段に緩くなった。「在外同胞」の急増はこうした政策変更に伴って，「訪問就業」の減少分がそのまま「在外同胞」にシフトした結果と読み取れる。

　この政策変更は元来エスニック紐帯を根拠とする「在外同胞」に「人材」の視点にもとづく選別システムを取り入れたことにより，「人材」とみなされた「在外同胞」朝鮮族とその他の朝鮮族に分離され，コリア系の滞在類型にも大きな変化をもたらしたのである。この点について「中国同胞 TOWN 新聞」主幹 K 氏は以下のような意見を披露し，「同胞か人材か」という狭間での一貫性に欠ける政策変更に，当事者の混乱と不満をにじませた。

　　韓国政府は高度人材の受入・定着に向け，在外同胞の永住化にさまざまな条件を付けて選別するようになった。高度人材ではない人は在留が不安定なので，帰国するかどうか迷う人も多い。朝鮮族に対する認識の転換には高学歴の専門職が増える必要があるが，これまで朝鮮族といえば「労務入国」であった[16]。韓国で定着し成功する人が増えなければ韓国社会の認識もまた朝鮮族社会も変わらないだろう。現在大卒者の定住は少ない。韓中修交後，朝

鮮族に出稼ぎの機会は与えてきたが，定住には壁があった．まずは安定的な滞在が必要だ．だが政府はコントロールしたがる．

(2012 年 9 月 8 日，ソウル)

このような見解には，朝鮮族に対する韓国政府の入管政策が基本的に「同胞」ではなく，「労働者」として扱うことに対する不満がにじみ出ている．そのために，上記の発言は，「在外同胞」在留資格の発給要件の緩和について，朝鮮族の滞在の安定性が高まることにつながるとして一定の評価をしながらも，「同胞」というエスニック紐帯に対して資格要件などを付した選別システムを導入することに批判的な意見として読み取れる．

おわりに——「分離」とインセンティブ

韓国の移民政策は，1980 年代後半に従来の労働者送出国から受入国へと転換した時期と，冷戦終焉と民主化のような国内外の情勢変化が重なった時点で新たなスタートを切った．また通貨金融危機から発した経済危機を新自由主義的な構造改革を通して乗り越えようとした点は経済主義的な移民政策が形成される環境要因になったといえる．人権を重視する民主化レジームで新たな段階に入った韓国の移民政策であったにもかかわらず，経済危機からの脱出と新自由主義の外圧は政策形成に大きな影響を与えたといわざるを得ない．無論このような内外情勢だけで移民政策の転換を説明することはできないが，少なくとも「反定住政策」を基本に「選別性」を帯びた移民政策の形成にこのような環境要因が強く働いたと考えられる．

外国人労働者の流入が急増した初期の入管政策はほぼ放任状態であったが，研修生制度は使用者主導で市場の力を借りる仕組みとして導入され，結果的に未登録労働者の増加に歯止めがかからず，政府が積極的に介入する体制に大きく転換した．雇用許可制は非熟練労働者の移動と雇用管理を政府が直接マネジメントする仕組みとして，その後の政府主導の積極的な移民政策の始まりと位

置づけられる。雇用許可制の導入によって新たな段階に入った韓国の移民政策は，理論的にいえば「制限的開放戦略」と分類できるが（Freeman and Mo 1996)，その制限において民間主導の市場メカニズムより政府の政策意図が強く反映される仕組みとなった。

　政府介入が強くなるにつれて，韓国の移民政策は政府主体の「選別性」が強化される方向に進んでいる。非熟練労働者については短期ローテーション組と定住組が分けられ，定住に伴う社会的コストが少なく済む後者の定住容認が制度化された。そもそも受入があまり進んでいない専門人材に関してはさまざまなインセンティブ付きの誘引策が次々と導入されている。こうした「分離」とインセンティブはコリア系にも採用され，エスニック紐帯という元来の根拠は後退している。

　ところが，このように選別的な移民政策が進展しているにもかかわらず，定住を前提とする移民の受入にはいたっていない。韓国が導入したポイント・システムはカナダやオーストラリアのそれとは違って，あくまでも在留期限付きのビザ・カテゴリーとして運用され，同じ在留資格の中でさまざまな評価基準を設け分類・分離して管理する体系を構築し続けている。非熟練労働者やコリア系の分類基準にいたっては海外でのキャリアや仕事経験は評価対象にならず，国内での就労実績と職能評価のみが考慮される。

　韓国は欧米に比べて後発移民受入国として，そして植民地から独立した経済的後発国として，欧米の移民受入国とは異なる政策環境のなかで，新しい政策領域として移民政策が急展開しつつある。韓国の移民政策においてコリア系のような帰還移民をめぐる問題が政策課題であることは間違いないが，先発の移民受入国にみられるような旧植民地出身者の処遇や家族統合などのような「歴史性」より，経済発展による外国人労働者をめぐる課題が移民政策の転換の主要な要因であった点も特徴的である。

　韓国の移民政策の展開に対する理解において，過去の軍事独裁政権と開発独裁体制から民主政権の成立とその後の民主化レジームという政治環境の変化と，経済発展による労働力供給の減少がもたらした外国人労働者の増大という労働市場の構造変化といった国内の政策環境要因の変化を移民政策の新展開の主要

な動因として考慮すべきである。この点は，韓国の移民政策が国際人権レジームの影響のような国際的な要因（Soysal 1994）というより，国内の政治・経済・社会的実情の変動とその相互関連の中で展開されてきたと理解されよう。移民政策の新展開の起点となったリベラル政権期に人権問題が主要なテーマになったが，それも国際人権レジームの影響というより国内政治情勢変動に伴う民主化レジームの中で浮上したのである。

先発の移民受入国との違いは移民政策の課題の形成においても明らかである。欧米の移民受入国は長い移民の歴史と，帝国主義の終焉や第二次世界大戦後の国家の再編成のプロセスの中で，それぞれ独自の政策課題が形成されたが（Joppke 1999），韓国は欧米の先発国でみられる歴史性とは異なるより現実的な課題への対応として移民政策が形成されてきた。20世紀後半，労働市場の構造変化のなかで増大した外国人労働者をめぐる問題や，定住移民を認めないなかで2000年前後から急増した国際結婚移住者と多文化家族への対応から始まった統合政策も，現実の問題・課題への対応として政治文化的文脈のなかで政策課題が形成されてきた。

この20年あまりの韓国の移民政策は拡大の方向にある。制限的とはいえ非熟練労働者が合法的に就労できる制度が法制化され，在外同胞，留学生，結婚移住者，または難民にいたるまで政策領域が広がっている。ただし，その政策が，南ヨーロッパの移民後発国でみられるような移民の拡大と包摂の方向へ進むか（Freeman 1995）は未知数である。政策形成期に成立した「反定住政策」は制限的といわざるを得ないし，政府主導で展開されている政策は選別性が高まっているからである。

韓国の移民政策を俯瞰してみると，冷戦終焉のような世界情勢の変動が移民政策の転換期と重なったこと，新自由主義の拡散，そして国内的要因としての経済危機と民主化レジームは韓国に政府主導の「制限的開放」移民政策が形成される環境要因となり，後に政治・経済の環境変化に政府主導での選別性がより鮮明になっていく政策的基盤となった。この基盤のもとで，韓国の移民政策においては経済発展と労働市場の調整機能が優先され，政府主導で定住者の選別をめぐる客観的な基準が制度化する中で，選別性が高められている。

[注]
1) 韓国の国際結婚の増加を労働移動の一形態とみる見解がある(이혜경 2005)。特に 2000 年から 2005 年までの急増は,労働移住が難しくなった中国朝鮮族が結婚を移住方法のひとつとして選択するケースが多くなったためであると指摘される。
2) 韓国の移住民社会統合政策は結婚移住者の増加が契機になったとする議論は数多い。例えば,김희정(2007)は,韓国の社会統合政策の主な対象は結婚移住者とその子女であり,具体的な施策も家族維持と児童養育にあるとし,また 2007 年外国人基本法が成立する前に政府から発表された「混血人と移住者に対する社会統合支援案」が低出産・高齢化社会委員会で成案されたことから,真の社会統合より人口対策の意味合いが強いと主張する。
3) 韓国政府が人口増加のために移民政策を活用すると明確にしたことはないが,人口減少への対応策のひとつとして移民政策を位置づけていることは関連政策文書(例えば,「第二次低出産・高齢化社会基本計画」)からも確認できる。
4) 安全行政部「2014 年地方自治団体外国人住民現況」(안전행정부 2014)。この統計は入管統計とは別に地方自治体による居住外国人調査をもとにしている。
5) 韓国経済は 1986 年から 3 年間連続実質 GDP 成長率が 10 % を超える高成長を記録した。高成長は 1997 年の通貨金融危機まで続いたが 3 年連続 10 % 以上の成長はこれが最後になった。
6) 韓国の大学進学率は 2011 年からそれまでの高等教育機関への合格者基準から登録者基準に変更され,2010 年 79.0 % が 2011 年 72.5 % に減少した。こうした基準変更を考慮に入れても 1980 年から 20 年間でほぼ倍増したことは間違いないと思われる。
7) 1948 年大韓民国政府が樹立されて以来,1961 年と 1979 年の 2 度のクーデタで政権を掌握し成立した軍部主導の政権は,市民の抵抗によって民主化が始まる 1987 年まで独裁的な強権政治を続けた。ところが,国民の直接選挙によって大統領を選出する民主化の後も,独裁政権の政治基盤を引き継いだ与党が 2 期にわたって政権を維持し,与野党が交代する政権交代は 1998 年発足した金大中政権によってようやく実現した。そして 2003 年発足した盧武鉉政権は前政権を引き継ぎ,2 期 10 年にわたってリベラル政府が政権を担当したのである。したがって,韓国にとって,1998 年の政権交代は民主化の成果として実現した初めてのリベラル政権の成立であった。
8) この時期の韓国の民主化と新自由主義的な社会変革については 최장집(2010)を参照されたい。
9) 韓国の非正規労働者の比率は同一方式で比較可能な統計として 2001 年 26.8 % だったものが,2004 年 37.0 % と急増してピークに達し,その後 33 % 前後を推移している(統計庁「非正規職雇用動向」)。
10) 従業員 300 人を基準とする企業規模間賃金格差は,300 人以上を 100 とした場合の 300 人未満規模の数値で,経済危機前年の 1996 年に 77.3 だったものが,1999 年に 71.0 に下がり,2002 年には 67.5 と初めて 60 台に低下,その後 65 前後を推移している(고용노동부 2010)。
11) 外国人の地方参政権は,選挙人名簿作成基準日現在に「永住」(F-5)の在留資格を取

得してから3年以上経過した19歳以上の外国人に与えられる。
12) 研修推薦団体として指定されたのは，製造業の中小企業協同組合中央会，建設業の大韓建設協会，農業の農協中央会，水産業の水協中央会である。
13) 研修就業制度は法律施行後の新規入国研修生に適用されたため，実際に労働者身分の外国人が出現するのは2000年4月以降である。その翌年には研修1年＋研修就業2年になった。
14) 雇用許可制の成立過程と仕組みについては，宣（2010a；2010b）を参照されたい。
15) 送出国は次の15カ国である。フィリピン，ベトナム，モンゴル，タイ，スリランカ，インドネシア，ウズベキスタン，パキスタン，カンボジア，中国，バングラデシュ，キルギス，ネパール，ミャンマー，東ティモール。
16) この発言には，中国朝鮮族を「同胞」というより非熟練労働者とみる韓国社会の一般的な認識と，そのゆえに高学歴や専門職の朝鮮族が韓国行きをためらう実態につながっているという不満が表れている。

［参考文献］
宣元錫（2009）「韓国の『外国人基本法』と『統合政策』の展開」『法律時報』第81巻第3号
――（2010a）「韓国の『外国人力』受け入れ政策」『総合政策研究』第18号
――（2010b）「移民政策のマネジメント化――保守政権下の韓国の移民政策」『移民政策研究』第2号
고용노동부（2010）「임금격차 등 임금체계 유연화 저해요인 및 극복방안」（雇用労働部「賃金格差等賃金体系柔軟化の阻害要因および克服方案」）
김희정（2007）「한국의 관주도형 다문화주의」오경석외『한국에서의 다문화주의』한울（キム・ヒジョン「韓国の官主導型多文化主義」オ・キョンソク他『韓国の多文化主義』ハヌル）
법무부（2013）「알기쉬운 재외동포정책 매뉴얼」（法務部「よく分かる在外同胞政策マニュアル」）
설동훈（1999）『외국인노동자와 한국사회』서울대학교출판부（ソル・ドンフン『外国人労働者と韓国社会』ソウル大学出版部）
유영성（2013）「두뇌유출, 투자유출 심각！ 창조경제 근간이 흔들릴 수있다」『이슈＆진단』경기개발연구원（ユ・ヨンソン「深刻な頭脳流出，投資流出！ 創造経済の根幹が揺らいでいる」『イシューと診断』キョンギ開発研究院）
이혜경（2005）「혼인이주와 혼인이주 가정의 문제와 대응」『한국인구학』제28권제1호（イ・ヘキョン「婚姻移住と婚姻移住家庭の問題と対応」『韓国人口学』第28巻第1号）
조희연외（2009）『한국 민주화와 사회경제적 불평등의 동학』한울（チョ・ヒヨンほか『韓国民主化と社会経済的不平等の動学』ハヌル）
최장집（2010）『민주화 이후의 민주주의』후마니타스（崔章集『民主化以後の民主主義』フマニタス）

한국과학기술평가원 (2012)「이공계인력 실태조사 보고서」(韓国科学技術評価院「理工系人力実態調査報告書」)
한국교육개발원 (各年度)『교육통계분석자료집』(韓国教育開発院『教育統計分析資料集』各年度)
안전행정부 (2014)「2014 년지방자치단체외국인주민현황」(安全行政部「2014 年地方自治団体外国人住民現況」)
Freeman, Gary P. (1995) "Modes of Immigration Politics in Liberal Democratic States," *International Migration Review*, Vol. 29.
Freeman, Gary P. and Jongryn Mo, (1996) "Japan and the Asian NICs as New Countries of Destination," in Peter J. Lloyd and Lynne S. Williams (eds.), *International Trade and Migrants in the APEC Region*, Oxford University Press.
Joppke, Christian (1999) *The Nation States and Immigration Policy : The United States, Germany, and Great Britain*, Oxford University Press.
Lim, Timothy C. (2006) "NGOs, Transnational Migrants, and the Promotion of Rights in South Korea," in Takeyuki Tsuda (ed.), *Local Citizenship in Resent Countries of Immigration*, Lexington Books.
Soysal, Yaesmin Nuhog Lu (1994) *Limits of Citizenship : Migrants and Postnational Membership in Europe*, University of Chicago Press.

第 11 章　日本 I

高度外国人材受入政策の限界と可能性
——日本型雇用システムと企業の役割期待

上　林　千恵子

はじめに

　日本社会が将来にわたって「高度外国人材」の受入を必要としている点については，政府・企業・労働組合間で見解の相違はないだろう。だが，高度外国人材とは誰のことかという点では，まだ一致していない。高度外国人材の意味するところが，日本の産業と研究開発をリードするような創造的人材か，あるいは外国語と外国の事情に精通している人材か，低熟練外国人労働者の受入を容易にするための方便としての高度外国人材か等々，高度外国人材の用語には多様な意味合いがある。そこで本章では，高度外国人材を「日本の入国管理政策で『技術・人文知識・国際業務』『企業内転勤』『研究』『投資』などの専門的分野の在留資格を獲得できる人」と定義しよう。人数の上では，「技術・人文知識・国際業務」の割合が高いので，統計上はこのカテゴリーで代表させる。いわば 4 年制の大卒者（高等教育修了者）であるホワイトカラーか，あるいは高卒者でも実務経験 10 年以上を経験した人を高度外国人材（略して高度人材）とする。OECD の統計でも，4 年制大学卒業の学士を獲得した人を高学歴者と分類してデータを蓄積しているので，この統計との比較の上でも，大卒者をここでの高度外国人材の定義とする。

　この高度外国人材の受入については，外国人労働者と比較して，社会問題と

なることも少なかった。高度外国人材については単純労働者と異なって，日本の入国管理政策上，特別な受入障壁を設けていなかったから，単純労働者受入可否のような論議は起こらなかった。しかし時代は移る。21世紀への変わり目前後から国際的に高度外国人材へのニーズが高まり，高度外国人材獲得競争が行われ始めた[1]。いわゆる能力主義的な選別的移民政策と称されるものである。日本も自らの意思の有無にかかわらず先進諸国間の人材獲得競争の中に巻き込まれてきており，日本の高齢化と相まって，高度外国人材受入促進政策の展開を余儀なくされている。

そこで本章では，他章で触れられている選別的移民政策との比較の上で，まずこれまでの日本の高度外国人材受入政策の内容を検討したい。その後に，高度外国人材を実際に雇用する企業を対象として，どのような企業がどのような目的で彼ら高度外国人材を雇用するのか，企業のニーズと高度外国人材への役割期待を検討する。移民政策という国家を前提にしたマクロ・レベルの政策課題と，個々の企業が高度外国人材を雇用する実態と雇用目的というミクロ・レベルの課題，この両者の交差するところに焦点をあてるのが本章の目的である。

人の移動，特に高度外国人材のような高学歴移民の移動は，母国での飢饉や内戦，生活苦などの負の要因から開始されるよりも，自分たちのもつ技能や能力を発揮する機会を求めて先進諸国へと移動することが多いであろう。一方，彼ら高度外国人材を雇用する側の企業も，こうした高度外国人材を単なる低熟練職種に従事する労働力としてではなく，一定の技能と能力をもつ労働者として受け入れる。低熟練職種での受入の第一目的が人手不足にあるとするならば，高度外国人材の受入にはある程度彼らの能力への期待が込められているはずである。それは日本企業の生産のグローバル化に伴って必然的に必要とされる人材を雇用したいというニーズなのではなかろうか。各国企業のグローバル化した生産活動と，そうした活動のもたらす企業間競争の激化は，日本企業にとっても最適地生産というグローバル化をもたらし，それが日本国内における高度外国人材受入へとつながっているのではないか。日本の高度外国人材受入政策と日本企業との関連を検討したい。

1 高度外国人材受入政策における日本の位置づけ

 日本の高度外国人材受入政策をみる前に，世界における移民流出入の動きの中で日本を位置づけておこう。政策というものは一般的には時代的制約，すなわち歴史的背景と，空間的制約，すなわち地理的背景に制約される。日本の高度外国人材受入政策も，日本のもつ歴史的，文化的背景と地理的背景に基本的に制約されている。結論を先取りしていえば，①日本語のもつ壁，それは海外交流に対する障壁でもあると同時に，国内の雇用者を守る防壁となっていること，また，②地理的には13億人の人口をもつ中国の影響が大きいこと，の2点が日本の高度外国人材受入政策を考える上での特殊日本的な基本的前提となろう。

 OECDでは世界的な人の移動を把握するために，各国の国勢調査をデータベースの形で蓄積しており，5年ごとにその集計結果を発表している。このOECDデータをみると，OECD諸国を中心とする移民受入と送出の実態，高学歴者の流入と流出（いわゆる頭脳獲得と頭脳流出）の流れがわかる。

 図11-1はそのデータによってOECD諸国の高学歴者の流入者数と流出者数を比較したものである。先進諸国間では日本が非常に高学歴者の流入と流出の双方で人数が少ないことが明瞭であろう。米国が流入者数で群を抜いて多い。米国は世界で移動する高度外国人材のおよそ4割を受け入れており，続いてカナダ，イギリス，オーストラリアと英語圏諸国では流入者数が多い。こうした英語圏諸国と比較すると，日本の高度外国人材受入数，流出数はほぼ同数である。図11-1でみると太い横線がゼロの軸に限りなく接している。そのため，「日本はその政策努力にもかかわらず高度外国人材受入の利益を享受していない」（Widmaier and Dumont 2011 : 27）というような評価も外部からされるのであるが，先進諸国間で日本の高度外国人材の入国・出国の動きはどちらもきわめて乏しいと評価されてもよかろう。

 しかし過去の数値と比較すると，高度外国人材受入数は増加傾向にある。同じデータの2010年の数値をみると（OECD-UNDESA 2013），日本からOECD諸

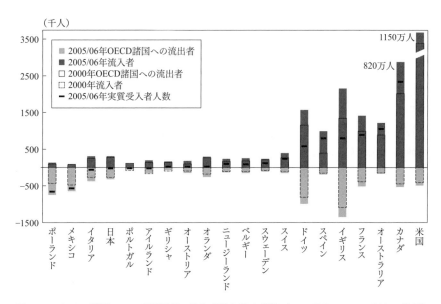

図 11-1　OECD 諸国にみる高学歴者の流入者数と流出者数（2000 年と 2005/06 年との比較）
出所）Widmaier and Dumont (2011) 28.

国に移住した高等教育修了者数はおよそ 37 万 1 千人であり，高学歴者の移住比率は OECD 加盟国 144 カ国中，143 位でこれは最下位の米国に次ぐ低さである。一方，受入者数はおよそ 41 万 3 千人であり[2]，これは 2005 年次の 38 万 5 千人より若干増加した。受入者数と送出者数の比較で，やや受入超過となったことがわかる。

　また日本が受け入れた移住者総数に占める高学歴修了者の比率は，2000 年の 30.0 ％ から 2010 年の 35.0 ％（Arslan et al. 2014：26）に増加しており，高学歴者比率も若干，高まったことがわかる。受入移住者に占める高学歴者比率は OECD 諸国全体の平均は 30.3 ％ で，その比率は選別的移民政策を実施している諸国で高いことは当然として，日本も平均を上回っている。日本の場合，移住受入者総数が少ない中で，高学歴者を優遇して受け入れる選別的受入政策が少しずつではあるが効果を生みだしているようである。

　そこで次に日本の高度外国人材受入政策の展開をみておこう。

2　高度外国人材受入政策の展開——IT 技術者と留学生

1）e-Japan 基本計画とその後

　高度外国人材に対して初めて積極的な受入政策がとられたのは，2000年前後の時期である。1990年代後半，米国はニューエコノミーと呼ばれて，IT技術の発展がもたらす好景気に沸いた。典型的には，インターネットの普及によって生産現場，流通，消費生活が変容し，この変化を目の当たりにした各国は，一国の経済発展にはITが不可欠であることを認識した。インターネットが急速に普及してIT技術者の需要は拡大したが，IT技術者の養成には年数が必要とされるために，需給ギャップが生ずる。そこで各国はそのギャップを国外から人材を呼び込むことによって埋めようとした。不足した人材は，IT技術者でも特に下流工程を担当するプログラマーであった。そもそもプログラマーは上流工程を担当する他のIT技術者と比較して賃金水準が低く，十分な人数を国内労働市場からは呼び込みにくい職種なのである。プログラマーが担当するプログラミング作業の特徴は，労働集約性が高く，就業人数×就業月数およびプログラミングのソースコードの行数換算で取引価格が決定されていて，価格決定にプログラマーの技術力は織り込まれていない。

　先進諸国に共通してみられたプログラマーを中心とするIT技術者不足と，当時の2000年問題[3]が重なり，先進諸国は他国からIT技術者を積極的に受け入れた。米国が専門職向けH-1Bビザを大量に発行して，インドや中国から技術者を呼び寄せた（米国がH-1Bで受け入れた技術者は世界から集めたようにみえるが，実際のところ，技術者の7割はインドからであり，そこにはそれ以前からの歴史的文脈が生きていることが第1章で示されている）。イギリス，ドイツなど欧州各国もIT技術者には特例措置を設けて積極的導入を図った。

　日本もまた，こうした世界の潮流を傍観しているわけにはいかず，2001年，政府のIT戦略本部はIT技術者に特化して外国人専門職を積極的に受け入れる政策を「e-Japan基本計画」として打ち出した。ここでは，2005年までに3万人程度の優秀な外国人人材を受け入れることを政策目標とした。具体的には

IT特区を指定して，在留資格審査認定の優先処理，滞在期限の延長などIT技術者受入に対して従来の規制を緩和しただけでなく，2001年にインド，シンガポール，韓国とIT資格の相互認証制度を導入して技術者の技能レベルの判定を容易にする措置をとった。その後この相互認証制度は，中国やアセアン諸国とも締結されている。こうした相互認証制度が急速に広がった背景には，すでにこの時点でこうした国々に対して日本からのアウトソーシングが行われており，こうしたアウトソーシングを円滑に実施するためにも，資格の相互認証制度が有効であると判断されたのである。

　高度外国人材受入政策という視点から2000年代当初の時期を見直すと，この時期に日本は国を挙げて外国人IT技術者の受入を促進しようという政策意図をもった各種施策が実施されたことは確かである。中国，韓国，インドなど近隣アジア諸国からの技術者受入人数はこの時期から拡大した。その理由は，高度外国人材受入政策の直接的効果というよりも，近隣諸国への日本企業のアウトソーシングが拡大し，それに伴いブリッジ人材の必要性が高まったからと思われる。ブリッジ人材の内容は後段で触れよう。

　高度外国人材受入政策としてのe-Japan基本戦略は，その後，2005年「IT政策パッケージ2005」，2010年「i-Japan戦略2015」と名称は異なるが，海外IT人材の活用計画として継続されている。最近年では，2014年に発表された「日本再興戦略改訂2014年」においても，外国人材の活用のために「高度外国人材受入環境の整備」という政策目標が掲げられ，日本経済の活性化と競争力強化のために，優秀な人材を呼び込み，定着させる必要があること，またそのための留学生受入拡大と就職支援，高度外国人材の就労環境と生活環境の整備，などの点が指摘されている。21世紀初頭から始まった高度外国人材受入政策は現状でも一貫して継続されているといえる。

　現在，日本の高度外国人材受入の状況は図11-2のとおりである。ここから次のことがわかる。第一に，「2005年度までに3万人程度の優秀な外国人人材を受入れ，米国水準を上回る高度なIT技術者・研究者を確保する」というe-Japan基本戦略は2005年には目論見通りに達成された。図11-2にみる「技術」の在留資格保持者がすべてIT技術者とは限らないだろう。そこで厚生労

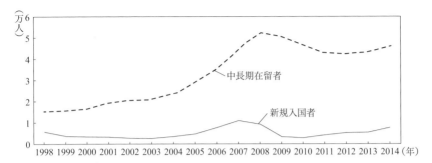

図 11-2　在留資格「技術」による新規入国者と中長期滞在者

出所）法務省入国管理局「出入国管理統計」より作成。
注）2015年から在留資格が「人文知識・国際業務・技術」と一本化されたため，「技術」だけのデータは2014年が最後となる。

表 11-1　高度外国人材・中長期滞在者数と国籍（2014年度）

順位	技術			人文知識・国際業務		
		人数	構成比		人数	構成比
	総数	45,900	100.0	総数	76,908	100.0
1	中国	20,877	45.5	中国	34,575	45.0
2	韓国・朝鮮	5,084	11.1	韓国・朝鮮	10,346	13.5
3	ベトナム	4,394	9.6	米国	6,584	8.6
4	インド	4,172	9.1	台湾	3,442	4.5
5	フィリピン	2,165	4.7	イギリス	2,578	3.4

出所）法務省入国管理局「在留外国人統計」2014年12月末現在。

働省「外国人雇用状況」により情報通信業に雇用されている外国人労働者数をみると[4]，2009年は2万2千人であり，リーマン・ショック後の落ち込みがみられるが，その後は順調に増大し，2015年では3万7千人弱となっている。第二に，技術者の新規入国者数は2007年をピークに減少し，その後の人数は伸び悩んでいるが，中長期滞在者をみると，それほどの減少はみられず，2007年以降，現在まで4～5万人の間で推移している。

　高度外国人材の国籍をみると中国の国籍保有者が半数弱を占める。これは表11-1の在留資格「技術」で45.5％である。また2015年厚生労働省「外国人雇用状況」でも情報通信業に雇用されている36,522人の外国人労働者のうち，

中国人は 19,486 人と 53.4％ の比率となっている。外国人 IT 技術者というとインド人が注目されることが多いが，日本の場合は，圧倒的に中国人であることに留意しておく必要があろう。

2) 高度外国人材獲得と留学生政策

　高度外国人材の獲得政策のひとつとして留学生政策が見直され始めたのはそれほど以前のことではない。高度外国人材受入のための国際競争が始められたのと同時期の 2000 年前後からである。OECD 報告書中でも「OECD 諸国で留学生獲得とその定着をはかるための競争が近年では強まっている。彼ら留学生は，受入国で教育され，その多くは受入国の言語を話せる。こうした理由で，多くの OECD 諸国は彼らの卒業後も求職のための滞在を許可している。そして大部分の人が，熟練移民としてその国に止まる。そうした点で，また高等教育修了者が世界中で求められ，その需要に十分に応えられない諸国があるために，OECD 諸国間で留学生数が飛躍的に増大し，その人数は，2008 年の 220 万人から 2012 年の 270 万人へと変化した」(OECD 2015：29-30) と述べられている。従来は，国際貢献や開発途上国への友好促進の手段としてみられていた留学生政策が，各国の新自由主義政策の下で，一国の経済発展手段としての役割に変貌してきているという近年の傾向は，先進国間に共通しているとみなしてもよいだろう[5]。

　また志甫啓も OECD の各年版の『国際移民展望 (International Migration Outlook)』の記述から，留学生のアルバイト就労が OECD 諸国の受入国で必要とされる労働を供給する役割を果たしていること，彼らの受入は高度人材につながっていることを指摘している (志甫 2015)。志甫はそこで各国の留学生政策における留学生の資格外活動，いわゆる学生アルバイトの規定を比較している。留学生政策の具体的内容は実は多様であり，例えば永住権申請の規制緩和，学費減免，生活費等の軽減策，英語による教育プログラムの提供，大学の修得単位の移動の円滑化[6]などの施策を含むが，留学生に許可される就労条件もそのひとつであり，これらを含めて留学生を自国へと引き付ける政策対応のすべてが各国の留学生政策の中身である。そして，世界経済危機以降では労働市場へ

の影響を考えて，留学生への規制緩和を後退させ，不正留学生の取締り，いわゆる留学生の資格外就労の取締りが強化されたとしている。

以上の指摘を，高度外国人材獲得政策との観点から整理すると以下のようになる。すなわち，留学生政策が広義の労働市場政策とつながるならば，労働市場の需給に応じて留学生政策の内容を変化させることは当然のことであり，景気変動に伴う労働需給の変化に対応可能な留学生政策とならなければならないということである。この柔軟性については，次節で触れる高度外国人材獲得のためのポイント制度と共通する点である。

さて日本の留学生政策も経済主義化した移民政策の国際的動向と無縁ではありえない。1983年に提言された「留学生10万人計画」と比較して，2008年に策定された「留学生30万人計画」では，栖原暁が指摘するように，従来の知的国際貢献という目的から高度外国人材獲得へと政策目標が転換されたといえる（栖原2010）。また寺倉憲一もまた，2000年前後から各先進諸国が，高度外国人材獲得のモデルとして留学生政策を位置づけてきているために，日本も遅ればせながら留学生政策の位置づけを高度外国人材獲得等，国益確保のための国家戦略として転換していかなければならないと主張した（寺倉2009）。

日本語の言語習得が難しく，かつ日本国外ではその習得機会が限定されていることを考慮し，かつ日本企業の仕事の進め方，人事管理に日本の独自性が存在することを考慮すると，日本への留学生の中から日本が受け入れる高度外国人材を獲得することは，実は他のOECD諸国以上に喫緊の課題であろう。上記の寺倉，栖原らの指摘を待つまでもなく，高度外国人材獲得のためには留学生政策がまず必要とされると理解されるようになってきた。いわば，留学生政策が日本経済を支えるための人材獲得政策，そして移民政策へとつながっているという認識，いいかえれば，移民政策の前置政策として留学生政策が存在するという認識である。

文部科学省による大学をグローバル人材の育成拠点にするための事業は2009年より開始され，2014年時点では「スーパーグローバル大学等事業」として継続されている。また文部科学省と経済産業省による「アジア人財資金構想」プログラムは2007年から2012年まで実施された。これはアジア地域の優

秀な大学生，大学院生を選抜して日本へ留学させ，日本企業への就職を促進させるためのプログラムであった。このプログラムによる5年間の留学生数は1,959人，日本企業への就職率は約67％であった。確かに，就職率は一般的な日本への留学生より高いものの[7]，日本では留学生から日本企業への就職者は毎年，1万3千人前後となっているので，影響力は小さかったといえよう。このプログラムは終了したが，2015年度からは「外国人材活躍推進プログラム」の中に新たな留学生支援政策が盛り込まれたので，その政策目的は継続されている。

アジア各国の著名大学からの留学生獲得については必ずしも成功とはいい難かったが，日本への留学生数は確実に伸長し2014年度でおよそ21万5千人である。それでは高度外国人材の予備軍として留学生を位置づけられるだろうか。労働力の観点から留学生を検討した山口塁によると，①近年の留学生の学歴基準の緩和という制度上の変更（専修学校卒業生への在留資格「技術・人文知識・国際業務」への変更許可）と，②現実の留学生の就職先の実態から，彼らが高度外国人材というよりもアルバイト労働力を基幹労働者とする職場にアルバイト経験を経て就職していること，現実には短期的労働力を必要としている業種，企業への労働力提供となっていることを指摘している（山口2016）。

日本ではいまだ高度外国人材受入人数の総数が少なく，留学生の就職率も低いために，留学生政策がそのまま労働力確保政策へと連携しているとは即断できない。また海外大学卒業者を日本語学校経由で採用するルートもまだ確立半ばである。しかし日本の留学生政策を，従来の日本の国際協力という視点からのみみるのではなく，高度外国人材獲得への地ならしのための政策という視点からみる必要性もあろう。

3　高度外国人材優遇のためのポイント制度

1）選別的移民政策としてのポイント制度

高度外国人材受入政策として近年，各国に普及している政策がポイント制度

である。ポイント制度とは，年齢，年収，学歴，勤続年数などの基準をそれぞれ階層化してポイントを決め，その合計点で当該受入職種への外国人受入の可否を決定する制度である。留学生政策が高度外国人材獲得のひとつの手段として機能変化をみせていることと比較して，移民政策におけるポイント制度は低熟練労働者ではなく高度外国人材を受け入れたいという政策目的が明確である。前者が間接的な高度外国人材受入政策とすれば，ポイント制度は直接的な高度外国人材受入政策といってもよかろう。この制度の趣旨は，ひとつには移民としての低熟練外国人労働者を排除するという目的と，ひとつには高度外国人材を選別するという目的を同時に達成することである。これは移民国であるカナダが世界に先駆けて1967年に導入した制度であり，1972年にオーストラリアで，1990年代前半にニュージーランドで採用され，その後，シンガポールは2004年，香港は2006年，イギリスは2008年，韓国は2010年，日本は2012年に採用している。

　この制度の意義は，明石純一によるとその透明性と柔軟性にある。すなわち，透明性とは，当局側の裁量の余地を狭めるだけではない。国外的には海外人材受入の公平性を，国内的には外国人流入の量と質を制御しているということを示すシグナリング効果を期待できることと指摘している。国内的効果とは，政府が移民受入管理を行っていることを強調することにより，自国の労働者の不満を政策レベルで解消できることが期待されているという。また柔軟性とは，ポイント制度の尺度基準を変更して受入人数を調整することである。その結果，為政者は移民管理に対しての裁量性を手放すことなく，受入の正当性を能力主義の観点から根拠づけることが可能であるという（明石2015）。

　日本でも次節で触れるようにポイント制度の受入基準を緩めることによって受入人数を増加させた経緯があり，ポイント制度のもつ柔軟性はこの制度を成立させるための重要な要因となっている。なぜならば，先進諸国が経験している近年の生産変動の大きさを考えると，受け入れる移民数を景気変動にあわせて調整したいという各国のニーズはきわめて喫緊の政策課題となっており[8]，ポイント制度はその課題に応えることができる有効な政策手段として位置づけられるのである。移民受入政策を前提としながら，受入労働力の質と人数を管

理可能とするための政策がこのポイント制度の核心であろう。

2）日本のポイント制度の内容と特徴

　日本ではこのポイント制度を2012年から実施した。従来のIT技術者受入政策が地域的，時限的であったことに比べ，全国的，職種包括的，かつ時限的な制約をはずした高度外国人材の積極的受入政策である。高度学術研究分野，高度専門・技術分野，高度経営・管理分野について，それぞれ学歴，職歴，年収，年齢などをポイント換算し，合計で70点以上獲得できた場合に，入国・在留に関して優遇措置を受けられる仕組みとなっている。

　ポイント制度の利用者は，2012年5月から2013年12月末まで779人であった。優遇措置の内容は，在留期間5年の付与，複合的な在留活動の許容，在留歴5年で永住許可を付与，配偶者の就労許可，一定条件下での親の帯同，家事使用人の帯同許可という内容であった。しかし，利用者が少数であった理由のひとつは，年収条件が厳しすぎたことである。例えば，高度専門・技術分野の場合，30歳未満で年収400～500万円で初めて10ポイントが付与され，それ以下の年収ではポイントが付与されない。しかし現状ではこの要件が厳しく，該当者は少なかった[9]。

　そこでポイント換算については制度発足1年後の2013年から見直しが検討され，その結果，2013年12月には見直しが行われた。例えば先の年収要件は，年齢別基準が撤廃され，全年齢に共通の基準として最低年収は300万円に引き下げられた。親の帯同の年収要件も800万円に引き下げられた。

　見直しの結果，高度人材の人数は2015年6月末現在で本人2,642人，家族2,633人となり，高度外国人材本人の人数は見直し前の3.4倍となっている。見直しの効果はあったといってもよかろう。この高度外国人材のうち，1,720人（65％）は中国籍であり，次いで米国144人，インド118人，韓国・朝鮮104人であった。圧倒的な比率で中国人の割合が高い。また親の帯同許可という条件も，子どもの面倒を祖父母がみることが多い中国の習慣を前提にしており，日本のポイント制度はある程度，中国籍の高度外国人材を念頭にして設計されたものではないかと推測される。

2013年度の制度見直しの結果，日本の高度外国人材受入数が飛躍的に増大した。この事実は，ポイント制度のもつ政策的意図を如実に示していることになろう。すなわち，ポイント制度とは，ポイント付与基準を変化させることによって受入高度外国人材の人数を調整することが可能な制度であり，国内労働市場の需給に柔軟に対応できる。制度自体の中に柔軟性が組み込まれているのである。ポイント制度には透明性と公平性，柔軟性という特徴があると触れたが，日本の場合は高度外国人材受入の人数がそもそも小さく，移民受入国家として世界から認知されていないので，柔軟性こそが日本のポイント制度の特徴といってもよいだろう。

さて，日本のポイント制度はさらに他国にはない日本の特徴をもっている。その特徴は，日本が移民受入国ではないというこれまでの移民政策の結果として，ポイント制度のもつ影響力が大幅に限定されている点である。移民国であるカナダとオーストラリアでは，ポイント制度の対象者は自国への移民候補者であり，入国審査にあたって国内での雇用証明はポイントの加点要素ではあっても，必須条件ではない。一方，日本は国内の雇用許可証明が入国のための基本的条件であり，その上で，ポイント制度の対象者となるかどうかの判別が行われる。この両者の違いを，明石は前者を移民の就労能力をみる「人的資源型選好」アプローチ，後者を就労それ自体が受入基準となる「労働市場連動」アプローチと分類している（明石2015）。このような分類も日本の高度外国人材受入類型として指摘できるだろう。

その上で日本のポイント制度について強調しておきたい点は，この制度が労働市場連動型であると同時に，受け入れる高度外国人材に対して国家の裁量の余地が非常に小さいことである。国家が選択した高度外国人材を企業が雇用するという順序と，企業が選択した高度外国人材を国家が後押しをするという順序では，企業の影響力の範囲に大きな差があろう。日本の場合は，企業がまず受入外国人を選択する。そしてその人物が就労の在留資格に該当する，あるいは上陸許可基準を満たせば日本での就労許可が下りる。その後さらに，彼らがポイント制度に照らして高度専門職1号の要件を満たしている場合に，初めて高度専門職1号として先に触れた優遇措置を受けられるのである。外国人への

就労許可，許可される在留期間の長期化，そして永住許可に必要とされる年数の短期化などの制度的優遇は，移民にとって自分たちの移民過程を短期化する意味をもつ。いわば入国から就労，長期滞在化，永住化へとつながる一連の過程に必要とする時間が短くなるため，自分たちの人生設計をより安定的に将来を見据えて築けるようになるのだ。

しかしながら，こうしたポイント制度による優遇措置は高度外国人材個人に付与されるために，彼らを雇用する企業にとっての意味合いは必ずしも大きくはない。特に外国人，日本人を問わず，高い労働条件，有利なキャリア形成のチャンスを提供できる日本の大企業にとっては，ポイント制度の有無にかかわらず，労働市場から自社が希望する人材を雇用することが可能であるので，ポイント制度に依存する割合が少ない。ある場合には，自社で雇用した高度外国人材が，ポイント制度によって5年間という短期間に永住権を獲得してしまえば他社への転職のチャンスも高まるのであるから，高度外国人材雇用に逆効果を及ぼす可能性もなくはない。すなわち，日本の大企業では内部労働市場を前提としてキャリア形成を行う慣行であるが，ポイント制度は高度外国人材に一定の資格を証明することにより，外部労働市場への転職を容易にする制度でもある。換言すると，この制度の利用そのものが，内部労働市場への包摂を妨げるリスクとして判断される可能性をもっている。

それでは，個人ではなく，企業に対して高度外国人材の雇用許可を積極的に付与することによって高度外国人材受入を促進するという政策は考えられるだろうか。実は，この考え方は，1990年入管法成立以前の1988年に提案され，しかし頓挫した日本の雇用許可制度が採用した考え方であった。提案および頓挫の経緯は濱口（2010）に詳しく触れられている。この労働省提案の制度に法務省が反発したという経緯もあるが，根本的には企業に対する外国人雇用の許可制度では不法就労対策としての実効性は高められても，合法的に就労する外国人労働者に対して人権侵害の恐れがあるという点が危惧された。すなわち，現在の外国人技能実習制度とも共通する点であるが，企業が外国人労働者雇用の認可を受けているために，雇用される外国人労働者は基本的には労働移動が阻まれ，自らの労働条件の向上を図れないという点である。

その点で，日本のポイント制度は他国のポイント制と同様に個人を対象としているためにポイント制度の対象となる高度外国人材への人権侵害の恐れはない。しかし，企業受入が入国許可の前提となっているために，高度外国人材受入政策としてのポイント制度のもつ影響力は，移民国家ではない日本では，ある程度限定されてしまう。同じポイント制度と銘打ってはいても，移民国家とそうではない日本，また内部労働市場でのキャリア形成を主とする日本では，政策のもつ意味合いは大きく異なっていることを考慮しなければならないだろう。

4　企業の高度外国人材受入

　日本の高度外国人材受入が企業の雇用を前提として行われるという現在の制度下で，企業の高度外国人材の受入実態はどのようなものか。日本の高度外国人材の受入の決定権は彼らを雇用する企業に委ねられているとしたら，企業の高度外国人材雇用の実態とその雇用方針をこそみておく必要があろう。それを以下に検討してみよう。

1）日本企業の高度外国人材受入実態

　日本の高度外国人材受入政策，留学生政策やポイント制度にみられるような高度外国人材優遇政策にもかかわらず，日本企業の高度外国人材へのニーズは全般的に低い。低熟練外国人労働者受入が世論の反対にもかかわらず徐々に拡大した事実と比較して，高度外国人材受入数については漸増に過ぎない。

　労働政策研究・研修機構は 2013 年度に『企業における高度外国人材の受入れと活用に関する調査』を実施した（労働政策研究・研修機構 2013）。これは「2009 年経済センサス」の産業構成，従業員規模の分布を基礎に民間企業データベースから 10,915 社を抽出してアンケートを行ったものである。

　この報告書では，企業に対して高度外国人材に対する採用方針を質問している。その結果によると，およそ 4 分の 3 の企業がそもそも高度外国人材を採用

表 11-2 雇用方針の DI（ディフュージョン・インデックス）

	DI
正社員を中心に長期雇用を維持	71.9
評価の基準は成果を重視	59.8
企業の責任で能力開発	47.2
若年者の活用を重視	39.6
女性社員の活用を重視	24.6
早くから配置・育成を差別化	9.7
高齢社員の活用を重視	8.8
昇進・昇格の差を早くつける	5.4
人材は国籍を問わず採用	−22.7
外国人を正社員として活用	−44.5
外国人を専門的・技術的な職種で活用	−54.7
外国人を生産工程やサービスで活用	−59.9
外国人をパート・アルバイトなどで活用	−60.3
外国人を有期の契約社員で活用	−70.2

出所）労働政策研究・研修機構（2013：35）の数値より筆者作成。

する方針をもっていない。この調査では300人以上の大企業が回答数のおよそ半数を占め，やや大企業に偏った回答となったが，大企業でもこのような実態である。また高度外国人材を採用する方針をもつ残りの4分の1の企業でも，その半数が「新卒の留学生採用」の方針となっている。この点は，前述の第2節第2項でふれたように，日本では高度外国人材の雇用に先立って，留学生政策が重要となっていることを，改めて企業側の視点から語っていることになろう。

また表11-2は，企業の雇用方針のうち，「そうだ」という回答から「ちがう」という回答の差をみた結果である。「正社員を中心に長期雇用を維持」という項目が大きく支持される中で，外国人雇用に関する項目にはいずれも否定的な雇用管理方針をとっていることがわかる。この傾向は，「人材は国籍を問わず採用」についてはやや否定的であっただけでなく，具体的には専門技術か生産工程かといった職種，正社員，契約社員，パートなどの雇用形態にかかわりなく，マイナスの値をとっている。高度外国人材を含む外国人雇用については全般的に否定的な傾向が強いことが示されている。

さらに，高度外国人材採用の最大のルートである留学生についても，採用にいたるには狭き門であることが実情である。留学生の就職支援は，大学あるいは所属研究室の就職斡旋が多い理工系と異なり，文系人材は厚生労働省傘下のハローワークに組織化された外国人雇用サービスセンターが就職支援活動を実施している。理工系高度外国人材はハローワークに登録することが少ないので，登録者の多くは文系私大および専修学校卒者であり，求人企業も中小企業が中心である。留学生が企業に就職するには入国管理局を通じて就労ビザへの資格変更が必要であるが，その場合の判断基準には留学生本人の専攻分野と就労予定職種とのマッチング[10]，および採用企業の安定性などがチェックされるので，企業としては留学生の雇用にためらう向きもあるという。もちろん，こうした入国管理局のチェックは，留学生の就労ビザへの資格変更者が資格外就労者となることを懸念して，あるいは企業の倒産によって元留学生が雇用先を失って不法就労者へ転ずることを懸念していることはいうまでもないだろう。いいかえれば，企業が留学生の雇用を決定しても，さらに就労許可を得るには入国管理局の審査が必要であるので，書類の作成の煩雑さだけでなく，入国管理局の許可・不許可を待たなければならず，企業としても殊更に留学生を雇用する動機づけが乏しくなるそうである[11]。

　以上，第一に高度外国人材受入政策全般と，企業一般の動向には大きな乖離があること，そして第二に中央政府のレベルで唱道する高度外国人材受入政策一般と，現実に就労許可を出す入国管理行政の現場レベルの判断とは異なること，こうした2つの傾向が存在していることがわかった。いずれも高度外国人材受入政策の政策レベルの研究だけでは看過されやすい視点であり，現在の入国管理行政の実態にも注目しなければならない。日本の高度外国人材の受入人数が先進諸国中では極端に少ない理由は，日本語や日本文化の障壁のみならず，高度外国人材受入に消極的な企業の実態からも説明可能だろう。そして，多数の外国人就業者の受入を前提にせずに策定された現在の入国管理政策と，それに従って執行されている入国管理行政のあり方からも説明可能だろう。

2) ダイバーシティ企業の高度外国人材受入

　以上，日本企業全般の高度外国人材への消極性を示したが，それでは高度外国人材雇用に熱心とされている日本の大企業の意向はどのようなものであろうか。そこで，高度外国人材受入で著名な日本の大企業・製造業3社の人事部への面接を試みた[12]。いずれも日本を代表とする企業であり，日本の多国籍企業ともいうべく海外展開が積極的に行われている企業である。

　表11-3は，ヒアリング対象企業の海外売上高比率と海外従業員比率，および本社で雇用している外国人社員比率を示したものである。ここに次のようなことが示されていよう。第一に，日本の製造業大手は今後も海外進出を主要な経営目標としていること，第二に，そのため海外従業員数も海外進出の比率に応じて伸びが予想されること，しかし第三にそうした海外進出と海外従業員数の増大は，必ずしも本社で雇用する外国人正社員数の増大に反映しないこと，の3点である。最後の点に説明を加えると，海外で現地採用した従業員の場合，基本的には本社に呼び戻すことはなく，現地採用者としてのキャリアを歩むことが一般的だからである。企業のグローバル化が，直接的に企業の中核的人材のグローバル化には結びついていないこと，あるいは企業の生産活動の海外移転や海外販売額の大きさが，親企業で高度外国人材を受け入れる理由を形作ってはいないことがわかる。

　その理由は以下のように考えられる。この3社に代表されるような製造業の大手企業は，日本型雇用システムを採用している典型的企業である。こうした企業での本社採用は，基本的には将来の幹部社員としての新規採用者であるが，こうした候補者としてまず留学生の応募が少ない。外国人といえども日本人と同様の採用基準が適用されるから，文系，理系を問わず日本人並みの日本語能力と，将来，多数の現場作業員，一般職従業員を率いるだけの能力が求められている。日本型雇用システムは，そのシステムの設計上，女性の雇用に消極的であることが指摘されてきた（稲上1999: 6-7；濱口 2015）。そこから敷衍される日本型システムのもつ秩序原理そのものが，高度外国人材雇用にとっても内在的な障壁となっているといえる。企業は積極的に女性雇用を排除していないが，日本型雇用システムのもつ終身雇用制度と企業内階層構造という企業コ

表11-3 調査対象企業の属性と外国人社員数,海外従業員数

	A社	B社	C社
事業内容	総合電機,情報・通信,社会インフラ等	ITソリューション,通信インフラ等	オフィス機器,デジタルカメラ等
従業員数　単独（人）	33,665	23,361	25,696
連結（人）	326,240	102,375	196,968
海外売上高比率　現状	41.0％	15.7％	79.0％
海外売上高比率　目標	50％（2015年度まで）	25％（2015年度まで）	―
海外従業員数（千人）	118	22	127
海外従業員比率	36％	22％	64％
外国人社員数（人）	257	231	約100
本社の外国人社員比率	0.8％	1.0％	0.5％
外国人採用の方針決定	2000年代に増員決定	1986年以降*	―

注）ヒアリング実施：2013年11～12月。
＊ 現在雇用されている高度外国人材のうち,最も勤続年数の長い人が採用された年度。

ミュニティとしての性格が,日本人男性と異なる属性の女性や外国人の雇用を促進させにくくしているのではないだろうか。

調査対象企業のA社,B社の場合,日本をリードする企業の社会的責任として,ある程度の高度外国人材採用者の目標（数値目標を置くまでの採用者数になっていないので,目安のようなもの）を設置している。こうしたある程度のアファーマティブ・アクションを実施しないと,一定数の高度外国人材さえも本社では雇用されないのが現状のようであった。したがって高度外国人材の雇用は,研究所や特定のプロジェクトで特定課題を解決するために雇用されるケースが多く,その場合には,本社人事部の雇用管理の対象とはならず,また雇用形態も契約社員のような有期雇用契約者となっている。表11-3で示した外国人社員数にはこうした有期雇用の社員は含まれていないので,現実にこれら企業に雇用されている高度外国人材は表11-3の人数より多くなっている。他方,こうして採用された高度外国人材を受け入れた各職場での反応は多様であるという。一方では,こうした企業に採用された高度外国人材は優秀であることによって日本人従業員の刺激になる側面があると同時に,日本人とまったく同一

には職務をこなせないことから，増員要求が出る場合もあるという。

現状では，まだ日本人と同様に高度外国人材を採用するという慣行が始まったばかりであり，彼らの勤続年数が短く，まだ管理職年数に達していない。しかし従業員のダイバーシティ化[13]に自覚的な企業が，女性のみならず外国人もその対象とするようになってきており，今後もこうした雇用方針は継続されることが見込まれる。日本の大企業の高度外国人材の雇用は，その経済的ニーズから始まったというよりも，大企業の社会的責任の一環として始められたといってよいだろう。そして従来の日本型雇用システムは堅持しつつも，現在，大企業に要請されている「従業員のダイバーシティ化」という社会的責任を果たすために，企業の根幹にある日本型雇用システムを多少なりとも改編して，女性と並んで高度外国人材をも雇用対象とすることに着手した段階である。

以上のように，日本の大企業・製造業の場合，日本人の採用でも日本型雇用システムの秩序原理として，同一年度大学・大学院卒者の一部エリートを採用しているという雇用慣行を前提にすれば，高度外国人材の受入は，彼らが高度外国人材であるか否かを問わなくても非常に狭き門であることは明らかであろう。そして高度外国人材の採用が企業としての経済的ニーズよりも現状では社会的責任の上から実施されているとするならば，企業の経済的理由から発した雇用ではないので，雇用者数にはどうしても限界がある。政府の高度外国人材受入促進政策とはやや異なる立場に大企業があることが理解されよう。

日本企業は，以上のように企業全般でも，また大企業でも高度外国人材への役割期待は比較的少なかった。とりわけ，高度外国人材を雇用するためには，外国人雇用に関する人事管理の知識と必要な語学力，海外事情に精通した知識をもつ人材が企業内には必要であり，現時点ではこうした人材は中小企業よりも大企業で確保されている。その大企業が高度外国人材への雇用に対して，とりわけ大きなニーズをもっていないということであった。一方，人手不足や海外進出の必要性から高度外国人材の雇用を求める少数の中小企業も存在しており，そうした企業へは国や地方自治体，人材派遣企業が雇用のノウハウの援助を行っているが，そうした援助はまだ緒についたばかりである。それでは日本企業と政府が旗を振る高度外国人材受入政策との間には何らの接点もみられな

いのだろうか。その点を次に検討しよう。

5　日本企業の高度外国人材への役割期待

1）経済のグローバル化と高度外国人材

　日本企業の高度外国人材への需要は，経済のグローバル化から直接的に導き出される帰結ではなく，間接的に導き出される帰結である。高度外国人材への需要は，日本人と同様の能力をもち，日本人と同様の思考方法をもつという理由からではなく，高度外国人材であるからこそ雇用されるのでなければ意味をもたない。高度外国人材がそれとして企業に雇用される理由は，ひとつには二国間のビジネスを架橋するブリッジ人材，あるいはグローバル人材[14]として，ひとつには日本人大卒が労働条件の格差があるためにやや参入をためらう派遣労働市場の人材，派遣社員としての点にあるのではないだろうか。

　1990年代には，企業活動のグローバル化が市場競争を激化させ，また市場競争の激化がグローバル化を進展させたという動きがみられた。日本企業も，こうした世界的な市場競争に対応するために，生産拠点を海外に移転させ，生産活動の国際分業化を進めた。またグローバル化は生産量の変動を大きくする方向に働くので，その生産量の変動に合わせて雇用人員を調整する必要性が生じ，そこに派遣社員を雇用する余地が生まれるという。また海外子会社の設立，あるいは海外企業へのアウトソーシングは，アウトソーシングを可能とするブリッジ人材を必要とすると思われる。

　冨浦英一は国際経済学の立場から，企業は労働の伸縮性を必要としていることに触れている。すなわち，「労働市場が硬直的な国は，国内労働市場を自由化するかわりに貿易を通じて外国からの労働の伸縮性を間接的に輸入していることになるのである」と述べている（冨浦2014：139-141）。企業は生産量に合致すべく雇用人員を調整するように行動したいのであるが，日本を含め先進諸国では雇用維持のための法律や各種規制があり，雇用調整を柔軟に実施しにくい。そこで当初から雇用調整の対象とすることが容易な派遣社員を雇用するこ

と，あわせて発注量に柔軟性をもたせることが可能なアウトソーシングを利用するという。国際貿易論では労働は国境を越えて移動しないという前提で議論が組み立てられているそうであるが，たとえ労働力が移動しなくても，海外へのアウトソーシングの比率が高まれば，それは国内に労働力を受け入れたことと同様の意味をもち，みえない移民（shadow migration）と表現されているという（冨浦 2014：4-5）。

本章の高度外国人材受入というテーマとの関連でいえば，日本に高度外国人材を受け入れた場合，その賃金をはじめとして労働条件は日本人と同様に提供しなければならない。一方，海外子会社あるいは海外企業にアウトソーシングした場合には，現地の労働条件で雇用可能である。周辺アジア諸国で日本の賃金水準は最も高いのであるから，可能ならば高度外国人材を日本企業の労働条件で雇用するよりも，現地企業の労働条件で雇用できることが望まれよう。そして日本企業が日本で雇用する高度外国人材は現地で雇用する人材よりも高い賃金を支払っているのであるから，職務内容もそれにふさわしく高度でなければつり合いが取れまい。日本企業のオフショア開発が増大する理由のひとつには，先に触れた雇用調整機能にあると同時に，周辺国と日本との賃金格差による人件費節約機能を目的としていることは明らかである。

ところで，この賃金というものは教科書風にいえば，一方では労働者の生活を保障するものであると同時に，他方では企業への貢献を通して労働者の能力を示す物差しの役割を果たしている。賃金にこうした役割が期待できる理由は，賃金水準が歴史的にみても，地域的にみてもある時代の，ある特定地域の，ある一定の文化水準を前提として決定されうる，という前提に立っているからである[15]。したがって一国の範囲を超えた場合に，その賃金を直接的に比較することにはその前提からして，無理な側面があろう。なぜならば，賃金が象徴するはずの労働力の質が，国と国との間で異なっていれば，同じ貨幣という基準で測っても，正確な較量とはならないからである。

それぞれの国の労働力の質が異なること，とりわけ発展途上国の労働力の質が近代化された諸国のものとは異なるという点に着目して，近代的工業労働力の形成についてなされた研究がある（清川 2003）。途上国における工業労働力

の低生産性や低服務規律の原因については，特定集団の共通理解や感情あるいは了解・評価という広義の文化の領域にかかわる側面から考えることが重要であるというテーマを研究の出発点として，労働者の職務意識とその労務管理がそれぞれ中国とインドの工場で研究されたのである。プロテスタンティズムの倫理の存在しない文化においても，労働力の質の問題には職務意識研究が不可欠であるという問題設定に立った研究である。清川の研究方法では労働力の質が問題であり，国別の賃金格差そのものは研究対象とはされていない。賃金格差が必ずしも労働力の質を示すとは考えられていないからであろう。

　以上をまとめると，確かに日本は周辺各国よりも賃金水準が高く，日本企業が周辺国の低賃金を求めて業務のアウトソーシングを行う行動に一定の経済合理性は存在するが，その賃金格差だけがアウトソーシングの要因であり続けると，委託先国との文化的差異を無視するという陥穽に陥ることになろう。そして陥穽に陥らないためには，二国間の文化的懸隔を埋める人材を企業は必要とするのであり，そのための人材が他ならぬブリッジ人材である。そこで，以下にブリッジ人材について検討しよう。

2) ブリッジ人材あるいはグローバル人材

　日本企業が海外の関連会社あるいは海外委託企業と取引をする場合に，ブリッジ人材が必要となる。海外現地で必要とされる言語能力だけでなく，取引に必要とされる現地の法制度，商習慣，従業員の能力と価値観などを熟知した上で，日本人に対してその内容を説明できるだけの能力をブリッジ人材は必要とする。ブリッジ人材の定義は，多国籍企業内の本社と海外子会社の関係，あるいは海外子会社と現地企業の関係をつなぐ存在であり，従業員間の情報授受の仲介を行う役割をもつ人材といえる。具体的には，翻訳，通訳の言語能力ばかりではなく，現地の商慣行に通じ，かつ日本の慣行にも明るく，かつそれぞれの企業の業務内容，例えばソフトウェアの開発ならばその技術力などについても知る必要がある。さらに現地従業員の労働意欲や職務意識を理解するには，彼らのもつ価値観，賃金のもたらす意味づけ，などについて文化に根ざした理解が不可欠である。いいかえると，企業から要求される職務内容，技能・技術

内容を理解するという一般的な職業能力に加えて，二国間の文化理解力という能力も必要とされるのがブリッジ人材ということになる。

冨浦は，海外アウトソーシングのために必要な技能を「国際的専門技能」と名付け，そこには「英語や現地語などの外国語の技能」のほか，「外国の法令や規制に関する知識，通関などの貿易実務，為替リスク・ヘッジの財務等」の知識を含めている（冨浦 2014：131）。ここではブリッジ人材については触れられていないが，ブリッジ人材に求められる能力の一端に国際的専門技能を含めている。そうなると，文化理解力の中に，外国に関する専門知識・技能を含める場合もあり得るだろう。現実にはこうした人材はきわめて稀な存在であるが，ブリッジ人材の理念型としては職業能力と，専門知識を含んだ文化理解力を併せもつ者と定義することが可能だろう。

さてブリッジ人材は日本企業にも雇用されているが，その多数が日本からの業務委託先である海外子会社あるいは海外現地企業に雇用されている事例が多い[16]。また勤務地は，彼ら高度外国人材であるブリッジ人材の母国と日本の2カ所であり，二国間を転勤するキャリアとなっている。それを次に具体例からみておこう。

中国の大連市は，日本に地理的に近接し，かつ日本語を理解する人が多いことから日本のIT企業の業務委託先としては最も著名な地区である。この地域について，田島俊雄は 2006 年にヒアリング調査を実施した。それによると，社団法人「大連中小ソフトウェア企業連合会」所属の会員企業 53 社の従業員構成に多くのブリッジ人材がみられた。53 社全体の従業員数は 2,500 人，平均1社 50 人の従業員数という。2,500 人の総従業員の中でブリッジ SE 経験者は 100 人であり，彼らの多くがプロジェクト・マネージャーの役割を担って，SE およびプログラマーからなる開発部隊を率いるとしている（田島・古谷編 2008：21-22）。すなわち，1 社あたり 30 数人の技術者で，そのうちブリッジ SE を含むプロジェクト・マネージャーが 4～5 人程度いて，その下に日本語会話不可の開発要員が配置されているという従業員構成となっている。

また近年はベトナムへのオフショア開発が盛んになりつつあるが，ベトナム大手のソフトウェア会社では，ブリッジ SE が 1 万人育てば，ベトナムで 15

万人分の技術者の雇用が生まれるとして，日本で5,000人，ベトナムで5,000人のブリッジ SE の育成が開始されたという[17]。

　ソフトウェア開発の工程では，対面して意思疎通を図らなければならない複雑な工程の存在，あるいはセキュリティ確保の面から，日本国内でのみ可能な開発工程があり，そうした場合にはこうした委託先企業の日本支社あるいは中国本社からブリッジ SE が派遣技術者として派遣される。ただし，日本の発注元である親会社ではこうしたブリッジ人材の派遣は開発費用の上昇をもたらすので，派遣受入は極力避けているようである。また派遣元である中国系企業の中には，日本企業との長期契約を前提に，日本と中国との間の転勤を重ねることにより，ブリッジ SE を意図的に育成する教育訓練方式を採用している事例もあった（田島・古谷編 2008：59-60）。

　次にインドに対するソフトの開発の事例をみておこう。なぜブリッジ人材が必要とされるかを，この事例が示しているからである。まず第一に，日本とインドでは生活習慣に差異がある。日本側では当たり前と思える生活習慣がインド側開発者にとっては未知の部分があり，発注者は細かな仕様書を作成しなければならない。しかし文化の差異を前提とした仕様書の作成は日本人同士の業務では不要であるので，どのような仕様書が必要かブリッジ人材の点検が必要である。第二に，業務の進め方の相違がある。この相違については戎谷 (2014) による説明が具体的である。すなわち，日本側発注者が仕様書のやり取りを繰り返すことによってよい製品に仕上げようと意気込んでいるのに対し，インド側受注者は，仕様変更を発注者側が事前に発注内容を精査していない怠慢な行為の結果であると判断するというようなギャップが存在していることを指摘している。これは業務遂行方針の相違ともいえばいえるものの，基本的には仕事に対する価値観の相違にも起因しよう。もちろんこうした仕様変更は，日本企業同士でも日常的に存在し，「手戻り（rework）」と称されて発注者側の考えの詰めの甘さとして受注者側から嫌悪されてはいるが，それに対する反発は外国側の受注者により大きいようである。

　以上のインドの事例から明らかにされる点は，日本の大企業の業務の進め方は，英米諸国のそれとは異なっているということである。日本の場合は，職務

範囲が厳密ではなく，その曖昧さを残したまま従業員が職務に献身的に参加することが要求され，献身の度合いによって本人のモラールの高さが判断されるという独特の企業文化を形成している。一方，英米諸国の場合は，職務範囲が明確で，より官僚的に業務が遂行されるのである。第一の生活習慣という文化の差異と，第二の企業内の組織文化の差異という二重の意味での文化的差異の存在があって，その結果，こうした文化的差異を埋める人材としてのブリッジ人材が必要とされるのであろう。日本のインドとの文化的差異は，日中間の文化的差異よりもはるかに大きいといえるだろう。

日本企業のグローバル化，すなわち海外展開と海外へのアウトソーシングは今後も拡大していくことが予想されるが，それを企業内外で支援していく役割がブリッジ人材に期待されているのであり，このブリッジ人材には日本人だけでなく，高度外国人材が適任者としてふさわしいという結論となろう。

おわりに——残された課題

以上，日本の高度外国人材受入政策のこれまでの経緯と日本企業の高度外国人材へのニーズをみてきた。日本の移民政策は，現実には「移民政策」という用語の使用がためらわれるほど，政策に対する社会的合意形成がなされておらず，日本社会の政策課題としてこれまで移民政策が正面から取り上げられてきたわけではない。高度外国人材受入政策もまた，移民政策の一環として位置づければ，そうした社会的雰囲気の中でどうにか実施されたところの，利害関係者がきわめて限定された政策であったと思われる。そうした中で，今後，企業の高度外国人材のニーズとして高まると予想されるのは，ブリッジ人材としての高度外国人材への役割期待であると結論づけた。

なお本章の残された課題として以下のことを指摘しておきたい。ひとつは日本の高度外国人材の労働市場での位置づけである。本章では高度外国人材受入政策を中心に論じたために，高度外国人材の就労先の業種，勤務先規模，職種，労働条件などについて触れられなかった。高度外国人材とは一体，誰のことを

意味するのか，本章の最初の定義に戻って検討しなければならないだろう。とりわけ中小企業と高度外国人材の関係については，大企業と同様に海外展開との関係で考えるのか，あるいは人手不足下での日本人代替労働力として考えるのか，まだ定説は作られていないのである。

現実には序章でもふれられている通り，高度外国人材は研究開発能力に秀でた高度技能移民と熟練技能労働者の二項図式に二分化されるのではない。その両者間に多様な技能レベル，知識・経験レベルの人材が存在しており，その多様性は日本人大卒者と同様あるいはそれ以上といってもよかろう。

もう一点は，高度外国人材と派遣労働市場との関連である。日本企業の高度外国人材へのニーズは，雇用調整のための労働力としても期待されている可能性があることを述べたが，その点についても触れることができなかった。生産のグローバル化が雇用量の調整の必要性を増すことはすでに知られた事実であるが，そのために短期雇用の労働力として高度外国人材が派遣という雇用形態で利用される可能性が大きくなっていると思われる。高度外国人材の労働市場での位置づけ，および派遣労働市場との関連については稿を改めて考察したい。

[注]
1) 米国の移民研究者である B. チズウィックは，米国の移民政策について，「〔米国は〕移民受入については低熟練労働者ばかりが注目を集め，移民の国籍や家族的つながりを根拠に移民政策を実施してきたから，技能や一国の経済的貢献の観点から高技能移民〔本書の文脈では高度外国人材〕を世界から集めるための移民政策において世界の他の国々に後れをとっている」と述べている (Chiswick (ed.) 2011:1-3)。日本からみると，所得の高さと共通言語としての英語という 2 点で世界から有能な高度外国人材を集めている米国でさえ，高度外国人材について危機感を抱いていることに驚いたが，こうした発言にみられるように，今や先進諸国では高度外国人材を自国へ呼び寄せることが移民政策のテーマとなっている。
2) この数値は，Arslan et al., (2014:18) の表 5 にもとづく。法務省入国管理局による専門的・技術的分野での中長期在留者数は 236,534 人（2015 年度）であり，それよりはるかに多い。この差は，OECD のデータベースは日本の 2010 年国勢調査にもとづく数値であり，在留資格としては家族ビザに含まれる女性が OECD データでは居住者として就労の有無にかかわりなく含まれることによる。
3) 西暦 2000 年を，コンピュータが 1900 年と間違えて読み込む危険が存在したため，プログラムの修正が世界的な規模で必要とされたこと。

4）IT 技術者は，電機・電子産業でも数多く雇用されているはずであるが，この産業は業種分類上では製造業に含まれるため，ここでの数値には含まれない。
5）第 1 章で，米国の高度人材の供給源が多元化し，そのひとつとして留学生回路が機能しているとふれられている。
6）典型的には日本の日本技術者教育認定機構（JABEE）が推進している標準化，単位化された技術者教育のようなものである。大学の教授科目の標準化をはかり，他国も含む異なる大学間での単位互換を容易にする制度。
7）2014 年度の留学生の場合，国内進学者を除く卒業留学生の就職率はおよそ 44％であった（佐藤 2016：187）。
8）例えば 2015 年のイギリスでは，近年外国人の流入者が増大したが，欧州経済圏（EEA）からの外国人に対しては流入抑制ができないため，欧州域外からの専門技術者の受入により選択的な受入を実施することを決定した。その対象は主として，第 2 階層に属するインド人 IT 技術者の給与水準要件の引上げであり，顧客企業への派遣を前提とした受入については，より高い給与水準（年 4 万 1,500 ポンド）を課すという。また外国人労働者受入雇用主に対しては，申請時に技能負担金（Immigration Skills Charge）を課すことも提案された（『ビジネス・レーバー・トレンド』2016 年 3 月号，pp. 48-49）。
9）ちなみに 2015 年度の「賃金構造基本調査」では，大学・大学院卒の男性 25〜29 歳の平均月額所定内給与は 26.0 万円であり，ここにこの階層区分の年間賞与 81 万円を加算すると，年収でほぼ 393 万円である。また国税庁の 2014 年度「民間給与実態統計調査」でも，25〜29 歳層の男性の平均給与額は 378 万円であった。同年齢の日本人の平均給与を超える年収要件が満たされないと，高度外国人材に対してのポイント付与が不可能であったということになろう。また親の帯同のための年収要件は 1,000 万円であり，これだけの年収を高度外国人材に支払える企業がどれほど存在するか疑問でもあった。
10）これまで高度外国人材に付与されていた在留資格「人文知識・国際業務」と「技術」の双方が，2015 年 4 月 1 日より統一されて「人文知識・国際業務・技術」へと一本化された。その効果は本章執筆時点の 2016 年 3 月時点では不明であるが，従来の文系職種と理系職種が大卒職種として一本化されたために，高度外国人材の職務範囲が明らかに広がり，職種を限定しないで人材を雇用するという日本企業の現実の職場慣行に沿うものとなった。専攻分野と従事職種のミスマッチという事態が，在留管理上，起こりにくくなったといえよう。高度外国人材雇用促進を促す制度改変である。
11）2013 年 3 月の東京外国人雇用サービスセンター，2014 年 9 月の名古屋外国人雇用サービスセンターでのヒアリング結果による。科研費基盤研究（A）「選別的移民政策の国際比較」（2012-14 年）（研究代表　小井土彰宏）のうちの「日本における高度外国人材受け入れ政策に関する調査」として行われたヒアリングである。
12）事例選定にあたっては日本経済団体連合会に高度外国人材の雇用に積極的な企業の推薦を依頼し，面接の承諾を得た企業がこの 3 社である。そのうちの 1 社は，2012 年度経済産業省選定のダイバーシティ企業である。
13）現状では，非正規従業員の増加を「雇用形態の多様化」と称するために，この「多様

14) 情報サービス産業以外の製造業などでは，ブリッジ人材という用語よりもグローバル人材という用語を使用しているので，本章ではこの用語を同義のものとして使用する。ただ，グローバル人材の場合は，ブリッジ機能を果たす人材が日本人であることを暗黙の裡に想定している場合が多い。
15) 小池和男は労働力の最低供給価格の決定には「あたえられた生活様式のもとでは」という限定がつくことを指摘している。慣習，すなわち生活様式は「歴史的伝統的なのであって，かつ少なからず固定的であるために，ある国のある時代にはあたえられたもの，とみなされる」という（小池 1964：25-26）。
16) 『IT 人材白書 2013』の調査によれば，ブリッジ SE を活用している企業のうち，オフショア・ベンダーのブリッジ SE が 60.8%，自社ブリッジ SE が 46.8% であった（複数回答）。すなわち，外国企業所属の SE が 6 割，自社所属者の SE が 4 割で，自社所属者の大半は日本人ではないかと想像されるのである。
17) 『日経産業新聞』2014 年 11 月 13 日。

［参考文献］
明石純一（2010）「『外国人高度人材』の誘致をめぐる期待と現実——日本の事例分析」五十嵐泰正編『労働再審②越境する労働と〈移民〉』大月書店
——（2015）「国境を越える人材——その誘致をめぐる葛藤」五十嵐泰正・明石純一編『「グローバル人材」をめぐる政策と現実』明石書店
アベラ，マノロ（2009）「東アジアにおける専門職労働移動」『アジ研ワールド・トレンド』第 164 号
井口泰（2001）『外国人労働者新時代』筑摩書房
稲上毅（1999）「総論 日本の産業社会と労働」稲上毅・川喜多喬編『講座社会学 6 労働』東京大学出版会
戎谷梓（2014）「グローバル IT 企業のブリッジ人材に必要なコミュニケーション能力——インド人・スリランカ人ブリッジ人材とその同僚への調査から」『日本労働研究雑誌』第 651 号
大石奈々（2013）「グローバル化と日本における外国人受け入れ政策」『生活経済政策』第 195 号
梶田孝道（2001）「現代日本の外国人労働者政策・再考——西欧諸国との比較を通じて」梶田孝道編著『国際化とアイデンティティ』ミネルヴァ書房
上林千恵子（2002）「外国人 IT 労働者の受け入れと情報産業」駒井洋編著『国際化のなかの移民政策の課題』明石書店
——（2015a）「労働市場と外国人労働者の受け入れ」宮島喬・佐藤成基・小ヶ谷千穂編『国際社会学』有斐閣
——（2015b）『外国人労働者受け入れと日本社会——技能実習制度の展開とジレンマ』東京大学出版会

―――（2015c）「介護人材の不足と外国人労働者受け入れ―――EPA による介護士候補者受け入れの事例から」『日本労働研究雑誌』第 662 号
清川雪彦（2003）『アジアにおける近代的工業労働力の形成―――経済発展と文化ならびに職務意識』岩波書店
倉田良樹（2003）「専門的・技術的労働者の受け入れ」依光正哲編著『国際化する日本の労働市場』東洋経済新報社
小池和男（1964）『賃金―――その理論と現状分析』ダイヤモンド社
佐藤忍（2006）『グローバル化で変わる国際労働市場』明石書店
佐藤由利子（2016）「留学生の頭脳循環の特徴と課題―――ドイツ留学生の進路選択に係る影響要因の分析と日本への示唆」『大学論集』第 48 号，広島大学高等教育研究開発センター
佐藤由利子・橋本博子（2011）「留学生受入れによる地域活性化―――自治体と大学の協働による取組みの横断的分析」『比較教育学研究』第 43 巻
志甫啓（2015）「外国人留学生の受け入れとアルバイトに関する近年の傾向について」『日本労働研究雑誌』第 662 号
宣元錫・松下奈美子・倉田良樹・津崎克彦（2014）「韓国人 IT 技術者の送り出し過程と日本の外国人高度人材受け入れ―――2000 年代の拡大局面に注目して」『移民政策研究』第 6 巻
栖原暁（2010）「『留学生 30 万人計画』の意味と課題」『移民政策研究』第 2 巻
第 6 次出入国管理政策懇談会・外国人受入れ制度検討分科会（2013）「高度人材に対するポイント制による出入国管理上の優遇制度の見直しに関する検討結果（報告）」法務省
田島俊雄・古谷慎介編（2008）『中国のソフトウェア産業とオフショア開発・人材派遣・職業教育』現代中国研究拠点 研究シリーズ No. 2，東京大学社会科学研究所
但田潔（2009）「NEC における高度外国人人材について」『日本労働研究雑誌』第 587 号
竹内宏・末廣昭・藤村博之編（2010）『人材獲得競争』学生社
塚崎裕子（2008）『外国人専門職・技術職の雇用問題―――職業キャリアの観点から』明石書店
寺倉憲一（2009）「我が国における留学生受入れ政策―――これまでの経緯と『留学生 30 万人計画』の策定」『レファレンス』第 59 巻第 2 号
冨浦英一（2014）『アウトソーシングの国際経済学―――グローバル貿易の変貌と日本企業のミクロ・データ分析』日本評論社
濱口桂一郎（2010）「日本の外国人労働者政策―――労働政策の否定に立脚した外国人政策の『失われた 20 年』」五十嵐泰正編『労働再審②越境する労働と〈移民〉』大月書店
―――（2015）『働く女子の運命』文春新書
松下奈美子（2011）「アジア地域から来日して働く外国人 IT 技術者」安里和晃編『労働鎖国ニッポンの崩壊―――人口減少社会の担い手はだれか』ダイヤモンド社
三浦秀之（2013）「外国人高度人材の日本への移動をめぐる一考察」『杏林社会科学研究』第 29 巻第 1 号

村田晶子（2010）「外国高度人材の国際移動と労働――インド人 IT エンジニアの国際移動と請負労働の分析から」『移民政策研究』第 2 巻
山口塁（2016）「日本企業における留学生人材の活用と労働市場での位置づけ」ワーキングペーパー No. 200, 法政大学比較経済研究所
労働政策研究・研修機構（2013）『企業における高度外国人材の受入れと活用に関する調査』JILPT 調査シリーズ No. 110, 労働政策研究・研修機構
Arslan, C. et al. (2014) "A New Profile of Migrants in the Aftermath of the Recent Economic Crisis," OECD Social, Employment and Migration Working Papers No. 160, OECD Publishing, ⟨http://www.oecd-ilibrary.org/docserver/download/5jxt2t3nnjr5.pdf?expires=1459042931&id=id&accname=guest&checksum=9E249DBD133DA1EA1590A9541E5C59E 8⟩（2016 年 3 月 27 日アクセス）．
Chiswick, Barry R. (ed.) (2011) *High-Skilled Immigration in a Global Labor Market*, The AEI Press.
Kamibayashi, C. (2006) "Current Migration of IT Engineers to Japan : Beyond Immigration Control and Cultural Barriers," in C. Kuptsh and Pang Eng Fong (eds.), *Competing for Global Talent*, International Institute for Labour Studies.
OECD (2015) *Connecting with Emigrants : A Global Profile of Diasporas*, OECD Publishing.
OECD-UNDESA (2013) *World Migration in Figures*, October 2013, ⟨https://www.oecd.org/els/mig/World-Migration-in-Figures.pdf⟩（2016 年 3 月 16 日アクセス）．
Oishi, N. (2012) "The Limits of Immigration Policies : The Challenges of Highly Skilled Migration in Japan," *American Behavioral Scientist*, Vol. 56, No. 8.
Widmaier, S. and J.-C. Dumont (2011) "Are Recent Immigrants Different? A New Profile of Immigrants in the OECD Based on DIOC 2005/ 2006," OECD Social, Employment and Migration Working Papers No. 126, OECD Publishing, ⟨http://www.oecd-ilibrary.org/social-issues-migration-health/are-recent-immigrants-different-a-new-profile-of-immigrants-in-the-oecd-based-on-dioc-2005-06_5kg3ml17nps4-en;jsessionid=11q382j36hid6.x-oecd-live-03⟩（2016 年 3 月 27 日アクセス）．

第 12 章　日本 II

外国人選別政策の展開
―― 進行する選別的排除

鈴木 江理子

はじめに

　日本の外国人労働者問題は，1980年代後半の男性「不法」就労者の急増から始まる。かつて送出国であった日本は受入国へと転換し，1989年の出入国管理及び難民認定法（以下「入管法」と表記）改定を契機として，日系南米人をはじめとするニューカマー外国人[1]が急増する。一方，「不法」な労働力である非正規滞在者は，取締り強化の掛け声（タテマエ）の背後で，一定程度その存在が黙認され，自ら帰国を選択するか，「不運にも」摘発されなければ，バブル崩壊後も滞在し続けることが可能であった。非正規滞在者のなかには，滞在の長期化とともに，労働能力を質的に高度化させたり，日本で家族を形成する者も少なからず誕生した[2]。
　非正規滞在者を取り巻くこのような環境が一転するのは，2003年の半減計画以降であり，外国人労働者受入をめぐる議論が再燃する時期でもある。「必要悪」であるかのごとく放置・黙認された1990年代の形式的排除が終わりを告げ，徹底的排除が強行されることになった。さらに，「不法」就労や「不法」滞在を防止するために，管理強化が推し進められ，排除の対象が「偽装」滞在者や合法滞在者へと拡大されていく。
　ただし，管理強化のなかで進行している排除は，単なる量的拡大ではないこ

とに留意する必要がある。すなわち，当局の裁量権を維持することで，恣意的運用を可能とする選別的排除なのである。

本章は，非正規滞在者に対する政策的対応の変化とその背景を考察するとともに，合法滞在者をも含めた排除が，どのような意図のもと，いかなるメカニズムで機能し，拡大しているかを分析することによって，日本の外国人政策を批判的に検討することを目的とする。

1　形式的排除の時代の非正規滞在者

1）ジャパゆきくんの到来

「デカセギ」移住男性による家族の呼寄せや，再生産労働をはじめとするサービス産業に対する需要拡大を背景として，「移民の女性化」という現象が指摘されて久しい。日本でも，グローバルな傾向と同期するかのごとく，1994年末の統計以降，女性外国人登録者（在留外国人）が男性を上回っている。逆にいえば，少なくとも1980年代以前の国際的な人の移動は，一般的に，男性が女性に先立っていたのである。

だが，実は日本における「不法」就労者の到来は，男性よりも女性が先行した。例えば，1983年の入管法違反事件における「不法」就労者をみると，男性200人に対して女性はその10倍の2,139人であった。彼女たちのほとんどが，「ジャパゆきさん[3]」と呼ばれる風俗産業で働くアジア出身者である。1985年には，それぞれ687人と4,942人に増え，依然として女性が多くを占めるにもかかわらず，『昭和61年度版 出入国管理』は，「周辺アジア諸国からの男性出稼ぎ者が急増している」ことを問題視し，今後の課題として「外国人労働者の入国問題」を取り上げている（法務省入国管理局1987）。同書が「女性の違反者〔不法就労者〕の中には売春を行うものが多くなっている」（〔　〕内引用者，以下同）と言及しながらも，彼女たちを「労働者」として捉えていない点は，労働市場をはじめ日本社会全般における女性軽視を物語っているともいえるが，これについては，本章の目的を逸脱してしまうので別稿に譲ることにす

る。

　いずれにせよ，ジャパゆきさんではなくジャパゆきくんの到来によって，日本は，「外国人労働者」の受入と向き合うこととなった。1980年代後半のバブル景気の時代，工場や建設現場，飲食店などで外国人の姿をみかけることも多くなり，1988年には，摘発者数においても男性が女性を上回った。メディアでの関心も高まり，各労使団体は外国人労働者受入に関する提言をまとめ，政府内でも外国人労働者受入の是非をめぐる論議が交わされた（鈴木2006）。

　その結果，いわゆる「単純労働者[4]」は慎重に対応する（つまり，受け入れない）ことが閣議決定され，89年12月，入管法が改定されたことは（以下「89年改定入管法」と表記。翌90年6月施行）周知のとおりである。中小零細企業を中心として外国人労働者の受入拡大の要望があったにもかかわらず，政府がこのような選択をした背景には，「単一民族国家」という自己規定——もちろん，それは「幻想」に過ぎないが——に加え，「受入先進国」であるヨーロッパの経験を「失敗」として捉えていたことが強く影響しているといえよう（鈴木2015c）[5]。

　さらに，「不法」就労に厳格に対応するため，「不法」就労者を斡旋したり雇用した者を処罰する「不法」就労助長罪が創設された。当該制度は，米国の雇用者処罰規定を参考にしたといわれているが（小井土2000），同時に米国で実施されたアムネスティについては，新たな非正規滞在者の呼び水になる等の理由から，日本では行われなかった。つまり，政策上（タテマエ），「単純労働力」需要に対する国外からの労働力供給を認めず，かつ，その供給源である非正規滞在者を排除することが示されたのである。

　前述の「不法」就労助長罪に加えて，非正規滞在者を直接取り締まるために，対策チームを設置したり，その予備軍の入国抑制を図るために，査証規定を見直したり在留資格審査を厳格化するなどの取組みも並行して実施された。

2）89年改定入管法と非正規滞在者

　法務省入国管理局は，89年改定入管法施行1カ月後の1990年7月1日以降，入国と出国の電算記録から，定期的に「不法」残留者に関する統計（総数，男

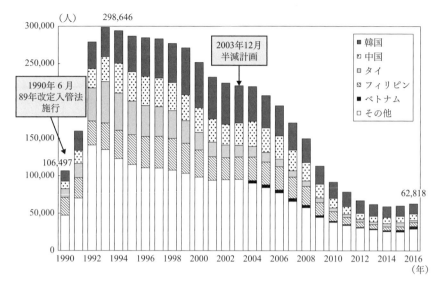

図 12-1 「不法」残留者数の推移

出所) 法務省資料をもとに筆者作成。
注1) 1990年は7月1日，1991年から96年は各年5月1日，1997年以降は各年1月1日現在の数値である。
　2) 2003年以前のベトナムは，その他に含む。

女別，「不法」残留になった時点の在留資格別）を公表している（図 12-1)[6]。

　初めて公表された「不法」残留者数は 106,497 人であったが，急増する「不法」就労をより実効的に阻止することを意図した 89 年改定入管法の施行後も逆に増え続け，ピーク時には「不法」残留者が 30 万人近くに達した。その後，景気後退にともなって漸減傾向となるが，半減計画を契機に徹底的排除が遂行されるまでは（詳細は後述），20 万人以上の非正規滞在者が日本で暮らしていた。例えば，2001 年 1 月 1 日現在の「不法」残留者数は 232,121 人であり，政府が積極的受入を目指す専門的・技術的労働者（フロントドアからの外国人労働者）の総数（154,748 人，2000 年末現在）を上回っていた。

　その背景には，とりわけバブル景気の時代，非正規滞在者の労働力に頼らざるをえない深刻な労働力不足があった。政府は，89 年改定入管法の施行によって，フロントドアからの「単純労働者」の入国を閉ざす一方で，「労働者」受入とは異なる経路で，「単純労働者」の合法的供給源を政策的に導入した。

すなわち，血のつながりを根拠とした日系人と「国際貢献」をタテマエとする研修生である（サイドドアからの外国人労働者）。けれども，賃金水準や使い勝手のよさなどから，中小零細企業では，非正規滞在者（バックドアからの外国人労働者）を雇用し続ける雇用主が少なからず存在した[7]。

取り締まる側の当局も，このような事業主の事情を了解し，排除のタテマエとは裏腹に，労働市場の需要を尊重するかのごとく，非正規滞在者の存在を一定程度黙認し放置する結果となった（稲上他 1992）[8]。さらに，入管職員や通訳，収容所の不足など取締り体制の不備ゆえに，「やむをえず」黙認・放置せざるをえない実情もあった。

その後，バブル崩壊とともに労働力需要が低下し，労働力不足が解消したことによって，非正規滞在者をはじめとする「不法」就労者を取り巻く社会環境は変化をみせ始める。「不法」ではあるが有用な労働力として，「不法」ゆえに「搾取される労働者」として好意的な報道が多数を占めていたバブル景気の時代から，次第に，単なる「不法」な外国人として，犯罪と結び付けて報道されることも多くなった（岡本 1995）。

加えて，製造業を中心に日系南米人の雇用が拡大するとともに，技能実習制度の創設や実習期間の延長など，安価な労働力を求める雇用主にとって当該制度が都合のよい労働力供給源に改編されていくことによって，次第に，バックドアからサイドドアへの労働力置換が進行した。非正規滞在者の労働市場は次第に縮小し，就労機会の減少や賃金の低下などを経験する非正規滞在者も少なくなかったことが，先行研究でも指摘されている（岡田 1996；稲葉・樋口 2003；山本 2006）。

けれども，非正規滞在者に対する労働力需要が低下したとはいえ，「不法」残留者数の推移が示す通り，彼／彼女らの就労の場が完全になくなったわけではない。筆者が行った長期滞在の男性非正規滞在者に対する詳細な聞取り調査においても[9]，技能・技術を習得し，労働能力を質的に向上させることで，彼らが，景気後退期にも労働市場にとどまり続け，ニッチ形成[10]を果たしていることが明らかになった（鈴木 2007）。そして，恐らく非正規滞在者の労働力を必要とする事業所がなおも存在するゆえに，取締りをタテマエとしつつも，

当局による排除は依然として形式的であり続けた（第2章第1節参照）。

3) 非正規滞在者の権利の実質的拡大と滞在長期化

　総じて非正規滞在者は「不法」ゆえに権利が侵害されがちで脆弱な存在である。「不法」就労が顕在化した1980年代後半，過酷な労働環境や賃金未払い，不当解雇や労災隠しなどがメディアを通して伝えられたが，同時に，そのような彼／彼女らの状況にいち早く気づき，問題解決を目指すNPO/NGOが各地に誕生した（岡本2004）。

　そして，このようなNPO/NGOの活動に支えられつつ，非正規滞在者は，抑圧的な就労状況や生活状況を徐々に改善させていった。「不法」な彼／彼女らが長期滞在できたのは，当局の排除が形式的であったのみならず，労働者として，生活者としての権利が実質的に保障されていったからでもある。当初の非正規滞在者の多くは，摘発を恐れ，公的機関との接触を避けるのが常であった。けれども，公務員の通報義務（入管法第62条2項）よりも，各行政機関の本来業務が優先されるという理解が浸透していくことで，次第に，賃金未払いや労働災害を訴えたり，外国人登録をしたり，子どもを公立小中学校に就学させるようになった。

　非正規滞在者の多くは，単身で来日し，数年のデカセギで帰国する予定であったものの，日本での仕事や生活が少しずつ安定し，一定の権利が保障されることによって，滞在が長期化する者が増えてきた。そして，それとともに，母国から家族を呼び寄せたり，日本で知り合ったパートナーと結婚するなど，日本で家族を形成する者も次第に現れた。だが，どれほど滞在が長期化・安定化したとしても，「不法」である限り，予期せぬ職務質問や，定期的に実施される「不法就労外国人対策キャンペーン月間」などの集中的摘発によって排除される不安から自由になることはない。むしろ，日本での滞在が長期化すればするほど，排除が彼／彼女らにもたらすリスクは大きくなる。

　非正規滞在者が排除の不安から解放され，真に安定的な滞在を手に入れるためには，合法的な滞在資格を獲得しなければならないが，前述の通り，日本政府は欧米諸国のようなアムネスティ（一斉正規化）の実施に否定的である[11]。

そのため、入管法第50条に規定される「在留特別許可（個別正規化）」——非正規滞在者など退去強制の対象者であっても「法務大臣が特別に在留を許可すべき事情があると認めるとき」に在留を許可すること——が、日本で暮らす「不法」な滞在者にとっての唯一の合法化手段である。

かつては、主に、朝鮮半島からの密航者や、退去強制事由に該当する刑罰法令違反の旧植民地出身者等（オールドタイマー）に対して、在留特別許可が運用されていた[12]。その後、ジャパゆきさんやジャパゆきくんの到来、彼／彼女らの滞在長期化や家族の形成とともに、ニューカマーの非正規滞在者のなかで、日本人や永住者等と結婚した者や、一定年齢以上の子どものいる長期滞在家族に対しても在留特別許可が与えられるようになった。

2000年3月に策定された第2次出入国管理基本計画（以下「第2次基本計画」と表記）では、「不法滞在者への現実的かつ効果的な対応」のひとつとして、「その外国人と我が国社会のつながりが深く、その外国人を退去強制することが、人道的な観点等から問題が大きいと認められる場合に在留を特別に許可している」（傍点引用者、以下同）ことが示されているが、統計上も、1990年代後半以降、在留特別許可件数は飛躍的に増大している（図12-2）。この事実は、当局による形式的排除を背景として、職場の上司や同僚とのつきあい、NPO/NGOスタッフや近隣住民との交流などを通じて、あるいは子どもの学校を通じて、限定的ではあるが「日本社会とのつながり」を築く非正規滞在者が増えていることを示している。

けれども、1990年代に入ってメディアや研究者の関心を集めた外国人は、滞在が長期化し、「日本社会とのつながり」を形成し始めた非正規滞在者ではなく、89年改定入管法の施行を契機に特定地域に急増した日系南米人であった。これに対して、非正規滞在者は、20万人を超える規模の人々が存在しているにもかかわらず、バブル崩壊による景気後退とともに、日本人にとって——職場や地域などで彼／彼女らと接点をもつごく限られた者を例外として——ほとんど関心が払われることのない「忘れられた存在」となった。

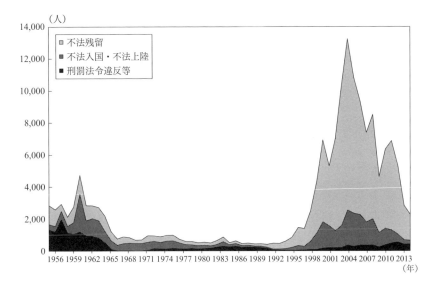

図 12-2　退去強制事由別在留特別許可件数の推移
出所）法務省資料をもとに筆者作成。

2　移民／外国人選別時代の非正規滞在者

1）転換期を迎えた外国人政策

　深刻な人手不足が解消して以降の 1990 年代，外国人労働者受入に関する政策的な議論は下火になったが，2000 年，「移民」受入に言及する 2 つの報告書が公表された。故小渕首相の私的諮問機関である「21 世紀日本の構想」懇談会の最終報告書と国連人口部の『補充移民』[13]である。ここでいう「移民」とは，活動（就労）と在留期間に制限のない外国人である[14]。

　2 つの報告書が提出された後も，「移民」受入が真剣に議論されることはなかったが，両報告書が移民に注目する文脈は，その後の外国人受入の 2 つの論点を形成した。すなわち，グローバル化に対応し日本の活力を維持するための「高度人材」と，少子高齢化・人口減少にともなう労働力不足を補う外国人で

ある（鈴木 2014；2015c）。そして，後者の外国人として，これまでフロントドアからの受入を認めていない，いわゆる「単純労働者」の受入が選択肢のひとつであることが，政府関連の報告書で示唆されることとなった[15]。

さらに，2005年3月に策定された第3次出入国管理基本計画（以下「第3次基本計画」と表記）では，「出入国管理行政としても，人口減少時代における外国人労働者受入れの在り方を検討すべき時期に来ていると考えられる。〔中略〕現在では専門的，技術的分野に該当するとは評価されていない分野における外国人労働者の受入れについて着実に検討していく」ことが明記された。

第3次基本計画を契機として，各省庁や自由民主党のプロジェクトチーム，経済団体などが，次々と外国人受入に関する報告書をとりまとめ，現在あるいは将来の労働力不足に対応するため，専門的・技術的分野以外の外国人労働者を受け入れる必要性に言及した[16]。積極的な受入を目指す専門的・技術的労働者と異なり，それ以外の分野での労働者の受入は，「受け入れざるをえない」といった消極的姿勢が垣間みられるものの，人口減少社会が現実化していくなかで，日本にとって「避けられない選択」であるという認識が，次第に，行政・立法担当者や経済界に浸透していくことになった。

つまり，多くの非正規滞在者が従事している職種に対して，フロントドアから外国人労働者を受け入れることが検討され始めたのであった。

2) 徹底的排除の始まり

政府内で，専門的・技術的分野以外の外国人労働者受入が議論され始めた同じ頃，非正規滞在者に対する当局の対応に大きな変化が生じた。

2003年8月，警察庁は，2003年を「治安回復元年」とし，「危険水域」にある日本の治安を回復するためのプログラム（「緊急治安対策プログラム」）を公表し，同年9月，政府は「世界一安全な国，日本」の復活を目指して「犯罪対策閣僚会議」を設置した。そして，当該会議が同年12月に策定した「犯罪に強い社会の実現のための行動計画」（以下「03年行動計画」と表記）のなかで，「これら犯罪〔凶悪犯罪や暴力団関連の犯罪〕の温床となる不法滞在者を，今後5年間で半減」するという目標が設定された[17]。実際には，凶悪犯検挙人員に

占める非正規滞在者の割合は 2.1％（2003 年数値）であるにもかかわらず，入管法上「不法」な非正規滞在者は「犯罪の温床」であり「治安への脅威」であるとシンボル化されていった。この後，犯罪対策閣僚会議は，外国人政策に大きな影響を与えることになるが，詳細は後述する。

　半減計画を境として，入管職員や警察官による，かつてない強力な取締りが遂行されることになった。職場や自宅，宗教施設や支援団体事務所周辺など，非正規滞在者にとって身近で「安全」であったはずの空間で強行される職務質問，外国人登録にもとづく摘発などによって，非正規滞在者に対する包囲網がはりめぐらされた。形式的排除の終わりであり，実質的な徹底的排除の始まりである。

　そして，目標達成に向けた当局の「熱意」と「努力」により，半減計画はほぼ達成された。「不法」残留者数は，5 年間で 219,418 人（2004 年 1 月 1 日現在）から 113,072 人（09 年 1 月 1 日現在）へと激減した。

　非正規滞在者をめぐるこのような政策的対応の転換は，サイドドアからの労働力供給が拡大したことで，もはやバックドアからの労働力を黙認し続ける必要がなくなったという当局の判断の結果であると指摘できよう。2000 年代に入ると，技能実習移行者数が急増し（97 年：6,339 人 ⇒ 2000 年：23,427 人 ⇒ 2003 年：40,047 人），研修生・技能実習生の活用が拡大した。さらに，留学生に対する入国・在留審査の大幅な緩和や，18 歳人口減少を背景とした大学の事情も相俟って，留学生の受入が拡大し，留学生のアルバイトが，サイドドアからの労働力供給源として大きな機能を果たすようになった（第 11 章第 2 節参照）。加えて，前項で論じた通り，政府内で検討され始めたフロントドアからの「新たな外国人労働者」受入に向けた地ならしとして，「不法」な労働力を実質的に排除する必要性に迫られたとも推測される（鈴木 2007）。

　そして，2007 年には新たな外国人雇用状況届出制度が導入され，就労の場からの非正規滞在者の排除が徹底された。雇用主からの届出が義務化され，不法就労助長罪が過失犯化された——「不法」と知らずに斡旋したり雇用した者も罰則の対象とする——新制度のもとで，非正規滞在者が就労の場をみつけることは困難となった（第 2 章第 2 節参照）。「不法」就労助長罪が創設されて以

降も，雇用主が非正規滞在者を雇い続けることができたのは，当該罰則が故意犯を対象としており，「不法」であることを知らなかったと主張すれば罪に問われなかったからでもあった。

　2012年7月には，戦後日本の外国人管理の象徴であった外国人登録制度が廃止されるとともに新しい在留管理制度が導入され，改定住基法が施行された。新しい在留管理制度の対象者は，3月を超える在留期間を有するニューカマーの合法滞在者（中長期在留者）であり，改定住基法の対象外国人は，特別永住者（オールドタイマー）と中長期在留者，および仮滞在許可者と一時庇護許可者[18]である。これによって，特別永住者証明書と在留カード（中長期滞在者），そして住民基本台帳カード（2016年1月より個人番号カードに移行）というIDシステムによる「社会的仕分け（social sorting）」（Lyon 2009）が構築されたのである。

　旧制度は，90日を超えて滞在するすべての外国人を対象としており，非正規滞在者であっても外国人登録が可能であったが，新制度のもとでは，10万人以下に減少した非正規滞在者はもはや管理の必要すらないかのごとく，管理制度の対象から排除されることになった。加えて，彼／彼女らは，わずかな仮滞在許可者と一時庇護許可者を例外として，自治体の住民登録からも排除され，「みえない人間」として不可視化されることになった（鈴木 2013b）。

　政府は，改定法の施行後も非正規滞在者に対する行政サービスの範囲に変更はないとして，彼／彼女らが「行政上の便益」をうけられるよう必要な措置を講ずることを自治体に求めている[19]。けれども実際には，国が保障する住民サービスすら非正規滞在者に提供しないという自治体も多い（移住労働者と連帯する全国ネットワーク他 2012）。加えて，非正規滞在者自身が，法制度をはじめとした当局の変化や，自身を取り巻く日本社会の変容を敏感に察知し，公的機関との無用な接触を極力避けるために，住民サービスの受給を放棄することも少なくない。その存在が「必要悪」として一定程度黙認されていた1990年代と異なり，もはや彼／彼女らが「日本社会とのつながり」を形成することがますます困難になっているばかりか，摘発を恐れるあまり，自らつながりを切断せざるをえない者すらいると推測される（鈴木 2016）。

3）非正規滞在者の限定的な合法化と排除の強行

　さて，日本における唯一の合法化措置である在留特別許可について，当局は，法務大臣の「裁量」であり，明確な基準はないという主張を繰り返してきたが，非正規滞在者に対する徹底的排除が始まるのと並行して，その線引きが，当局自身の手によって一定程度明確化されていく。

　2004年から許可事例が，2006年から不許可事例が毎年公表され，2006年10月には「在留特別許可に係るガイドライン」が策定・公表された（09年7月改訂）。事例やガイドラインの公表は，行政処分の透明化という点で評価しうるものである一方で，在留特別許可の可能性のない者の「不法性」を強調し，排除の強行を正当化する機能をもつ（終章第2節参照）。

　公表されたガイドラインや許可・不許可事例，NPO/NGO関係者や弁護士等の間で共有されている情報などから，在留特別許可が認められる事例を類型化すると，おおむね表12-1に示す6通りに整理することができる。

　近藤は，非正規滞在者の正規化を①雇用にもとづく正規化，②人道的理由にもとづく正規化，③居住国との実質的なつながりにもとづく正規化，④家族関係の理由にもとづく正規化の4つに，あるいは，I．労働市場原理から導かれる正規化（①），II．人道および人権理論から導かれる正規化（②③④）の2つに大別している（近藤2010）。この分類に照らすと，日本の在留特別許可は，人道および人権理論から導かれる正規化である。逆にいえば，日本では，雇用（労働市場の需要）を正規化の根拠とみなしていないということである。労働力としての有用性が評価されることで，非正規滞在者の存在が黙認・放置されることがあっても，それによって正規化されることはないのが，日本の選別的正規化の特徴なのである。このような選別基準は，2000年代半ば「新たな外国人労働者」受入議論が活発化して以降も，第2次安倍政権発足とともに，政策的に「有用な外国人材」の受入が拡大されて以降も変化していない。

　第2次・第3次基本計画でも，在留特別許可を検討する重要な視点として「日本社会とのつながり」が示されているが，表12-1に列挙した6つの類型のうち，類型c．と類型d．以外は，いずれも直接的あるいは間接的な「日本社会とのつながり」を要するものである。

表 12-1 在留特別許可の類型とその事例

類型	事例
a. 国民ないし永住者等の家族である者	日本人や特別永住者の子，日本人や特別永住者との実子（未婚未成年）を扶養する者，日本人や永住者等との法的婚姻者
b. 一条校に通う子どもがいる長期滞在家族	親の滞在が10年以上に及び，日本生まれ，あるいは幼少期に来日した一条校（主に小学校高学年以上）に在籍する実子のいる家族
c. 難病などの病気治療中の者，またはその看護者	母国での治療が困難で，日本での治療を必要とする者
d. 難民認定するにいたらない難民性を有する者	難民不認定者のうち，人道的配慮を要すると判断された者
e. 日本への定着性が認められる長期滞在者	概ね20年以上の長期滞在者
f. 学生等	類型b.の家族のなかで，親の在留状況（「不法」入国や刑罰法令違反）により，一条校に在籍する子ども（主に中学生以上）にのみ在留特別許可が与えられる場合

出所）近藤他（2010）で示された類型を一部修正し，事例を追加して引用。

　しかしながら，前述のとおり，現下の情勢のなかで，もはや非正規滞在者が「日本社会とのつながり」を新たに形成することが困難となりつつある。その結果，現在の政策が見直されない限り，どれほど有用な労働力であるとしても，非正規滞在者の多くを待ち受けるのは排除のみである。

　2013年には，チャーター機による集団国費送還が初めて実施され（7月にフィリピン人75名，12月にタイ人46名），翌14年12月にはスリランカ人とベトナム人32名が，15年11月にはバングラデシュ人22名が，16年9月にはスリランカ人30名が送還された。加えて，IOMによる帰還支援プログラムが導入され（13年度試験導入，14年度より本格導入），非正規滞在者をはじめとする「好ましくない外国人」の排除の強行が，今後も着実に推し進められていくことであろう。

3 管理強化と排除の拡大

1) 合法滞在者への管理強化

　排除されるのは非正規滞在者ばかりではない。合法滞在者に対する管理強化が進行することによって，排除の対象が拡大されているのである。

　2000年1月より留学生に対する入国・在留審査が大幅に緩和されたことはすでに述べたが，これは教育機関による「適切な在籍管理」を前提とした措置である（鈴木2013a）。つまり，「学術の中心」（教育基本法第83条）である大学が「管理の出先機関」を担うことと引き換えに与えられた緩和措置なのである。

　2007年10月には外国人雇用状況届出制度の導入によって「就労管理」が徹底された。これによって，すべての雇用主は，外国人（在留資格「外交」と「公用」，および「特別永住者」を除く）の雇入れと離職に際して，氏名・在留資格・在留期間・生年月日・性別・国籍を，公共職業安定所を通じて厚生労働大臣に報告することが，罰則規定つきで義務づけられた[20]。非正規滞在者の雇用が困難になったばかりか，留学生のアルバイトや就労に制限のない者の雇用など，外国人雇用に関するすべての情報が当局によって管理されることになった。

　さらに，新しい在留管理制度においては，従来の「点の管理」ではなく，「点（在留期間延長時や在留資格変更時）」と「点」の間を結ぶ「線」，つまり在留期間中を継続的に管理する「線の管理」が構築され，法務大臣が一元的に外国人の在留情報を管理することが可能となった。当該制度は，前述の犯罪対策閣僚会議が2008年12月にまとめた計画（「犯罪に強い社会の実現のための行動計画」，以下「08年行動計画」と表記）で提言したものである。

　加えて，このような管理体制は，新自由主義的傾向のもと，国家機構の巨大化ではなく，大学や企業など所属機関からの情報収集，在留カード情報の一般への提供や入国管理局HPでの在留カード照会システム[21]など，最新のIT技術を活用しつつ，民間機関や市民を動員することによって強化されていく。

　例えば，外国人雇用状況の届出をみると，2008年のリーマン・ショックを契機として外国人登録者（在留外国人）数が減少したにもかかわらず[22]，制度

導入後一貫して増加しているが（2008年10月：486,398人⇒2010年10月：649,982人⇒2015年10月：907,896人）。これは，届出義務が徹底した結果であり，管理体制への雇用主（事業所）の動員が強化された「成果」であるといえよう。

2）「偽装」滞在者の排除

2004年6月の入管法改定（同年12月施行）において，在留資格取消し制度（入管法第22条の4）が導入された。当該制度は半減計画とともに犯罪対策閣僚会議による03年行動計画で打ち出されたものである。これは，「不正」な手段で上陸許可の証印を受けた者や在留資格に定める活動を3ヵ月以上行っていない者の在留資格を取り消すことを制度化したもので（09年改定入管法と16年改定入管法で取消し事由を追加），排除のターゲットは，従前の「不法」滞在者ではなく，在留資格を有する正規滞在者であり，当局のいうところの「偽装」滞在者である。

この耳慣れない「偽装」滞在者という用語は，非正規滞在者をターゲットとした半減計画が「目標に近づきつつある」ことをうけて，08年行動計画以降，政府内で使用されるようになった。法務省の『出入国管理』では，平成21年版ではじめて言及され，平成22年版以降，「不法」滞在者と並んで「出入国管理行政上重要な課題」として取り上げられている。

同書では，「偽装」滞在者を「偽装婚，偽装留学，偽装就労など，身分・活動目的を偽り，あたかも在留資格のいずれか一に該当して合法的な法的地位があるかのごとく正規在留者を装い我が国で不法に就労等する者」と定義し，「表見上はあくまでも『正規滞在者』であることから，実態を正確に把握するまでには至っていない」としながらも，その増加を懸念している（法務省入国管理局2009）。「偽装」滞在者が，入管政策上の新たな排除のターゲットとなったのである。

半減計画の対象である「不法」滞在者は，該当者が明確で，「不法」残留者という代替統計を用いることで，ある程度実態を反映した数を把握することが可能である。これに対して，新たな排除のターゲットとされる「偽装」滞在者

は，法務省自らが認めるように，「その実態を正確に把握することは困難」な外国人である。それにもかかわらず，根拠が示されることなく，「増加」(犯罪対策閣僚会議「『世界一安全な日本』創造戦略」2013年12月，以下「13年戦略」と表記)あるいは「顕在化」(「第六次出入国管理懇談会報告書」2014年12月)と記述され，「治安対策上懸念されている」(「13年戦略」)と断言されていく。すなわち，当局による規制や制御を逸脱する外国人に「偽装」滞在者という名称を与えることで，市民のなかに「不安」を植え付け，不安に対して政策的対応をすることで，「不安には根拠があるというメッセージを伝え」(鵜飼・酒井他2012)，「偽装」滞在者対策の必要性を正当化しているのである(鈴木2015b)。

　法務省は，「偽装」滞在者対策推進のために，情報の収集・分析を強化するとしている。そのために，前述の在籍管理情報や外国人雇用状況届出の情報，新しい在留管理制度が活用されるとともに，所属機関からの情報収集などといった形で，外国人管理へと民間機関や市民が利用される。外国人に対する「不安」を軽減するために，人々は，無意識のうちに国家の管理体制の一翼を担いつつある。表12-2は2015年までの在留資格取消し件数の推移であるが，数の増加は，外国人に対する管理強化の「成果」を示しているともいえよう。

　いや，「成果」はこれ以上である。「移民国家」ではないと自己規定している日本では，外国人はいずれ帰国する者として「在留期間」(在留資格によって異なるが，最長5年)が付与される。在留期間を超えて滞在するためには，在留期間更新か在留資格変更を申請する必要があり，当局による在留状況等の審査によっては，更新／変更されない可能性もある。つまり，「好ましい」か「好ましくない」かの選別は，入国時点のみでなく，小井土が「多段階的な選別プロセス」(小井土2015)と呼んだように，入国後も継続的に実施されているのである。そして，管理強化の徹底により，外国人の在留に関するさまざまな情報が収集されることで，表12-2に示した以外にも，在留期間更新や在留資格変更の不許可によって排除されている外国人は少なくないと推察される。例えば，いくつかのアルバイトをかけもちし，許可された時間以上にアルバイトをした留学生の在留期間更新が不許可になり，この「小さな罪」によって日本での留学の継続が認められないという「過大な罰」が与えられ，帰国せざるを得

表 12-2 事由別在留資格取消し件数の推移

(件数)

	2005年	2006年	2007年	2008年	2009年	2010年	2011年	2012年	2013年	2014年	2015年
第1号	9	17	29	34	38	26	26	20	9	22	25
第2号	16	30	67	43	79	131	148	111	114	105	87
第3号	2	4	4	2	9	16	32	33	32	29	27
第4号	15	0	5	3	22	38	59	41	37	36	53
第5号	-	-	-	-	-	-	-	0	0	0	0
第6号*	4	3	9	3	9	35	42	33	58	64	84
第7号	-	-	-	-	-	-	-	0	19	31	30
第8号	-	-	-	-	-	-	-	0	0	0	0
第9号	-	-	-	-	-	-	-	0	1	1	1
第10号	-	-	-	-	-	-	-	0	1	0	0
合計	46	54	114	85	157	246	307	238	271	288	307

出所）移住者と連帯する全国ネットワーク（旧・移住労働者と連帯する全国ネットワーク）が法務省より入手した資料をもとに筆者作成。

注1）取消し事由は以下のとおりである。
- 偽りその他不正の手段により，上陸許可を受けた場合（第1号～第4号）
- 偽りその他不正の手段により，在留特別許可あるいは難民認定を受けた場合（第5号）
- 別表1の在留資格をもって在留する者が，在留資格に掲げる活動を3カ月以上行わないで在留している場合（正当な理由がある場合は除く）（第6号，旧第5号）
- 「日本人の配偶者等」，「永住者の配偶者等」の在留資格をもって在留する者が，配偶者の身分を有する者としての活動を継続して6カ月以上行わないで在留している場合（正当な理由がある場合は除く）（第7号）
- 新たに中長期在留者となった者が，90日以内に法務大臣に住居地の届出をしない場合（正当な理由がある場合は除く）（第8号）
- 住居地を移動した者が，90日以内に法務大臣に新しい住居地の届出をしない場合（正当な理由がある場合は除く）（第9号）
- 法務大臣に虚偽の住居地を届け出た場合（第10号）

2）2004年の取消し事例はない（2004年12月2日施行）。
3）09年法改定で，第5号及び第7号～第10号が追加された（12年7月施行）。第6号は，09年改定法施行以前は第5号とされていたが，表では，第6号として記載している。

なくなったという事例もある。

さらに，2012年7月より，外国人も日本人同様に住民登録の対象となったにもかかわらず，在留期間が満了した者や在留資格を取り消された者は，法務省から自治体に通知され（改定住基法第30条の50），自治体は職権によって当該外国人の住民票を「消除」することとなった（「住民基本台帳事務処理要領」）。つまり，たとえ居住実態があったとしても，「住民」として排除されるのである。日本人住民の住民登録が行政サービスの提供など市民的包摂を基本としているのに対して，外国人住民のそれは包摂と同時に排除の機能をあわせもつ。なぜなら，外国人の住民登録が，在留管理制度に従属するものとして位置づけ

られているためであり，当該管理制度（データベース）は，まさに「選別・分離・排除」（Bauman 1998）の装置として設計されているからである。新しい在留管理制度の利点として「各種行政サービスの適切な提供に利用できる」ことを法務省が広報する背景には[23]，「各種行政サービス」を提供しない外国人の「選別・分離・排除」がある。

加えて，2016年11月に改定された入管法では，犯罪対策閣僚会議による13年戦略からの要請に応えて，より強固な管理体制と排除が導入されることとなった。すなわち，在留資格取消し要件がさらに追加され，活動にもとづく在留資格をもつ外国人が，在留資格に掲げる活動を3カ月以上行わないで在留している場合（現行第6号）に加え，活動を行っておらず，かつ，他の活動を行い又は行おうとしている場合にも在留資格が取り消されるのである。当該追加要件に対する批判は後述するが，取消し要件の追加は，排除されるべき「偽装」滞在者の該当範囲の拡大を意味する。つまり，「偽装」滞在者を「増加」させているのは当局なのである。結果，人々の不安はますます増殖され，排除が求められていくことになる。

3）合法滞在者の恣意的排除の危険性

当局にとっての「好ましくない外国人」は，「不法」滞在者や「偽装」滞在者ばかりではない。

2009年7月の入管法改定で，退去強制事由に不法就労の助長（入管法第24条第3号の4）が追加された。かつては労働市場の需要を優先して一定程度黙認されていた「不法」就労の助長が，過失犯化されたのみならず，雇用主や斡旋者が外国人（特別永住者を除く）の場合には，退去強制の対象となったのである。2010年7月の施行以降2015年までの5年半で，874人の合法滞在者が「不法」就労助長の罪で退去強制手続きの対象となっており，「永住者」の在留資格をもつ者であっても例外ではない。

さらに，新しい在留管理制度の導入にともなって，在留資格取消し事由（入管法第22条の4）及び退去強制事由（入管法第24条）が追加され，住居地に関して90日を超えた届出遅延や虚偽の届出，身分事項や所属機関等の虚偽の届

出，在留カードの提示拒否や受領拒否などの行為に対して，在留資格の取消しや退去強制という制裁が設けられた。つまり，わずか3カ月超住居地の届出が遅れてしまっただけで「好ましくない外国人」として在留資格が取り消されてしまうのである。在留期間に制限のない永住者もこれらの点は同様であり，さらに新制度のもと7年ごとの在留カード更新が義務化されたために，更新を遅延して懲役を科されると，送還される可能性すらある。

しかも，排除につながる規定が「正当な理由がある場合は除く」であるとか，「1年以下の懲役（その場合は退去強制事由に該当）または20万円以下の罰金」となっており，法的な線引きそのものが曖昧である。換言すれば，同じ行為をした外国人であっても，当局の判断で排除される者もいれば，お咎めなしの者もいるのだ。恐らく，届出や更新の遅延といった違反行為を大量に摘発し，多くの外国人を排除することは当局の意図するところではないだろうし，うっかりミスとして処理されることが多いであろう（鈴木2013b）。だが一方で，直接の違反行為以外の要素――例えば，社会的コスト増大への懸念や「善良」とはいえない素行[24]など――を判断材料として，当局にとって「好ましくない外国人」に対する恣意的排除が行われる可能性も否定できない。

そして何より，軽微な違反に対して過大な罰則規定を設け，「排除という脅し」によって外国人の行動を制御する目的で情報を収集することは，外国人に対する「監視」体制の構築であり（Lyon 2001），排除型の統治機構の実現にほかならない。

加えて，16年改定入管法では，他の活動を行おうとしているという意図までが，予防的措置として排除の根拠に利用されるというのである。当局は，いったいどのような基準で「他の活動を行おうとしている」と判断するのであろうか。当該要件は，「正当な理由がある場合は除く」という規定（現行第6号～第9号，及び新規要件）とともに，当局によって恣意的に運用され，場合によっては無制限な排除を生み出す危険性すらある。しかも，「逃亡すると疑うに足る相当の理由がある」と法務省が判断した場合には，出国猶予期間も与えず退去強制に付すことができるとある。

さらに付け加えれば，外国人の出入国等に係る行政措置は，「行政運営にお

ける公正の確保と透明性の向上」を目的として 1993 年 11 月に制定された行政手続法（翌 94 年 10 月施行）の適用外とされている（同法第 3 条の 10）。結果として，当局による乱用の危険性や恣意的排除の可能性はいっそう拡大し，監視体制はますます強固なものとなる。

おわりに――「移民政策ではない」外国人政策

　2000 年代半ばに再燃した外国人受入議論は，リーマン・ショックによる景気停滞や東日本大震災などの影響で沈静化していたが，第 2 次安倍内閣の発足（2012 年 12 月）とともに，再び関心が高まっている。

　内閣発足と同時に，日本経済再生本部（本部長：内閣総理大臣）の設置が閣議決定され，当該本部を司令塔として，経済財政諮問会議（議長：内閣総理大臣）との連携のもと，「強い日本，強い経済」を目指して「成長戦略」が推し進められている。日本の「稼ぐ力」（生産性）を取り戻すために，女性も高齢者も若者も，全員参加で担い手となることが求められ，この文脈において，「外国人材」の受入および「活用」論議が活発化し，議論にとどまらず，政策への反映も加速化している（鈴木 2015a；宮島・鈴木 2014）。すなわち，政策上，「有用な外国人」の受入拡大が進行している。

　だがその一方で，第 2 次安倍政権が「移民政策ではない」ことをたびたび強調するのはなぜであろうか。本章のおわりに，この問いに対する答えを，日本の外国人政策に通底する 2 つの問題点として指摘したい。

　ひとつは，「高度人材」の受入促進という看板（タテマエ）を掲げつつも，実際に拡大されているのは，建設労働者や家事労働者，農業従事者など，これまで専門的・技術的労働者とはみなされていない外国人労働者（いわゆる「単純労働者」）である。そして，彼／彼女らの受入方式は，「国際貢献」をタテマエとする技能実習制度と同様，在留期間に上限を設定することで定住化の道を閉ざした「還流型」である[25]（第 10 章第 3 節参照）。つまり「定住型」外国人受入の否定である。さらに，2016 年 11 月には，技能実習制度に関する新たな

法律が制定された。これは，技能実習の適正な実施や技能実習生の保護を謳いつつ，「還流型」外国人労働者である技能実習生の受入拡大（実習期間の延長や受入人数枠の拡大，2号移行対象職種の追加等）を可能とするものである。

だが実態としては，たとえ政府が「移民」受入を否定しようとも，活動（就労）に制限のない定住型外国人が在留外国人の61.8％，活動と在留期間に制限のない永住者が47.0％（いずれも2015年末現在）を占めている。つまり，すでに日本は移民を受け入れているのである。それにもかかわらず，「移民政策ではない」と繰り返すのは，彼／彼女らを容易に排除できる「処分可能な（disposable）」存在とみなしているからではないだろうか。これが2つめの問題点である。

管理強化の徹底とともに，在留資格取消し事由や退去強制事由が追加され，永住者を含む定住型外国人にも排除の対象が拡大されていることは，その証左であろう。新たに構築された監視体制のもとでは，あらゆる外国人は「選別・分離・排除」の対象なのである。排除につながる規定が曖昧で恣意的運用が可能であるのも，disposableな存在としての外国人に対する裁量権を当局が維持するための措置にほかならない。安倍政権において「外国人材」という用語や「活用」という言葉が使用されるのも，「有用」でなくなれば排除しうる権限を政府が保持していることを示しているといえよう。「外国人材活用」の看板ともいえる高度人材ですら，「3年で永住」と謳われつつ，その条件は高度人材としての活動の継続であり（在留資格「高度専門職2号」），活動に制限のない「永住者」ではない[26]。

さらに，もっともdisposableな法的地位にある非正規滞在者は，労働力としての有用性を根拠に正規化されることはなく，「有用」だとみなされていた時代には黙認され，「不要」になれば徹底的に排除されるのである。

2000年代半ば以降，国レベルでも「多文化共生」という用語が用いられ，「国籍や民族などの異なる人々が〔中略〕対等な関係を築」（総務省2006）く社会に向けた取組みが推進されている。それにもかかわらず，日本社会に，いまだ統合政策が根付かない理由は，定住型外国人までもdisposableな存在として扱う排除型の統治機構ゆえではないだろうか。そして，その背後には，「単一

民族国家」であり「移民国家ではない」という自己規定（国家アイデンティティ）が少なからず影響を与えていると筆者は推察するが，この点の解明は，今後の研究課題としたい。いずれにせよ，他国に類をみない急激な高齢化と人口激減に直面する日本にとって，外国人をdisposableな存在とみなし続けることは，決して賢明ではないはずである。

［注］
1）戦前から引き続き日本に居住している旧植民地出身者とその子孫に対して，戦後新たに来日した外国人を「ニューカマー」と呼ぶ。これに対して，前者を「オールドカマー」あるいは「オールドタイマー」と呼ぶ。
2）非正規滞在者に対する政策的対応やメディア報道，市民の意識等の変遷，および男性非正規滞在者の就労状況の詳細は，鈴木（2007）および鈴木（2010）を参照されたい。
3）「ジャパゆきさん」の語源は，19世紀後半，世界各地に渡り，娼婦として働いた日本人女性を指す「カラ（唐）ゆきさん」である（森2002）。この用語は，1980年代後半にメディアで多用され，1988年2月に実施された世論調査（「外国人の入国と在留に関する世論調査」）の質問文でも，「ジャパゆきくん」とともに用いられているが，90年代になるとほとんど使用されなくなった。
4）「単純労働」および「単純労働者」という言葉の定義は曖昧である。外国人労働者受入をめぐる文脈では，労働市場の需要に応じてその範囲が恣意的に変更され，「受入れに伴い広範な問題を生じる恐れがある」（労働省職業安定局1991）として，受入を認めない職種やその労働者に対して，この用語が使用されている。筆者は，この言葉の使用が，外国人労働者をめぐる建設的議論を妨げる一因になっていると考えるが，長く日本の議論において使用されている用語であることから，本章では，入管政策上「専門的・技術的労働（者）」以外に分類される労働（者）を示すものとして，括弧つきで使用する。
5）梶田は，在日外国人の指紋押捺問題など，もうひとつの外国人問題が社会問題化していたことも，政府が外国人受入に消極的であった理由であると指摘している（梶田1994）。当時の日本は，今後の外国人（ニューカマー）受入を検討する以前に，オールドタイマーの処遇問題をいまだ解決できていなかったのである。
6）「不法」残留者数は，出入国記録に加えて，退去強制手続きに関する情報などを加味し，電算上のデータの中から在留期間を経過している者を抽出して算出する。そのため，日本で生まれた非正規滞在者や入国記録のない非正規滞在者（退去強制手続きにある者を除く）は含まれていないが，非正規滞在者の代替数値として，政策上，利用されている。
7）例えば，1991年6月1日付け『毎日新聞』夕刊には，「零細企業が生き残るためにはきれいごとは言っていられない。外国人は不可欠な労働力。もはや産業を支える力に

なっている。建前だけの規制は事態を悪くする」という東京江戸川区の鉄材会社専務の言葉が紹介されている。
8）例えば、股野景親入管局長（当時）は、自民党外国人問題特別委員会の席上で「法務省は（不法就労者の）実態調査はするが、やむにやまれぬ違反者は処罰しない」と発言している（1990年6月10日付『毎日新聞』朝刊）。また、フィリピン人ベントゥーラは、日雇い労働者の街・寿町での非正規滞在フィリピン男性の参与観察をとおして、当局が彼らをいかに黙認・放置し、必要に応じて摘発していたかを雄弁に描写している（ベントゥーラ1993；2007）。
9）「不法」就労が社会問題化した1980年代後半、「不法」就労での男性摘発者が多かったバングラデシュ、パキスタン、フィリピン、韓国出身者で、10年以上長期に滞在する男性非正規滞在者28人を対象に、来日から現在にいたる詳細な就労状況（入職経路や退職理由、就労地域や職種、事業所の規模、労働条件、昇給・昇進や技能・技術の習得、雇用主や同僚との関係など）や生活状況などを聞き取り、通時的な変化を分析した（鈴木2007）。
10）非正規滞在のバングラデシュ男性を調査した樋口と稲葉は、景気後退によって、下降する者と上昇する者という階層化が非正規滞在者のなかに生じることを指摘している。両者を分ける要因が滞日年数であり、前者を「マージナル化」、後者を「ニッチ形成」と名づけている（樋口・稲葉2004）。
11）諸外国におけるアムネスティについては、近藤（2010）を参照されたい。
12）1991年5月に制定された日本国との平和条約に基づき日本の国籍を離脱した者等の出入国管理に関する特例法（同年11月施行）において、旧植民地出身者とその子孫に対して在留の資格「特別永住者」が付与され、退去強制事由が大幅に制限された。その結果、特別永住者は、内乱罪など重大な国益侵害行為を犯さない限り、退去強制の対象となることはなくなった。
13）先進諸国において出生率と死亡率の低下によってもたらされる人口減少を国際人口移動で補うと仮定した場合に必要とされる移民数を推計した報告書である。それによると、日本が1995年の総人口を維持するためには（シナリオIII）2000年から2050年まで毎年34.3万人、生産年齢人口を維持するためには（シナリオIV）毎年64.7万人、老年人口従属指数を維持するためには（シナリオVI）毎年1047.1万人の移民が必要である（Population Division Department of Economic and Social Affairs United Nations Secretariat 2000）。
14）植民地支配という歴史的経緯ゆえに日本に居住するオールドタイマーを除いて、日本における外国人は、在留資格と在留期間によって制約されており、身分または地位にもとづく4つの在留資格以外の在留資格——活動にもとづく在留資格——をもつ外国人には、活動（就労）に制限がある。なお、近年、従来の日本的な「移民」の定義を拡大し、「移民」受入の必要性を問う提言なども提出されている。
15）例えば、厚生労働省職業安定局外国人雇用対策課（2002）、経済産業省（2003）など。
16）例えば、副大臣会議・外国人労働者問題に関するプロジェクトチーム（2006）、日本経済団体連合会（2006）および日本経済団体連合会（2007）、自由民主党・外国人労働

者等特別委員会（2006），法務副大臣・今後の外国人の受入れ等に関するプロジェクトチーム（2006）など。なお，この間に提出された報告書等の詳細については，鈴木（2007）および鈴木（2008）を参照されたい。

17) これに先立って，同年10月，法務省入国管理局と東京入国管理局，東京都と警視庁は，「首都東京における不法滞在外国人対策の強化に関する共同宣言」を発表し，首都東京の「不法」滞在者を5年間で半減させる目標を立てた。また，同年11月の参議院議員選挙の自民党公約でも半減計画が掲げられた。

18) 仮滞在許可者とは，在留資格のない難民申請者のうち，①上陸後6カ月以内に難民申請を行い，②安全な第三国を経由せず直接入国したなどの要件を満たすと当局が認め，仮滞在許可が与えられ，退去強制手続きが停止された者をいう（2014年：111人）。一時庇護許可者とは，在留資格のない外国人乗員や外国人乗客に対して，難民である可能性が高いと当局が認め，一時的に上陸を許可した者をいう（2010～14年：累積18人）。

19) 総務省自治行政局外国人住民基本台帳室長「入管法等の規定により本邦に在留することができる外国人以外の在留外国人に対して行政サービスを提供するための必要な記録の管理等に関する措置に係る各省庁への通知について（通知）」（2011年11月11日）。

20) 外国人雇用に関する報告は，1993年より，職業安定法施行規則第34条にもとづき行われていたが，外国人個人を特定するものではなく，事業所からの報告も任意であった。2007年6月の雇用対策法改定にともなって（同年10月施行），新しい届出制度が導入された。

21) 在留カードや特別永住者証明書のICチップ読み出しに係る仕様が一般公開されているため，民間業者が在留カード等のカードリーダーを開発・一般販売することが可能である。当局は，金融機関や携帯電話事業者等の契約に際しての本人確認目的での利用を想定しているが，カードリーダーの販売価格は2万円程度で，市民にも比較的容易に購入できる。また，法務省入国管理局HPにある「在留カード等番号失効情報照会」システムを利用すれば，在留カードや特別永住者証明書の番号と有効期間を入力するだけで，当該カード等が有効かどうかを，だれでも無料で，かつ容易に確認することができる。

22) 統計的には，2009年末から減少し，2013年6月末統計から増加に転じた。

23) 法務省入国管理局HP〈http://www.immi-moj.go.jp/newimmiact_1/q-and-a_page2.html#q1-a〉（2016年5月1日アクセス）。

24) 日本では，素行の善良性が，外国人の在留審査において重視される。永住許可（入管法第22条），在留期間更新や在留資格変更の許可（法務省入国管理局「在留資格の変更，在留期間の更新許可のガイドライン」2008年3月制定，09年3月，10年3月，12年7月，16年3月改定），「定住者」としての日系人（中国帰国者を除く）の入国許可（法務省入国管理局『『定住者告示』の一部改正について」2006年4月）に際して，要件のひとつとして挙げられている。

25) なぜ「定住型」ではなく「還流型」受入が選択されたかの考察は，鈴木（2015c）を参照されたい。なお，超高齢社会・日本にとって喫緊の課題である介護士不足に対しては，16年改定入管法で，新たに「介護」の在留資格が就労を目的とした在留資格のひとつに追加された。加えて，同時に成立した外国人の技能実習の適正な実施及び技能実

習生の保護に関する法のもと，2号移行対象職種に介護が追加されることが予定されている。前者は，留学生などで介護福祉士の国家資格を取得した者を対象とした「定住型」で，後者は「還流型」である。

26) 高度人材が活動に制限のない「永住者」の在留資格を取得することも可能である。この場合，通常10年以上という永住申請のための在留要件が，優遇措置として5年に短縮されている。加えて，「日本再興戦略2016」（2016年6月）では，「世界のトップレベル人材を引き付けるため，世界最速レベルの『日本版高度外国人材グリーンカード』を導入する」ことが示されており，「永住権，最短1年滞在で　海外経営者・技術者　優遇策を拡大」（2016年11月15日付『日本経済新聞』）という報道もある。ただし，活動に制限のない「永住者」となった場合には，親や家事使用人帯同の許容という高度人材としての優遇措置の対象とはならない。

［参考文献］

移住労働者と連帯する全国ネットワーク，外国人住民基本法の制定を求める全国キリスト教連絡協議会，多文化共生・自治体政策研究会（2012）「自治体アンケートから見えてくるもの——住基法改定後の外国人住民への対応」

稲上毅・桑原靖夫・国民金融公庫総合研究所（1992）『外国人労働者を戦力化する中小企業』中小企業リサーチセンター

稲葉奈々子・樋口直人（2003）「滞日バングラデシュ人の職業経歴」茨城大学人文学部紀要『コミュニケーション学科論集』第14号

鵜飼哲，酒井直樹，テッサ・モーリス＝スズキ，李孝徳（2012）「新しいレイシズムと日本」鵜飼哲，酒井直樹，テッサ・モーリス＝スズキ，李孝徳『レイシズム・スタディーズ序説』以文社

岡田恵美子（1996）「日本で働く——あるイラン人青年の記録」駒井洋編『日本のエスニック社会』明石書店

岡本雅享（1995）「知られざる総力特集『外国人犯罪』——文芸春秋の月刊雑誌『マルコポーロ』二月号」『部落解放』第388号

——（2004）「移住労働者の権利を守るネットワーク運動の軌跡と課題」駒井洋監修／駒井洋編著『移民をめぐる自治体の政策と社会運動』明石書店

梶田孝道（1994）『外国人労働者と日本』日本放送出版協会

経済産業省（2003）『平成15年版　通商白書』

小井土彰宏（2000）「アメリカの移民規制とアムネスティ——日本の出入国管理との連関の中で」駒井洋・渡戸一郎・山脇啓造編『超過滞在外国人と在留特別許可——岐路に立つ日本の出入国管理政策』明石書店

——（2015）「選別移民政策の比較分析への視点——概念の再検討とその射程」『選別的移民政策の国際比較——新自由主義／新保守主義と国民国家の境界再編成』（科学研究費補助金基盤研究（A）プロジェクト中間報告書，研究代表者：小井土彰宏）

厚生労働省職業安定局外国人雇用対策課（2002）『外国人雇用問題研究会報告書』

高鮮徽（1998）『20世紀の滞日済州島人——その生活過程と意識』明石書店

──（2000）「『出稼ぎ目的』の『密航』者と在留特別許可」駒井洋・渡戸一郎・山脇啓造編『超過滞在外国人と在留特別許可──岐路に立つ日本の出入国管理政策』明石書店

近藤敦・塩原良和・鈴木江理子（2010）「非正規滞在者の正規化のあり方」近藤敦・塩原良和・鈴木江理子編『非正規滞在者と在留特別許可──移住者たちの過去・現在・未来』日本評論社

近藤敦（2010）「一般アムネスティ・在留特別許可・特別アムネスティ」近藤敦・塩原良和・鈴木江理子編『非正規滞在者と在留特別許可──移住者たちの過去・現在・未来』日本評論社

自由民主党・外国人労働者等特別委員会（2006）『外国人労働者に関する方針について（案）』

鈴木江理子（2006）「日本の外国人労働者受け入れ政策」吉田良生・河野稠果編著『国際人口移動の新時代』原書房

──（2007）「選別化が進む外国人労働者──非正規滞在者の排除と合法滞在者の管理強化」渡戸一郎・鈴木江理子・A.P.F.S.編『在留特別許可と日本の移民政策──「移民選別」時代の到来』明石書店

──（2008）「外国人政策のゆくえ」移住労働者と連帯する全国ネットワーク『M-ネット』2008年10月号

──（2009）『日本で働く非正規滞在者──彼らは「好ましくない外国人労働者」なのか？』明石書店

──（2010）「非正規滞在者と日本社会──翻弄される非正規滞在者」近藤敦・塩原良和・鈴木江理子編『非正規滞在者と在留特別許可──移住者たちの過去・現在・未来』日本評論社

──（2013a）「留学生と日本社会──誰のための受け入れなのか？」移住労働者と連帯する全国ネットワーク『M-ネット』2013年7月号

──（2013b）「排除される外国人──『不法』滞在者，『偽装』滞在者，そして…」外国人人権法連絡会『日本における外国人・民族的マイノリティ人権白書2013年』

──（2014）「人口政策としての外国人政策──将来推計人口から考える」別冊環⑳『なぜ今，移民問題か』藤原書店

──（2015a）「日本の外国人政策── 線引きをめぐるタテマエと本音をめぐって」『選別的移民政策の国際比較──新自由主義／新保守主義と国民国家の境界再編成』（科学研究費補助金基盤研究（A）プロジェクト中間報告書，研究代表者：小井土彰宏）

──（2015b）「『偽装』滞在者対策が生み出す『不安』」移住者と連帯する全国ネットワーク『Mネット』2015年6月号

──（2015c）「外国人受入れ政策の歴史的展開と今後──人口急減社会・日本の選択」日本弁護士連合会『自由と正義』2015年11月号

──（2016）「非正規滞在者からみた日本の外国人政策──本音とタテマエ」有田伸・山本かほり・西原和久編『国際移動と移民政策──日韓の事例と多文化主義再考』東信堂

総務省（2006）『多文化共生の推進に関する研究会報告書──地域における多文化共生の

推進に向けて』
日本経済団体連合会（2006）『2006年度日本経団連規制改革要望――競争力と活力ある経済・社会の構築に向けて』
──（2007）『外国人受入問題に関する第二次提言』
樋口直人・稲葉奈々子（2004）「マージナル化か，ニッチ形成か――滞日バングラデシュ人の労働市場，1985-2001」『茨城大学地域総合研究所年報』第37号
副大臣会議・外国人労働者問題に関するプロジェクトチーム（2006）『外国人労働者の受入れを巡る考え方のとりまとめ』
ベントゥーラ，レイ（1993）『ぼくはいつも隠れていた――フィリピン人学生不法就労記』松本剛史訳，草思社（Rey Ventura, *Underground in Japan*, Jonathan Cape, 1992）
──（2007）『横浜コトブキ・フィリピーノ』森本麻衣子訳，現代書館（Rey Ventura, *Into the Country of Standing Men*, Ateneo de Manila University, 2007）
法務省入国管理局（1987）『昭和61年度版 出入国管理――変貌する国際環境の中で』
──（2009）『平成22年版 出入国管理』
法務副大臣・今後の外国人の受入れ等に関するプロジェクトチーム（2006）「今後の外国人の受入れに関する基本的な考え方」
宮島喬・鈴木江理子（2014）『外国人労働者受け入れを問う』岩波書店
森廣正（2002）「日本における外国人労働者問題の研究動向――文献を中心にして」『大原社会問題研究所雑誌』第528号
山本薫子（2006）「国境を越えた『囲い込み』――移民の下層化を促し，正当化するロジックの検討に向けて」狩谷あゆみ編著『不埒な希望――ホームレス／寄せ場をめぐる社会学』松籟社
労働省職業安定局（1991）『外国人労働者問題の動向と視点』
Bauman, Zygmunt (1998) *Globalization : The Human Consequences*, Polity Press（ジグムント・バウマン『グローバリゼーション――人間への影響』澤田眞治・中井愛子訳，法政大学出版局，2002年）.
Lyon, David (2001) *Surveillance Society : Monitoring Everyday Life*, Open University Press（デイヴィッド・ライアン『監視社会』川村一郎訳，青土社，2002年）.
── (2009) *Identifying Citizens : ID Cards as Surveillance*, Polity Press（デイヴィッド・ライアン『膨張する監視社会――個人識別システムの進化とリスク』田畑暁生訳，青土社，2010年）.
Population Division Department of Economic and Social Affairs United Nations Secretariat (2000) *Replacement Migration : Is it a Solution to Declining and Aging Population?*

終章
選別的移民政策の国際比較

小井土　彰宏

はじめに

　本書での各国の検討から明らかになってきたのは，大きく異なる歴史的背景をもつ受入国類型の差異をも乗り越えて，移民政策において選別的なメカニズムの論理が浸透しつつあることである。このような選別的な政策の全般的浸透の傾向の中で，そこにはどのような国家間・地域間の差異が存在し，それはどのような要因によって形成維持されるのだろうか。まずは，能力主義的選別を最初に発達させた古典的移民国家の内部における差異とその近年における変動の傾向について検討しよう。

1　高度技能移民政策の多様性

　職業的な能力にもとづく「技能移民」への転換は，まず古典的移民国で起こった。だが，古典的移民諸国もまた元来能力主義基準により選別を行っていたわけではない。合衆国では人種クォータ制とも呼ばれる制度にもとづく移民レジームは戦後まで続き，反人種主義的な運動の高まりの中でようやく転換して，1965年に雇用基準の移民という能力主義的カテゴリーが出現した（第1

章)。これに対し，カナダ・オーストラリアでは1970年代までにポイント制による移民選抜を確立させた。

1) 古典的移民国内での転換——ポイント制と雇用者主権の間で

それでは，これらの国々では普遍的な能力主義原理による選抜が一様に貫徹していったのだろうか。第1・3章が示したように，合衆国とオーストラリアの選別政策の間には元来大きな差が存在する。コスロウスキは，これにカナダの政策を加えて古典的移民国家間の類型的比較分析を行った (Koslowski 2014)。彼によれば，カナダは学歴など客観的基準にもとづくポイント制の理念型的な事例であり，その規定因はサプライサイドであった。これに対して，合衆国の雇用基準枠のビザはデマンドサイドを軸に構成された制度であり，オーストラリアはカナダに近いポイント制だが両者の中間に位置するという。すなわち，ポイント制は，国家それ自体が資格基準などを設定し，それに対して移民志願者たちが自律的に応募し，基準を満たし審査が通れば，特定の雇用スポンサーがなくとも許可が下りる。オーストラリアの旧来のポイント制の"skilled independent"という名称はそれを端的に示している。いいかえれば，国家が選ぶ主体として前面に出る一方，移民自体もいったん認知されれば自律的な市場におけるアクターとなり，この両者関係が選別における主軸となって，そのうえで市場において移民と雇用主とのマッチングが行われていく。これに対し，合衆国の制度は，雇用主の受入への意思が重要となり，雇用主−被雇用者が主軸となったうえで選別が行われ，国家がその関係を承認するものとして登場する。

カナダ・オーストラリアのポイント制度は，客観指標にもとづいていることでより合理的な印象を与え，また合衆国の移民改革論議の中でもポイント制度の導入の必要性が繰り返し主張されてきた (Papademetriou and Sumption 2011)。そして，実際オーストラリア・カナダの方が合法移民の中で技能移民カテゴリーの占める割合が多く (60%程度)，合衆国においてはそれは実に20%に満たない。

だが，はたして単純にポイント制こそが選別的移民政策のより進化した形態といえるのだろうか。まず，第一に，合衆国は，第1章で論じた短期滞在の高

度技能移民（H-1B, L, O）を加えると，惹きつけられる移民の絶対数で，圧倒的な優位に立ち（合衆国は 2000 年以降 70〜80 万人台前後に対してカナダは 5 万人台），また短期・長期移民中の構成比でも大きなものとなる（Boyd 2014）。第二に，ポイント制により入国しても，必ずしも高度技能職に就けるとは限らず，失業状態や低技能職に甘んじたりすることで，能力を発揮できない場合も多い（Koslowski 2014）。

　この結果として，実はポイント制をとってきた国々自体が，よりデマンド主導のシステムへの転換を図りつつある。第 3 章のオーストラリアの新政策，スキルセレクトの事例が示すように，ポイント制自体を再編し，雇用者によるニーズをデータベース化して，それにもとづいて受入を決定する混合的な形態が拡大しつつある。この結果として点数指標で入国決定する "skilled independent" の比重は傾向的に低下していた。さらに，ポイント制の理念型ともいえるカナダの場合も，2008 年にすでに①雇用先があるもの，②カナダでの就労経験があるもの，を優先する「事前スクリーニング制度」を導入したうえで，ポイント制度でふるいにかけるというデマンド優位のシステムに変貌した。それは「移住 1 日目から経済に貢献できる技能移民を素早く受入れる即時性と競争力のある移民システム」の構築を目指すものだった（大岡 2012）。こうして，いまやサプライ主導かデマンド主導かの二項対立を超えて，2 つの類型の混合が確実に進行しつつあることがみて取れる。

　これは，制度それ自体の形式合理性と国家主権の優位性の点でいえば明確に優位にあると思えるポイント制度も，その埋め込まれたより広い構造的文脈の中では必ずしも最適のシステムとして機能するとは限らないことを意味する。1980 年代から 1990 年代にかけて資本主義は著しい変貌を遂げ，各企業レベルで需要の変動に対して即応するフレキシブルな生産体制が形成され，雇用に関しても相対的に安定していた戦後の正規雇用体制（典型雇用）から，労働力の総量自体のフレキシビリティ（柔軟性）を高める雇用システムへと再編されてきたことはよく知られている（小井土 2002a；梶田他 2005）。日本語でいう非正規労働者を多く組み込んだこの新たなる雇用システムは，デマンド主導の労働力の調整といえるだろう。この構造変動の中で，ポイント制自体が実は大きな

変貌を遂げ，合衆国型の雇用者のデマンド主導のシステムに接近してきたといえる。

H-1B に代表される短期滞在型の受入システムが，長期型の EB に比してその規模を急激に拡大させていったのは，この構造変動の文脈の中であった。なかでも合衆国で H-1B Premium と呼ばれるわずか数週間の審査で受入許可が期待できるカテゴリーが新設されたのは，このことを端的に示す。さらに，超国家企業の企業内配置転換 L や傑出した能力の短期滞在 O といったカテゴリーにより短期滞在の技能労働者が急増し大きな比重を占めるようになっている。この煩瑣なゲートの増殖はポイント制の形式整合性に比べて劣っているようにみえながら，実は多様な雇用主のもとめる時間的スパンや雇用形態に対応した発達の結果であり，新自由主義時代の「雇用主主権」の現れともいえる。

このように，フレキシビリティを重視する傾向は，必然的に雇用者が「雇いたいときに調達できる」短期ビザ形式の利用を拡大させたが，同時にこれ自体を，次の段階としての永住者選抜に向けた国内プールとして扱うという戦略を拡大する。H-1B は一度の更新を経て最大 6 年だが，その期間内にスポンサーさえいれば永住への道が開ける。また，カナダの場合は，2008 年に「カナダ経験クラス（Canadian Experience Class）」というプログラムが導入され，2 年以上のフルタイム就労経験をもつものやカナダでの 2 年以上の高等教育プログラム終了に加えて 1 年の就労経験をもつものがポイント制の外側で永住許可の対象とされるようになり，その間の移動が促進された（大岡 2012）。

すなわち序章に示した重層的選別の同心円図の中で，第 3 層「短期合法」の諸カテゴリーから第 2 層「合法定住／永住」の階層への移行のための選別が徐々に制度化し，重要なルートとなっていく。このような傾向は，一方で需要の減退や能力的な不適合の場合にいつでも処分できるフレキシビリティの確保の戦略であると同時に，フォーマルな学位・資格よりも国内での経験を通じての能力の検証による選別という実践をより制度化し拡大するものであった。

2) ヨーロッパ国民国家型への選別論理の浸透

移民国家である自己イメージを頑なに否定してきたドイツは，まさにドラス

ティックに 2007 年以降その政策を転換し，積極的な受入を資格要件と就労経験にもとづいて開始した。注目すべきは，ポイント制の導入には挫折しながらも，資格・能力基準によってきわめて積極的に採用を行いうるゲートを整備してきたことである。具体的には，まず国内大学卒の留学生が卒業後，滞在したまま就労への道を開かれ，先に述べた短期合法から長期合法へのルートが形成されていく。さらに，第三国の大学卒業者の受入の門戸も大きく開かれ，加えてその後わずか 1 年 9 カ月で永住権の承認が認められうるという，移民国家合衆国においてすら想像できない加速度的な権利付与が制度化されつつある。

これに対してサルコジ (N. Sarkozy) 政権下のフランスのシステムの場合は，移民選択における国家主権の確立を唱えながらも，ポイント制的な供給主導ではなかった。国家が労働市場の需要を部門・地域別に把握したうえでそれに見合った労働力の導入を図るのである。「能力と才能」というカテゴリーですらも，あくまでも領域の特定化にもとづくものであり，これと特定出身国とを結びつけることで国家が水路づけの機能を主導するものと特徴づけることができる。

ここから浮かび上がってくるのは，労働市場の需要にできるだけ即応しようとするという一般的傾向が貫かれながらも，その選別のメカニズム形成が，国家の歴史的構造条件（特に国家と市場アクターの関係）に大きく規定され，多様に分岐するということだろう。例えば，ドイツ国家は労働市場の保護者（管理者）から，国家機構そのものが積極的な宣伝を通じて EU 新規加盟地域，EU 外での技能労働力の調達に直接関与する主体へと変質してきている。ここからは，積極的能力主義的選別では供給主導・需要主導が単に混合化するだけではなく，さらにその中での国家の媒介形式自体が多元化していることがわかる。

そこには国家‐市場の歴史的関係に加えて，移民国家としての歴史的経験の長さとグローバル経済における位置の差があるだろう。古典的移民国家群がすでに高度技能移民のフローを支える越境的社会ネットワークを構造的に発展させてきているのに対し（小井土 2005，本書第 1 章），ドイツ，フランスともこれに匹敵する構造をもち得ていない。このことが，特に EU 経済の基軸でありながら技能労働力不足に悩むドイツ国家をしてプロモーターへと変貌させること

になっていると考えられるだろう。

3) 地域統合という新たな選別のフレームワークとその潜在的機能

　見過ごされがちだが，特に高度技能移民に関してはEU統合それ自体が自動的に大きな供給メカニズムとして作用している。例えば，イギリスでは国籍別の序列化に代わって，自国民，EU市民（旧加盟国），新EU市民（新加盟国），EU域外出身者という序列化が正当性をもって構築可能となっていた。その機能は，単なる労働力プールの確保ではなく，人種主義的な選別の色彩をもつ「出身国別割当制」を回避しながら，同化可能性を意識した序列化した選別を可能にする仕掛けとして作用する。イギリスはこの構造の恩恵を受けてきたが，2016年にEU離脱を選択した。今後は多数のEU市民の高度技能者を有利に活用することが困難になり，これに依存してきた研究機関・企業が大きな試練に直面することになるだろう。

　これに対して，ドイツはこのような構造を積極的に活用しつづけ，特に東欧の新規加盟国にも積極的な勧誘を続けている。そこには，実際のところ自由移動が域内の不均等構造を利用したEU中核諸国への労働力供給のメカニズムであることが表れている。

　この水平的な労働力移動という理念は，2008年からのEU経済危機の中でさらに大きく現実から乖離してきている。すなわち，スペインにおいては若年失業率は50％にも達し，高等教育を受けた若者にとって，ドイツを中心とする北西ヨーロッパにおける専門職ポジションへの就職は最も魅力的な選択となった。スペインのメディアは，メルケル（A. Merkel）政権と結びついたトロイカ体制（EU，ヨーロッパ中央銀行，IMFの三者）が課す債務返済体制の圧力が，ドイツにスペインの才能ある若者を吸収し続ける仕掛けとなっていることを皮肉る，さまざまなカリカチュアを多数流した。そのドイツへのスペイン移民は，ドイツ側の統計によれば2008年に約1万人だったものが2012年には約3万人となり3倍増しているが，現スペイン政権はこの数値を公表しようとしない（González-Ferrer 2013）。

　EUのブルーカードは，このような域内の不均等な重層的構造をさらに裾野

を広げ補完する機能をもつともいえるだろう。この結果，2013 年度ブルーカードによる EU 全体の受入数 13,700 人のうちドイツが 12,000 人を吸収するという「ドイツ一極集中」の状態が生じ，ブルーカードもまた新しいスケールでの多重的選別のメカニズムの一環をなしているとみなすことができる。

2 選別的包摂と排除の重層構造

　従来の「選択的な移民政策」研究の対象は，これまで検討した積極的包摂の諸政策にとどまってきた。しかし，本書はその外側に広がる特有の選別的な包摂と排除の両面に光をあて，それを解明する努力をおこなった。これらの分析を，序章で提示した重層的移民選別メカニズムのモデルを活用し，相互に関連付けて検討していこう。

1)〈排除の中からの包摂〉政策

　新自由主義的傾向のもとでの需要主導の政策下で，かつて明確に分離された国内短期滞在就労者や留学生たちは，いまや選別の優先的な対象となるストックとして登場してきた。だが，国内の，技能を身につけたストックはこれだけではなかった。国内に滞留し増加してきた「非合法」と呼ばれる人々も，またその潜在候補となり始める。

　第 1・2 章が注目したように，2012 年以来合衆国では DACA という特別行政措置をオバマ (B. Obama) 政権が実施し，その数は実に現時点で 73 万人に上る (Hipsman et al. 2016)。この措置は，共和党保守派との決着のつかない移民改革論争の中で，「非合法」人口ストックの中から高学歴（およびその候補）層に限定して国内労働市場へと選別的に包摂する政策と規定できるだろう。だが，彼らは単に学歴，資格という人的資本をもつだけではなく，さらに英語力，合衆国社会への適応，地域の労働現場での経験によるテスト済み労働力という価値をもっている。すなわちカナダ風にいえば「1 日目から経済に貢献できる」労働力であるからだ。さらに 15 歳までに入国とは，人権上の条件であるかに

みえて同時に彼らの適応力や潜在的可塑性として有効という指標でもある。

　これときわめて類似する例としては，庇護申請不許可者のうち滞在を許容されたもの「滞在許容（ドゥルドゥンク）」のうちから，ドイツ政府が高等教育や国内での就労経験のあるものを選び合法的就労権を与えるプロセスがある。さらに，フランスにおける国外から技能者を選別的に招くための2008年の職種リストなどが，そのまま正規化における選別の根拠とされ2008～10年に正規化のキャンペーンが行われたことは（第6章），もはや国内ストックとして合法／非合法の境界すら超えて選別的メカニズムが作用する場合もあることを意味する。

　スペインの例はこの文脈でさらに興味深い。スペインにおける合法的な移民受入の「一般レジーム」における受入枠は労働市場における不足職種のクォータによるもので，これと特定国を結びつけるというフランスに類似したものであった。問題はこの合法的受入枠が，実際の政策当局の運営では国内での「非合法」ストックの合法化のルートとなってきたことである。同時にこのルートでは，1年後に合計6カ月以上就労していない場合は再び非正規に転落することになる。ここでは，まさに露骨に需要主導で，選別的に正規化＝包摂されるだけでなく，「再非正規化」＝排除が行われるのである。この両義的な境界維持的メカニズムもまた，その国で就労したテスト済みの労働者が選好されるという点では他の事例と共通する。

2）〈選択の中からの排除〉のシステム化の進行

　一方で，能力主義原則で包摂された移民を，排除の対象とする政策も展開している。その典型は，合衆国における学生ビザ政策であろう。9.11同時多発テロ事件の実行犯は，学生ビザを取得し，これを使った航空訓練により世界貿易センターへの攻撃に成功した。このあまりにも皮肉な事実は，合衆国政府に「留学生」を潜在的高度技能移民と単純に捉える方針を転換させ，「留学生・交換研究者」に潜在的なテロリストを含む高リスク・グループがいるという認識にもとづく管理システムを構築させた。SEVIS（Student and Exchange Visitor Information System）は，電子化した登録システムをいちはやく構築させ，留学生

の出入国と国内での動きが常時追跡可能になった。これは，デジタル技術を駆使した移民のフローそれ自体の管理であり，結果として入口での排除だけではなく，空港や長距離列車などでのパスポート提示，定期的な所在報告を要求することで，その移動を個体レベルで追尾し，排除を可能にするシステムが形成されたことを意味した。このような元来好ましいとされる流れの管理に関しても，新たな厳格な流れの管理のシステムが形成されてきたのである。

2008年に日本は「留学生30万人計画」を発表しその拡大を将来の人口政策的な柱のひとつにしようとしてきた。これと並行して2012年に導入されたICチップ内蔵型の在留登録カードは，このような移動し続ける人間の個体管理の日本での本格的な実施を意味する。鈴木が指摘するようにこのシステムを用いて，留学生に関する管理が従来にないほど厳格化している。大学での在留登録カードを用いた出席や所在確認の管理も浸透し，大学自体が移民行政の一環を担うことが求められつつあり，これを怠れば学生は排除の対象となりうる（第12章）。

3）排除の重層化──周縁化したストックからのさらなる排除

排除されてきた国内人口の一部が選別的に包摂されることは，同時にその反面として他の大部分が排除され続けることを意味する。しかし，それは彼らが単なる残余として滞留し続けることを意味するのではない。一方での包摂は，他方での厳しい排除をしばしば伴う。

例えばDACAを実施したオバマ政権は，それに先行して一連の規制強化を実施した。ブッシュ（G. W. Bush）政権期に新設された「移民・関税取締局」を利用し，非正規移民の排除，送還の一大キャンペーンを開始した。不況下で政権の座についたオバマは規制強化を通じて政権の正統性を確保したうえで，正規化を目指したのだった。この際，彼がターゲットにしたのが犯罪移民（Criminal Immigrants）であった。だが，その内実はオバマが主張するような重罪人（felon）とはとてもいえないものが多く，交通違反，経済犯罪の嫌疑に加え，1996年「非合法移民改革法」により重罪と定義された移民法自体への違反を含むものであった（第2章）。この「重罪人」というカテゴリー自体が制

度的基準の恣意的組み合わせによって構成されたものであって,必ずしも現実の移民の犯罪性を意味しているのではなかった。

　移民の一部を犯罪者視し,あるいはテロリスト予備軍とみなすという戦略は,合衆国を超えてフランスのサルコジ政権,イタリアのベルルスコーニ (S. Berlusconi) 政権などで展開されてきた(森,ルバイ編 2014)。このような「移民の犯罪者化 (criminalization of immigrants)」の一連の言説戦略は,一見すると「傑出した才能」,「特別な技能」といったうたい文句の諸政策とは縁もゆかりもないようにも思える。しかし,このような二極化したシンボリックな表現こそが,両者を厳然と分類する境界の構築機能をもっていたのである。

4) 生み出される「境界線上の人々」

　だが,このような境界線の設定は直線的に貫徹していくのでは決してない。境界線を引き,選別を明確に行いえないきわめて曖昧なカテゴリーの人々がさまざまな国で増大している。

　まず,合衆国における「強制送還可能な外国人 (deportable alien)」である。それは,難民申請をしながら認められず,かつ強制送還を実際に行えば母国において現実に迫害のリスクが高い人々であり,公式的には「非合法」移民でありながら積極的には排除されていない人々である。例えば,中米のグアテマラのような親米的な非民主主義国家の場合,難民認定の対象から排除されてしまう。だが送還すれば高い迫害のリスクをもっていることは認識され,その所在を把握しながらも国内に放置されてきた。合衆国がこの危険が一時的に存在することを公式に認めた場合は,「一時保護身分 (temporally protected status)」として,時限的に送還されないことが保障され,滞在・就労が認められる。また,第7・8章が取り上げたように,ドイツでは,難民申請自体は母国の状況に関しての審査などで却下されながら,やはり強制的な排除の対象とはなりえず,地域社会の中で「滞在許容(ドゥルドゥンク)」というカテゴリーが拡大してきた。このカテゴリーの教育・就労能力条件を満たす一部のみが第1項で議論したように,積極的に活用される。

　一方,日本においては「不法滞在者半減計画」が実施される中で多くの非正

規滞在者が検挙され収容されていったが（第12章），収容施設から「仮放免」され，その滞在を把握されながらも居住・生活を事実上容認されている人々がいる。彼ら「仮放免者」は，定期的に出頭を求められ住所等を把握され，「自発的な帰国」への圧力をかけられながら，時として在留特別許可が下りるという未決定状態の中に生き続けることを余儀なくされている。

　以上のような奇妙で中途半端な名称の諸カテゴリーが，およそ歴史的条件の異なる諸国家で形成されてきたことの意味するものは何か。それは，友好国への外交上の配慮や難民ストックを抑制する必要からいって難民としては受け入れないという主権国家の利害と，同時にそれが人権侵害を引き起こすリスクをもつことの認識，この２つの間の強い葛藤の中で国家が事実上「『決定不能』という決定」を下したことの表現とみることができるだろう。

5）さまざまなる「例外空間」

　選別メカニズムのシステム化，精緻化と能動的な排除戦略は，必然的に非正規ストックの中でもさらに排除された層を拡大した。この結果，まずはさまざまな国の内部で大きな収容施設が形成されてきた。特に合衆国では，ブッシュ政権期に加速度的に収容施設が各地で拡大し，その内部にいったん送り込まれると，居住地の近隣の施設に留められるとは限らず，頻繁に施設間を移動させられ，特定個人の居所を知ることは難しくなる。刑務所のような接見や弁護士による支援が保障されないことで（市民ではないため），実はより特殊な空間となり，国内的な「例外状態」（Agamben 2003）をなしている。

　元来市民ではない移民たちは国家と対峙するとき，きわめて脆弱な立場に立つ。このことは，「本土」とはいえない場所に施設が置かれることで，極大化することになる。第３章が指摘したパシフィック・ソリューションにおいては，海上監視によって拘束された「非正規」移民を，ナウル，パプアニューギニア政府との交渉によって建設した主権・領土の範囲外の地域に収容する戦略を展開した。

　目的を異にするが，ブッシュ政権が（合衆国が革命以前よりキューバから租借している）グアンタナモ湾基地に建設した，テロリスト容疑者とした人々を収

容するための施設にきわめて類似した構造となる。領土ではないが，だからこそむしろ無制約的に国家の主権が行使されることによって，弁護士・人権団体の接近を拒絶して，法的に許されない過酷な尋問や理由開示のない長期の拘束が行われてきたことはよく知られている。EU 南部共通国境の防衛という圧力を受け続けるスペインの場合は，より複雑である。スペインのアフリカ側飛び地であるセウタとメリーリャにある移民収容施設は意外に開放的なものであった。だが，それは，この 2 つの飛び地が EU 域でありながらシェンゲン域外にあるという両義的な存在であるため，施設は開放的でありながら飛び地自体が移民たちには例外空間として彼らの移動を制約するものとして機能するという仕掛けであった。いわば 2 つの超国家的な境界線の微妙なズレが作る例外状態を活用したものであった。

　これらの例からみえてくるのは，主権国家が現代の移民を排除するのに，国民国家の通常の処分手段で処理しきれず，特に領土の外側にはみ出すことによってさまざまな形で例外空間を構成しようとする姿だった。領土外にある飛び地，租借地などの影響圏は，逆説的にも，市民社会の視線と影響力から自由であり，国家主権が無制約的，恣意的に行使できるむき出しの主権行使の例外空間なのであった。

6) 境界管理のリモート・コントロール化

　国民国家の社会的境界線が重層化してきたことは繰り返し指摘してきたが，いまや物理的境界すらひとつの線ではなく，多重的なものになっており，移民選別機能もそれに伴い空間的に多層的に配置されている。

　この最もフォーマルな形態は，EU 共通外部国境管理であり，いまやフロンテクスという具体的な調整組織もできあがり，そのもとで統合システムによるリスク分析だけではなく難民危機などに対しての緊急合同作戦も展開されてきた。2016 年には，この作戦実行部隊を，たんに状況に応じて各国部隊を編成するのではなく，常設の「欧州海上・国境警備隊（European Coastal and Border Guard）」を創設し大量の侵入などへの事態に備えることが決定した。フロンテクスはその中に組み込まれ，分析と調整の装置へと変貌しようとしている。そ

れはEUの準国家化を意味すると同時に加盟国にとっては，EU国境を明確に自分たちの国境として統制可能なものとするための第一歩であった。

　だがそれだけではない。EU加盟国はこのように徐々に集権化されつつある組織によってのみ自らの境界を維持することを目指すのではなく，さまざまな二国間協定，多国間協定のパッチワークによりそれを達成しようとしてきた。例えば，フランス，スペインなどヨーロッパ各国は，共同開発などの一連の協定を西アフリカ諸国と結び，これらの国からの，あるいはさらに南のアフリカ諸国からの移民の移動と通過を抑制させる政策をとってきた。カナリア諸島への大量の漂着に対し最大の抑止効果をもったのはフロンテクスの海上監視システムの発展以上に，この開発援助などと引き換えに移民・難民の北上の抑止政策をとる方向に舵を切らせたことである（園部 2008）。

　また，国境管理をつかさどるドイツ連邦警察は，多数の潜在的送出国・中継国との連携のための係官をトルコ，レバノン，チュニジア，エジプトといった各国に配置し，国境管理の技術を移植しかつそこでの移動の傾向の分析に努めた。さらに出国書類のシステム化のために域外の20カ国に専門係官を配置している。

　以上からみえるのは，一方では超国家統合を深化させ疑似国家EUとして外部国境管理を推し進め，他方では国家あるいは国家群として多種多様なバーゲニング・チップを駆使し，さまざまな交渉を通じて移民の排除を行うといった形で，いまや現代国家が集権型と多元的交渉型という国家を超えた規模での権力行使の2つのメカニズムを形成してきていることである。

おわりに

　これまでの議論を序章で提示したトマス・ハンマー（T. Hammer）の市民権モデルを再度拡張した重層的な選別的移民政策の同心円モデル（図序-1）を応用して整理してみよう。表終-1は，各層の境界を縦軸においたうえで，各国を横軸にクロスさせた表に，これまで論じてきた各国の選別的移民政策の諸側

表終-1　選別的移民政策の国際比較対照表

制度別境界 \ 国家・地域	合衆国	オーストラリア	EU	イギリス	フランス	ドイツ	スペイン	韓国	日本
市民権	●博士号取得者などの市民権承認の加速化		●EU市民の自由移動と平等な就労	●市民権獲得のための試験（2005年）	●ブルーカード指令の国内法化・帰化の抑制政策	●EU市民の高度技能移住者の入国	●自国民高度技能層の海外流出・ラテンアメリカからの帰化の急増	●自国民高度技能キャリアの海外流出、高度人材に対する重国籍の許容	
長期合法移民	●雇用基準EB（需要主導の手続きの運営円滑化）、EB-5（企業家）ビザ拡大・グリーンカード（移行可能化）	●ポイント制независ independent 減少・需要主導SkillSelect		●ポイント制導入（2006年）・4レベル「実質的入国者数の削減」・公約のための抑制	●家族再会プロセスの配偶者など（権利に基づく「移民」の期間）・「能力と才能に基づく「企業内転勤給与取得者の優遇」	●急速な永住権承認（最短21カ月）		●高度人材ポイント制導入、高度人材に対する永住許可要件の緩和
短期合法移民	●H-1B（1990〜）大幅拡大・短期滞在のカテゴリーの多様化・L（企業派遣）O, F, J（留学）	●457ビザ・RSMS・労働協定・季節労働者導入	●ブルーカード指令による域外からの就労の促進		●「労働不足職種リスト」の導入・10年滞在による非正規滞在者の正規化中止、「愛で「受入と統合契約」署名の義務化	●地方の大学・学部以上・留学学位取得	●ラテンアメリカからの移民への緩い規制・ビザクォーター側による実質的正規化	●非熟練労働者を対象とする雇用許可制の導入・コリア系在外同胞就業を目的とする訪問就業査証政策の展開	●「縁」の管理の構築、留学生の在留管理強化、在留資格の活用、在留特区に関する、保守/在留者に対し護施設「（仮）の制度設計検討、在留特別許可の要件緩和（長期在留5年）など
部分正規化	●DACA	●TPV							
非正規移民	●内部検挙・大量送還・送還可能移民		●複数の加盟国参加によるチャーター機での共同送還	●敵対的環境の創設、強制的対応の拡大	●チャーター機による強制送還		●不安定雇用への非正規化	●非正規滞在者への流出が多かった国で研修生制度の廃止	●非正規滞在者（約30万から7万人へ）、チャーター機による集団強制送還 ● 「仮放免」者
国境・域外国境	●T.P.S.（一時保護）・国境の軍事化強化・建設、閉じた空間としての壁（Smart Border）	●BVE・No Advantage・国境強化策	●フロンテックス（09年）、欧州国境沿岸警備隊創設（2016年）	●Brexitによる境界の再設定	●待機ゾーンの設定・非正規外国人援助の犯罪化	●連邦警察による国支援	●フロンテックスと海外による海上監視強化		
例外空間としての収容施設（領土内・外）	●収容施設の激増と運営、閉じた空間での人権保障と管理主義、国境外収容施設	●コミュニティ拘留観察策、バシフィック・ソリューション（海外収容施設ナウル等）	●イタリア・ギリシャの主要施設へのEUの関与の強化				●セウタ、メリリャの共同による海上監視施設・モーリタニアの収容施設		●入管収容施設における人権問題
国境外・共通国境域外	●強制送還の激増とその結果としての送出国での規範化		●ウクライナ・トルコと交渉、西アフリカ諸国との共同開発協定	●Brexitによる境界再設定	●西アフリカ諸国との共同開発、移民抑止		●モロッコとの交渉、西アフリカとの共同開発	●雇用許可制による送出国との二国間協定による移動管理	●企業の海外進出二部門での雇用就労

面を配置した図である。

　このように整理して各国の政策を改めて横断的にみるとき，まず，第一に各層での接近が確認できる。歴史的に形成されてきた固有の移民政策や市民権のレジームにもかかわらず，各層の選別メカニズムには共通項が増大している。

　この背景には何があるのだろうか。序章では，1990年代以降のIT部門における技術的グローバル・スタンダードなどの共通する基礎条件と，そのうえで市場開放を前提としたグローバル市場での国家間の競争が背景をなすことを指摘した。この競争プロセスの中で重要なのは，競争の中での国家間の政策の相互学習や制度移転という要素である。移民政策は元来，国民国家の固有の自己規定によって独自の構造化を遂げてきた側面が強い。しかし，1990年代に顕著になってきたのは，明示的な他の国家の政策・戦略の学習と応用である。その典型は，いうまでもなく各国による成功例とみられた合衆国短期のH-1Bの模倣だろう。一時期のドイツのグリーンカードとEUの2009年のブルーカードは名称からして合衆国を意識している。同様に，ポイント・システムは，カナダ・オーストラリアのような移民国を超えてイギリス，日本へと導入され，さらには移民国家の代表としての自負をもつ合衆国で真剣に検討され始めている。

　このような制度移転は，排除戦略でも進展しているのは明白である。スペイン領飛び地の防御システムは明確に合衆国－メキシコ国境の壁やフェンス網を雛形として発展させている。いまやドイツは積極的に自らのノウハウを多様な国と地域に移植している。

　このような個々の政策レベルの共通傾向だけに注目するのは不十分だろう。より重要なのは，政策の重層構造を貫いて作用する国家の機能のあり方の収斂であろう。それは，移民行政全般の集権化というべき統治様式の接近である。だがそれは，ピラミッド構造をもった大規模官僚組織の形成を必ずしも意味しない。固定的な領土の国境の出入国管理を厳重に行うといった機能を超えて，移動し続ける主体を個人レベルで確実に把握し，追尾しうるテクノロジーを駆使したシステムが構築され，個人情報が集中的に管理される。

　ミシェル・フーコーは流動性を増大させ続ける近代の人口を把握するために，個々の固定的制度を超えて生み出された動的な権力テクノロジーを「統治性」

と呼んだが (Foucault 2004: 145-146), 21世紀初頭それははるかに流動化している人間の移動を正確に同定し，確実に追跡することが可能な段階に達した。このようなテクノロジーこそ選別政策の包摂と排除の二面的な展開を同時に可能にしてきた。すなわち，デジタル技術の発展により，ICチップの中に生体認証情報（指紋，虹彩，顔）を他の個人情報とともに内蔵させ携帯できるようにするとともに，巨大なデータベースに保存しこれを引き出すことが可能になった。このようなデータの入国時の提供と確認の義務化は，「テロとの戦争」の名のもとに，大規模に世界的な人の移動を個体レベルで追跡すること（traceability）を可能にしただけではなかった。この同じ技術こそ，需要に応じて，急速に大量の人々を選別して滞在就労を許可するシステムを実現させるものだった。それは，同時にその国内や統合域での長距離移動を把握し続けることで，排除することをも可能にするものであった。

　だがこのようなシステムは単に相互の模倣や学習によってのみ浸透するのではない。すなわち，この高度にデジタル化したIDシステムによる出入国および滞在の管理システムは，国内の分散的な管理システムを統合するだけではなく，国家間のシステムの互換性を必然的に要求する。移民管理のグローバルなインフラの形成は大きな政策の接近の基盤となってきたといえるだろう。

　だが，このように移動する主体を選別・把握し追尾しうる動的な統治テクノロジーが浸透するなかで，諸国家は新たな矛盾に直面している。すなわち，新自由主義的な移民政策の基礎的論理は，最適の技能をもった移民労働力を必要な時に必要量調達することのはずだった。それはいいかえれば移民労働者の定住性を最小限に抑えることである。だが，適切な技能をもつ労働者を確保するためには，ジレンマが深刻になっている。

　第一に，諸国家・諸地域間の競争の中で，高度移民は，単なる物質的な報酬ではなく，国家が提供できる最も魅力的な財としての長期滞在権，市民権へのアクセスを緩和することを求める（Shachar 2011）。このことは，国家間に「才能と市民権の交換」というべき競争を生み出しており，それは本来の労働力の商品化という新自由主義的な労働市場の論理とは大きく乖離し，デマンド主導の選別が一面的に貫徹することを困難にしている。

第二に，真に適合的な技能労働力の育成と選別を行うには一定期間の滞在は不可避であり，入国前の学歴・資格等の要件による事前選抜や滞在期間最小化といった政策には常に限界がある。ここに滞在期間の段階的な長期化への絶えざる圧力があり，その結果としての定住化の傾向は排除できない。例えば，一方でデマンドに忠実に短期的に活用することを H, L, O 等のビザの巧妙な使用で追求する合衆国でも，同時に国内で教育を受けた正規・非正規の外国出身者を活用することに注目するのはこの端的な表れだろう。

　この矛盾は，あくまでも「外国人労働力」の導入だとしながら，すでに選別的移民政策を実質的に導入している日本において特に深刻だといえよう。例えば研修生，技能実習生というゲートでの受入が，雇用者側の強い要求により，かつての最大 3 年が 2016 年 11 月の改正で 5 年に延長された。この改定は，単に 2 年の追加では済まされない，「短期」と規定される「外国人労働者受入」システムの性格の基本的な転換をなし崩し的に生み始めるものである。それは，定住型の候補を作り出すための「短期」プールに変貌する可能性が強い。

　さらに，高度技能移民については，第 11 章が示したように，国内開発現場においては期待された波及効果をいまだもっていない。その理由は，大石が示したように (Oishi 2012)，単なる入管政策では解決できない，定住者としての将来展望をもちえないというより社会的な環境の影響がある。「移民」という概念自体を政策アジェンダにおいて排除し，移民の包括的な受入政策，そして反差別と共生政策を設計できない状況下では，「才能と市民権の交換」の条件をめぐるグローバル競争のスタートラインにすら立ちえないのが現実だろう。

　本書の目指したのは，このような現状を超えるための個別的な政策メニューの提示ではなく，混迷する現状に対して，読者に選別的移民政策のグローバルな展開の存立構造を示し，大きな鳥瞰図と比較考察の視点を提供することであった。

　低出生率による生産年齢人口と労働力の減少の中で，日本の移民政策あるいはその欠如は構造的に転換を迫られている。その政策構想の基本的前提は，多様な受入国の政策とその帰結の正確な理解のはずである。だが，日本における移民政策論は，揺れ動く経済状況に影響されその関心度自体が変化することに

より，論争自体の持続的蓄積と発展自体が不十分なものとなる傾向がある。このため，日本における政策「論争」一般にも通じるが，限られた専門家を除いて，以前の議論の到達点が必ずしも共有された前提とはなってこなかった。この結果，世界的な移民政策の実像の冷静な把握すらしばしばなおざりにされ，とうに過ぎ去った段階の政策がいまだに参照事例とされる。また現代の政策への正確な理解を欠いたまま，その導入が唱えられる傾向がある。

　本書は，このような論争の基礎的前提を制約する問題点を乗り越えるために，海外の理想化されがちな政策モデルや浸透しつつある政策ツールを，その形成の社会的文脈と実際の社会的作用に即して詳細に検討を行った。それにより，安易な制度移転の解毒剤となり，また新たな政策論争のための土台作りとなることを目指した。移民政策は常にイデオロギー的な枠組みと利害集団の影響を強く受ける領域でもある。多様な対象と日々変わる政策の実状のため，いまだに大きな分析課題を多数抱えているものの，本書が真摯な議論に示唆を与える準拠点となることを編者として願ってやまない。

［参考文献］

大岡栄美（2012）「カナダにおける移民政策の再構築——選ばれる移住先を目指すコスト削減とリスク管理」『移民政策研究』第4巻第4号

梶田孝道・丹野清人・樋口直人（2005）『顔の見えない定住化——日系ブラジル人と国家・市場・移民ネットワーク』名古屋大学出版会

小井土彰宏（2002a）「産業再編成と労働力市場の国際化——越境的労働力利用の双方向的発展と多元化」小倉充夫・加納弘勝編『講座社会学16 国際社会』東京大学出版会

——（2002b）「NAFTA圏と国民国家のバウンダリー——経済統合の中での境界の再編成」梶田孝道・小倉充夫編『講座国際社会3 国民国家はどう変わるか』東京大学出版会

——（2005）「グローバル化と越境的社会空間の編成——移民研究におけるトランスナショナル視角の諸問題」『社会学評論』第222号

園部裕子（2008）「アフリカの移民『志願者』による越境とEUの共通移民政策——スペイン領セウタ，メリリャ，カナリア諸島をめぐる攻防」『香川大学経済論叢』第81巻第4号

森千香子，エレン・ルバイ編（2014）『国境政策のパラドクス』勁草書房

Agamben, Georgio (2003) *Stato di eccezione* (G. アガンベン『例外状態』上村忠男他訳，未来社，2007年).

Boyd, M. (2014) "Recruiting High Skill Labor in North America: Policies, Outcomes, and

Futures," *International Migration*, Vol. 52, No. 3.
Cornelius, W. et al. (1995) *Controlling Immigration : A Global Perspective*, Stanford University Press.
Foucault, M. (2004) *Secutrite, Territoire, Population*, Seuil et Gallimart (M. フーコー『安全・領土・人口——コレージュ・ド・フランス講義 1977-1978 年』高桑和巳訳［ミシェル・フーコー講義集成 7］筑摩書房，2007 年).
Godenau, Dirk (2012) "An Institutional Approach to Bordering in Islands : The Canary Islands on the African European Migration Routes," *Island Studies Journal*, Vol. 7, No. 1.
González-Ferrer, Amparo (2013) "La nueva emigración espanõla : Lo que sabemos y lo que no," *Zoompolitico*, Labovatorio de Alternativas, No. 18.
Hispan, F. et al. (2016) "DACA at Four : Participation in the Deferred Action Program and Impacts on Recipients," MPI, *Issue Brief*, August.
Joppke, C. (2005) *Selecting by Origins : Ethnic Migration in Liberal States*, Harvard University Press.
Koslowski, Rey (2014) "Selective Migration Policy Models and Changing Realities of Implementation," *International Migration*, Vol. 52, No. 3.
Oishi, Nana (2012) "The Limits of Immigration Policies : The Challenges of Highly Skilled Migration in Japan," *American Behavioral Scientists*, April.
Papademetriou, D. and M. Sumption (2011) "Rethinking Points Systems and Employer- Selected Immigration," Migration Policy Institute, Project Report.
Shachar, Ayelet (2011) "Picking Winners : Olympic Citizenship and the Global Race for Talent," *Yale Law Journal*, Vol. 120.

あとがき

　顧みれば，本書が主に執筆・編集されてきた2016年は移民・難民政策の大きな転換点となる1年となった。それは，前年9月のメルケル声明が示したEUによる大量の難民受入に対する，年初よりの大衆的反発と右派政権や極右の台頭に始まり，6月のイギリスでの移民・難民の流入阻止をひとつの口実としたEU離脱（Brexit）国民投票の可決，そして大統領選挙で移民を阻止する「壁」建設を訴えたトランプの激戦の末の勝利で終わった。これら一見すると奇怪な政治的演劇の段階の後に何がくるのだろうか。残念ながら，この耳目を集める諸変動に関して，本書の中で詳細な検討をすることは時期的に不可能であった。そこで，エピローグとして，編者の元来の専門領域であり，また世界的な波及効果が大きく日本でも関心の高い今後の合衆国の移民政策に関して，現時点で可能な検討をすることで，世界的な移民政策の展開の規定要因を考え，これからの展望の一端を示したい。

　2017年1月，激しい選挙戦後の分断を乗り越えるためのメッセージが微塵もない，異様な就任式でトランプ政権は船出した。矢継ぎ早に署名される大統領令の中でも，①メキシコ国境の壁建設と5,000人の国境警備隊の増員，②イラン・イラクなど7カ国からの90日間入国暫定禁止と難民受入の120日停止を命じたことの衝撃度は大きい。このうち，壁に関しては，皮肉にも実はヒラリー・クリントン候補との関連でトランプがあれほど批判したビル・クリントン政権の20年前の政策の焼き直しに過ぎない。かつて筆者が分析してみせたように，それはメディアの関心をあつめるシンボリックな境界の再設定に過ぎなかった（拙稿「NAFTA圏と国民国家のバウンダリー」梶田孝道・小倉充夫編『講座国際社会3 国民国家はどう変わるか』東京大学出版会，2002年を参照）。この過去の経験から予想されるのは，あくまでも彼の支持者を一時的に満足させるための象徴的な建設努力となる可能性が高い。すでに重要通過地点にはすべて壁が構築され，その費用対効果はきわめて低いことは疑いようがない。

より甚大な影響が明らかなのは第二の入国停止措置である。それへの激しい社会的反発は2つに分けることができるであろう。第一は，空港や街頭での大衆行動が示す移民団体・人権諸団体やSNSを媒介にした自発的に集まった若者の激しい運動である。そこには過去20年以上にわたり横断的に組織化され経験を蓄積してきた移民の権利をめぐる社会運動の姿がある。すでに就任以前から充満していた不安と懸念の中で波状に継続してきたのが，ついに怒りの発火点を超えたことを示している。なぜなら，本書が分析してきた合衆国を含む各国の政策は，人種主義的な政策の終焉を大前提とした上で，能力主義と人権を公式原則としながら，いかに選別を行うかをめぐっての論争と闘争の歴史であったからだ。各章が示したように，能力主義をタテマエにしながらも実質的に人種主義的な差別的選別は繰り返し行われてきた。だが，暫定的とはいえ，特定国からの全面入国停止は，1960年代に人種差別的として否定された国籍別クオータや白豪主義以前の移民政策への先祖返りとも思える。過去50年間の移民政策の展開からの基本的な逸脱を意味するものであり，90年代以来の移民の権利を求める運動にとってそれはオフリミッツにある政策なのである。

　より実質的な影響を与えるのは第二の反発だろう。すなわち，Facebookのザッカーバーグ，Apple，Google，MicrosoftのCEOの断固たる反対声明は，この政策が合衆国の成長エンジンであるIT企業群の利害を決定的に損なうものであることを示した。第1章で詳述したように，これら企業群にとって越境的な人間の移動と調達はその前提にあるものであった。正規・非正規の壁すら超えて高度技能移民を活用することを追求してきた彼らにとって，新政権はビジネスの論理を完全に踏みつけにする恣意的主権行使者にしかみえない。すでに就任前からくすぶっていたシリコンバレーと新大統領の対立は，NAFTA受益企業の反発以上に今後決定的に重要だろう。それは，新自由主義的なグローバル化と適合的な能力主義的移民選別という彼らの基本原則そのものへの挑戦になりかねないからである。そして，それは元来存在する共和党内の市場原理信奉者たちとの矛盾を拡大させることになるだろう。

　さらに，この騒然たる事態の中で見過ごしてはならないもうひとつの事実は，トランプがニューヨーク，ロサンゼルスなどの移民の権利擁護を行っている諸

都市への連邦補助金削減による制裁をほのめかしたことである。2001年以降，非正規移民規制の拡大の中で，これらの諸都市は連邦規制機構の方針とは距離を置いて，一斉検挙の抑制や就労の公正な機会のメカニズムの形成を目指し，移民の聖域都市（sanctuary city）とも呼ばれてきた。これへの切込みは，すなわち自らには決して投票しない地域で形成されてきた自治体レベルでの移民政策を否定することであった。これが次なる火種となることは確実だろう。そして，最後にして最大の問題は，第2章が論じた暫定的滞在就労権を得たDACA 80万人の若者たちであり，彼らは声を上げつつも，大統領令ひとつでその立場が失われ，強制送還される可能性に大きな危機感をもち続けている。国内に潜在する能力のプールである彼らへの処遇がこの政権の今後を占う決定的な一歩となるだろう。

一方での社会運動との対立，他方でのITをはじめとするグローバル企業との対立は，この旧来の共和党とも著しく異なる政権の移民政策の正統性を両側から困難にし，しばらくはきわめて不透明なものにしていくだろう。その先にあるのが何なのかは未だにみえない。だが，この政権が経済成長と雇用増大を第一とする場合に，後者との対立が永続するとは考え難い。そして，もしも一定の成長が達成される場合，地域と職種によっては深刻な人手不足が必然的に進行する。その際，白人マジョリティが好まない（例えばインフラのための土木作業），あるいは対応しきれない場合（例えばある種のIT職種）には，必然的に国内の移民に目がいくことが考えられる。その時，選択肢は彼らを脆弱な地位のまま使うか，正規化をするかのいずれかになるだろう。結果として，再び移民の選別をめぐる境界線設定のギリギリの政治的な駆け引きが，多様な利害関係者の間で進行するだろう。

ここからみえてくるのは，戦後社会で確立した政治的なコード（露骨な人種主義の拒否，排外主義の抑制）に意識的に挑戦するようなプロパガンダによるポピュリストの政治的演劇が激しく展開された後でも，現実の政策が開始される段になると，現代資本主義社会の構造が要求する選別の論理に規定され，実際の政策においては既定の論理による移民政策がシナリオの修正を含みながらも再演される可能性があるということであろう。

Brexit，ルペンの台頭，そしてポピュリスト大統領の誕生といった，新自由主義的グローバル化自体が引き起こす不確定要素は移民政策にさまざまな影響を与え続け，政策を不透明化し続けるであろう。だが同時に，これらの反動としての政治劇がしだいに冷却化するとき，本書の各章が摘出してきた多様な冷厳なメカニズムは変容しながらも作動し続けると予想できる。

　日本の現政権が「移民政策」という概念自体を拒絶し続けている現状のなかで，そのイデオロギー的皮膜の下の社会的現実では，同様の論理が確実に進行するだろう。特に，海外での移民をめぐる政治対立・社会紛争に過敏な政治社会的風土をもつ日本では，論争は整合性をもった制度形成のための冷静で徹底したものにならず，30年前の「外国人労働者受入論争」の再演としての是か非かといった二極的な構図から始まり遅々として進まない可能性がある。結果として，これまでもそうであったように他国の政策が部分的に学習され，それを統一する理念を確立することなく，一貫性を欠いたまま政策ツールの移植が繰り返される可能性が高い。そこから出てくるのはこれまで同様のつぎはぎだらけの非整合的な政策体系だろう。本書の果たすべき役割は，世界的な状況をひとつの俯瞰図のなかで論理的に整理することで，そのような政策形成のあり方に距離をおき，冷静に政策提案の動機とその実際の機能を検討しうる基盤を提供することにあると考える。読者諸氏の賢察にもとづく議論の活発化を期待してやまない。

　最後に，本書は日本学術振興会科学研究費補助金・基盤研究（A）（海外）（2012～14年度）の助成を受けた研究プロジェクト『選別的移民政策の国際比較――新自由主義／新保守主義と国民国家の境界再編成』（研究課題番号：24252008）の成果にもとづくものである。この研究では，各国・各地域の移民研究にすでに実績のある専門家の参加をいただき，多様な言語的能力を必要とするフィールドワークをベースとした比較研究が可能となった。単なる各国の事例研究の集積としないために，繰り返し研究会・報告会を開催し知見の共有化を図った。この成果をもとに，2015年3月には10章からなる「選別的移民政策の国際比較（プロジェクト中間報告書）」をまとめ，主要なファインディングと理論的な含意を整理した。本書はこの報告書を出発点に討議を重ね，さら

に3章と結論を追加し，大幅に加筆修正した共同研究の成果である．本書の出版にあたっては，2016年度日本学術振興会科学研究費補助金（研究成果公開促進費）の交付を受けた．これにより，専門性の高い出版物ではあるが，より読者に届きやすい形とすることができた．ここに感謝の意を表したい．

このプロジェクトの成果を引き継ぎ，拡大した研究グループによる新規の共同研究もすでに進行中であり，本書の執筆・編集途上に生じた，シリアなどからのヨーロッパへの大量難民現象とその生み出す政策的ジレンマなどに関しても，フロンテクスなど諸機関への聞き取りをすでに開始しており，その初期的な知見は本書に一部に組み入れられている．本書では扱えなかった合衆国の政権交代やヨーロッパの新しい政治状況の生み出す諸問題と政策の変容についても，今後の共同研究で追跡・分析していく長期的計画である．

本書の完成は，多くの人々の協力なしには考えられない．共同プロジェクトの運営，そして中間報告の取りまとめと，執筆過程のサポートには一橋大学社会学研究科の国際社会学共同研究室の吉年誠助手に多大な貢献をいただいた．また，研究会の際には，同研究科博士課程の金孝英さんにRAとして協力していただいた．最後に，名古屋大学出版会の三木信吾さんには，専門性の高い企画であるにもかかわらず，本書の着想の時点よりその同時代的な意義を明確にご理解いただき，さらに執筆，編集，校正作業の中で一貫して献身的にご尽力いただいた．ここに，執筆者一同とともに，これらの方々を含む，各国のすべての協力いただいた方々に心より感謝の意を表したい．

2017年1月

編　者　小井土　彰宏

図表一覧

図序-1	重層的移民選別メカニズム（小井土 2003）の拡張モデル	12
図 2-1	米国による被強制送還者数（1993〜2013 年）	52
図 3-1	永住技能移住ビザ交付数のうち独立技能移住が占める割合	75
図 3-2	技能移住プログラムにおける RSMS の割合	78
図 3-3	SSRM カテゴリーのビザ交付数	78
図 3-4	オーストラリアにおける IMA 取扱い件数の推移	83
図 4-1	西バルカン・ルートの経路図	111
図 6-1	第三国出身入国者数合計および入国理由別人数推移（2000〜2015 年，フランス本土のみ）	155
図 7-1	EU 諸国からの入国者数（短期滞在を除く）	189
図 8-1	庇護申請件数（1954〜2015 年）	204
図 8-2	国外への退去強制を執行された外国人数（1990〜2014 年）	206
図 8-3	相対的貧困率（2005〜2010 年）	213
図 9-1	在スペイン住民登録済み外国人——総数および大陸別数（含む非正規，1998〜2011 年）	222
図 9-2	在スペイン住民登録済み外国人——出身国別（1998〜2011 年）	222
図 9-3	2007 年に確立した移民受入レジーム	236
図 10-1	研修生制度の需給システム	264
図 10-2	雇用許可制の需給システム	266
図 10-3	中国朝鮮族の在留資格別滞在者数（2013 年末）	272
図 11-1	OECD 諸国にみる高学歴者の流入者数と流出者数（2000 年と 2005/06 年との比較）	282
図 11-2	在留資格「技術」による新規入国者と中長期滞在者	285
図 12-1	「不法」残留者数の推移	313
図 12-2	退去強制事由別在留特別許可件数の推移	317
表 2-1	DACA プログラムの申請基準	60
表 3-1	オーストラリアの移住者受入政策の概観（2015 年 7 月時点）	72
表 4-1	就労先加盟国別ブルーカード交付件数	103
表 4-2	主な EU 域外国境入国ルートで確認された非正規入国者数	109
表 6-1	共和国的統合コンセンサスと「選択的移民」の対照表	147
表 6-2	「選択的移民」政策と移民関連 4 法（2002〜2011 年）	149
表 6-3	就労目的の移動のための主要な滞在許可証——比較対照表	152
表 7-1	ドイツへの移民入国者の構成	190
表 8-1	庇護申請処理の内訳（2005〜2015 年）	206
表 10-1	在留資格別外国人労働者（2011 年末）	268

表 11-1	高度外国人材・中長期滞在者数と国籍（2014 年度）	285
表 11-2	雇用方針の DI（ディフュージョン・インデックス）	294
表 11-3	調査対象企業の属性と外国人社員数，海外従業員数	297
表 12-1	在留特別許可の類型とその事例	322
表 12-2	事由別在留資格取消し件数の推移	326
表終-1	選別的移民政策の国際比較対照表	350

索　引

A-Z

CETI（移民一時収容施設）　242, 243
DACA（Deferred Action for Childhood Arrival）　13, 14, 41, 42, 44, 49, 59-63, 65, 66, 343, 345
DAPA（Deferred Action for Parents of Americans and Lawful Permanent Residents）　65
DHS（本土［国土］安全保障省）　5, 20, 27, 51, 52, 54, 55
EB（-1, -2）ビザ　27, 37
EMA（企業移住協定）　79, 80
EU 域外国　99, 104-108, 114, 184, 186
EU 共通移民政策　96-99, 114
EU 市民　97, 100-104, 107, 115, 176, 229, 249, 342
EU 指令　99, 151, 156, 178, 181, 182, 184
E-verify　40, 56-58
GSM（技能移住ビザ）　74-77
H-1B ビザ　3, 13, 21, 24-38, 41, 43, 44, 182, 283, 338, 340, 351
IMA　71, 81-84, 86, 88, 89, 91
IT（産業）　3, 4, 8, 21, 29-35, 40, 41, 44, 100, 101, 107, 112, 122, 141, 150, 153, 168, 174, 182, 243, 270, 283-286, 290, 302, 323, 351
MPI（米国シンクタンク移民政策研究所）　51, 52, 60, 343
"No Advantage"　83, 86
NPO / NGO　2, 42, 82, 85, 88, 109, 188, 204, 230, 237, 240, 243, 244, 247, 250, 251, 315, 316, 321
PA の庇護希望者　65, 71, 83, 88-90
RMA（地方移住協定）　79, 80
RSMS（スポンサー付き地方移住制度）　77, 78, 80
SEVIS（Student and Exchange Visitor Information System）　344
SSRM（州限定・地方移住カテゴリー）　77, 78, 80
STEM　26, 28, 33, 37
TPV（一時保護ビザ）　81, 82

ア 行

アウスジードラー　202
アガンベン，ジョルジョ　59, 214
アジール　179
アスナール政権　229
斡旋（機関，企業，業者）　2, 33, 145
アムネスティ　208, 312, 315
アラブの春　239
「安全な出身国」　156
安全保障　5, 6, 8, 36, 48, 51, 52, 54, 61, 67, 81, 98, 104, 160
アンダルシア　224, 231, 237, 238, 240, 246, 248
（一斉）検挙（集中摘発）　5, 13, 20, 52, 56, 58, 240, 242, 315, 318, 346
一般レジーム　232, 234, 249, 344
移民過程　146, 148, 223, 292
移民・関税取締局（ICE）　20, 48, 50-53, 55-57, 345
移民収容所　58, 59
移民制御法　166, 174-179, 183, 188, 192, 199, 208
移民の女性化　311
移民労働政策　173, 175, 176
インド（人）　3, 29-32, 34-36, 141, 286, 290, 303
インド工科大学　30
受入・統合契約（CAI）／家族のための受入・統合契約（CAIF）　154
埋め込まれたリベラリズム　210
永住権（永住ビザ）　11, 24, 25, 37, 38, 44, 54, 55, 59, 63, 65, 74, 102, 103, 174-177, 179, 182-184, 190-192, 286, 292, 341
エスニック紐帯　256, 272-274
エスニック・ネーション　199, 202
越境的な統治メカニズム　67
欧州海上・国境警備隊（European Border and Coastal Guard）　96, 107, 348
欧州統合　97, 237
欧州難民庇護支援事務所（EASO）　107

オバマ（政権） 1, 5, 13, 32, 40, 41, 44, 49, 51, 52, 59, 65, 343, 345
オルバン首相（ハンガリー） 113

カ行

外国人技能実習制度 263, 292, 314, 329
外国人材活躍推進プログラム 288
外国人の入国及び滞在に関する法典（CESE-DA） 142
海上監視 237, 240, 347, 349
外部労働市場 292
学位 8, 28, 34, 37, 177, 183, 340
苛酷ケース審査委員会 179
加重的重罪 53-55
ガストアルバイター 166, 167, 224, 232
仮想移民 31, 32
家族合流（家族再統合，呼び寄せ） 23, 143-146, 149, 153-155, 157, 183-184
カタルーニャ 226, 227, 231, 245-247
カナリア諸島 106, 107, 237, 238, 241, 242, 349
仮放免者 346-347
監視（監視社会，監視追放複合） 62, 85, 99, 104-107, 112, 129, 156, 160, 185, 237-240, 250, 328-330, 347, 349
還流型 329, 330
帰化 5, 51, 57, 142, 148, 159, 248
帰還移民 274
企（起）業家（移民） 41, 43, 122, 125, 126, 180, 187, 192
季節労働者プログラム 79, 80
「偽装」滞在者 310, 324, 325, 327
技能移民 14, 22, 33, 43, 71, 73, 74, 76, 80, 90, 91, 104, 172, 174, 180, 184, 191, 337, 338, 344
技能労働者 23, 32, 33, 36, 38, 43, 44, 73, 80, 122, 124, 150, 173, 175, 180, 181, 184-186, 189, 269, 270, 305, 340
9.11同時多発テロ事件 8, 13, 32, 40, 344
供給主導 73-75, 77, 127, 341
強制送還（レジーム） 5, 13, 21, 42, 48-59, 61-67, 129, 144, 148, 228, 241, 346
競争力 9, 16, 101, 134, 144, 147, 150, 172, 173, 257, 267, 284, 339
共同開発（共開発） 148, 238
共同作戦（Joint Operation） 105-108, 110, 238
共同体レジーム 232, 249

（共和国的）統合コンセンサス 142-144, 146, 159, 160
極右 1, 15, 145, 168, 170, 223
近隣諸国政策（欧州） 102
ギラード，ジュリア 70, 74, 77, 82-84, 86, 90
空間性（空間の管理） 70, 71, 82, 90, 91
クォータ制 25, 150, 151, 153, 337
グリーンカード 4, 9, 15, 24, 100, 174, 175, 351
クリントン（政権） 4, 38, 53
グローバリズム（globalism） 90
グローバル化（グローバリゼーション） 9, 93, 160, 122, 175, 213, 280, 296, 299, 304, 305, 317
経済危機 16, 32, 74, 75, 90, 221, 223, 224, 231, 260, 261, 273, 275, 286, 342
経済主義 273, 287
刑事司法制度 53, 55
権威主義体制 226, 227
研究開発 279, 305
研修生（制度） 16, 256, 259, 261-265, 273, 319, 329
「権利にもとづく移民」 15, 145, 147, 153
高学歴移民 280
公式的強制退去 53, 54
高等教育 35, 39, 40, 180, 279, 282, 286, 340, 342, 344
高度技能移民 3, 4, 6, 7, 9-11, 13, 15, 16, 21, 22, 32, 38, 41, 43-45, 96, 99-104, 114, 147, 148, 158, 159, 181, 305, 338, 341, 342, 353
高度人材 16, 36, 124, 125, 127, 166-168, 173, 174, 176, 180-183, 186, 188-192, 207, 272, 279, 286, 290, 317, 329, 330
後発受入国 2
公用語（教育） 201
高齢化 8, 26, 101, 173, 175, 180, 189, 190, 225, 280, 317, 331
国際移住機構（IOM） 109, 322
国際結婚 275
国際分業 299
国土安全保障省 → DHS
国民戦線 15, 145, 159
国民党（PP） 228-231
国民福祉国家 166, 170, 172
国連 60, 109, 127, 317
国連難民高等弁務官事務所（UNHCR） 109, 110, 112

索引

国境管理　6, 14, 48, 52, 70, 96, 98, 99, 105, 106, 108, 110, 112, 114, 144, 148, 149, 237, 240, 242, 249, 250, 348, 349
コミュニティ・ベース　84, 86-89
コミュニティ抑留　82, 85-87, 90, 242
雇用許可制　16, 256, 259, 261-266, 268, 269, 273, 274, 292
雇用調整　260, 299, 300, 305

サ 行

在外同胞　271, 272
財政緊縮　231, 247
サイドドア　314, 319
再犯罪者化　55
在留カード　6, 320, 323, 328
在留特別許可　316, 321
サパテロ（政権）　230, 244
サブサハラ・アフリカ（サハラ以南アフリカ）157-158, 236-239, 250
シェンゲン　4, 12, 96-98, 107, 115, 235, 237, 241-243, 249, 348
シェンゲン情報システム　99
支援と要求　200, 210
資格外就労　233, 250, 287, 295
自己統治　56, 62, 198, 201, 209, 211-214
自治主義　226
自発的帰国　68, 156-157
シビック・ネーション　199
ジブラルタル海峡　236-238
司法手続きにもとづかない強制退去　54
市民権・移民支援局　51
指紋　62, 99, 112, 352
社会的コスト　168, 270, 274, 328
社会的仕分け（social sorting）　62, 66, 320
社会労働党（PSOE）　227, 228, 230, 231, 244, 245
集権化（一元化）　14, 150, 349, 351
修士号　28, 42
重層的選別　12, 236, 349
収容（抑留）施設（detention center, detention facilities）　71, 82, 84-88, 156, 239, 241-243, 346-348
就労にもとづく地位正規化　153
就労ビザへの資格変更　295
就労法令　176, 184, 185, 187
出移民　148, 235, 248, 251
需要主導　27, 74-77, 127, 341, 343, 344

職業訓練　74, 104, 180, 184, 186, 187, 211
シリア　110-114, 196, 242, 250
シリコンバレー　20, 21, 30, 35, 40
人権　15, 16, 23, 44, 51, 55, 58, 60, 81, 82, 84, 87, 106, 142, 144, 156, 159, 160, 197-199, 209, 213-215, 237, 239, 244, 248, 250, 257, 260-264, 267, 268, 273, 275, 292, 293, 321, 343, 347
人件費節約　300
新自由主義　1, 2, 4, 9, 14, 16, 38, 39, 43, 58, 66, 89, 144-146, 153, 160, 223, 237, 248, 250, 251, 257, 259-262, 264, 273, 275, 286, 323, 340, 343, 352
人種差別　23, 143, 229
人種主義　22, 23, 25, 56, 66, 248, 250, 337, 342
人種プロファイリング　56
スキルセレクト　75-77
頭脳獲得　281
頭脳流出　269, 281
正規化（合法化）　15, 25, 38-41, 48, 50, 51, 143, 144, 148, 153, 156, 158, 208, 210, 228-230, 232-235, 243, 248-251, 315, 316, 321, 330, 344, 345
生体認証（技術）　57, 62, 352
成長戦略　329
政府間協定　265
セウタ　237, 239, 241, 242, 348
（セカンド・）ワーキングホリデー　79, 80, 124
赤十字　109, 240, 241, 243, 244
ゼロ（の）移民政策　144, 166, 167, 170-172, 174, 177, 181, 187
1986年移民改革統制法　50
ソイサル，ヤセミン　196
送金　63, 224, 227, 235
相対的貧困率　212
総量規制　29

タ 行

退去強制　55, 157, 215, 316, 327, 328, 330
滞在許容（滞在黙認，ドゥルドゥンク）　180, 181, 205, 207, 208, 214, 344, 346
第2世代　143, 160
他者化　151
ダブリン規則（条約）　99, 114, 191
多文化家族　262, 275
多文化共生　70, 330

多文化主義　70, 71, 91, 168, 230, 245
単純労働者　10, 280, 312, 313, 318, 329
タンペレ欧州理事会　98, 99
治安　54, 64, 81, 87, 89, 105, 160, 237, 239, 240, 318, 319, 325
地域統合　12, 14
地中海　108, 110, 111, 240, 242
地方警察　54
チャーター機　322
仲介業（密入国仲介業）　84, 262
抽選　29, 34
朝鮮族　258, 271-273
帝国　131, 137, 224, 226, 227, 231, 234, 249, 275
定住型　329, 330, 353
低熟練外国人労働者　279, 289, 293
テロ　5, 8, 13, 32, 40, 48, 51, 53, 55, 57, 70, 81, 98, 104, 160, 223, 229, 244, 344, 346, 347, 352
同化可能性　10, 143, 146, 147, 342
統合　1-8, 14, 15, 23, 37, 71, 97, 99, 100, 105, 114, 115, 132, 141-143, 146-148, 151, 155, 159, 160, 167-169, 173, 176, 177, 187, 188, 197, 198, 200, 201, 207-209, 213-216, 224, 225, 227-231, 235, 241, 243-251, 267, 274, 342, 348, 349, 352
統合講習　167-169, 173, 175, 182, 188
統合政策　70, 91, 167, 168, 172, 187, 188, 199, 208-210, 216, 230, 241, 245-248, 250, 251, 256, 257, 262, 275, 330
統治性　65, 351
独立技能移住　73, 74, 77
トランスナショナリズム（下からの）　67
トランプ　1, 35, 38, 65
ドリーマー　40, 41, 60
ドリーム法（案）　40, 59, 60
トリトン（共同作戦）　108, 110, 111

ナ 行

ナチス・ドイツ　196, 215
難民　1, 5, 14, 15, 23, 70, 71, 80, 81, 83, 84, 88, 90, 96-100, 103-115, 126, 132, 141, 155, 156, 167, 168, 170, 171, 173, 179, 183, 186, 187, 189, 191, 196, 198, 201-205, 207-216, 226, 242, 250, 275, 310, 346-349
難民割当制度（EU）　115
西バルカン・ルート　111
二重国籍　142, 192, 199, 267

287g　54
日本型雇用システム　296, 298
入国管理（出入国管理）　11, 54, 59, 70, 71, 80, 82, 90, 91, 97, 119-123, 126-133, 136, 137, 168, 169, 172, 176, 183, 192, 224, 228, 235, 250, 279, 280, 295, 310-312, 316, 318, 323-325, 351
ネーションフッド　197, 198, 214

ハ 行

パーソンフッド　196, 197, 214
排外主義　1, 2, 65, 91, 196, 248, 249
博士号（取得者）　23, 28, 37, 44, 269
派遣労働市場　299, 305
パシフィック・ソリューション　81, 82, 347
パスポート　55, 129, 345
バックドア　314, 319
バルセロナ　224, 225
半減計画　6, 310, 313, 319, 324, 346
犯罪　10, 40, 52-56, 60-62, 64, 66, 208, 270, 314, 318, 319, 323-325, 327, 345, 346
犯罪者化　54, 64, 67, 346
反定住政策　256, 259, 265, 273, 275
反テロ法　53, 55
ハンマー, トマス　11
非合法移民改革法　39, 51, 53-55, 57, 345
庇護（申請）　5, 14, 15, 71, 81, 84, 87, 90, 99, 107, 126, 129, 130, 143-146, 148, 149, 153-156, 158, 159, 170, 179, 187, 188, 201, 205, 343
庇護希望者　71, 81, 82, 84-91
庇護申請者給付法　203
ビザ　3, 4, 10, 13, 21, 23-29, 31, 35-37, 44, 49, 53, 62, 71-74, 76-83, 85, 86, 97, 102-104, 112, 126, 129, 148, 154, 155, 203, 228, 232-235, 249, 250, 267, 270, 271, 274, 338, 340, 344, 353
非正規移民（「非合法」移民，非正規滞在者，「不法移民」）　4-6, 10, 13, 21, 38-42, 48-50, 53, 56-64, 66, 99, 104, 106, 110, 144, 149, 153, 156, 157, 159, 208, 228-230, 232, 233, 235, 237, 240, 243, 250, 265, 310-316, 318-324, 330, 345, 346
非正規雇用（労働者）　217, 339
人の自由移動（EU）　97, 98
福祉　8, 38, 170, 171, 173, 185, 188, 196, 204, 207-209, 215, 216, 250

福祉国家　89, 167, 170-173, 197, 198, 201, 203, 204, 207-209, 211, 244, 248
福祉国家ナショナリズム　170-173, 181
「不法」就労助長罪　312, 319
ブラセロ計画　49
フランコ（体制）　224, 226, 227, 229, 231, 233, 235, 245, 246, 248
ブリッジSE　302, 303
ブリッジ人材　284, 299, 301-304
ブリッジング・ビザE（BVE）　86
ブルーカード（指令），（EU）　4, 9, 14, 96, 101, 151, 173, 180-184, 190, 191, 342, 343, 351
ブルーベイカー，ロジャーズ　199
フレキシビリティ　27, 339, 340
プロ・ケルン　196
フロンテクス（Frontex）　6, 96, 105-108, 110-112, 114, 237-240, 348, 349
フロントドア　249, 313, 318, 319
分節化された同化　61
分離　43, 66, 137, 199, 241, 245, 271, 272, 274, 327, 330, 343
ヘラ（共同作戦）　106, 107
ポイント制（ポイント・システム）　3, 4, 14, 16, 27, 100, 104, 123-128, 131-137, 175, 177, 180, 183, 184, 190-192, 249, 271, 287-293, 337-341
暴動　84, 223
補充移民　317
募集停止例外法令　174, 176, 177
北方政策　258
本土安全保障省　→ DHS

マ・ヤ行

マッカラン＝ウォルター法（1952年）　23, 25
麻薬　56
マレ・ノストラム（作戦）　108-110
民主化　225, 227, 235, 245, 246, 257-262, 273-275
剝き出しの生　214
ムスリム　20, 51, 148, 202
命令的収容　54
メルケル（首相）　1, 113, 342
面的管理　52, 70
メンバーシップ　197-199, 216
ヨーロッパ化　227
ヨプケ，クリスチャン　199, 210
457ビザ　73, 74, 77

ラ行

ラーケン欧州理事会　98
ラッド（首相）　70, 74, 77, 82, 84-86, 90, 91
ラティーノ　39, 56, 246
ランペドゥーサ島　108
リーマン・ショック　167, 230, 329
リスク分析　105, 106, 114, 348
留学（生）　99, 150, 158, 267, 269, 275, 284, 286-288, 294-296, 319, 323, 325, 341, 343-345
留学（生）政策　286-289, 293, 294
ルーマニア　15, 113, 189, 235, 246, 247
例外状態（例外空間）　81, 348
冷戦　4, 15, 23, 24, 197, 198, 202, 203, 257-259, 273, 275
レーガン政権　24
連邦制　227
労働移民制御法　179, 180, 208
労働市場　15, 32, 48-50, 58, 59, 63, 73-75, 99, 124, 127, 150, 151, 153, 158, 170-172, 174, 175, 180, 181, 185, 191, 196, 197, 199-201, 204, 207-212, 215, 216, 225, 228, 232-235, 249-251, 258-263, 265, 266, 269, 270, 272, 274, 275, 283, 286, 287, 291-293, 299, 304, 305, 311, 314, 321, 327, 341, 343, 344, 352
労働市場テスト　28, 125, 178, 180, 182, 184, 185, 210, 211, 265
労働力確保政策　288
ローマ条約　97

執筆者紹介 (執筆順)

小井土彰宏〈序章,第1章,第9章,終章〉
⇒奥付参照

飯尾真貴子〈第2章〉
一橋大学大学院社会学研究科博士後期課程 日本学術振興会特別研究員 (DC2)。論文に「移民規制レジームによる重層的な剝奪の構造的メカニズム――米国からメキシコへの被強制送還者のライフヒストリーから」『年報社会学論集』第27号,2014年。

塩原良和〈第3章〉
慶應義塾大学法学部教授。著書に『変革する多文化主義へ――オーストラリアからの展望』(法政大学出版局,2010年) 他。

堀井里子〈第4章〉
国際教養大学国際教養学部助教。論文に「EUエージェンシー設立過程分析――EU域外国境管理政策・フロンテクスを事例として」『一橋法学』第12巻第1号,2013年,他。

柄谷利恵子〈第5章〉
関西大学政策創造学部教授。著書に『移動と生存――国境を越える人々の政治学』(岩波書店,2016年) 他。

伊藤るり〈第6章〉
一橋大学大学院社会学研究科教授。著書に『新編 日本のフェミニズム9 グローバリゼーション』(共編著,岩波書店,2011年) 他。

久保山亮〈第7章〉
専修大学人間科学部兼任講師。論文に「5つの滞在正規化レジーム――ヨーロッパ15ヵ国とEUの非正規滞在・就労への『正規化政策』の比較」(近藤敦・鈴木江理子他編『非正規滞在者と在留特別許可――越境者たちの過去,現在,未来』日本評論社,2010年) 他。

昔農英明〈第8章〉
明治大学文学部専任講師。著書に『「移民国家ドイツ」の難民庇護政策』(慶應義塾大学出版会,2014年)。

宣 元錫〈第 10 章〉
　中央大学総合政策学部兼任講師。著書に『異文化間介護と多文化共生――誰が介護を担うのか』（共編著，明石書店，2007 年）。

上林 千恵子〈第 11 章〉
　法政大学社会学部教授。著書に『外国人労働者受け入れと日本社会――技能実習制度の展開とジレンマ』（東京大学出版会，2015 年）。

鈴木江理子〈第 12 章〉
　国士舘大学文学部教授。著書に『日本で働く非正規滞在者――彼らは「好ましくない外国人労働者」なのか？』（明石書店，2009 年）。

《編者略歴》

小井土彰宏
（こいどあきひろ）

1958 年　大阪市に生まれる
1992 年　東京大学大学院社会学研究科博士課程単位取得満期退学，
　　　　　ジョンズ・ホプキンズ大学大学院社会学部博士課程修了
　　　　　北海道大学文学部助教授，上智大学国際関係研究所助教授を経て，
2001 年　一橋大学社会学部助教授
現　在　一橋大学大学院社会学研究科教授，Ph. D. in Sociology
著　書　『移民政策の国際比較』（編著，明石書店，2003 年）
　　　　「グローバリズムと社会的排除に抗するアメリカでの非
　　　　正規移民運動」『社会学評論』第 65 巻第 2 号，2014 年他

移民受入の国際社会学 ―選別メカニズムの比較分析―

2017 年 2 月 28 日　初版第 1 刷発行
2018 年 1 月 31 日　初版第 2 刷発行

定価はカバーに
表示しています

編　者　小井土　彰　宏
発行者　金　山　弥　平

発行所　一般財団法人　名古屋大学出版会
〒 464-0814　名古屋市千種区不老町 1 名古屋大学構内
電話(052)781-5027 / FAX(052)781-0697

© Akihiro KOIDO et al., 2017　　　Printed in Japan
印刷・製本　亜細亜印刷㈱　　　ISBN978-4-8158-0867-9
乱丁・落丁はお取替えいたします。

JCOPY 〈出版者著作権管理機構　委託出版物〉
本書の全部または一部を無断で複製（コピーを含む）することは，著作権法上での例外を除き，禁じられています。本書からの複製を希望される場合は，そのつど事前に出版者著作権管理機構 (Tel：03-3513-6969, FAX：03-3513-6979, e-mail：info@jcopy.or.jp) の許諾を受けてください。

カースルズ／ミラー著　関根政美他監訳
国際移民の時代［第4版］
A5・486頁
本体3,800円

梶田孝道編
新・国際社会学
A5・354頁
本体2,800円

田所昌幸著
国際政治経済学
A5・326頁
本体2,800円

梶田孝道／丹野清人／樋口直人著
顔の見えない定住化
―日系ブラジル人と国家・市場・移民ネットワーク―
A5・352頁
本体4,200円

樋口直人著
日本型排外主義
―在特会・外国人参政権・東アジア地政学―
A5・306頁
本体4,200円

韓載香著
「在日企業」の産業経済史
―その社会的基盤とダイナミズム―
A5・450頁
本体6,000円

塩出浩之著
越境者の政治史
―アジア太平洋における日本人の移民と植民―
A5・524頁
本体6,300円

貴堂嘉之著
アメリカ合衆国と中国人移民
―歴史のなかの「移民国家」アメリカ―
A5・364頁
本体5,700円

田中恭子著
国家と移民
―東南アジア華人世界の変容―
A5・406頁
本体5,000円

重松伸司著
国際移動の歴史社会学
―近代タミル移民研究―
A5・430頁
本体6,500円